隋炀帝杨广,隋朝的第二位皇帝,向来以昏暴荒淫著称,也是少见的在位时被斫却头颅的皇帝。

史说历代焦点人物·隋炀帝

　　隋文帝杨坚，隋朝开国君主。生性的偏执，妇人的撺掇，杨广的狡猾，使他废了太子杨勇，立杨广为太子，最后死因成谜……

　　隋炀帝一生，花花绿绿，事迹不少；在位期间，"政绩"也不少，西巡西域、东幸江都、北征辽东，还有开凿大运河……在清代文人画家的笔下，隋炀帝"东幸"颇有几分"绮丽壮观"。

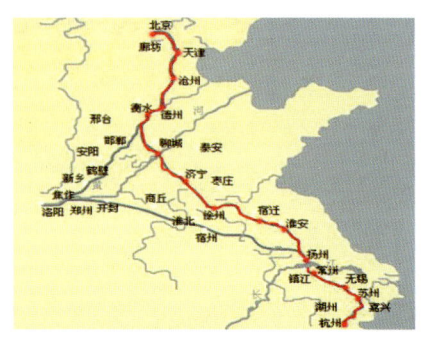

隋炀帝的东幸，是从洛阳到江都（今扬州），民间也称"下江南"。"下江南"多走水路——隋代大运河经过洛阳——乘船。而在这幅民间版画（天津杨柳青）之中，龙舟竟然长了"腿"，风趣而不失艺术真实。

隋朝虽然短暂，但工艺、艺术上不乏精品佳作。展子虔的《游春图》，堪称千古名作；石窟塑像《一佛二菩萨》，气象不凡。

隋朝经过隋文帝杨坚的经营,版图不可谓不阔,国力不可谓不强。这幅敦煌壁画,描绘了当时西域商队的情景,可见出当地商旅的繁荣。

史说历代焦点人物

史说隋炀帝

隋炀帝的短命王朝及其忠臣叛将

崔人元 —— 编著

上海科学技术文献出版社
Shanghai Scientific and Technological Literature Press

图书在版编目（CIP）数据

史说隋炀帝 / 崔人元编著 . —上海：上海科学技术文献出版社，2025. —ISBN 978-7-5439-9335-8

Ⅰ.K827=41

中国国家版本馆CIP数据核字第2025JY7307号

责任编辑：黄婉清
封面设计：留白文化

史说隋炀帝
SHISHUO SUIYANGDI
崔人元　编著
出版发行：上海科学技术文献出版社
地　　址：上海市淮海中路1329号4楼
邮政编码：200031
经　　销：全国新华书店
印　　刷：商务印书馆上海印刷有限公司
开　　本：850mm×1168mm　1/32
印　　张：15.25
插　　页：4
字　　数：368 000
版　　次：2025年3月第1版　2025年3月第1次印刷
书　　号：ISBN 978-7-5439-9335-8
定　　价：68.00元

http://www.sstlp.com

目 录

千夫所指隋炀帝

隋炀帝杨广…………………………………………… 3
《隋书·炀帝纪》……………………………………… 70
古今名家评说………………………………………… 97

隋炀帝的父子兄弟

隋文帝杨坚…………………………………………… 113
隋恭帝杨侑…………………………………………… 130
房陵王杨勇…………………………………………… 132
秦王杨俊……………………………………………… 143
蜀王杨秀……………………………………………… 147
汉王杨谅……………………………………………… 150
元德太子杨昭………………………………………… 157
齐王杨暕……………………………………………… 158
赵王杨杲……………………………………………… 162

嫡母庶母与皇后公主

皇太后独孤氏………………………………………… 165
宣华夫人陈氏………………………………………… 173
容华夫人蔡氏………………………………………… 176
皇后萧氏……………………………………………… 177
兰陵公主……………………………………………… 184
南阳公主……………………………………………… 187

同姓诸王与异姓公侯

滕王杨瓒…………………………………………………… 193
卫王杨爽…………………………………………………… 196
蔡王杨智积………………………………………………… 198
郇王杨庆…………………………………………………… 201
观德王杨雄………………………………………………… 203
济公樊子盖………………………………………………… 206
义宁郡公周罗睺…………………………………………… 212
顺政郡公董纯……………………………………………… 216
谷城郡公吐万绪…………………………………………… 218
万安郡公李圆通…………………………………………… 220
升平郡公侯莫陈颖………………………………………… 222
武陵郡公元胄……………………………………………… 224
安阳县公崔彭……………………………………………… 227
龙岗县公段文振…………………………………………… 230
信安侯陈棱………………………………………………… 234
真定侯郭衍………………………………………………… 236
邯郸县侯梁毗……………………………………………… 239

是非功过说宰辅

尚书左仆射高颎…………………………………………… 245
尚书右仆射苏威…………………………………………… 255
尚书左仆射杨素…………………………………………… 264
内史侍郎虞世基…………………………………………… 276
御史大夫裴蕴……………………………………………… 280
黄门侍郎裴矩……………………………………………… 284

拓土平叛众将领

右武候大将军贺若弼	297
右骁卫将军长孙晟	304
右光禄大夫卫玄	314
右候卫大将军郭荣	318
右翊卫大将军于仲文	321
左卫大将军宇文述	328
左武卫将军周法尚	337
上大将军杨义臣	342
右屯卫大将军麦铁杖	347
安州刺史鱼俱罗	350
马邑太守王仁恭	353
武贲郎将王辩	355
右武卫大将军李景	357
左翊卫大将军来护儿	360
左骁卫大将军段达	365
河南道讨捕大使裴仁基	367
左骁卫大将军屈突通	369
折冲郎将沈光	375

忠臣尽忠酷吏玩酷

并州总管司马皇甫诞	381
朝请大夫游元	382
朝请大夫冯慈明	384
荥阳通守张须陀	386
清河通守杨善会	389
内史令元文都	391

金紫光禄大夫尧君素……………………………… 394
雁门郡丞陈孝意……………………………………… 396
鹰击郎将张季珣……………………………………… 397
检校太府卿崔弘度…………………………………… 399
金紫光禄大夫元弘嗣………………………………… 402
恒山郡丞王文同……………………………………… 404

术士、幸臣和文士

秘书令袁充………………………………………… 409
御史大夫张衡……………………………………… 411
右光禄大夫杨约…………………………………… 414
银青光禄大夫杨汪………………………………… 416
司隶大夫薛道衡…………………………………… 418
司隶刺史房彦谦…………………………………… 424

叛臣和义军首领

礼部尚书杨玄感…………………………………… 435
左屯卫将军宇文化及……………………………… 441
江都通守王世充…………………………………… 447
瓦岗寨义军首领李密……………………………… 457
山西义军首领刘武周……………………………… 470
河北义军首领窦建德……………………………… 473
江淮义军首领杜伏威……………………………… 478
涿郡义军首领罗艺………………………………… 481

千夫所指隋炀帝

　　隋是一个短命的王朝,两代皇帝的在位时间也不算长,但故事却不少,尤其是隋炀帝,无论正史庄论还是野史说部,都不免大书特书。这是因为:隋炀帝是中国历史上数一数二的昏君、暴君,其荒淫昏暴,无人能出其右。他又可谓才华横溢,多有"建树":三次东征,三百万大军水陆并进,空前绝后;巡幸江都,打造楼船,开凿运河,"遗产"丰厚……

隋炀帝杨广

杨广（569—618），隋朝第二位皇帝。一名英，小字阿𡡉。隋文帝杨坚次子，废太子杨勇胞弟，母独孤皇后。初封晋王，其间矫伪虚饰，讨好父皇母后；结交权臣奸佞，媒糵太子杨勇，终得取而代之。即位之后，穷奢极欲，大兴土木，穷兵黩武，极尽残酷昏暴之能事。以致民不聊生，朝野怨忿，叛乱不断，义军蜂起，最终身死国灭。

一、少年统帅 伐陈有功

北周天和四年（569），杨广出生于长安，史书称其"美姿仪，少聪慧"。

北周武帝时，杨广因父亲杨坚之功，封雁门郡公。

隋朝建立后，开皇元年（581），杨广封晋王，任并州（治今山西太原）总管。此时的杨广，年仅十三岁。次年，朝廷在并州设置河北道行台尚书省，杨广又任武卫大将军、上柱国、河北道行台尚书令。

十三岁的少年，担此如此重大的职任，缘于隋文帝杨坚接受北周孤弱而亡的教训，使诸子各掌一方，以巩固自己的统治。文帝也深知皇子年少，不堪重任，对杨广的行为和成长更不放心，便精心遴选朝中正直有才望的大臣王韶、李彻、李雄等来辅佐他。

王韶等人没有辜负文帝的委托，对杨广直言匡正，不遗余力。有一次，王韶出巡长城，杨广在并州凿湖造山。王韶回来后，立即"自锁而谏"，使杨广停止了这项"工程"。

杨广本人也并非一般的纨绔子弟，门第家世固然为他提供了奢侈豪华的优越条件，但时代复杂的政治风云，杨家先代的文治武功，将门之子所受到的各种熏陶，塑造了他十分复杂刁钻的秉性：既有专擅威福、纵情声色的欲望，又有饰情矫节、希望人称道其贤明的虚荣心；既有花花公子的低级趣味，又有军事统帅的风度和文武才干。这两种秉性一直杂糅并存，而在他继位独尊之前，前者还处在自我抑制的阶段。

杨广十分好学，擅长文辞，性格深沉，为人稳重，朝野属望。当时有个善于相面的人，叫"来和"，隋文帝曾暗中让他给五个儿子相面。经过仔细观察，来和对隋文帝说："晋王眉上双骨隆起，贵不可言。"（《北史·炀帝纪》）不久，隋文帝又亲自到杨广府第视察。杨广深知父皇讨厌声色，便故意弄断乐器的弦，灰尘也不加擦拭。隋文帝看了，以为他远离声色，自然喜上心头。又有一次行猎遇雨，左右随从送上油衣，杨广说："士卒都被雨淋湿了，我怎么能独自穿油衣呢？"（"士卒皆沾湿，我独衣此乎？"同上）命左右拿走。这些事情不论是出于本心还是意在沽名钓誉，起码说明杨广还明白，一个贤明的统治者应该远离声色、体恤群下。

文帝开皇八年（588），隋朝大举进攻陈朝。隋文帝在寿春（今安徽寿县）设立淮南行省（即行台，设在大行政区代表中央的机构），任命晋王杨广为尚书令。陈后主陈叔宝派兼散骑常侍官王琬、兼通直散骑常侍许善心来访，被隋朝扣留，王琬等人一再要求回国，也不放行。

这年十月，隋文帝命隋军大举出征。行前，在太庙举行盛大仪式，诏命晋王杨广、秦王杨俊、清河公杨素挂帅。命杨广从六合（今江苏六合）出兵，杨俊从襄阳（今湖北襄樊）出兵，杨素从永安（今四川奉节）出兵；又命荆州刺史刘仁恩从江陵（今湖北江陵）出兵，蕲州刺史王世积从蕲春（今湖北蕲春）出兵，庐州总管韩擒虎从庐江（今安徽庐江）出兵，吴川总管贺若弼从广陵（今江苏扬州）出兵，青州总管燕荣从东海（今江苏连云港东南）出兵。共有总管九十人，军兵五十一万八千人，一律受晋王杨广指挥，在东连大海、西到巴蜀的广大地域内，战旗飘舞，战船扬帆，浩浩荡荡，横贯数千里。又任命左仆射高颎为晋王元帅长史，任命右仆射王韶为司马，军中大事都由他两人裁决，处置调度都没有阻滞和贻误。

第二年春天，隋军灭掉了陈朝。杨广作为最高统帅，基本上是坐享其成，实际指挥部署的是高颎，亲率三军攻破陈都建康的是贺若弼、韩擒虎，沿江东下、扫除残余势力的是杨素。但杨广毕竟是最高统帅，不能说没有"指挥"之功。进入建康（今南京）后，杨广下令将陈后主身边的五大佞臣：中书舍人施文庆接受委任而不忠诚，反而巧言谄媚，蒙蔽了君主的耳目；中书舍人沈客卿兼管金帛局，重税聚敛，搜刮民财来取悦君主；太市令阳慧朗、刑法监徐析、尚书都令史暨慧，都是祸国殃民的奸臣、百姓的祸害，一同斩首，以向三吴民众谢罪。杨广派高颎和元帅府记室官裴矩搜集图籍、封闭府库，江南的资财丝毫不取。这些举动得到了众人称赞，人们都认为杨广贤明。

贺若弼提前统兵与陈军决战，违反了军令，杨广将其逮捕，交给有司。隋文帝传令召见贺若弼，诏令杨广说："平定江南，是（贺若弼与韩擒虎）二人的力量。"（"平定江表，二人之力也。"《隋书·韩擒虎传》）赏赐二人布帛上万段。不久又特意赐贺若弼和韩擒虎诏书，称赞他们的功劳。

趁着陈朝灭亡的时机，王僧辩之子开府仪同三司王颂，连夜发掘陈高祖陈霸先的陵墓，焚烧其尸骨，骨灰放入水中饮下。不多时，他把自己绑缚起来，到晋王杨广那里请罪。杨广上报朝廷，隋文帝下令赦免；又诏令分出五户人家，负责守护陈高祖、世祖、高宗的陵墓。

然而，就是在灭陈之役中，杨广的声色之欲也有所暴露。陈后主宠姬张丽华美貌异常，举止娴雅，也很聪慧。她本是兵家之女，后来成了龚贵嫔的侍女，陈后主一见便非常喜爱，封她为贵妃，生了太子陈深。张贵妃善于猜度陈后主的心思，引荐了诸多宫女，因而后宫里的人都感恩戴德，争着称颂她的美好和善良。她又有假借鬼神祈祷的法术，常常在宫中举行淫祀，聚集女巫击鼓跳舞。

陈后主沉溺声色、怠于朝政，百官启奏政事，都得依靠宦官蔡脱儿、李善度转呈。他常常半躺御榻，倚着软囊，把张贵妃放在膝上，一同裁决宦官上奏的政事。凡是蔡、李二人记不住的内容，张贵妃就加以梳理，使之有条不紊，避免遗漏和欠缺。张贵妃又常常访求宫外的信息，凡是民间的一句新鲜话或一件新鲜事，一定是她先知道，最先禀告给陈后主。缘此，她更受陈后主的宠幸和殊遇，声势压倒了整个后宫。

杨广早就听说了张丽华的美貌，一心想要得到。灭陈之时，高颎先入建康城，其子高德弘时任晋王记室，杨广便派他急速赶到高颎那里，传令留下张丽华。高颎说："从前周武王灭亡殷纣，斩其宠姬妲己。如今平定陈朝，也不应该留下张丽华。"（"武王灭殷，戮妲己。今平陈国，不宜取丽华。"《隋书·高颎传》）于是断然斩杀。高德弘回来报告，杨广脸色立变，但却装出感谢高颎恩德的样子，说："古人说'无德不报'，我定会有办法报答高公的！"（"昔人云'无德不报'，我必有以报高公矣！"《资治通鉴·隋纪一》）其实，内心里从此怨恨上了高颎。

隋朝灭陈，结束了自东晋以来南北对峙的局面。灭陈之后，杨广晋位太尉，再任并州总管。开皇十年（590），江南士族高智慧等人起兵作乱，隋文帝又调杨广任扬州总管，镇江都（今江苏扬州）。

二、援助突厥　数议出兵

突厥原本是西部的一个部族，姓阿史那氏，居住在金山（阿尔泰山）南麓。六世纪中叶，土门酋长时期开始强盛，称"伊利可汗"，摆脱了柔然的束缚。至木杆可汗时，在东至辽海、西达西海、南至大漠、北到北海（今贝加尔湖）的广大地域，建立起强大的突厥汗国。北周、北齐见其强大，年年送去丝帛等财物，竭力交结，以争取援助。

隋朝建立后，对突厥采取了新的策略：远交近攻，离间强部，扶助弱部。隋文帝分别遣使交结西部的达头可汗、东部的叶护（突厥可汗的高级官员）处罗侯，鼓动达头可汗反对实力最强的突厥大可汗沙钵略，争取处罗侯内附，促使突厥内部互相猜疑、离心离德，然后集中兵力重点攻击沙钵略。

开皇三年（583），隋文帝派重兵分八道出击突厥。翌年二月，突厥苏尼部男女一万多人归降，达头可汗也请求降隋。九月，由于屡为隋军所败，突厥沙钵略可汗请求和亲。

早在北周宣帝时，就曾将赵王宇文招之女封为"千金公主"，嫁给突厥的佗钵可汗（沙钵略可汗之父）。佗钵可汗死后，千金公主依照突厥习俗"夫死嫁子"，嫁给了沙钵略可汗。此时千金公主请求改姓杨氏，称作隋文帝之女。文帝派遣开封仪同三司徐平和出使，到沙钵略可汗那里，重新封千金公主为"大义公主"。晋王杨广请求趁机袭击突厥，文帝认为时机未到，没有允许。

这时，沙钵略可汗派遣使者致书隋文帝说："皇帝既是我妇之父，便亲如父翁；我为公主之夫，情同儿子。两地虽然风俗不同，情义却是一致的。从今以后，子子孙孙直到万世，亲密友好，永不断绝。今有上天为证，终不违背誓言。我国的马羊，全是皇帝的牲畜；贵国的丝绢彩绸，都是我国的衣物。"

隋文帝复信说："惠书收悉，已知可汗大有改善关系的诚意。朕既然是沙钵略的妇翁，那么看待沙钵略与自己的儿子就没有两样。今后将时常派遣大臣去往贵国，慰问女儿，也同时问候沙钵略。"于是，隋文帝派尚书右仆射虞庆则出使沙钵略，以车骑将军长孙晟为副使。二人顺利完成了使命。

开皇五年（585）初，阿波可汗与沙钵略可汗出现裂痕，突厥分裂为两部。阿波可汗渐渐强盛起来，东部到都斤（今杭爱山），西部越过金山，龟兹、铁勒、伊吾等国以及西域的胡人都依附他，号称"西突厥"。隋文帝也派遣上大将军元契，出使到阿波可汗那里去安抚。七月，突厥沙钵略可汗被达头可汗困扰，又畏惧契丹人，于是派使者向隋告急，请求率领部落渡过漠南，寄居白道川（今内蒙古呼和浩特北）。隋文帝同意了他的请求，命杨广出兵援助，送予衣食，又赏赐车服、乐队。

沙钵略趁势向西攻击阿波可汗，击败其军，而阿拔国乘虚掠走了沙钵略可汗的妻子。杨广派隋军替沙钵略进击阿拔，将其打败，缴获的人畜、物品都送给了沙钵略。沙钵略喜出望外，与隋约定以大漠为疆界，于是上表说："天上没有两个太阳，地上没有两个君主，大隋皇帝是真正的皇帝，我怎敢依仗军队、凭借险要，窃取天子的名号？今天万分仰慕质朴淳厚的大国风尚，一心归向有道之君，情愿屈膝下拜，以额触地，永为藩属国。"并派儿子库合真到隋都长安朝见天子。

八月，库合真到达长安，隋文帝下令举行祭天告庙仪式，普遍颁告远近，凡是赐给沙钵略的诏命，不再称他的名字。又在内殿宴请库合真，带他进见皇后独孤氏，赏赐慰劳非常优厚。沙钵略满心喜悦，从此每年按时贡献不断。

开皇七年（587）四月，突厥沙钵略可汗派遣儿子向隋朝进献贡品，又趁机请求在恒山和代地之间打猎。隋文帝批准了他们的请求，仍然派人赐予酒食，沙钵略率领部众再次拜谢受赏。不久，沙钵略可汗去世，隋文帝专门为他辍朝三日，以示哀悼，并派太常吊祭。

沙钵略去世之前，因儿子雍虞闾性格懦弱，遗命立弟弟叶护处罗侯。雍虞闾派使者去迎接处罗侯，准备拥立他为可汗。处罗侯说："我们突厥自从木杆可汗以来，多是以弟弟代替哥哥。以庶子夺取嫡子的汗位，违背了先祖的法规，也不能互相敬重。你应当继承汗位，我心甘情愿跪拜你。"雍虞闾说："叔父与我父亲同根连体。我不过是枝叶，怎么可以让根本反而服从枝叶，让叔父屈从卑幼呢？况且亡父的遗命，怎么可以废弃呢？希望叔父不要疑虑。"使者往来相让了五六次，处罗侯最终继位可汗，此即"莫何可汗"。莫何可汗又任命雍虞闾做了叶护，并派遣使者上表隋文帝说明情况。隋朝派车骑将军长孙晟持节封立处罗侯为莫何可汗，赐予鼓乐、旗帜。

莫何可汗英勇有谋略，利用隋朝赐给的旗鼓，向西部的阿波可汗发动了攻击。阿波的部众以为莫何得到了隋军的帮助，纷纷不战求降。莫何生擒了阿波，上书请示隋帝如何处置。隋文帝交给群臣讨论，乐安公元谐请求在突厥那里枭首，武阳公李充请求押解到朝廷，公开处斩示众。隋文帝问长孙晟的意见，长孙晟回答说："假如整个突厥背信弃义，必须利用刑罚整治他们。现在是他们兄弟之间自相残杀，阿波的罪恶并非背逆大隋。如果趁阿波可汗困窘之时便拉过来杀戮，恐怕不是招抚远方、绥靖边疆所应采取的办法。不如留下他，保存其国。"左仆射高颎认为："骨肉之间互相残杀，是对教化的损害，应当存留教养，以示朝廷宽大为怀。"隋文帝采纳了这个意见。

开皇八年（588）十二月，突厥莫何可汗向西进兵攻打邻国，被飞箭射中去世。东突厥立雍虞闾为可汗，号称"颉伽施多那都蓝可汗"；大义公主又嫁给了都蓝可汗。

开皇十三年（593），隋文帝攻灭陈朝，把陈后主用过的屏风赐给了大义公主。大义公主因为自己的宗主国宇文氏覆灭，心中忿忿不平，赋诗书写在屏风上，叙述南陈的灭亡，以寄托自己对故国的思念。隋文帝听说后很反感，开始厌恶大义公主，对突厥的恩赐也渐渐地减少了。

彭公刘昶，先前娶的是北周皇室的公主。亡命之徒杨钦逃到突厥后，利用这层关系，谎称刘昶打算与妻子一起发动变乱，攻扰隋朝，派他与大义公主秘密联系，希望突厥能发兵侵扰边境。都蓝可汗相信了他的谎言，便不再尽职进贡，常常制造边境纷争。隋文帝便派遣车骑将军长孙晟出使突厥，暗中观察动静。

大义公主接见长孙晟时，言辞很不逊顺；又派与她私通的胡人安遂迦，与杨钦谋划如何扇动、迷惑都蓝可汗。长孙晟回到长安，把在突厥的所见所闻作了如实禀报。隋文帝派长孙晟再去突厥，索要杨钦。都蓝可汗不但不放人，还说："经过核查，来这里的客人中并无此人。"长孙晟贿赂突厥显贵，得知杨钦所在，夜晚出其不意将之抓获，推去给都蓝可汗看，又趁机揭发大义公主和胡人安遂迦的私情。突厥国中，人人因此感到非常耻辱。于是，都蓝可汗逮捕了安遂迦等人，一同交付长孙晟。文帝感到非常满意，加授长孙晟开府仪同三司，仍旧派他出使突厥，废黜大义公主。内史侍郎裴矩请求前去劝说都蓝可汗，让他杀掉大义公主。

这时，居住在突厥北方的处罗侯之子染干，号称"突利可汗"，派遣使者向隋求婚。隋文帝派裴矩对他说："杀了大义公主便许婚。"突利向都蓝可汗进谗言，都蓝可汗因而发怒，杀了大义公主，重新上表请婚。朝廷准备答允都蓝可汗的请婚要求，长孙晟提出异议，他认为："臣下观察雍虞闾（都蓝可汗）反复无常，不讲信义，只是因为与玷厥（达头可汗）有仇，所以才想仰仗朝廷。即使许他求婚，最终也会背叛的。再说假如他现在娶了公主，承受和凭借着朝廷的威势和神灵，玷厥、染干等部就一定受他的征发调遣。等他强大起来，更要反叛，恐怕难以制服。况且染干是处罗侯之子，一向有依附的诚意，到现在已经两代了，前不久曾来请婚，不如允许他的请求，诏令他向南迁移。他的军队少、力量弱，容易安抚驯服，不如让他对抗雍虞闾来，捍卫我们的边疆。"隋文帝称赞说："这样做好。"又派长孙晟出使，安慰晓谕染干，允许他娶隋朝公主。

开皇十七年（597）七月，突利可汗染干亲自来长安迎娶公主，隋文帝安排他住在太常寺，教导他熟悉六礼，许配以隋宗室女"安义公主"。隋文帝试图离间都蓝可汗和突利可汗，所以礼遇突利可汗特别优厚，派遣太常卿牛弘、纳言苏威、民部尚书斛律孝卿，相继出使突厥。

突利可汗本来居住在突厥的北部，娶了安义公主之后，长孙晟劝他带领部众南迁，居住在原沙钵略可汗所居之地，给予的赏赐也特别优厚。都蓝可汗怒气冲冲地说："我是突厥的大可汗，反而不如染干！"于是停止对隋朝贡，屡次掠夺边境。突利可汗探知都蓝可汗的动静，提前派人报告，因此隋朝边境往往事先有所准备。此时，杨广再次建议父皇派兵攻打都蓝可汗。文帝认为时机仍旧未到，因此又没有同意。

三、统率隋军　进击突厥

开皇十九年（599）二月，突利可汗通过长孙晟上奏说："都蓝可汗制造攻城器械，准备进攻大同城（今内蒙古五原东）。"隋文帝诏命汉王杨谅为元帅，命尚书左仆射高颎率军出朔州道，右仆射杨素率军出灵州道，上柱国燕荣率军出幽州道，一同进击都蓝可汗，都受汉王杨谅指挥。可汉王竟然没有到前线去，因此受到舆论谴责，都认为他不如晋王杨广。

都蓝可汗听说隋朝进军征伐，与达头可汗结盟，联兵袭击突利可汗。双方在长城脚下展开激战，突利可汗惨败，兄弟子侄被都蓝可汗杀光。都蓝可汗乘胜渡过黄河，进入蔚州（治今山西灵丘）。突利可汗的部落溃散逃亡，本人连夜与长孙晟带着五个骑兵向南逃跑。突利可汗想投奔玷厥，在长孙晟的说服下，最终投向了隋朝。

四月，突利可汗到达长安。隋文帝非常高兴，提升长孙晟为左勋卫骠骑将军，持节护卫突厥。文帝让突利可汗与都蓝可汗的使者因头特勒辩论，突利可汗理直气壮，隋文帝因此优待他。都蓝可汗的弟弟都速六，抛下自己的妻子，与突利可汗一起归附隋朝，隋文帝让突利可汗多予珍宝加以安慰，并称赞了他。

高颎派上柱国赵仲卿率三千兵马为前锋，行至族蠡山，与突厥军队相遇，激战七天，击败了突厥军。追击到乞伏泊（今内蒙古察右前旗东北），又攻破突厥军，俘虏了一千多人，各种牲畜数以万计。突厥又调集大军赶来，赵仲卿结成方阵，四面抵抗，坚持战斗了五天。这时高颎的大军赶到，夹击敌军，突厥战败逃走。隋军追击，过白道、越秦山（亦称"大斤山"，即大青山，在今呼和浩特北），多达七百里，然后撤回。

杨素所部进军，遇到了达头可汗的军队。在此之前，诸将与突厥开战，担心突厥骑兵横冲直撞，都是利用战车与步兵、骑兵交叉配合的阵法，摆设鹿角，结成方阵，骑兵居中。杨素说："这是自固的战法，不足以战胜敌人。"于是完全改变了旧的战法，命令诸军结成骑兵阵。达头可汗听说后喜出望外，说道："这真是天赐良机。"于是下马仰望天空，叩头拜谢，接着亲自统帅骑兵十余万攻击隋军。这时，上仪同三司周罗睺请示杨素说："敌兵阵式尚未完整，请让我先攻击他们。"便先率精锐骑兵迎战突厥骑兵，杨素率领大军跟在后面。突厥骑兵被打得大败，达头可汗重伤逃走。此役杀伤敌兵数不胜数，突厥兵众号哭退走。

十月，隋文帝封突利可汗为"意利珍豆启民可汗"，汉语意为"智健"。突厥归附启民可汗的，有男女一万多人。文帝命长孙晟带领五万军民，在朔州修筑了大利城（今内蒙古和林格尔西北），以便安置启民可汗及其部属。此时安义公主已经去世，朝廷又派长孙晟持节护送宗室女"义成公主"嫁予启民可汗。

长孙晟上奏说："部众归附染干的越来越多，虽然住在长城之内，还是经常遭受雍虞间的袭扰掠夺，不得安居。请求迁徙到五原（治今内蒙古五原南）地区，利用黄河作为天然屏障，在夏州和胜州之间划出东西至黄河、南北长四百里的一块地方，挖掘横沟作为界线，让他们居住在这个区域，以便自由自在地放牧牲畜。"隋文帝批准了这一请求。又派上柱国赵仲卿在那里驻扎两万大军，替启民可汗防御达头可汗的袭掠；派代州总管韩洪等率一万步骑，镇守恒安（今山西大同东北）。达头可汗曾出动十万骑兵前来侵掠，韩洪军战败，赵仲卿从乐宁镇出兵截击，斩敌一千多人。

隋文帝又派遣越公杨素从灵州（治今宁夏灵武西南）出兵，行军总管韩僧寿从庆州（治今甘肃庆阳）出兵，太平公史万岁从燕州（治今河北涿鹿西南）出兵，大将军姚辩从河州（治今甘肃临夏江北）出兵，一同攻击都蓝可汗。没等隋军出塞，十二月，都蓝可汗就被部下杀死，达头自立为步迦可汗。突厥国内大乱。长孙晟建议说："现在官军已经临近敌境，开战以来，频频取得成功。敌房内部自相叛离，国主被杀。乘此机会施行招抚，有可能全部降服。请求派遣染干的部下，分道招抚安慰。"隋文帝采纳这一建议，结果降服的突厥人相当多。

开皇二十年（600）四月，突厥达头可汗率军侵犯边塞，隋文帝诏命晋王杨广及杨素从灵武道（今宁夏银川东北）出兵，汉王杨谅、河州刺史史万岁从马邑道（今山西朔县）出兵，一同攻击突厥。

长孙晟率领降服的突厥人，任秦州行军总管，接受晋王杨广的指挥。长孙晟建议：突厥人饮水很容易投毒，可以派人在上游投放毒药。杨广表示赞同，便派人予以实施。突厥人、畜饮水后多有死亡，他们大惊呼喊："天降下恶水，将要灭亡我们啊！"随即趁夜逃走。杨广分派将领追击，长孙晟率军沿路追击，斩杀了一千多人。

史万岁率军出长城，到大斤山（即大青山）与突厥军相遇。达头可汗问侦察兵："隋将是谁？"侦察兵报告说："是史万岁。"达头可汗又问："莫非是'敦煌戍卒'（史万岁在敦煌做戍卒时，曾威震突厥）吗？"侦察兵回答："正是他。"达头可汗畏其威名，立即领兵退走。史万岁率领骑兵急追一百多里，发起猛烈攻击，把突厥军打得落花流水，斩杀了一千人。隋军乘胜穷追，深入大漠数百里，直追得突厥逃向远方才撤回。隋文帝诏令长孙晟回大利城，安抚那里新归附的突厥人。

达头可汗又派弟弟俟利伐，绕道从大漠以东进击启民可汗。隋文帝又让晋王杨广统兵，帮助启民可汗守卫交通要道，俟利伐无奈退走，进入大漠。这时，启民可汗上表感谢说："大隋圣人可汗怜悯安养百姓的恩情，就像天一样无不覆盖，就像地一样无不负载。使我染干如同枯树生出新叶，枯骨长出新肉，情愿千世万代为大隋饲养羊马。"隋文帝又派赵仲卿负责为启民可汗修筑金河（今内蒙古托县东北）、定襄（今内蒙古和林县境内）两座城池。

仁寿元年（601）正月，突厥步迦可汗侵犯边塞，在恒安打败了代州总管韩洪。五月，突厥男女九万人前来归降。十一月，隋文帝任命杨素为灵州行军元帅，长孙晟为受降使者，协同启民可汗出兵进击步迦可汗。

仁寿二年（602）三月，突厥思力俟斤等率兵南渡黄河，掠走启民可汗部众六千多人，牲畜二十多万头。杨素率军追击，转战六十余里，大败敌军。突厥军向北逃走，杨素又进兵追击，当天夜里追上。杨素担心敌军逃走，命令骑兵稍后前进，亲自带领两个骑兵和投降过来的两个突厥人，与突厥兵并马而行，没被发觉。突厥军扎宿尚未停当，杨素急命后面的骑兵突杀过来，结果大破突厥军，夺回被掠的所有人、畜，还给启民可汗。从此，突厥逃向远方，大漠以南不再有侵掠。

仁寿三年（603）九月，突厥步迦可汗部下大乱，附属的铁勒、仆骨等十多部都背叛他，投奔了启民可汗。步迦可汗因部众逃散，向西投奔了吐谷浑。长孙晟送启民可汗安置在碛口（今内蒙古二连浩特西南），启民可汗于是领有了步迦可汗的所有部众。启民可汗对隋朝很是感激，每年都入朝觐见。

隋朝得到了安定发展的环境，因而迅速走向强盛。这虽然主要取决于隋文帝的谋略，但军事打击也是一个重要手段，杨广统兵攻击突厥便是其中之一。杨广既曾为平陈大军的统帅，又曾镇守并州、北御突厥，在隋文帝诸子中，其功勋称得上是佼佼者，从而获得了一定的政治资本。

四、争宠为储　逼宫继位

隋文帝共有五个儿子，长子杨勇，次子杨广，三子秦王杨俊，四子蜀王杨秀，五子汉王杨谅。早在杨坚称帝不久，就立长子杨勇为皇太子——名正言顺的皇位继承人。但随着政治资本的增加，杨广继承皇位的奢望不断滋长。

杨广明白，要夺得太子之位，一是要讨皇帝老子的欢心，二是要笼络自己的亲信党羽。按着这两个策略，他与父亲、兄长演出了一幕惊险残酷、精彩圆满的篡夺皇位的历史剧。

杨广极为宠信属下总管司马张衡，让他帮自己谋划夺位的策略。张衡为此费尽心机，为杨广夺得太子之位立下了大功。

杨勇没有心机，我行我素。他既未留心杨广的夺嫡阴谋，也不会虚情假意讨父母的欢心。他明知母亲独孤皇后痛恨男子宠爱姬妾，却明目张胆地喜好女色，把父母为他娶的嫡妻元氏冷落在一边，与其他姬妾吃喝玩乐。这使独孤皇后十分不满。

隋文帝是个比较节俭的皇帝，可杨勇偏偏喜好华丽铺张，自然也为父皇所不喜。冬至那天，杨勇大张旗鼓地接受百官朝贺，文帝生怕大臣和太子关系过于密切，影响自己的皇权，这又触犯了他的忌讳。于是父子之间渐生猜忌。夫妻俩既然都不喜欢这个太子，杨勇的太子之位就开始动摇了。

而杨广则是一个善于耍阴谋、弄权术的人。为了迎合独孤皇后，他只和王妃萧氏居处，跟后庭女子生了孩子就杀掉。父母每派人来，他都亲自和萧妃到门口迎接，并用丰盛的酒饭招待，临走再送上礼物。这些人得了好处，都在皇帝、皇后面前称道杨广仁孝。有时候，隋文帝和独孤皇后到杨广那里去，他便把年轻貌美的姬妾藏起来，让年老丑陋者穿上粗劣的衣服，服侍父皇和母后。文帝夫妇见杨广节俭而又不好声色，就更加喜爱了。杨广还用同样的方式敬待朝中大臣，大臣们也都称道他贤明。这样，他在朝廷内外获得普遍好感，声望越来越高，也便开始施展阴谋，颠覆杨勇的太子之位。

杨广出任扬州总管时，趁入宫辞别皇后的机会，故意跪在母亲面前痛哭流涕，说太子要加害他。这如同火上浇油，促使独孤皇后决计废除太子。此后，杨广便加快了夺嫡的步伐。寿州刺史宇文述是杨广的亲信，他献计请重臣杨素出面，向皇上提出废立太子之议。

杨素是隋朝著名的大将，屡立战功，深受隋文帝宠用，可谓举足轻重。杨素的弟弟杨约，很受兄长信任。宇文述找到任大理少卿的杨约，整日和他赌博，故意输钱给他，趁机把杨广的意思和盘托出，并危言耸听地说："你们兄弟得罪了太子。皇帝一死，你家就要大祸临头了。如今太子失去爱信，主上有废立之意，请立晋王为太子，就在你哥哥的一句话。"杨素兄弟遂答应撺掇帝、后废掉杨勇，援立杨广为太子。

在后宫的一次宴会上，杨素巧妙地试探独孤皇后说："晋王仁孝恭顺，很像当今圣上。"这话触到了独孤皇后的心痛处，她对杨素说了一大通晋王的好处和杨勇的不是。二人一拍即合，独孤皇后又送给杨素一大批金银，让他作为废立太子的费用。

隋文帝心里也有废立太子之意，只是碍于朝中大臣，难于启口。有一次，他曾暗示尚书左仆射、齐国公高颎，高颎马上表示反对，文帝很不高兴。又有一次，文帝命选东宫卫士宿卫自己，高颎又表示反对。隋文帝认为，高颎乃太子丈人，因而才加庇护。随着积怨越来越深，高颎终于被削职为民。杨勇失去朝臣中的有力支持，更加势单力薄了。

此时，杨素担任了穿针引线的角色，一方面在隋文帝夫妇面前称誉杨广、攻击杨勇，催促皇上废勇立广；一方面在朝中大肆活动，广造舆论，煽动更多的人诽谤太子。于是，对太子的流言飞语接二连三地传到隋文帝耳中。杨素又进谗言说："太子心怀怨望，恐有他变，应严加防范。"缘此，隋文帝派人刺探太子的动静，随时禀告；又裁减东宫卫士，去壮健，留老弱，东宫属官有才能者也分别调开。

终于，杨勇被废为庶人，杨广如愿以偿，被立为皇太子，取得了皇位继承权。杨广坐上太子宝座后，又命杨素捏造罪名，将弟弟蜀王杨秀废为庶人。杨勇屡次请求面见父皇申冤，都被杨广阻止了。这样，杨广便稳坐东宫，静等文帝驾崩。

仁寿四年（604），隋文帝卧病仁寿宫，杨广急不可待，写信问杨素如何处理后事。杨素的回信被错送到了皇宫，隋文帝看了非常生气。文帝宠幸的宣华夫人陈氏入内侍候，杨广见了，兽性大发，企图逼奸。隋文帝得知，大怒道："畜生何足付大事？独孤误我！"对柳述、元岩说："速召我儿！"柳述等以为召杨广，文帝连呼"勇也"！柳、元二人便出外起草诏书，召杨勇前来。

这一突变的风云，使形势急转直下。但杨广的心腹已布满内外，得知这一消息，他急命心腹宇文述、郭衍率东宫卫士包围皇宫，撤换皇宫卫士和服侍之人，后又干脆杀掉了杨勇。同一天，隋文帝驾崩，死因不明，后人多认为是杨广派人杀掉的。就这样，杨广登上了皇位，年号"大业"；因谥曰"炀"，史称"隋炀帝"。立萧氏为皇后，立长子杨昭为太子。

杨广即位后，最小的弟弟并州总管杨谅举兵反抗，但很快就被平定了。

五、改新制度　颇富文翰

杨广取得帝位后，也做了一些改革制度、轻徭薄赋、收揽民心的事情。刚办完隋文帝的丧事，他就下诏免除妇人和奴婢、部曲的课役，男子成丁的时间由二十一岁改为二十二，以缩短服役时间。这是自北魏实行均田制以来的重大改变，北魏妇人授田服役的制度到此即行中止。

隋炀帝厘定制度，主要表现在以下几个方面：

其一，并省州县，改州、县为郡、县。大业二年（606），炀帝遣使者十人，并省天下州县。目的仍是改变以前"民少官多，十羊九牧"的弊病。次年，又改州为郡，地方行政机构成为郡、县两级。

其二，创立进士科，确立科举制。隋文帝时，废九品中正制，初行科举。炀帝初即位，创进士科，并曾命按十科举人。于是在大业之初，科举制度正式确立。从隋唐到明清，科举一直是历代政府选拔官吏的主要途径，对我国古代社会产生了极大的影响。

其三，修订法律。大业二年（606），炀帝以隋文帝末年法令峻刻，人民喜欢宽政，诏吏部尚书牛弘等修改律令。次年，新律修成，共十八篇，称作《大业律》。它与《开皇律》相比，除去了十恶之条，死、流、徒、杖、笞等五刑中改重就轻的条款有二百多条。但是，律成之后并未真正执行。特别是炀帝末年，用刑残酷，生杀任情。

其四，兴建学校，搜访遗书，整理典籍。恢复了隋文帝时一度取消的国子监、太学、四门学和州县学。这对于繁荣文化教育是一大进步。

其五，炀帝颇好读书著述。在任扬州总管时，就设王府学士百人，修撰书籍。即位不久，又组织写成《长洲玉镜》四百卷，《区宇图志》一千二百卷。自担任扬州总管到大业末年，修撰工作从未间断。凡经术、文章、兵、农、地理、医、卜、释、道乃至拇蒲、鹰狗等各方面的书籍都编成新书，共三十一部，一万七千余卷。当时，长安嘉则殿有书三十七万卷，炀帝命秘书监柳顾言等进行整理，除去重复杂劣，精简为一万七千余卷，置于洛阳修文殿，并抄成五十副本，分置两宫省官府。又于洛阳观文殿修建精致的书库，其缦帐、书橱及书库的门皆能自动关闭，藏书以甲乙丙丁为目，分统经、史、子、集四类，这就是后来沿用的四部分类法。炀帝的这些整理、保存典籍的措施以及古书分类的方法，对中国文化是有贡献的。

从炀帝厘定的这些制度、修撰的这些书籍，可以看出，他也算是一个有见识、有魄力的统治者；但他决不是一个励精图治的帝王，后来他的残暴统治把这些改革的益处抵消得一干二净。

另外，炀帝的诗文颇受后人称赞。六朝文学酥软无骨、柔靡轻艳，是为浮华的"宫体"。隋初文帝进行诗文改革，下令无论公文还是一般文章都要尽去浮华，还将文章华丽艳冶的官员治罪。即便如此，六朝偎红依翠、花月吟咏的文风还是持续到唐初的近五十年。炀帝生活在这一时期，虽也作过不少艳声，但也不乏清丽明秀之作。他写了很多诗文，后人结集为《隋炀帝集》。其中，《饮马长城窟行》算得上千古名篇：

> 肃肃秋风起，悠悠行万里。万里何所行，横漠筑长城。
> 岂合小子智，先圣之所营。树兹万世策，安此亿兆生。
> 讵敢惮焦思，高枕于上京。北河见武节，千里卷戎旌。
> 山川互出没，原野穷超忽。撞金止行阵，鸣鼓兴士卒。
> 千乘万旗动，饮马长城窟。秋昏塞外云，雾暗关山月。
> 缘严驿马上，乘空烽火发。借问长城侯，单于入朝谒。
> 浊气静天山，晨光照高阙。释兵仍振旅，要荒事万举。
> 饮至告言旋，功归清庙前。

这是隋炀帝在大业三年（607）西巡所作的诗，"通首气体强大，颇有魏武之风"。后代文人对其诗篇的评价很高。"混一南北，炀帝之才，实高群下"，"隋炀起敝，风骨凝然"，"隋炀从华得素，譬诸红艳丛中，清标自出"，"隋炀帝一洗颓风，力标本素。古道于此复存"。

《春江花月夜》这一曲调，一说是陈后主所创，一说是隋炀帝所创，不可确考。相传，炀帝第二次到"腰缠十万贯，骑鹤下扬州"的人间繁华地江都时，作了《春江花月夜》：

> 暮江平不动，春花满正开。
> 流波将月去，潮水带星来。

这首诗作在后世也得到了很高的赞誉，王夫之评道："四句两联，特有贯珠之妙。"（《船山古诗评选》卷三）朱乾评道："隋炀自负才高，今观此词，未见其必亡国。如'暮江平不动'，即唐人能手，无以过之。"（《乐府正义》）

炀帝所作《江都宫乐歌》形式上已经十分接近七律：

> 扬州旧处可淹留，台榭高明复好游。
> 风亭芳树迎早夏，长皋麦陇送馀秋。
> 渌潭桂楫浮青雀，果下金鞍跃紫骝。
> 绿觞素蚁流霞饮，长袖清歌乐戏州。

虽然"绿觞素蚁流霞饮，长袖清歌乐戏州"两句仍不脱宫廷诗的格调，但"风亭芳树迎早夏，长皋麦陇送馀秋"两句清丽之语，又把江南的美景展现在读者的面前，可谓各有风致。

唐初王绩作《野望》"树树皆秋色，山山唯落晖"，其气象为王国维所极力推崇。炀帝也作过一首《野望》：

> 寒鸦飞数点，流水绕孤村。
> 斜阳欲落处，一望黯消魂。

寒鸦、流水、孤村、斜阳，在余晖中显得萧瑟、苍凉，而在这静谧而宏阔的景象之后，寓意也是深沉辽远的。

隋炀帝的清新、隽秀之作还有不少，比如"日落沧江静，云散远山空"(《夏日临江》)的浑然天成,"月影含冰冻,风声凄夜寒"(《冬夜》)的肃杀,在六朝文字宛如贵妇的珠光宝气之中透出了一点不施粉墨的淳朴与可人。

因而可以说,隋炀帝的诗歌有着承上启下的作用,能在百年梁陈靡靡诗音之中,恢复汉魏诗歌的风骨与精神,实属难得。

六、营建东都　开凿运河

为了巩固隋王朝的统治,消除自西晋末年以来分裂割据的遗迹,隋炀帝兴建了一系列的浩大工程。

在炀帝刚即位时,术士章仇太翼便对他说:"陛下本是木命,而雍州(治今陕西西安西北)为破木之要冲,不可长久居住。谶语也说:'修治洛阳还晋家。'(指炀帝曾受封晋王)"炀帝深信不疑,十一月就迁到洛阳,留下长子晋王杨昭镇守长安。没过几天,炀帝便征发丁壮男子数十万人挖掘长堑,从龙门(今山西河津)起,东接长平(今山西高平)、汲郡(今河南汲县),抵达临清关(今河南新乡北),过黄河到浚仪(今河南开封西北)、襄城(今河南襄城),一直到达上洛(今陕西商县),作为卫护的关防。随后,炀帝下诏在伊水和洛水之间营建东京洛阳。

大业元年(605)三月,隋炀帝诏命杨素与纳言杨达、将作大匠宇文恺负责主持营建东京洛阳,每月役使丁壮男子二百万人,迁移旧洛阳城(在今河南洛阳东北)内的居民以及全国各地的富商大贾数万家,充实新建的东京城。命令宇文恺和内史舍人封德彝等人主持营造显仁宫(在河南宜阳境内),南接皂涧,北跨洛水之滨。征集大江以南、五岭以北的珍奇木材和怪异山石,运送到洛阳;又寻求全国各地的嘉木异草、珍禽奇兽,充实洛阳的各个园囿。

与此同时,隋炀帝还大规模开凿大运河。他命令尚书右丞皇甫议征发河南、淮北诸郡的民众，先后征集一百多万人，开凿大运河的通济渠。自洛阳西苑引穀水、洛水入黄河，再从板渚（今河南汜水县东）引黄河水经过荥泽（在今河南荥阳东北）进入汴水；再由大梁（今河南开封）以东引汴水入泗水通达淮河。又征发淮南的民众十多万人，开凿大运河的邗沟，从山阳（今江苏淮安）到扬子（今江苏仪征南）入长江。通济渠宽四十步，渠两旁修筑御道，渠岸边栽植柳树保护渠道。又从长安至江都（今江苏扬州），建置离宫四十多所；派遣黄门侍郎王弘等人到江南，建造龙舟以及其他各类船只数万艘。

营建东京的官吏督促工役极其严苛急迫，服役的丁壮在繁重劳役折磨下，死亡达十分之四五，载运累死役丁的车辆，在东到成皋（治今河南荥阳汜水镇）北至河阳（治今河南孟县南）的道路上络绎不断。炀帝又在东京修建天经宫，一年四季祭祀隋文帝杨坚。

五月，隋炀帝下令兴建西苑。西苑方圆二百里，苑内开凿了人工海，周围长十余里，海内有人工堆成的方丈、蓬莱、瀛洲三座神山，高出水面一百多尺，台观殿阁错落其上，无论从哪方面看都如同仙境。苑海北面有龙鳞渠，渠水曲曲折折流来，注入海中。沿渠修建了十六院，院门面临渠水，每院以四品夫人一人主持。苑内的所有堂殿楼观都极尽奢华壮丽。苑中的花树秋冬凋落时节，就用彩绫剪成花叶缀满枝条，色彩变旧再更换新的；池塘里也用彩绫剪成荷、芰、菱、芡的花样，从而使苑内看起来花团锦簇，四季如春。炀帝游乐到那里，就预先去掉冰层，装饰一新。苑内的十六院夫人，都竞相以珍馐美食和各种各样的享乐法招待、吸引炀帝。炀帝喜好在月夜里带着宫女数千人骑着马在苑中游乐，又制作了《清夜游曲》在马上演奏。

大业二年（606）正月，东京洛阳正式建成，将作大匠宇文恺进位为开府仪同三司。

在炀帝修建的土木工程中，最著名的是大运河，它可以和秦朝的万里长城相媲美。大业四年（608），炀帝又征调黄河以北一百多万民工，引沁水南达黄河，北到涿郡（今北京）。大业六年（610），又征调江南十余万民工，开凿了从京口（今江苏镇江）到余杭（今杭州）的江南河。这样，以洛阳为中心，北起涿郡，南到余杭，全长五千多华里的大运河仅用六年的时间就完成了。

这一系列大规模的土木工程，一方面使国家耗费巨资，堆砌着百姓的累累白骨；另一方面又的确加强了隋朝对全国范围的统治，维护了国家的统一。东都的营建和大运河的开凿，为经济重心转移到南方后整个国家的政治布局、各地物资的统一平衡调动，提供了有效的方案，奠定了中国以后一千多年政治、经济的规模和格局。

七、出游江都　礼乐隆盛

大业元年（605）八月，隋炀帝出游江都（今扬州），从洛阳显仁宫出发，黄门侍郎王弘预先派龙舟船队奉迎。炀帝先乘坐小朱航船，从漕渠出洛口换乘龙舟。

龙舟分成四层，高四十五尺，长二百尺，上层建有正殿、内殿、东西朝堂；中间两层建有一百二十间房，都装饰着金玉；下层是侍从们的住处。萧皇后乘坐翔螭舟，装饰同龙舟一样豪华，只是规模稍小而已。又有称为"浮影"的大船九艘，高三层，都是人工建造的水上宫殿。此外，又有称作漾彩、朱鸟、苍螭、白虎、玄武、飞羽、青凫、陵波、五楼、道场、玄坛、楼船、黄篾等名号的大船数千艘，供妃嫔、诸王、公主、百官、僧尼、道士、外国使节及客商乘坐，并装载朝廷内外各部门进献的物品。共征发挽船民夫八万余人，其中九千余人专挽漾彩以上级别的大船，称为"殿脚"，都身穿锦彩袍衣。又有称作平乘、青龙、艨艟、八棹、艇舸的船只数千艘，乘坐十二卫兵士并载运兵器、帐幕等，由兵士自挽，不给役夫。

这支庞大的船队前后衔接，长达二百余里，两岸骑兵护送，水面、岸边彩旗飘扬，水光辉映，照耀着山川大地。炀帝下令所经州县五百里之内的民众都得前来献食，有些州献食多到一百车，都极尽水陆珍味美食。后宫的妃嫔、宫女们吃腻了，临行前都抛弃埋掉了。

大业二年（606）二月，炀帝诏命吏部尚书牛弘等官员议定舆服、仪卫制度，任命开封仪同三司何稠为太府少卿（掌内府器物），专门负责营造，送往江都。

何稠富有智慧，构思巧妙。他博览图书典籍，汇集参考古今的样式和构造，多有改进。衮衣（礼服）冠冕（礼帽）上画有日月星辰，皮弁（贵族用的礼帽）是利用漆沙制作的。又制作了三万六千人的黄麾仪仗。而皇帝乘坐的各式车辆，皇后的仪仗，文武百官的朝服，都务求制作华美，使炀帝称心如意。又向州县征收羽、毛，作仪仗上的装饰，害得百姓到处搜求捕捉，罗网撒遍了水中、布满了陆地，凡是羽毛可以用作装饰的飞禽走兽几乎捕杀殆尽。

乌程地方有一棵高过百尺的大树，树干上没有旁出的枝条，树顶上有一个鹤巢，当地百姓想捕捉鹤雏，但爬不上去，就砍伐树根，大鹤害怕树倒摔死雏鸟，就自拔羽毛投在地上。当时有人称这是祥瑞，说："天子要造羽仪，鸟兽自献毛羽。"仅仅制作羽仪一项，役使的人工就多达十余万人，耗费的金银钱帛数以亿万计。炀帝每次出外游乐，仪仗队伍塞满街路，连贯达二十余里。

三月，隋炀帝从江都出发，返回洛阳。四月，炀帝从伊阙（今河南伊川西南）乘坐法驾（天子的车驾），在千乘万骑的簇拥之下进入东京城。几天后，他亲临端门宣布大赦天下，并免除全国当年的租税。规定五品以上的文官乘车、上朝穿戴冠服、佩戴美玉等项制度，规定武官骑乘的马匹装饰珂（似玉的美石）、武官戴帻、穿用袴（套裤）褶（夹衣）的制度。当时，礼乐典章制度的隆盛，可以说是中古时期所望尘莫及的。

当年七月，太子杨昭因病去世，炀帝哭了几声就止住了，旋即又奏乐歌唱，与平常没有什么两样。八月，炀帝封皇孙杨倓为燕王、杨侗为越王、杨侑为代王，他们都是杨昭的儿子。九月，封秦孝王杨俊的儿子杨浩为秦王。

十月，在巩县（今河南巩县）东南的台地上设置洛口仓（亦名"兴洛仓"），修筑周围二十余里的仓城，挖掘了三千座大地窖，每窖可储藏八千石粮谷，并设置了监管官员和镇守士兵一千人。十二月，又在东京洛阳北七里外设置回洛仓，修筑周围十里的仓城，挖掘了三百座粮窖。

在北齐后祖高纬的时代，流行鱼龙、山车等杂技，称为"散乐"（又称"百戏"）。北周宣帝宇文赟时，郑译奏请征用这些杂技百戏。隋文帝杨坚受禅登上帝位后，命令牛弘正定礼乐制度，凡是不属于正声、清商和九部、四舞的音乐歌舞一律摒弃。炀帝即位后，以突厥启民可汗将要入朝为理由，想利用富有和欢乐来大肆炫耀。太常少卿裴蕴迎合上意，奏请招集全国周、齐、梁、陈时代的乐家子弟，都编为乐户；又六品官以下至于平民，有擅长音乐百戏的，都集中到太常寺当差。炀帝采纳了这个建议，全国各地的杂技百戏遂云集东京洛阳。

随后，隋炀帝在芳华苑积翠池旁检阅这些杂技百戏。有舍利兽先跳跃起来，忽然间激起水流注满街衢，遍地都是鼋、鼍、龟、鳖、水人虫鱼；有鲸鱼吞云喷雾掩蔽了太阳，转眼之间化成黄龙，身长七八丈；又有二人各自头顶竹竿分左右行走，竿上各有人舞动，忽地同时跳到对方的竿上；还有神鳌（大海龟）负山、幻人吐火等杂技，真是千变万化。歌伎戏人都身穿锦绣彩衣，舞女们都佩玉鸣环，点缀鲜花羽毛。炀帝命令京兆郡（治今长安）、河南郡（治今洛阳）的百姓为歌舞杂戏艺人制作新衣，作为一种税赋，为此，东、西两京的锦绣都用光了。

炀帝常常制作艳丽的篇章，命令乐正（乐师）白明达谱写新曲，教人弹奏，音调极其哀怨。炀帝听了非常高兴，对白明达说："齐氏（北齐高氏）偏促一隅之地，他的乐工曹妙达还封为王。朕今天全国一统，正是要使你显贵的时候，你应该自己注意修饰谨慎。"

八、北巡突厥　炫耀国力

大业三年（607）正月初一的早晨，隋宫大肆陈列文物。当时，突厥启民可汗正入京朝见，见此情景，非常羡慕，请求袭用中华的冠带服饰，隋炀帝不允。第二天，启民可汗又带领属下上表坚决请求，炀帝非常高兴，对牛弘等人说："当今衣冠全备，致使单于解开发辫，请求袭用我中华的冠带服饰，这是众爱卿的功劳。"赏赐了每人很多丝帛。

四月，隋炀帝巡视北方，住宿在赤岸泽（在今陕西华县北）。五月，启民可汗派遣儿子拓特勒前来朝见。炀帝征发河北十多个郡的青壮男子开凿太行山，直达并州，以开通驰道。启民可汗派遣侄儿毗黎伽特勒前来朝见。没过几天，启民可汗又派遣使节请求亲自入塞迎接圣驾，隋炀帝没有允许。

六月，隋炀帝以及随行官员、兵马驻扎在隋朝榆林郡（治今内蒙古准格尔东北）。炀帝想到塞北炫耀兵威，要经过突厥到达涿郡，恐怕惊扰启民可汗，先派武卫将军长孙晟宣谕圣旨。启民可汗奉诏后，召集所属诸国奚、霫、室韦等酋长数十人，聚在一起恭候大隋皇帝。从榆林向北到突厥牙帐,东面到达蓟城(在今北京西南),修筑了一条长达三千里、宽一百步的御道,突厥全国都出力服役。炀帝住在行宫里,启民可汗与义成公主亲自到行宫朝见。吐谷浑、高昌也同时派遣使者前来朝贡。这一切,使炀帝志得意满。

几天后,隋炀帝坐在北楼上,一边观看士兵在黄河里捕鱼,一边宴请百官群僚。启民可汗再次上表云:

> 先帝(隋文帝)怜悯我,赐给我义成公主,赏赐各种物品,使一切都不匮乏。我的兄弟因此嫉妒,都想杀掉我。我当时真是走投无路,仰视只有天空,俯视唯有大地,因而奉献上身家性命,完全依赖归附于先帝。先帝可怜我将要灭亡,收养我,使我获得了新生,任命我为突厥大可汗,回去安抚部众。陛下如今统治天下,还像先帝一样,养护我和突厥民众,使一切都不缺乏。我承受的圣恩是言语表达不尽的。现在,我已经不是从前的突厥可汗,而是皇上的臣民,希望带领全部落的民众变更衣服,完全如同华夏的民众一样。

炀帝虽然很高兴,但尚未失去清醒的头脑,因此赐给启民可汗玺书,告谕说:"大漠以北尚未平静,仍然需要征战,只要存心恭敬顺服,何必改变服装呢?"

隋炀帝欲向突厥人夸示,遂命宇文恺制作特大的帐篷,帐中可容纳数千人。大帐篷做好后,炀帝在城东亲临大帐,准备了盛大的仪仗和卫队,宴请启民可汗及其部落酋长,演奏散乐。突厥人亲眼见到这一切,个个震惊喜悦,争先恐后地贡献,所献牛、羊、驼、马多达数千万头。炀帝赏赐给启民可汗丝帛二十万匹,赏赐其部下各有差等。又赏赐启民可汗辂车(古代诸侯乘坐的车子)、乘马、鼓乐、旗旖,以及赞拜天子不称名字的特权,地位在诸侯王之上。又下诏征发青壮男子一百多万修筑长城,西到榆林,东至紫河(今山西右玉西)。尚书左仆射苏威劝阻,炀帝不听,但修筑二十天后便停止了。

八月,隋炀帝从榆林出发,经过云中(今内蒙古土默特左旗东南)沿金河(今呼和浩特大黑河)而上,追溯河源。当时天下承平,各种物资都丰富充足,陪同炀帝出行的有带甲士兵五十多万,战马十万匹,旌旗招展,辎重满路,千里不断。炀帝又命令宇文恺等人制造了观风行殿,殿上可容纳侍卫数百人,能分能合;行殿下安装轮轴,能够推移。又制作了行城,周长两千步,用木头做主干,周围披挂布料、装饰丹青,城上侦察守护所用楼橹也都具备。胡人们都以为是神功,无比震惊,每每望见御营,在十里之外就屈膝叩头,没有人敢骑马。

启民可汗奉献上庐帐,等待御驾的到来。隋炀帝亲临他们的庐帐,启民可汗捧着酒杯祝福皇上长寿,恭敬地跪倒俯伏;王侯以下的突厥官员在帐前袒身割肉,没有敢仰视的。炀帝非常高兴,赋诗一首,道:"呼韩(呼韩邪单于)顿颡至,屠耆接踵来,何如汉天子,空上单于台。"萧皇后也亲临义成公主帐。炀帝赏赐给启民可汗和义成公主金瓮各一个,并赏赐衣服、被褥、锦绿,特勒以下受到的赏赐各有差等。炀帝御驾返回时,启民可汗一直护送到长城才返回。

大业四年(608)四月,炀帝诏命:"突厥启民可汗遵奉朝廷的教化,想着改变戎人的风俗,可以在万寿戍(今内蒙古土左旗东南)建筑城池,修造房屋,使用的帷帐、床褥等物品一定供给优厚。"

大业五年(609)正月,启民可汗前来朝见天子,炀帝对他的礼遇和赏赐更加优厚。十一月,启民可汗去世,炀帝专门为他辍朝三日，立他的儿子咄吉为可汗，此即始毕可汗。始毕可汗上表炀帝，请求娶义成公主为妻，炀帝诏令遵从突厥人的风俗。

九、巡视西域　夸示强盛

大业三年（607），西域诸国的胡人有很多到张掖（今甘肃张掖）交易货物，隋炀帝派吏部侍郎裴矩掌管经营。裴矩熟知炀帝喜好经略远方的心理，当诸国胡商到达张掖时，就利诱他们前来，询问诸国的山河地理、风俗习惯，国王以及庶民的仪表容貌、形状服饰等，据此撰成《西域图记》三卷，共记述了四十四国的状况，入朝奏报炀帝。又另外绘制西域地图，西域的要害地方全都画在上面。在从西倾山（在青海、甘肃、四川交界处）往西纵横连贯将近两万里的地方，从敦煌（今甘肃敦煌）出发去西海（今里海）共有三条通道：北道经由伊吾（今新疆哈密），中道经由高昌（今新疆吐鲁番东），南道经由鄯善（在今新疆若羌县治卡克里克），最后会集在敦煌。

隋炀帝召见裴矩，亲自询问有关西域的事务，并赏赐丝帛五匹。裴矩大谈"西域地方盛产珍宝，吐谷浑容易吞并"。炀帝感慨万千，仰慕秦始皇、汉武帝的武功，便委裴矩以开通西域、经略四方夷人的重任；又任命他为黄门侍郎，派他回到张掖，招集西域诸国胡人，利诱他们入京朝见天子。从此以后，西域诸国的胡人来往京城相继不绝，所经郡县疲于送往迎来，耗费的财富数以亿万计。

隋炀帝没有一天不修建宫室，东、西两京以及江都的苑囿、亭殿虽然众多，可时间一长就厌烦了。每次出游，左顾右盼，没有中意的宫殿，不知住在哪里才好。为此，炀帝要来全国山河的所有地图，亲自查看，寻找可以设置宫殿的名胜之地。

大业四年（608），炀帝在三月到五原出塞外巡视长城后，于四月下诏，在汾州之北的汾水之源营建汾阳宫（故址在今山西宁武南管涔山上）。七月，又征发青壮男子二十余万人修筑长城，从榆谷（在今青海尖扎县西北黄河南岸）一直往东修筑。九月，征集擅长驯养猎鹰的鹰师集中到东京洛阳，前来报到的有一万多人。

大业五年（609）正月，改称东京洛阳为"东都"，炀帝从东都回西京（长安）。二月，御驾到达西京。三月，炀帝到西方巡视河右（即河西，指甘肃、青海黄河以西地区），几天后，回到了扶风郡（治今陕西凤翔）故乡杨家旧宅。四月，炀帝出临津关渡过黄河，到达西平郡（治今青海乐都）检阅军队，讲习军事，准备出击吐谷浑。五月，炀帝在拔延山（今青海化隆县西北）进行大规模围猎，长围的四周连贯二十里。然后进入长宁谷，越过星岭，到达浩亹川（今青海与甘肃交界的大通河）。因为河桥没有按期完工，便斩了都水使者黄亘以及督工役的官吏九人，数日之后河桥建成，才继续前进。

六月，炀帝问给事郎（即给事中）蔡徵说："自古以来就规定天子有巡狩的大礼，可是江东（指南朝）的诸帝王多涂脂抹粉，坐在深宫中，不与百姓相见，这是什么道理呢？"蔡徵回答说："这就是他们所以不能长命的原因。"几天后，炀帝到了张掖郡，准备巡视西域，命裴矩劝说高昌王麹伯雅和伊吾王吐屯设（监督官）等人，以厚利引诱他们前来朝见天子。炀帝到达燕支山（在今甘肃永昌到西、山丹县东南）时，麹伯雅、吐屯设等及西域二十七国的首领，伏在道旁晋见大隋天子。炀帝命令他们佩戴金玉，烧香奏乐，载歌载舞，一片欢声笑语。炀帝又命武威、张掖二郡的男女盛装打扮，务必体面漂亮。衣服、车马色彩不够鲜艳的，由郡县地方官监督改换。让人们都骑上马、乘着车填满道路，周围连贯长达数十里，以此来显示中国的强盛。

伊吾吐屯设献上西域土地数千里，隋炀帝满心喜悦。他宣布设置西海郡（治今青海湖东南）、河源郡（治今青海湖南）、鄯善郡、且末郡（治今新疆塔里木南且末）四郡，流放全国的罪人充当戍卒，守卫这些地方。炀帝命刘权镇守河源郡积石镇（今甘肃临夏西），并大力开办屯田，防御吐谷浑，保护通往西域的道路。当时，全国有一百九十个郡，一千二百五十个县，有八百九十余万户，东西长九千三百里，南北长一万四千八百一十五里。隋王朝至此达到极盛的顶端，此后便开始走下坡路了。

隋炀帝认为裴矩有安抚怀柔的谋略，晋升他为银青光禄大夫（掌顾问礼对）。从西京所属的诸县到西北诸郡的民户，都要承担转运内地物资到西北塞外的劳役，每年转运总计多达数亿万。由于所经路途险恶遥远，甚至会遭到抢掠，以致人、畜死亡，很难达到目的地；凡是不能达到者，郡县官吏一律要被没收家产。从此以后，平民百姓纷纷失业，隋王朝的西北方首先困弊了。

隋炀帝亲临观风殿，陈设各种文物，招来高昌王麴伯雅和伊吾吐屯设上殿宴饮，其他二十多个西域蛮夷蕃国的使者陪坐阶廷宴饮，大殿里演奏九部乐以及鱼龙百戏，以娱乐助兴，并按等级进行赏赐和赠送。炀帝宣布全国大赦。

青海湖原先由吐谷浑占据，民间相传，把牝马放在湖里可以得到龙种。七月，炀帝在西海郡的青海湖边设立了牧马场，驱赶二千匹牝马到河谷里，希望寻求龙种。结果毫无成效，最后不得不停止。

隋炀帝一行开始东返，行经大斗拔谷山（在今甘肃武威西二百里），由于山路狭窄险恶，只能鱼贯相续而行，加上遭遇大风雪，文武百官又饥又累，全身淋湿。天黑之后很久了，还是找不到前面的宿营地，士卒冻死一多半，马、驴冻死十之八九，甚至后宫的妃嫔、公主也有失散的，与军士混杂住宿在山间。九月，炀帝进入西京，直到十一月才回到东都洛阳。

大业六年（610）正月，隋炀帝因为诸藩国的酋长都汇集在洛阳，便命令在端门外大街举行杂技大会演，戏场周围五千步，演奏乐器者多达一万八千人，乐声传出数十里，从黄昏一直闹到天亮，灯光、火光照亮了天地。演出整整持续了一个月，耗费资财多达亿万。从此以后，这种会演每年举行一次，成为例行的娱乐活动。

诸藩国的商人请求进入洛阳的丰都市场交易，炀帝予以批准，并下令先整修市场的店铺，屋檐要整齐划一，挂满帷帐，堆满珍奇的货物；人物要个个漂亮，连卖菜的小贩也要垫上龙须席（用龙须草编成的席子）。藩胡客商每次经过酒店、饭店，都必须邀请他们就座，吃饱喝醉才走，一律不收钱，还欺骗他们说："中国丰足富饶，喝酒吃饭照例都不要钱。"胡商们都惊叹不已。其中狡黠的胡商也略有察觉，发现缠在树上的丝帛，便问："中国也有衣不遮体的人，何不把这些丝帛给他们穿在身上，缠在树上做什么？"市上的人惭愧得无言以对。

十、不听谏阻 亲征辽东

早在文帝开皇十七年（597），远在辽东的高句丽王高汤，听到隋朝灭陈的消息非常恐惧，极力加强兵备，积蓄粮草，做抵抗守御的准备。当年，隋文帝致书高汤说：

> 你们东北方虽然土地狭窄、人口稀少，假若现在废了你的王位，也不能就此对东北不管不问，朝廷还要重新选派官属，前去安抚那里的黎民百姓。你如果能洗心革面，遵照朝廷的典章制度，即是朕的良臣，何劳另外派遣贤能之士呢？你认为辽水的宽广比长江如何？高句丽的兵民比南陈多少？朕假如不存包含抚育之心，责罚你从前的罪过，立即命令一

位将军出征，何用多少气力！朕之所以情意恳切地加以劝导，是允许你悔过自新。

接到诏书，高汤惶恐不安，准备进献表文陈述谢罪。恰在这时，高汤不幸病逝，儿子高元继位。隋文帝派遣使者授予高元上开府仪同三司的官衔，承袭辽东公的爵位。高元向朝廷进献表文谢恩，并趁这个机会请求封他为高句丽国王，隋文帝允许了。

开皇十八年（598）二月，高句丽王高元率领包括靺鞨（女真的前身）在内的军兵一万多人攻掠辽西地区（治今辽宁义县西），被隋朝营州总管韦冲率军击退。隋文帝听说后大怒，任命汉王杨谅、上柱国王世积同为行军元帅，统率水陆三十万大军讨伐高句丽。又任命尚书左仆射高颎为汉王长史、周罗睺为水军总管。

六月，隋文帝颁布诏书，废黜高句丽王高元的官职、爵位。汉王杨谅统率大军出临渝关（今山海关），正遇上大雨过后的水涝，后勤运输跟不上，军中缺少粮秣，还有传染病流行。周罗睺率领水军从东莱（治今山东掖县）渡海直奔平壤，途中也遭遇大风，战船大多沉没。

九月，隋军被迫撤回，士卒死亡十分之八九。高句丽王高元也惊慌惧怕，派遣使节向朝廷谢罪，上表自称"辽东粪土臣元"。隋文帝遂停止用兵，对待高句丽王还像当初那样。

百济王余昌派使节进献表文，请求为隋军讨伐高句丽充当向导，隋文帝下诏告谕他："高句丽王已经认罪归附，朕已经赦免了他，不能再行讨伐。"朝廷优待百济的使节，然后遣送回国。高句丽得知一些消息，为报复百济，便出兵劫掠百济的边境。

大业六年（610），隋炀帝亲临启民可汗牙帐的时候，恰好高句丽国的使节正在那里，启民可汗不敢隐瞒，便和他一起面见皇上。这时，黄门侍郎裴矩对炀帝说："高句丽本是箕子（商纣王时代的忠臣）的封地，汉、晋时代一直是中国的郡县，现在却不臣服朝廷。先皇帝（隋文帝）准备讨伐高句丽已经很久了，只是由于杨谅无能，以致师出无功。当今陛下君临天下，怎能不夺回来，使文明礼仪之境反而成了蛮貊之乡？如今高句丽使节亲眼目睹启民可汗举国奉从大隋的情景，可以趁他们恐惧之时，胁迫高句丽王进京朝见。"

隋炀帝听从裴矩的建议，命牛弘向高句丽使者宣布圣旨说："朕因为启民可汗诚心诚意地尊奉朝廷，所以才亲临他的牙帐。明年朕将去涿郡，你回去转告高句丽王，应当及早前来朝见，不要自生疑惑和恐惧。所有存育教化的礼仪，将如同对待启民可汗一样。假如不来朝见，朕将率领启民可汗去巡视你们那里。"

高句丽王高元十分害怕，但并未前来朝见，藩臣的礼节也稍稍欠缺。炀帝对此大怒，便准备讨伐高句丽，下令征收全国富户的军赋，让他们购买战马，一匹马价值高达十万钱；又派使官检查兵器，务求精制新造，发现粗制滥造、质量低劣，就立即处斩使官。

大业七年（611）二月，隋炀帝从江都来到涿郡，颁布诏书征讨高句丽，命令幽州总管元弘嗣到东莱海口负责建造海船三百艘。为了讨好皇上，官吏监督工役极其严厉急切，匠役们昼夜站在海水里，不敢稍微休息，从腰部往下都腐烂生蛆，死亡了十分之三四。

四月，御驾到了涿郡的临朔宫，跟从的文武百官凡九品以上的，当地都必须按照命令妥善安置住宅。在来涿郡之前，隋炀帝就下诏征调全国的兵力，不问地方远近，全部集中到涿郡。又征调来江淮以南的水手一万人、弓箭手三万人、岭南排鑹手三万人。当时，四面八方的士兵不远千里奔赴涿郡，如同流水一般。

五月，炀帝命令河南、淮南、江南的民众，赶造战车五万辆送到高阳（今河北高阳），供士兵装载衣甲帐幕，由士兵自己推挽。又大量征发河南、河北的民夫，运送军需物资。七月，征调江淮以南的民夫及船只，运载黎阳仓（在今河南浚县西南）和洛口仓的仓米到涿郡，船只依次衔接，千里不断。在水道和陆路运输线上，经常有数十万人来来往往，运载兵器、甲仗和攻城器具。运夫车马拥挤在道路上，昼夜不息，死亡的民夫尸体遗弃路旁，满路臭气污秽，全国都因此骚动起来。

大业八年（612）正月，四方军兵都集中到了涿郡。隋炀帝征召太史令庾质，问道："高句丽的人口抵不过我的一个郡，现在朕凭着如此众多的军兵讨伐他们，卿以为能否战胜？"庾质回答说："征伐是可以战胜的。不过依臣的愚见，不希望陛下亲自去征讨。"炀帝不高兴地说："朕现把大军集中在这里，怎么可以没见到敌人，自己先退却了呢？"庾质回答说："攻战而不能取胜，恐怕有损陛下的威名；假如陛下坐镇在这里，命令勇猛的大将、强壮的士兵，指示他们作战方略，然后让他们急速行军，出其不意地进击敌人，就一定会战胜。军机在于神速，迟缓就不会成功。"炀帝不满地说："你既然害怕上前线，自己留在这里好啦。"这时，右尚方署监事耿询上书恳切劝阻亲征，炀帝大怒，下命左右卫士斩之，少府监何稠苦苦相救，耿询才免于一死。

几天后，隋炀帝下令进军，左十二军出镂方、长岑、溟海、盖马、建安、南苏、辽东、玄菟、扶余、朝鲜、沃沮、乐浪等道，右十二军出黏蝉、含资、浑弥、临屯、候城、提奚、踢顿、肃慎、碣石、东暆、带方、襄平等道，源源不绝地踏上征途。二十四军要全部集中到平壤，共有一百一十三万三千八百人，号称二百万大军。运输粮饷的民夫，则是军兵的两倍。

临行前，隋炀帝命举行盛大祭典，在桑乾河南祭祀社神，在临朔宫南祭祀上帝，在蓟城北祭祀妈祖。炀帝亲自发布命令：每军设置大将、次将各一人，统率骑兵四十队、步兵八十队。骑兵每队一百人，十队为一团，步兵二十队为一团，每团各设偏将一人。各团的铠甲头盔、冠缨拂具以及旗帜，色彩都不相同。每军又特设受降使者一人，承受皇帝的诏命，负责慰问安抚，不受大将节制。每军又有辎重、散兵等四团，行进中由步兵夹路护卫，各军的进止宿营都有一定的次序和规定。第一军首先出发，以后每天发一军，前后相距四十里，连营依次前进。最后，经过四十天才全部出发，各军首尾衔接、相继不断，鼓角声声相闻，战旗飘飘相望，全军连贯长达九百六十里。御营里的十二卫、三台、五省、九寺，分别隶属于内、外、前、后、左、右六军，按次序最后出发，又连贯了八十里。近古以来，像这次出师规模之盛大，从未有过。

二月，隋炀帝任命段文振为左候卫大将军，出兵南苏道。段文振在进军途中不幸病情恶化，上表说："私下见到辽东高句丽不服朝廷的威严刑法，因此不避遥远出动六军，陛下亲自操劳。但是敌人多奸诈诡计，必须周密防备。敌人口称投降，不宜立即接受。积水刚刚降下，不可迟留耽搁。只希望陛下严密节制诸军，星驰速发，水陆并进，出敌不意，那么平壤一座孤城，势必可以攻占。如果动摇了高句丽的根本，其余的防守自然不攻自破。假如不按预定时间进军，或许遇上秋雨连绵，那么征途将变得十分艰难。拖延下来，军粮用尽，强敌抵御在前，靺鞨袭击在后，不堪设想。迟疑不决，绝非上策。"应该说，段文振的分析十分中肯，他建议发动闪电袭击的确是取胜之道，但隋炀帝对此并未引起足够重视。三月，段文振去世，炀帝感到很惋惜。

十一、指挥失误　惨败而回

隋炀帝亲自统率军队，推进到辽水。各路军队聚集，沿辽水摆列军阵。高句丽兵依仗辽水坚守抵抗，隋军不得渡河。炀帝命工部尚书宇文恺在辽水西岸建造三道浮桥。浮桥建成后，士兵们推桥直奔辽水东岸，由于桥身短，还差两丈多达不到对岸。高句丽兵蜂拥赶来阻击，勇猛的隋军士卒争相跳进水中与敌人对战，高句丽兵居高临下猛击河水里的隋兵，隋兵登不上岸去，死亡很多。左屯卫将军麦铁杖与虎贲郎将钱士雄、孟叉等人跳上河岸，都奋战而死，隋军不得不收兵，又拉桥回到西岸。

隋炀帝下诏追认麦铁杖为宿公，让其长子麦孟才承袭爵位，次子麦仲才、三子麦季才做了正议大夫。再命少府监何稠接长浮桥，两天后完工。诸军依次沿浮桥过河，在辽水东岸展开激战，高句丽兵惨败，死亡数以万计。隋诸路大军乘胜进军包围了辽东城（今辽宁辽阳）。炀帝渡过辽水后，带领曷萨那可汗和高昌王麴伯雅到激战处观看，使他们畏服隋军的威力。接着颁布诏书大赦全国，命刑部尚书卫文升、尚书右丞刘士龙安抚辽东民众，免除十年徭役，并建置郡县进行统辖。

诸将率军东进，隋炀帝亲自告诫说："今天我大军出征，是为了慰问高句丽民众，讨伐有罪的高句丽王，并不是为了建立功名。诸将当中有人不了解朕的旨意，想以轻兵突袭，孤军深入，独自战斗，以立身扬名、邀功请赏，这都不符合大军征伐之法。你们进兵要分成三道，进行攻战，一定三道互相配合，不得冒险独进，以至于散失败亡。再有，凡是军事进止，都必须奏报，等待命令，不得专擅行事。"

辽东城的高句丽守军屡次出战不利，便据城死守。炀帝命令诸军攻城，又令诸将："高句丽如果投降，应当立即抚慰接纳，不得纵兵进攻。"辽东城每次即将攻陷，城中守军就声称请求投降，诸将奉命不敢趁机猛攻，先派人快速奏报，等到领旨回来，城中守军补充完备，接着坚守抵抗。如此再三，炀帝还是执迷不悟，因此辽东城久攻不下。

六月，隋炀帝来到城南，亲自观察城池形势，召见诸将斥责说："你们自以为官居高位，仗着家世显贵，打算用懦弱、怠慢来对待朕吗？在都城之日，你们都不愿意朕亲征，恐怕朕发现弊端。朕今天来到这里，正要观察你们的所作所为，斩杀你们这些人！现在你们畏惧死亡，不肯尽力作战，是认为朕不能杀你们吗？"诸将全都浑身颤抖，变了脸色。炀帝于是停留在辽东城西数里的地方，坐镇六合城（行军所用的活动木城）。高句丽军各自坚守城池，隋军长久不能攻下。

右翊卫大将军来护儿统率江淮的水军，战船相连数百里，渡海先行。从浿水（今朝鲜大同江）进入高句丽。在离平壤六十里处，与高句丽军相遇，隋军发起攻击，大败高句丽军。来护儿打算乘胜直攻平壤城，副总管周法尚劝止，请求等候诸军到齐一同进攻。来护儿不听劝告，选拔精锐甲士四万人，直抵平壤城下。高句丽埋伏重兵在罗郭城内的空寺中，然后出兵与来护儿军开战，并假装败退。来护儿不知是计，带兵追赶，进入平壤城，纵兵掠夺，乱成一团。高句丽伏兵乘机杀出，来护儿大败，只身逃脱，士兵逃回不过几千人，高句丽兵一直追击到隋军战船停泊的地方，周法尚严阵以待，高句丽兵才撤回。来护儿领兵撤退，驻扎在海边，不敢再留在平壤城下接应诸军。

这时，左翊卫大将军宇文述从扶余道进兵，右翊卫大将军于仲文从乐浪道进兵，右骁卫大将军荆元恒从辽东道进兵，右翊卫将军薛世雄从沃沮道进兵，右屯卫将军辛世雄从玄菟道进兵，右御卫将军张瑾从襄平道进兵，右武候将军赵孝才从碣石道进兵，涿郡太守检校右武卫将军崔弘升从遂城道进兵，检校右御卫虎贲郎将卫文升从增地道进兵，全都会聚在鸭绿水（即鸭绿江）西岸。出发之前，宇文述等军在泸河镇（在今辽宁锦州西）和怀远镇

（在今辽宁北镇县境）补给了一百天的口粮，又发给排甲、枪矛，并有衣服、战具、火幕，每人平均三石以上的负重量，很难长途跋涉。军中下令"遗弃火粮者斩"，士卒为减轻负担，都偷偷在营帐下挖坑埋藏粮食，因此才走了一半路，粮食就快吃光了。

高句丽王派遣大臣乙支文德到隋军营中诈降，实际上是想侦察隋军的虚实。右翊卫大将军于仲文事先奉有炀帝的秘密指示："如果高元和乙支文德前来，定要擒住。"于仲文要抓乙支文德，尚书右丞刘士龙任慰抚使，却坚决制止。放走乙支文德之后，于仲文和宇文述等心中不安。宇文述因为军中粮尽，打算撤回。于仲文提议派精兵追击乙支文德，立功补过。

当时，炀帝认为于仲文有谋略，诸将遇事都向他禀告、接受节制。因此，宇文述等人不得已听从其建议，与诸将渡过鸭绿水，追击乙支文德。乙支文德发现宇文述军中士卒面带饥色，就采用疲惫隋军的战术，刚一交战就立即退却。宇文述军一天之内七战七胜，于是大举东进，渡过萨水（今朝鲜清川江），在离平壤三十里外依山扎营。

这时，乙支文德又派遣使者前来诈降，向宇文述请求说："如果能撤回军队，我将陪高元去皇帝行宫朝见。"宇文述知道自己的士兵疲惫不堪，不能再投入战斗；又见平壤城地势险要、防守坚固，估计很难迅速攻占，便借此乘机撤兵。宇文述指挥军队结成方阵后撤，高句丽兵四面包抄攻击，宇文述军一边抵御、一边后撤。七月，隋军退到萨水，刚渡过一半，高句丽军趁势攻击隋军后卫部队，右屯卫将军辛世雄战死。于是诸军一齐溃散，将士纷纷奔逃，一天一夜跑了四百五十里，到了鸭绿水。将军王仁恭率所部卫后，回击高句丽追兵，将其击退。来护儿听说宇文述军战败，也率军撤回。这次出兵，只有卫文升一军完整无损。

当初所派九路大军，共三十五万五千人，等撤回到辽东城，只剩下了两千七百人；带去的军需储备、各种器械数以万计，也丧失殆尽。隋炀帝大怒，下令捆了宇文述等众将，率领残兵败将退回。

起初，百济王余璋派使者请求隋朝出兵征伐高句丽，隋炀帝让他们侦察高句丽人的动静，余璋却暗中与高句丽人串通。隋军正准备出动，余璋又派大臣国智牟前来请示出兵日期。隋炀帝非常高兴，给予优厚赏赐，派尚书起部郎席律前往百济，告知出兵会战的日期。等到隋军渡过辽水，百济也发兵严守边境，扬言帮助隋军作战，实际上在游移观望。

这次出兵高句丽，只是在辽水以西攻占了高句丽设置的武厉逻（侦察哨所），建置了辽东郡和通定镇。八月，炀帝命令运输黎阳仓、洛口仓、太原仓（在今山西太原西南）的仓谷到辽西的望海顿（在今辽宁锦州东南渤海岸边），派民部尚书樊子盖留守涿郡。九月，炀帝回到东都洛阳。

宇文述一向受隋炀帝宠幸，且其子宇文士及娶炀帝之女南阳公主为妻，所以炀帝不忍心杀他，只把他和于仲文等人解除官职，降为平民。炀帝杀了慰抚使刘士龙，向全国表示歉意。隋军在萨水战败，高句丽军在白石山追击围困薛世雄军，薛世雄奋勇冲击，打败了高句丽军，因此免予处分；全身而退的卫文升，升任金紫光禄大夫。诸将都把战败的罪过推到于仲文身上，于是炀帝释放诸将，单单囚禁了于仲文。于仲文无比愤怒，直到患了重病才被释放，随后病死家中。

凭借隋文帝时期积蓄的国力，隋炀帝征集百万大军，分成二十四军依次前进，鼓声相闻，旌旗相望，浩浩荡荡九百六十里。这种近古未有的大出师，意在炫耀武力，并不是从实际军事需要出发，因而失去了出其不意克敌制胜的可能。他不顾臣下的一再谏阻，坚持亲自挂帅，严令诸将凡事必须奏报待命、不得专擅，志在贪天之功以为己有。他满以为百万大军一到辽东，高句丽就会乖乖出降，严令诸将高句丽请降必须安抚，不得纵兵进攻，结果一再贻误战机，致使战败。可以说，征辽的失败，全在于炀帝自己的种种失策。

十二、穷兵黩武　涂炭生灵

大业九年（613）正月，隋炀帝颁布诏书，再次征调全国军队在涿郡集中，同时招募民间勇士从军，称作"骁果"，并修筑辽东古城来积贮军粮。二月，隋炀帝下诏说："宇文述因为军粮未能及时供应，才使隋军陷入失败。这是军吏们没能保障后勤供给造成的，不是宇文述的罪过，应当恢复他的官爵。"不久，又给宇文述加上了"开府仪同三司"的官衔。

此时，隋炀帝又开始谋划征讨高句丽的战事。他对侍从大臣说："高句丽小小的敌虏，竟敢侮弄怠慢上国。现在，凭朕的大军，海可以填，山可以移，能战胜一切敌人，小小的高句丽算得了什么！"左光禄大夫郭荣劝谏说："敌人失掉礼义，本是臣下的职事。千钧重的强弩，不应该为小老鼠发动扳机。怎么能屈尊陛下亲自去抵御小小的寇虏呢！"炀帝充耳不闻。

四月，隋炀帝率军渡过辽水，派宇文述与上大将军杨义臣率军直奔平壤城，派左光禄大夫王仁恭从扶余道出兵。王仁恭进军到新城（今辽宁抚顺），高句丽兵数万人出城抵抗，王仁恭亲率千名强壮骑兵击败敌军，高句丽军只得据城死守。炀帝命诸将进攻辽东城，允许他们便宜从事，不必事事奏请。隋军使用飞楼（攻城用的楼车）、撞车（冲锋车）、云梯，又挖掘地道，从四面八方同时进攻，昼夜不停，而高句丽守军则随机应变拒守。隋军大战二十多天，仍未能攻下，双方死伤都极惨重。

隋军使用的冲梯，竿长十五丈，骁果沈光登上顶端，居高临下与高句丽兵接战，杀死十多人。高句丽守军争着把他击落下来，还没落到地面，正遇上竿头垂下的一条粗绳，沈光一手拉住粗绳，又爬上了冲梯。炀帝望见这一情景，称赞沈光英勇，当即任命他为朝散大夫，让他常在自己左右。

辽东城久攻不下，于是隋炀帝派人做了一百多万个布口袋，装满沙土，堆积成一条鱼脊梁一般的大道，宽三十步，高齐城头，打算派士兵登道攻城。又制造了八轮楼车，高出城头，夹在鱼梁道两边，准备从楼车上放箭射击城内。

隋军准备就绪，指日攻城，辽东城危在旦夕。正在这时，礼部尚书杨玄感反叛的密报来到，炀帝非常惊慌。当时随军东征的兵部侍郎斛斯政，一向与杨玄感友好，杨玄感谋反，斛他曾串通谋划；杨玄感兄弟逃回内地，也是斛斯政暗地送走的。炀帝要追究惩治杨玄感的党羽，斛斯政内心不安，连忙逃奔了高句丽。

隋炀帝见事情不妙，秘密召集诸将，命令他们带兵撤回，军需物资、器械、攻具堆积如山，所有的营垒、帐幕都安放不动，完全抛弃，立即撤离。兵众们心惊胆战，不再有部伍约束，诸路军纷纷向西南撤走。高句丽守军有所觉察，但不敢出城追击，只是在城里面击鼓呐喊。到了第二天中午，高句丽军才渐渐出城，四处侦察，还在怀疑隋军是否伪装撤退。过了两天，才出动了几千追兵，但畏惧隋军众多，不敢逼近，常常相距八九十里。将到辽水时，高句丽追兵得知御营确实过了辽水，才敢逼近后卫军。当时隋军的后卫还有几万人，高句丽军尾随抄袭，隋军落在后面的几千名老弱士兵遭其攻杀。

起初第二次出征高句丽，隋炀帝又找来太史令庾质，问道："这次出征将会怎样？"庾质回答说："臣下实在愚昧迷惘，仍然坚持从前的看法。陛下如果亲自出征，劳费实在太多。"炀帝愤怒地说："我亲自去还不能攻克，如果仅派别人去，怎么会成功!"等从高句丽返回,炀帝对庾质说:"你以前不想让我亲征高句丽,应当是为了防备有人谋反吧?"

平定杨玄感叛乱后,隋炀帝不吸取教训,又要三征高句丽。大业十年(614)二月,炀帝诏命百官重议讨伐高句丽,连续几天也没有人敢发言。过了几天,炀帝又一次颁布征兵的诏书,征发全国的兵力,百道一起进攻高句丽。三月,炀帝到了涿郡,出征的士兵在路上纷纷逃亡。炀帝到达临渝宫,在军中举行祭祀黄帝的大典,斩杀叛逃的士兵,用他们的血涂军鼓,但逃亡仍旧不止。四月,炀帝到达北平郡(治今河北卢龙)。

七月,炀帝驻扎在怀远镇。当时全国已经混乱,征发的军队大多未能按期到达,高句丽也困弊不堪。这时,来护儿进兵到达卑奢城(今辽宁金州境),高句丽出兵迎战,被来护儿击败。来护儿将要率兵进攻平壤,高句丽王高元害怕了,派遣使者前来乞降,并押送来斛斯政。炀帝非常高兴,派使者召回了来护儿。

八月,炀帝从怀远镇还师。邯郸豪帅杨公卿,率部众八千人袭击了御营后第八队,掠走飞黄上厩良马四十二匹。十月,炀帝到达东都洛阳。过了十多天,回到西京长安,押解高句丽使者以及斛斯政祭告太庙,后来又把斛斯政杀了。

此时,隋炀帝又征召高句丽王高元,但高元还是不肯入朝。炀帝命令将帅严整装备,准备以后再大举出征,但最终未能成行。

十三、声色犬马　群盗蜂拥

隋炀帝喜欢臣下善解己意,奉承自己。裴矩具有这样的"才能",因此炀帝对群臣夸赞说:"裴矩非常理解朕的心意,凡是他陈奏的事情,都是朕谋算已成的事情,还未及发布,裴矩往往先禀报了。若不是尽心竭力侍奉国家,哪里能够这样!"

当时，裴矩与左翊卫大将军宇文述、内史侍郎虞世基、御史大夫裴蕴、光禄大夫郭衍，都因善于谄媚奉承而得到宠幸。宇文述善于供给奉养，他的表情举止非常善于逢迎，周围的侍卫都以他为效法的榜样。郭衍曾经劝炀帝五天一上朝，说："不要像高祖（隋文帝）那样，白白地自己勤苦。"炀帝认为他忠诚，夸奖说："只有郭衍的心与朕相同。"

隋炀帝上朝听政时态度庄重，发表言论、下达诏命也辞义可观，而内心常在声色上面。他身居两都或出游在外，常常把僧人、尼姑、道士、女官带在身边，称为"四道场"。梁公萧钜是后梁萧琮的侄子，千牛左右（掌供御用弓箭）宇文晶是宇文庆的孙子，这两位都受到炀帝宠信。炀帝每天在苑中的树木亭阁之间摆设丰盛的美酒佳肴，命燕王杨倓与萧钜、宇文晶以及隋文帝的嫔御坐一席，命僧人、尼姑、道士、女官坐一席，炀帝与诸宠姬坐一席，三席略相连接，退朝以后就立即开宴。宴饮之间互相劝酒陪侍，到了酒酣兴浓时，就混杂在一起，淫乱宫闱，习以为常。杨氏妇女中有几分姿色的，往往献身给炀帝。宇文晶出入宫廷，不受限制，以至于妃嫔、公主都有丑闻传布，炀帝也不怪罪。

大业六年（610）二月，隋炀帝把从周、齐、梁、陈征集来的杂技百戏交给太常管理，全都设置博士弟子，相互传授，乐工竟多达三万余人。

这年三月，隋炀帝亲临江都宫。在此之前，他想大肆营建汾阳宫，命令已升任御史大夫的张衡将图样全部上奏。张衡趁机劝谏说："连年来劳役繁重，平民百姓疲弊极了，希望陛下能稍加减少。"炀帝听了非常反感，愤愤不平，冲着他的背影对侍臣说："张衡自认为是由于他的策划，才使朕有天下的。"（"张衡自谓由其计画，令我有天下也。"《隋书·张衡传》）于是，炀帝翻出两宗旧事的记录，一是齐王杨暕携皇甫诩跟从过御驾，一是祭祀恒山时进见的父老衣帽多不整洁,责备张衡身为宪司(宪台掌监察)而不能推举贤正,调他去做榆林郡太守。

过了几年,张衡又奉命监督工役,修筑楼烦城。因为皇帝前来巡视,张衡有机会得以进见。张衡肥胖未见消瘦,炀帝很是厌恶,认为这是对从前的过失没肝没肺,对他说:"你特别肥胖光润,还是暂时回榆林郡去吧。"于是又派张衡回了榆林郡,不久又命他去江都宫监督工役。

礼部尚书杨玄感出使江都,张衡对他说:"薛道衡真是冤枉而死。"薛道衡专精好学,隋文帝时任内史侍郎,以文才著称,炀帝忌妒其才能,又厌恶其不附己,即位后没多久便捏造罪名,逼令他自尽。杨玄感回去上告张衡所言,江都郡丞王世充又奏报张衡一再减少住宿的用具。炀帝听后发怒,下令给张衡戴上枷锁,推到江都街市,打算斩首示众。过了许久,张衡才得以释放,革职为民,放归乡里。随后,炀帝任命王世充做了江都宫监。

十二月,炀帝下令开凿大运河的江南河,自京口直通余杭,全长八百里,宽十余丈,使其可以通行龙舟,并设置驿宫以及屯驻的房舍,准备到东方巡视会稽(今浙江绍兴)。

大业七年(611)二月,隋炀帝登上钓台,亲临扬子津,大宴百官臣僚,然后从江都起程前往涿郡。他乘坐龙舟,渡过黄河,进入永济渠,选部(即吏部)、门下省、内史省(即中书省)、御史台的官员在船前选官补缺。应选的三千多人,有的徒步跟随船行三千多里,也得不到分配安置,饥寒交迫,疲劳困顿,死去的有十分之一二。

自从谋划征讨高句丽,隋炀帝就诏命在山东设置军府,养马来供给军队役使。又征发民夫运输粮食,囤积在泸河镇和怀远镇,征发的车牛没有返回的,青壮男子多半死亡,耕作失去农时,田地大多荒芜。再加上严重的饥荒,粮价暴涨,东北边郡受害更为严重，一斗米值数百钱。运去的米有的粗糙变质，却命令当地民众高价购买，以抵偿损失。又征发鹿车（人力推挽的小车）夫六十余万人，二人共推一车，载米三石。由于路途遥远艰险，运载的粮食还不够一路上的口粮，因而到了东北粮镇已经无法交差，民夫害怕被杀而纷纷逃命。再加上官吏贪婪残暴，趁机刻剥，百姓更加窘迫。安分守己、挨饿受冻，只有死路一条，出外抢掠还有可能活命，于是纷纷聚集在一起成为盗寇。

齐郡邹平（今山东邹平）的平民王薄，首先聚众占据了长白山（在今山东邹平县境），抢掠齐郡（治今山东济南）、济北郡（治今山东东阿西北）的附近地区，自称"知事郎"，声称可知一切事情。王薄又作《无向辽东浪死歌》来感动、劝告民众参加起义，逃避征役的民众多往归附。

平原郡以东有豆子䴚（在今山东惠民境），背靠渤海，前临黄河，地形深远艰险，自从北齐以来，就是群盗隐藏的所在。平原郡的豪强刘霸道，家住豆子䴚旁边，他家世代为官，家产富厚。刘霸道本人喜好交结游侠，家中食客常有数百。后来各地群盗纷起，远近有许多百姓前来投奔，遂聚众至十余万，号称"阿舅贼"。

漳南（今山东武城）人窦建德、同县人孙安祖，一起聚集无业青年，进入漳南县东南部方圆数百里的高鸡泊中为盗。当时还有鄃县（今山东夏津）人张金称，聚众在河曲（今山西芮城西一带）到处抢掠；又有渤海蓨县（今河北景县）人高士达，聚众在清河（今河北清河）地区抢掠。

自此之后，各地群盗蜂拥而起，不可计数，兵众多的达到万余人，到处攻城破邑。隋炀帝命令都尉、鹰扬府（即骠骑将军府）的将领，与郡县地方官一起侦察追扑，一旦抓获，立即处决，然而还是不能禁止。

十四、镇压叛乱　炀帝滥杀

大业九年（613）三月，隋炀帝第三次亲征高句丽，来到辽东；命令民部尚书樊子盖等，辅佐越王杨侗留守东都。

当时，各地义军蜂拥而起，齐郡的王薄、孟让，北海郡（治今山东益都）的郭方预，清河郡的张金称，平原郡的赫孝德，河间郡（治今河北河间）的格谦，渤海郡（治今山东阳信西南）的孙宣雅，各自聚众攻掠，势力大的多至十余万人，势力小的也有数万人。崤山以东地区首当其冲，饱受苦害。当时，全国安定已久，人们都不熟悉军事，郡县官吏每次与盗贼交战，多是望风溃败。

不仅如此，朝臣也伺机而动，礼部尚书杨玄感就在黎阳起兵反叛。七月，余杭的平民刘元进起兵响应。

刘元进手长一尺有余，手臂下垂超过了膝盖，自认为相貌非凡，暗中蓄谋夺取皇权。正值这时，隋炀帝再次征发三吴（指吴郡、吴兴、会稽等地区）军队远征高句丽，三吴士兵互相议论，认为："往年国家处在强盛时期，父兄辈去征伐高句丽，尚且有一大半没能回来。如今国家疲惫，再去征伐高句丽，我们这些人恐怕都要有去无回了。"因此，他们大多逃命而去。逃亡的士卒听说刘元进起兵，都聚集到了他那里。没过多长时间，刘元进就拥众数万。

八月，杨玄感兵败，被押回洛阳，在东都街市上处以磔刑（分尸之刑）。

这时，吴郡（治今江苏苏州）的朱燮、晋陵（今江苏常州）的管崇，聚集百姓抢掠江东地区。朱燮本是还俗的道士，读过不少书，略知兵法，形体矮小，做过昆山县的博士。他与数十名弟子起兵，被劳役折磨的百姓纷纷投奔。管崇身材高大，仪表堂堂，志气豪爽，隐居在常熟，自称有王者之相，所以江东的义军都遵奉他。当时，隋炀帝正在涿郡，命令虎牙郎将赵六儿率兵一万人屯扎在扬子，分成五座营寨，以防备南方的敌人。管崇派部将陆颉渡过长江，夜袭赵六儿，攻破两座营寨，收去全部的器械、军需，然后撤离。由于大败官军，管崇声势更加盛大，发展到了十万人。

隋炀帝派大理卿郑善果、御史大夫裴蕴、刑部侍郎骨仪，与民部尚书樊子盖，一同追究杨玄感的同党。炀帝对裴蕴说："杨玄感举臂一呼，响应者十万，由此更知天下人不可多，多了就聚集成盗。不把这些人斩尽杀绝，不足以惩戒后事。"樊子盖生性残酷，裴蕴又接受了炀帝的这一指示，于是利用严刑峻法惩治杨玄感的党羽，杀了三万多人，全部抄没其家，冤枉致死的有一多半，被流放的有六千多人。杨玄感围攻庆都的时候，曾经打开粮仓赈给百姓，凡是接受赈给的人，全部被坑杀在东都城南。与杨玄感友好的文士虞绰、王胄都被牵连发配边地，虞绰、王胄途中逃走，被官军捕获后处死。

隋炀帝善于撰著文辞，不能忍受别人超过他。薛道衡死后，炀帝说："他还能写'空梁落燕泥'吗？"王胄死后，炀帝吟诵其佳句"庭草无人随意绿"，说："他还能作此诗句吗？"炀帝以自己的才学自负，往往傲视天下士人，曾对侍臣说："人们不是说我继承先帝遗业才取得天下的吗？假使让我与士大夫竞选，也应该做天子。"（"天下当谓朕承馀藉绪而有四海耶？设令朕与士大夫高选，亦当为天子矣。"《隋书·五行志》）

炀帝曾对秘书郎虞世南说："我生性不喜欢别人劝谏。如果地位高、声望重的达官还想以进谏求名，朕更是不能容忍；至于卑贱的士人，虽然可以宽容，但决不让他有出头之日，你记住吧！"（"我性不欲人谏。若位望通显而来谏我，以求当世之名者，

弥所不耐。至于卑贱之士，虽少宽假，然卒不置之于地。汝其知之！"《隋书·五行志》)

九月，东海郡平民彭孝才聚众数万人，做起了强盗。十月，豪帅昌明星围攻东郡（治今河南滑县东），被虎贲郎将费青奴击败。刘元进率部众准备渡过长江，正值杨玄感兵败，朱燮、管崇一同迎接刘元进，推举他为首领。

刘元进占据吴郡后，自称天子，朱燮、管崇都做了尚书仆射，同时设置了百官。毗陵、东阳、会稽、建安等郡的豪帅，多捕杀地方官响应刘元进。炀帝派遣左屯卫大将军吐万绪、光禄大夫鱼俱罗率军讨伐。十一月，右候卫将军冯孝慈领兵进攻清河，讨伐张金称，结果官军不敌，冯孝慈败死。

唐县人宋子贤善于幻术，能变成佛形，自称是弥勒佛出世。远近地方的民众受其迷惑，都相信其所言。十二月，宋子贤蓄谋趁无遮大会（布施僧俗的大斋会）发兵袭击炀帝，结果事机泄露被处死，同时诛杀的同伙达一千余家。扶风僧人向海明，也自称弥勒佛出世，三辅地区（今陕西中部）的百姓一致遵奉，他也就揭竿起义，聚众至数万。向海明自称皇帝，改年号为"白乌"。炀帝命令太仆卿杨义臣将其击败。

刘元进率军攻打丹阳（今江苏南京），隋将吐万绪率军渡过长江将其击败，刘元进解围撤走。吐万绪进兵屯驻曲阿，刘元进也扎营抵御，双方相持了一百多天。吐万绪发起攻击，刘元进的部众被打得大败，死伤数以万计。刘元进冲出重围，连夜逃走，退守壁垒之中。朱燮和管崇等军屯驻毗陵郡（治今江苏常州），连营扎寨长达一百余里。吐万绪乘胜发起攻击，又击败了他们，朱、刘等人退保黄山。隋军围攻黄山，刘元进、朱燮只身逃脱，隋军在阵前斩了管崇及其将士五千多人，俘虏其部属三万余人，解除了对会稽的包围。

隋将鱼俱罗与吐万绪一起作战，隋军战无不胜。然而，平民百姓响应叛乱如影随形，战败之后，随即又重新聚集起来，而且势力更加强盛。

刘元进退兵占据建安（今福建建瓯），隋炀帝命令吐万绪继续进军征讨。吐万绪因士兵疲劳困弊，请求暂停进攻，等待来年春天，炀帝很不满意。鱼俱罗也以为贼兵并非一年、数月可以平定，便暗中派家中仆人接走了在洛阳的诸子。炀帝闻讯大怒，有司迎合皇上的心意，奏报吐万绪临敌怯懦，鱼俱罗挫伤失败，结果鱼俱罗被处死，吐万绪在奉诏赶赴炀帝住所途中忧愤而死。

这时，隋炀帝另派江都丞王世充，征发淮南的数万大军进讨刘元进。王世充渡过长江，连战连捷。刘元进、朱燮败死吴地，部众有的投降，有的逃散。王世充召集先投降的人，在通玄寺佛像前烧香立誓，约定凡降者一律不杀。原来逃散的义军打算下海去做强盗，听到消息后，十天之间，绝大部分都前来归降，王世充却把他们在黄亭涧全部活埋，杀害多达三万余人。这样，其余的义军又聚集起来，官军无力讨伐，他们一直坚持到隋朝灭亡。炀帝认为王世充有将帅之才，更加宠信，加以重用。

这一年，隋炀帝下诏"凡曾经做过盗贼的，抄没其家属和财产"（"经为盗者，注其籍。"《隋书·刑法志》）。当时义军的家属到处被抄没，郡县地方官吏为夺取财物和人口，更加专擅威福，任意杀掠。这时，章丘的杜伏威和临济的辅公祏，都逃命成了义军的首领。

十五、义军遍地　巡游不止

大业十年（614）二月，扶风豪帅唐弼拥立李弘芝为天子，聚众十万，自称"唐王"。五月，延安豪帅刘迦论自称皇帝，建元"大世"，聚众十万，与稽胡（又称山胡、步落稽，源于南匈奴）互相呼应，进行攻掠。隋炀帝命左骁卫大将军屈突通为关内讨捕大使，发兵攻击，在上郡（治今陕西富县）展开大战，斩杀刘迦论及其将士一万余人，俘虏家属数万人。十一月，离石郡（治今山西离石）的匈奴人刘苗王起兵反隋，自称天子，聚众数万。隋将潘长文奉命前往征讨，双方相持，不分胜负。汲郡（治今河南汲县）豪帅王德仁聚众数万，据守林虑山（在河南林县境），成了占山为王的强盗。

当时，隋炀帝刚从高句丽撤军返回西京，便准备到东都去。太史令庾质劝谏说："往年征伐辽东，百姓实在劳乏困弊了。陛下应当镇抚关内（即关中），使平民百姓都尽力从事农业生产，经过三五年时间，全国逐渐丰实，然后再巡察各方，这样对于帝业有益。"炀帝听了很不高兴。庾质见此，便推辞有病，不肯跟着去东都。炀帝大怒，下令把庾质押入监狱，庾质最终死于狱中。十二月，炀帝到达东都，宣布全国大赦。

东海豪帅彭孝才攻掠沂水（今山东沂水），隋将彭城留守董纯出兵击破，擒住了彭孝才。董纯作战虽然屡屡获胜，可义军却一天天增多。有人进谗言说董纯怯懦，炀帝发怒，下令逮捕董纯，押至东都处死。

孟让从长白山攻掠周围各郡县，部众很快发展到十万，占据了都梁宫，依托淮水设置屏障，进军到盱眙（今江苏盱眙）。江都丞王世充率兵抵抗，设置五座兵寨，占据险要地势，大破孟让军，杀死一万余人，孟让仅带数十骑逃走，部众全被掳获。

齐郡豪帅左孝友聚众十万，屯驻蹲狗山。齐郡郡丞张须陀布列营寨围攻蹲狗山，左孝友被迫出降。张须陀因此威震齐郡，并升任齐郡通守（隋炀帝置，位次于太守，佐理郡务），兼任河南道十二郡黜陟讨捕大使。涿郡豪帅卢明月聚众十余万，驻扎在祝阿（今山东长清），张须陀率军一万拦击。双方相持十余日，隋军粮尽撤退，张须陁丢下营寨逃走，派罗士信和秦叔宝各率精兵一千埋伏在芦苇中。卢明月果然出动全军追击，罗士信、秦叔宝则飞奔进击卢明月的兵寨。二人爬上营楼，各自手刃数人，营中大乱。随后打开营门，放进埋伏的精兵，纵火焚烧了三十余座兵寨，烟火冲天。卢明月急忙回撤，张须陁回军奋勇冲杀，大破敌众，卢明月仅带数百骑兵逃走，其余被杀被俘的不计其数。

大业十一年（615）二月，因为户口不断逃亡，义军、盗贼繁多，隋炀帝诏令百姓全都迁到城里居住，拨给城邑近处的田地耕种。于是郡、县、驿亭、村坞都修筑了城池。当时，上谷郡（治今河北易县）豪帅王须拔自称"漫天王"、建国号"燕"，副帅魏刁儿自称"历山飞"，聚众十余万，勾结北面的突厥，攻掠燕赵一带。

先前，隋文帝杨坚曾经梦见洪水泛滥淹没都城，心中厌恶，所以迁都到大兴城（今陕西西安）。申明公李穆死后，隋文帝命李浑为其后嗣，李浑后来官至右骁卫大将军，改封郎公。隋炀帝因李家门第强盛，而当时方士安伽陀称"李氏当为天子"，劝炀帝杀尽天下姓李之人，因而炀帝疑心李浑的名字将应谶语，曾当面告知此事，希望他自杀。后来，虎贲郎将裴仁基告发李浑谋反，炀帝下令逮捕了李浑、李敏（小名"洪儿"）以及李氏宗族三十二人，全部处死。

在义军四起的动荡局势下，隋炀帝仍不停巡游各地。这年三月，出游太原。四月，到汾阳宫避暑。由于汾阳城池狭窄，随行的百官和卫士分散在山谷之间，搭草房居住。炀帝任命卫尉少卿李渊为山西、河东抚慰大使，秉承圣旨进退升降官员，选拔补充郡县文武官吏。李渊征发河东的官军讨伐、收捕群盗，率军到了龙门（今山西河津），进攻豪帅毋端儿，大败之。

八月，隋炀帝巡视塞北。当初，裴矩认为突厥始毕可汗部众渐渐兴盛，献策分散其势力，打算以宗室女子嫁给可汗之弟叱吉设，拜他为南面可汗，叱吉设不敢接受。始毕可汗听说后，对隋朝心生怨恨。突厥大臣史蜀胡悉足智多谋，深得始毕可汗宠信。裴矩说要和他进行贸易，骗到马邑（今山西朔县）把他杀了，派使者下诏给始毕可汗说："史蜀胡悉叛变可汗来投降，我们把他杀了。"始毕可汗明白事情的真相，由此不再信任隋帝，从此不再入朝。

如今，隋炀帝巡视塞北，始毕可汗趁机率领数十万骑，图谋袭击炀帝车驾。义成公主事先遣使告知，炀帝车驾急速进入雁门（在今山西代县），齐王杨暕率领后军进驻崞县（今山西原平北）。始毕可汗率军包围了雁门，隋军上下惊慌恐惧，拆毁民房用以守城。城中军民十五万，粮食仅可支持二十天。雁门郡所属四十一城，始毕可汗已攻破三十九座，只有雁门和崞县尚未陷落。始毕可汗率军加紧攻击雁门，箭矢甚至落到了炀帝面前。炀帝大惧，抱着赵王杨杲哭泣，眼睛都哭肿了。

左卫大将军宇文述劝炀帝，挑选精锐数千骑突围。纳言苏威说："据守城池，我们还有余力。轻骑是突厥的长处，陛下是万乘之主，岂可轻举妄动。"民部尚书樊子盖说："陛下在危难中侥幸保全，一旦遭遇狼狈的处境，则追悔莫及。不如坚持守城，再挫他的锐气，等待征发全国各地兵马前来救援。陛下亲自安抚士卒，宣布不再去征讨辽东，重赏爵位，必然人人奋勇争先，何愁不能得救？"

内史侍郎萧瑀以为，"突厥的风俗，可汗之妻可以参与军机，况且义成公主以皇帝女儿的身份嫁给夷人，她肯定是依仗大国为后援。如果派人告知义成公主，即使没什么用处，又会有什么损失呢？将士现在的心里，是怕陛下脱难之后，还要去征伐高句丽。如果陛下发布诏书，明确赦免高句丽的罪过，专事征讨突厥，则大家人人安心，必定奋力作战"。萧瑀是萧皇后的弟弟，炀帝一向听信；虞世基也劝皇上加重赏赐，下诏停止征辽，炀帝便听从了。

隋炀帝亲自巡视，对将士说："你们要奋力杀敌，如果这次能保全的话，凡是参加战斗的，不要担心没有富贵。决不允许有司玩弄刀笔，吞没你们的功劳。"于是下令："守城有功的，没有官的直接授给六品官，赐缣帛百段；已有官职的，级别和官职依次增长。"慰劳将士的使者络绎不绝。于是大家都昼夜奋战，踊跃杀敌，死伤也很多。

隋炀帝下诏在全国征募兵员，郡守县令等都争相应召赴难。李渊之子李世民，当时才十六岁，应募从军，隶属屯卫将军云定兴。他劝云定兴多带旗帜、军鼓作为疑兵，说："始毕可汗敢于发兵围困天子，必然认为我们仓促之间不能前来援助。应该白天竖起军旗，几十里连绵不断，夜里金鼓相闻。敌人以为援救大军已至，定会望风逃走。不然，敌众我寡，若全军前来交战，我们必然难于支持。"云定兴欣然听从。

炀帝暗中派使臣求救于义成公主，义成公主派使臣告知始毕可汗："北部边境告难。"此时，东都和各郡的救兵也已到达忻口（今山西忻县北），始毕可汗这才解围而去。炀帝派人出去侦察，山谷里空无一人，这才派遣两千骑兵跟踪追击，追到马邑，获得突厥老弱两千多人而回。

九月，御驾回到太原。苏威对炀帝说："当今盗贼不止，官军兵马疲弊，希望陛下及时回到西京，巩固根本，为社稷的长远考虑。"炀帝这时才开始觉得此言有理。宇文述说："跟随的官员，妻儿多在东都，应当就便先回洛阳，然后再从潼关入西京。"炀帝采纳了宇文述的意见。

十月，隋炀帝到达东都，回头斜视街道上往来的人群，对侍从的官员说:"还大有人在啊!"意思是说,从前镇压杨玄感叛乱时杀人还是太少。杨玄感反叛时,将龙舟水殿全部烧毁,炀帝便又命令江都重新建造,再造数千艘,规模、装饰等一切都要超过原有。

这时,卢明月又聚众十万攻掠陈(今河南淮阳)、汝(今河南汝南)等地。东海郡的李子通从长白山起兵,投奔左才相。左才相怀疑他,他便渡过淮水,与杜伏威会合,自称将军。城父(今安徽亳县东南)人朱粲,做过县佐史,曾一度从军,逃亡后聚众揭竿起义,自称"迦楼罗王",兵众发展到十余万,转战攻掠荆、沔等郡以及山南(秦岭以南)的郡县。

十二月,隋炀帝诏命民部尚书樊子盖征发关中地区的官军数万人,攻打绛郡(治今山西新绛)豪帅敬盘陀等人。樊子盖不别善恶,凡是汾水以北的村坞,一律烧毁;投降过来的,一律坑杀。这引起了百姓的怨恨,更多的人聚在一起进行反抗,炀帝只得诏命李渊代替了樊子盖他。对于投降的人,李渊都放在自己身边重用,因而义军纷纷向他投降,前后有数万人,其余的人多数分散到了其他地方去。

十六、残杀忠臣　惑于奸臣

大业十二年(616)正月,隋炀帝举行朝会,有二十余郡的使者未能到京。朝廷开始谋划派遣使者分赴十二道,发兵讨捕盗贼。

在国力极其疲敝的情况下,隋炀帝依然不改奢侈享乐的本性。他又诏命毗陵郡通守,集中十郡兵力数万,在郡城的东南建筑宫苑,在方圆十二里内修建十六座离宫,大致仿效东都西苑的制度,而奇异和壮丽则更是超出西苑。炀帝还打算在会稽建筑新的宫殿,后来天下大乱,没有建成。

三月初三上巳节，炀帝与群臣在东都西苑的湖水上饮酒作乐，命学士杜宝撰写《水饰图经》，采集前代水利故事七十二件，由朝散大夫黄衮用木料仿制模型，中间布置歌舞船、饮酒船，人物可以转动，栩栩如生，所有钟、磬、筝、瑟等乐器都能奏出曲调。

三月二十六日，豪帅张金称攻陷平恩（今河北邯郸东），一个早晨就杀了男女一万余人。接着又攻占了武安、钜鹿、清河诸县。张金称比其他豪帅更为残暴，凡是经过的地方，见人就杀，一个不留。

四月，大业殿西院起火，炀帝以为强盗来了，惊慌逃走，藏匿在西苑的草丛间，火灭之后才敢出来。自大业八年（612）以来，隋炀帝夜里一直睡不安稳，梦中常常惊呼"有贼"，得几个妇人像对小儿那样摇晃、安抚，才能入睡。

隋炀帝向侍臣询问盗贼的情况，左翊卫大将军宇文述回答说："逐渐减少。"炀帝问："比过去少多少？"回答说："不及过去的十分之一。"纳言苏威见宇文述说假话取悦皇上，便藏在了廷柱的后面。炀帝招之上前询问，苏威答道："臣不是主管，并不确知多少，只是忧虑盗贼越来越近。"炀帝问："这是什么意思？"苏威回答："从前盗贼占据长白山（在今山东），今天近在汜水关（即虎牢关，在今河南荥阳汜水镇）。况且往日缴纳租赋、身服劳役的丁壮，现在都在哪里？岂不是这些人都变作盗贼了吗！近来奏报盗贼都不据实情，使朝廷失去正确估计，不能按时除掉。再有，从前在雁门，皇上曾许诺停止征辽，现在又征发大军，如此失信于民，盗贼怎么能停止？"炀帝不高兴，宣布退朝。

五月初五端午节，百官敬献珍玩给皇帝，苏威却只进献了一部《尚书》。有人谗害苏威说："《尚书》中有《五子之歌》，看来苏威的心意很不恭顺。"炀帝更加恼怒。不久，炀帝又询问征伐高句丽的战事，苏威想让他清楚全国盗贼众多的实情，就回答说："当今征高句丽之役，希望陛下不要发兵，只要赦免了群盗，自可得到数十万大军；然后派之东征，他们定会争着立功报效，这样就可以攻灭高句丽了。"炀帝听了又不满意。

苏威退朝后，御史大夫裴蕴上奏说："苏威大不恭顺，天下能有多少盗贼？"炀帝含怒说："这老家伙多有奸计，想用盗贼来胁迫我。真想打他个嘴巴，暂且忍一下吧，可又确实难以忍耐。"（"老革多奸，以贼胁我！欲搭其口，但隐忍之，诚极难耐。"《隋书·裴蕴传》）裴蕴了解炀帝的心思，暗中让河南平民张行本奏报："苏威从前在高阳掌管选举，滥授官职予人。又畏惧突厥人，请求圣驾返回京师。"炀帝下令查究，最终构成罪案，下诏历数苏威的罪状，革职为民。过了一个多月，又有人奏报苏威与突厥暗中图谋不轨，炀帝把案子交给裴蕴追究，裴蕴议处苏威死刑。苏威无法洗刷，只好非常感伤谢罪而已。炀帝怜悯，予以释放，说："不忍心立即杀他。"于是把苏氏子孙三代都开除官籍，降为平民。

正在这时，江都新造的龙舟完工，运送到了东都。宇文述劝炀帝到江都去，炀帝答应了。这时，右卫大将军赵才劝谏说："当今百姓疲劳不堪，府藏已经空竭，盗贼蜂拥而起，朝廷的法令不能行使。希望陛下返回京城，安定黎民百姓。"炀帝听了大怒，下令将赵才交给官吏治罪，过几天怒气稍稍消解，才放他出来。此时，朝官都不想去江都，但皇上主意坚决，无人敢于劝谏。建节尉任宗上书极谏，在朝堂上被活活打死。

七月一日，隋炀帝起程前往江都，命越王杨侗与光禄大夫段达、太府卿元文都、检校民部尚书韦津、右武卫将军皇甫无逸、右司郎卢楚等，全面负责留守事宜。炀帝留诗与宫人辞别，诗云："我梦江南好，征辽亦偶然。"这说明炀帝征高句丽纯系"偶然",只因其王高元不肯入朝,他便"偶然"一念而使百万生灵涂炭,进而也葬送了隋王朝。奉信郎崔民象以盗贼充斥为由,上表谏阻去江都,炀帝大怒,下令先割下他的下巴,然后斩首。

七月五日,冯翊郡(治今陕西大荔)人孙华兴兵反隋,虞世基因为盗贼充斥,请求发兵屯驻洛口仓。炀帝说:"你是个书生,注定还是胆小害怕。"("卿是书生,定犹恇怯。"《隋书·虞世基传》)同一天,炀帝御驾到了巩县,命迁移箕山府和公路府到洛口仓城内,并继续修筑仓城,以备不测。御驾到了汜水,奉信郎王爱仁又上表请求返回西京,炀帝斩了他,继续南下。御驾到达梁郡(治今河南商丘南),郡中百姓拦住车马上书警告说:"陛下如果再到江都去,天下就不是陛下的了!"("陛下若遂幸江都,天下非陛下之有!"《资治通鉴·隋纪七》)炀帝又杀了上书的百姓。

这时,李子通占据海陵(今江苏泰州),左才相攻掠淮北诸郡,杜伏威屯兵六合(今江苏六合),有兵众数万。隋炀帝派光禄大夫陈稜,率领禁卫军精兵八千前往讨伐,不断取得胜利。八月,豪帅赵万海聚众数十万,从恒山郡(治今河北正定)发兵进攻高阳(今河北高阳)。

十月,宇文述去世,临终将两个儿子托付给炀帝。炀帝答应了,任命宇文化及为右屯卫将军、宇文智及为将作少监。

韦城人翟让逃命到瓦岗(在今河南滑县境),聚众反隋;同郡人单雄信率众前来归附,聚众至一万多。当时又有外黄人王当仁、洛阳人王伯当、韦城人周文举、雍丘人李公逸,都各自聚众为盗。自杨玄感兵败后,其部属李密逃亡,流转各地,联络诸豪帅,游说他们夺取天下。

鄱阳郡人操师乞自称"元兴王",建元"始兴",攻破豫章郡城(今江西南昌),任用同乡人林士弘为大将军。隋炀帝诏命治书侍御史刘子翊率兵讨伐,操师乞中流箭而死,林士弘代替他统领部众。林士弘与刘子翊军在彭蠡湖（今鄱阳湖）地区开战，刘子翊败死。林士弘声势大振，发展到十余万人。十二月，林士弘自称皇帝，国号"楚"，年号"大平"。接着又攻取了九江郡（治今江西九江）、临川郡（治今江西抚州）、南康郡（治今江西赣县）、宜春郡（治今江西宜春东）等地，附近地区的豪杰争先杀掉朝廷的郡守、县令，带领郡县民众响应。他们占据了北起九江、南至番禺（今广东广州）的广大地区。

正当这时，隋炀帝下诏任命右骁卫将军唐公李渊为太原留守，任命虎贲郎将王威、虎牙郎将高君雅为其副将，率军讨伐拥兵反隋的甄翟儿。进军途中，与甄翟儿大军在雀鼠谷（在今山西汾西和介休之间）相遇，李渊部众才几千人，被贼兵层层包围，李世民率领精兵及时赶到，救出了李渊。幸好步兵大队赶到，李渊遂指挥骑兵与步兵夹击，大破甄翟儿军。

与此同时，张金称、郝孝德、孙宣雅、高士达、杨公卿等，也各率义军不停攻掠河北地区，攻破、屠掠郡县，隋军将帅相继败亡，只有虎贲郎将王辩、清河郡丞杨善会频频取胜。隋炀帝派太仆杨义臣率军讨伐张金称，张金称战败，率部逃往清河以东，被杨善会擒住，其部众都归附了义军首领窦建德。

隋炀帝最厌烦听到盗贼的消息，因此，每当诸将以及郡县地方官来朝廷告急求援时，内史侍郎虞世基就改动表状的文辞，不如实奏报。炀帝毫不怀疑，甚至杖责前来求救的使者，认为是胡说。这样一来，盗贼遍布全国各地，接连攻破郡县，炀帝根本不知不晓。

杨义臣击败并迫降河北盗贼数十万，写成状文上奏，炀帝叹息道："朕当初不曾听说盗贼多，现在骤然增加了这么多，不然杨义臣迫降的盗贼怎么这样多？"虞世基回答说："小盗虽然多，不足挂心。杨义臣收降了他们，聚集了不少兵力，将帅久在朝外担任军职,这是最不适宜的。"炀帝说:"卿说得对。"紧急召回杨义臣,解散其兵众,贼兵因此又兴盛起来。

治书侍御史韦云起弹劾道:"虞世基和裴蕴身居要职,典掌枢密,事关朝野安全。可有关各地的军情,却不向皇上如实奏报。盗贼的数量确实很多,却故意减少了说。陛下听说盗贼少,因此发兵不多,以致敌众我寡,兵力悬殊,出战多遭失败。官军连连失利,盗贼日益增多。请将二人交予有司,清算他们的罪过。"大理卿郑善果奏称:"韦云起诋毁诽谤名臣,所言不实,意在毁谤朝政,作威专权。"结果,韦云起被贬职为大理司直。

十七、自欺欺人　荒淫无度

隋炀帝到江都后,接见前来拜谒的江淮地方官,专问献礼多少,多的超升郡丞、郡守,少的一律予以停职。江都郡丞王世充献上铜镜、屏风,便提升为江都郡通守。历阳郡丞赵元楷献上美味食品,便提升为江都郡丞。从此,郡县地方官竞相搜刮百姓财物来充实贡献。而王世充秘密挑选江淮的民间美女进献,因此更得炀帝宠幸。

在此情况下,平民百姓外遭盗贼掠夺,内受郡县逼赋,生计全部断绝,再加上饥荒断粮,开始采剥树皮树叶,或是捣碎藁草,或是煮土而食;诸物吃光之后,便以人相食。而此时官府的粮食还相当充足,只不过地方官吏畏惧犯法,没人敢开仓赈济饥民罢了。

大业十三年(617)正月,右御卫将军陈稜领兵讨伐杜伏威,杜伏威奋勇还击,大破隋军,乘胜攻占了高邮(今江苏高邮北),又进兵占据了历阳(今安徽马鞍山西)。杜伏威自称"总管",任辅公祏为长史,分别派遣诸将攻略属县。义军所向披靡,江淮之间的小股盗匪都争相归附。

与此同时，窦建德也自称"长乐王"。鲁郡豪帅徐圆朗率义军攻破东平郡城（今山东郓城），分兵攻略各地，从琅邪郡（治今山东临沂）以西，北到东平，全都被他占领，部下精兵两万余人。卢明月也转战攻掠河南地区，一直推进到淮北，兵众号称四十万，自称"无上王"。隋炀帝命江都通守王世充讨伐卢明月，双方在南阳激战，大败义军，斩卢明月，余众分散。

二月，朔方郡（治今内蒙古白城子）鹰扬郎将梁师都杀死郡丞唐世宗，占据该郡，自称大丞相，与突厥连兵。马邑人刘武周杀死太守王仁恭，自称太守。李密和翟让率军袭击兴洛仓，攻破仓城。翟让推举李密为瓦岗寨主，尊为"魏公"。

三月，梁师都攻破雕阴（治今陕西绥德）、弘化（治今陕西庆阳）、延安（治今陕西延安东北）等郡，即皇帝位，国号"梁"。左翊卫蒲城人郭子和，因罪发配榆林郡，正当郡中发生严重饥荒，他便暗中交结敢死士十八人攻打郡城，活捉榆林郡丞王才，揭露其不抚恤百姓的罪过，随即处死，打开粮仓赈济饥民。郭子和自称"永乐王"，尊其父为太公，任用弟弟郭子政为尚书令，郭子端、郭子升为左右仆射。他有两千多骑兵，南面联合梁师都，北面依附突厥，两面各送一个儿子做人质以增强实力。突厥始毕可汗封刘武周为定杨天子，梁师都为解事天子，郭子和为平杨天子。郭子和坚辞，便改封为屋利设（突厥高级官员）。四月，汾阴人薛举劫持金城（今甘肃兰州）令郝瑗，发动兵众，自称"西秦霸王"。

李密率领瓦岗军据守回洛仓，逼进东都洛阳。越王杨侗派太常丞元善达穿过义军占领区赶到江都，向炀帝奏称："李密有百万兵众，围攻东都，占据洛口仓城，城内断粮。如果陛下速回东都，敌人乌合之众必散；不然的话，东都定会陷落。"说到这里，元善达连连感叹抽泣，炀帝也神色悲哀。虞世基上前说："越王年少，这些人诳骗他。如果像他所说的那样，元善达怎么能够来到这里？"炀帝听了勃然大怒，喊道："元善达，你这小人竟敢在朝廷上侮辱朕！"接着，元善达奉命经义军控制区向东阳（治今浙江金华）催运物品，结果为义军所杀。从此以后，人人缄口，不敢奏报义军的消息。

虞世基为人深沉审慎，说话多能符合上意，因此深受隋炀帝的亲近和宠爱，朝廷百官没有人能与他相比。亲戚、党徒依仗着他的权势，卖官鬻爵，制造冤狱，贿赂公行，门庭若市，因此朝野上下都嫉妒、怨恨他。内史舍人封德彝依附虞世基，因为虞世基不熟悉吏治事务，便暗中替他谋划，宣行诏命，竭力奉承、顺从炀帝的旨意。群臣的表文、奏疏有违背上意之处，一概摒弃不奏；审讯狱案多措辞严厉，深加诋毁，论功行赏则极力减少、削夺，趋向轻薄。虞世基受到的宠遇日益隆升，而隋朝的朝政却日益昏乱。

五月，李渊在晋阳起兵。七月，李渊从晋阳出发，向各郡县传布檄文，晓谕尊立代王杨侑的意图。武威鹰扬府司马李轨自称"河西大凉王"，设置官属，一切拟照开皇年间的旧制。薛举自称"秦帝"，立儿子薛仁果为太子。

这时，跟从炀帝到江都的骁果们纷纷逃亡，炀帝十分忧虑，向裴矩询问对策。裴矩答道："人之常情，没有配偶，难以长期独处。请听任军士在这里娶亲。"炀帝批准了这一建议。九月，命令把江都境内的寡妇、处女都招集到宫殿下面，任将士选取；在这之前通奸的，听任自首，立即允许匹配。

李渊率领诸军围攻河东，屈突通据城固守。李渊留下诸将围攻河东，亲自引兵直向长安进发。诸军渡过黄河，进至朝邑，驻宿在长春宫。十月，李渊率军进至长安。十一月，李渊迎代王杨侑即皇帝位（隋恭帝），遥尊炀帝为太上皇。隋恭帝封李渊为唐王。

进入大业十四年（618），形势更趋危急，而隋炀帝也更加荒淫无度。他在江都宫中设置了一百多间游乐房，各房装饰豪华，陈设帷帐、用具，专供游宴。内居美人多人，每天由其中一房做主人。江都郡丞赵元楷专掌供办酒食。炀帝与萧皇后以及宠幸的美女，按照次序到房饮宴，酒杯不离口；跟从的美女千余人，也常常是昼夜昏醉。

面对一片动乱危亡的局面，隋炀帝心里也整日发慌，不能自安。退朝之后，便戴上幅巾，身穿短衣，拄着手杖，徒步游荡，走遍所有的楼台馆舍，不到黑夜不停止。他心情急切地环顾四周的美景，唯恐看不全。炀帝懂得占视天候、卜问相貌，好说吴地的方言，常常夜里摆上美酒，仰观天象，对身旁的萧皇后说："外面很多人都在图谋侬（我）的皇位，可是侬大不了像陈后主那样封个长城公，爱卿也不失为沈皇后。且不管他，咱们还是一同饮酒作乐吧！"于是满杯痛饮，以至沉醉。

一次，炀帝照着镜子，用手摸着自己的脖子，回头对萧皇后说："这么好的头颅脖颈，不知轮到谁来砍它呀？"（"好头颈，谁当斫之？"）萧皇后惊问缘故，炀帝强笑道："贵贱苦乐，轮回转换，又有什么好伤感的？"（"贵贱苦乐，更迭为之，亦复何伤？"《资治通鉴·隋纪七》）

隋炀帝见中原已经大乱，没心思再回北方，打算迁都丹阳（今江苏南京），保守江东，命群臣廷议。内史侍郎虞世基等人都认为很好。右候卫大将军李才极力陈述不可的理由，请求御驾速回长安，与虞世基愤争，互不相让，不欢而散。门下录事李桐客说："江东卑热潮湿，土地险阻狭小，对内须供奉皇上，对外要供给三军，百姓负担不起，恐怕也将分散动乱。"御史弹劾李桐客诽谤朝政，于是公卿百官都阿谀奉承说："江东的百姓盼望陛下已经很久了，陛下渡过长江，安抚治理他们，这真是大禹王的事业呢。"炀帝便命令修治丹阳宫，准备迁都到那里。

十八、骁果反叛　绞杀炀帝

隋炀帝下令修治丹阳宫时，江都的粮食已经吃光。跟从御驾的骁果多是关中人，长期客居在外，思念家乡。他们见炀帝根本没有西返的意思，许多人都在谋算着叛逃。不久，郎将窦贤带领部属向西而逃，炀帝派骑兵将他们追杀。但逃亡的人还是相继不绝，炀帝因此而忧心忡忡。

虎贲郎将司马德戡一向受炀帝宠信，统领骁果驻扎在东城。他跟平时友好的虎贲郎将元礼、直阁（宿卫宫殿的领兵官）裴虔通密谋说："现在骁果人人都想逃走，我想去禀报，担心先被杀头；不去禀报，事发之后，也逃脱不了灭族的祸殃，怎么办？"元、裴二人都慌了，问道："可有什么对策吗？"司马德戡说："骁果如果逃亡，不如和他们一起逃走算了。"二人都说："好主意。"

于是，司马德戡等互相串联，内史舍人元敏、虎牙郎将赵行枢、鹰扬郎将孟秉、符玺郎李覆、牛方裕、直长许弘仁、薛世良、城门郎唐奉义、医正张恺、勋侍杨士览等，都成了同谋。他们不分昼夜地谋划，甚至在大庭广座也无所回避。有宫人禀告萧皇后说："外面人人都想反叛。"萧皇后说："随你去上奏。"宫人说出实情，炀帝听后大怒，认为宫人不当言说，竟然将其处死。从此之后，再也没人禀告叛乱之事了。

赵行枢与宇文智及一向交往密切，而杨士览是宇文智及的外甥，他两人将密谋告知，宇文智及听后心中大喜。司马德戡等人约定在三月十六日结伙西逃，宇文智及说："皇上虽然无道，威权命令还能行使。你们逃走，不过是自取灭亡罢了。现在上天成心要灭亡隋朝，英雄豪杰同时起事，一心叛离的已经多至数万。不如趁机举大事，这可是帝王的大事业。"司马德戡等认为此言在理，赵行枢、薛世良便请宇文智及与其兄宇文化及做盟主，盟约确定之后，便告知宇文化及。宇文化及是个能力低下、性情怯弱的人，听说此事后吓得变了脸色，急出了冷汗，不久却又同意了。

司马德戡派许弘仁、张恺进入备身府（隋朝官署，掌管侍卫），告诉认识的人说："陛下听说骁果们打算叛逃，准备了许多毒酒，打算趁宴会把他们全都毒死，只与南方人留在这里。"骁果们听了非常害怕，互相转告，谋反就更加急迫了。接着，司马德戡把所有骁果全部找来，告知要做什么，大家都说："只听从将军的命令。"

当天刮起了大风，天昏地暗。天黑之后，司马德戡盗取了御用的宝马，暗中磨砺了兵器。当天晚间，由元礼、裴虔通在阁下值班，专门主管殿内。唐奉义主管关闭城门，与裴虔通约定好，诸门都不上锁。

到了三更时分，司马德戡在东城集中兵众，到了数万人，举着火把与城外相呼应。隋炀帝望见起火，又听到喊叫声，问："外面有什么事？"裴虔通回答说："草坊失火，外面的人正在一起救火。"这时宫廷内外已经隔绝，炀帝便信以为真。宇文智及与孟秉在江都城外也集中一千多人，劫持了巡夜的侯卫虎贲冯普乐，布置兵力分别守卫街巷。这时，燕王杨倓发觉形势不妙，连夜穿过芳林门旁的水洞逃到玄武门，诈称："我突然中风，生命危在旦夕，请求面见皇上辞别。"裴虔通不仅不禀报，还把他关押起来。

天不亮，司马德戡把集中起的骁果交给裴虔通，替换诸门的卫士。裴虔通从城门率领数百骑兵来到成象殿，宿卫的士兵传呼有盗贼，裴虔通便返回来，关闭各城门，只留下东门，驱赶殿内宿卫的士兵出殿，卫士们都扔下兵仗离殿而去。这时，右屯卫将军独孤盛问裴虔通："是些什么盗贼，形势怎么与以前大不一样？"裴虔通回答说："形势已经这样了，不干将军的事，将军请谨慎，切勿乱动。"独孤盛大骂道："老贼，这是什么话！"来不及披挂甲衣，便带领身边的十几个随从抵挡，很快就被乱兵杀死了。

这时，千牛（皇帝的亲身护卫）独孤开远率领殿内的士兵数百人跑到玄览门，敲阁门请求说："兵器还齐全，足能打败叛军。陛下如果出来亲自观战，人心自然安定。不然的话，大祸今天就到了。"殿内竟无人回答，军士遂渐渐散开。叛军捉住独孤开远，佩服其君臣大义，随即将他释放。

先前，隋炀帝曾挑选骁勇健壮的官奴数百人安置在玄武门，称为"给使"，以备非常，待遇特别优厚，甚至还赐给他们宫女。司宫魏氏受炀帝信任，宇文化及等人便交结她作内应。这天，魏氏假传诏命，把给使们全都放了出去，因而仓促之际竟无一个人在场。

司马德戡等人领兵从玄武门进入宫殿。隋炀帝听说外面叛乱，急忙改换服装逃到了西阁。裴虔通与元礼领兵搜查左阁，在魏氏的指点下进入永巷，追问"陛下在哪里"。有美人走出来指示方向，校尉令狐行达拔出刀来，一直向前冲去。炀帝躲在窗扇后面，对令狐行达说："你想杀朕吗？"令狐行达回答说："臣不敢，只想陪陛下回西京罢了。"便扶炀帝下了阁。

裴虔通本是炀帝做晋王时的左右亲信，炀帝看见他，说："卿不是我的老友吗？什么怨恨使你反叛？"裴虔通回答说："臣不敢反叛，只是将士们思念西归，想陪陛下回京城罢了。"炀帝说："朕正想西归，只是由于米船没有到。现在朕和你们一起回去。"

裴虔通带兵看守着炀帝。到了天亮，孟秉带着骑兵迎接宇文化及，只见他战抖着说不出话来；有人前来面见，他也只是低着头，手把着马鞍子，口称"罪过"。宇文化及来到城门，司马德戡出来迎接，引进朝堂，上尊号称他为丞相。裴虔通对隋炀帝说："现在百官都在朝堂上，陛下必须亲自出来慰劳。"并进献了带来的坐骑，逼迫他上马。炀帝嫌弃马鞍子和缰绳破旧，更换了新的，他才肯骑上去。

裴虔通牵着马缰，提着刀出了宫门，叛军欢呼雀跃，惊天动地。宇文化及扬言道："用不着把这个老东西拉出来，赶快弄回去杀掉算了。"炀帝问道："虞世基在哪儿？"叛军首领马文举说："已经砍头了。"于是把炀帝带回到寝殿，裴虔通、司马德戡等人拔刀露刃站在两旁监视。炀帝叹道："朕犯了什么罪，到了这种地步？"马文举说："陛下背弃宗庙不顾，巡游四方没完没了，对外屡次征兵讨伐，对内极度奢侈荒淫，使青壮年男子都死在刀箭之下，弱小的女子填塞在沟壑之中，士农工商都丧失了生业，盗贼蜂拥而起，又专门信任谄媚的奸臣，文过饰非拒不采纳正确意见，还说什么无罪！"

炀帝说："朕实在对不住百姓，至于你们这些人，跟着朕享尽了荣华富贵，为何这样对待朕？今天的事为首的是谁？"司马德戡回答说："普天下同心怨恨，何止一人。"宇文化及又让封德彝揭露炀帝的罪状，炀帝说："卿是读书人，为何也参与叛乱？"封德彝羞愧地退到了后边。炀帝心爱的小儿子赵王杨杲，才十二岁，这时站在炀帝身边号哭不止。裴虔通当着炀帝的面将他一刀砍死，鲜血直溅到御服上。

叛军正要杀死炀帝，炀帝说："且慢。天子自有死法，怎么能动用锋刃？拿鸩酒来！"马文举等人不许，让令狐行达把炀帝按倒在地，让他坐下。炀帝自己解下白丝巾带，交给令狐行达，就这样被绞死了。

当初,隋炀帝自知早晚躲不过一死,经常用盛酒的罂瓶贮藏毒药放在身边,对宠幸的美女说:"如果贼人来了,你们要先喝下去,然后朕也喝下去。"等到后来叛乱发生,回头找毒药瓶,左右的人都逃散了,竟没有找到。炀帝死后,萧皇后与宫人撤下漆床板,做成小棺材,把杨杲和炀帝一起殡葬在江都宫西院的流珠堂。这一天,乃大业十四年三月丙辰日(618年4月11日)。

蜀王杨秀是隋炀帝的四弟,因为犯法被囚禁。炀帝每次出游,经常把杨秀带在身边,囚禁在骁果兵营。宇文化及杀死炀帝后,打算尊奉杨秀为帝,大家认为不可,便杀死了杨秀及其七个儿子,又杀了齐王杨暕和他的两个儿子,以及燕王杨倓。隋氏宗室、外戚,无论年幼年长全部处死,唯独秦王杨浩一向与宇文智及往来,宇文智及利用计策保全了他。

齐王杨暕一向不受炀帝喜爱,经常互相猜疑。炀帝听说发生叛乱,看着萧皇后说:"莫非是阿孩(杨暕的小字)搞的鬼?"宇文化及派人到府第杀杨暕,杨暕以为是炀帝派来的使者,要求说:"奉诏的使者暂且宽缓,儿没有对不住国家的!"叛兵将其拉到大街上斩了首,杨暕竟然不知道下令杀他的是谁。叛军又杀了内史侍郎虞世基、御史大夫裴蕴、左翊卫大将军来护儿、秘书监袁充、右翊卫将军宇文协、千牛宇文昌、梁公萧钜等人,以及他们的儿子。

当年八月,隋江都郡太守陈稜找到炀帝的灵柩,准备了天子的仪仗兵卫,改葬在江都宫西吴公台下;其他死难的王公以下官员,都按次序埋葬在炀帝的墓地两侧。

唐朝平定江南后,贞观五年(631),以帝礼改葬隋炀帝于雷塘,谥曰"炀"。《谥法》:"好内远礼曰炀,去礼远众曰炀,逆天虐民曰炀,好大殆政曰炀,薄情寡义曰炀,离德荒国曰炀。"

《隋书·炀帝纪》

炀帝纪上

炀皇帝，讳广，一名英，小字阿𡡉，高祖第二子也。母曰文献独孤皇后。上美姿仪，少敏慧，高祖及后于诸子中特所钟爱。在周，以高祖勋，封雁门郡公。

开皇元年，立为晋王，拜柱国、并州总管，时年十三。寻授武卫大将军，进位上柱国、河北道行台尚书令，大将军如故。高祖令项城公韶、安道公李彻辅导之。上好学，善属文，沉深严重，朝野属望。高祖密令善相者来和遍视诸子，和曰："晋王眉上双骨隆起，贵不可言。"既而高祖幸上所居第，见乐器弦多断绝，又有尘埃，若不用者，以为不好声妓，善之。上尤自矫饰，当时称为仁孝。尝观猎遇雨，左右进油衣，上曰："士卒皆沾湿，我独衣此乎！"乃令持去。

六年，转淮南道行台尚书令。其年，征拜雍州牧、内史令。

八年冬，大举伐陈，以上为行军元帅。及陈平，执陈湘州刺史施文庆、散骑常侍沈客卿、市令阳慧朗、刑法监徐析、尚书都令史暨慧，以其邪佞，有害于民，斩之右阙下，以谢三吴。于是封府库，资财无所取，天下称贤。进位太尉，赐辂车、乘马，衮冕之服，玄珪、白璧各一。复拜并州总管。俄而江南高智慧等相聚作乱，徙上为扬州总管，镇江都，每岁一朝。高祖之祠太山也，领武候大将军。明年，归藩。后数载，突厥寇边，复为行军元帅，出灵武，无虏而还。

及太子勇废，立上为皇太子。是月，当受册。高祖曰："吾以大兴公成帝业。"令上出舍大兴县。其夜，烈风大雪，地震山崩，民舍多坏，压死者百余口。

仁寿初，奉诏巡抚东南。是后高祖每避暑仁寿宫，恒令上监国。

四年七月，高祖崩，上即皇帝位于仁寿宫。

八月，奉梓宫还京师。并州总管汉王谅举兵反，诏尚书左仆射杨素讨平之。

九月乙巳，以备身将军崔彭为左领军大将军。

十一月乙未，幸洛阳。丙申，发丁男数十万掘堑，自龙门东接长平、汲郡，抵临清关，度河，至浚仪、襄城，达于上洛，以置关防。癸丑，诏曰：

乾道变化，阴阳所以消息；沿创不同，生灵所以顺叙。若使天意不变，施化何以成四时；人事不易，为政何以厘万姓？《易》不云乎："通其变，使民不倦"，"变则通，通则久"，"有德则可久，有功则可大"。朕又闻之，安安而能迁，民用丕变。是故姬邑两周，如武王之意；殷人五徙，成汤后之业。若不因人顺天，功业见乎变，爱人治国者可不谓欤！

然洛邑自古之都，王畿之内，天地之所合，阴阳之所和。控以三河，固以四塞，水陆通，贡赋等。故汉祖曰："吾行天下多矣，唯见洛阳。"自古皇王，何尝不留意？所不都者，盖有由焉。或以九州未一，或以困其府库，作洛之制，所以未暇也。我有隋之始，便欲创兹怀、洛，日复一日，越暨于今。念兹在兹，兴言感哽！

朕肃膺宝历，纂临万邦，遵而不失，心奉先志。今者汉王谅悖逆，毒被山东，遂使州县或沦非所。此由关河悬远，兵不赴急，加以并州移户，复在河南。周迁殷人，意在于此。况复南服遐远，东夏殷大，因机顺动，今也其时。群司百辟,佥谐厥议。但成周墟堵,弗堪茸宇。今可于伊、洛营建东京,便即设官分职,以为民极也。

夫宫室之制,本以便生,上栋下宇,足避风露;高台广厦,岂曰适形。故《传》云:"俭,德之共;侈,恶之大。"宣尼有云:"与其不逊也,宁俭。"岂谓瑶台琼室方为宫殿者乎,土阶采椽而非帝王者乎?是知非天下以奉一人,乃一人以主天下也。民惟国本,本固邦宁,百姓足,孰与不足!今所营构,务从节俭,无令雕墙峻宇复起于当今,欲使卑宫菲食将贻于后世。有司明为条格,称朕意焉。

十二月乙丑,以右武卫将军来护儿为右骁卫大将军。戊辰,以柱国李景为右武卫大将军。以右卫率周罗睺为右武候大将军。

大业元年春正月壬辰朔,大赦,改元。立妃萧氏为皇后。改豫州为溱州,洛州为豫州。废诸州总管府。丙申,立晋王昭为皇太子。丁酉,以上柱国宇文述为左卫大将军,上柱国郭衍为左武卫大将军,延寿公于仲文为右卫大将军。己亥,以豫章王暕为豫州牧。戊申,发八使巡省风俗。下诏曰:

昔者哲王之治天下也,其在爱民乎?既富而教,家给人足,故能风淳俗厚,远至迩安。治定功成,率由斯道。朕嗣膺宝历,抚育黎献,夙夜战兢,若临川谷。虽则聿遵先绪,弗敢失坠,永言政术,多有缺然。况以四海之远,兆民之众,未获亲临,问其疾苦。每虑幽仄莫举,冤屈不申,一物失所,乃伤和气。万方有罪,责在朕躬,所以寤寐增叹,而夕惕载怀者也。

今既布政惟始,宜存宽大。可分遣使人,巡省方俗,宣扬风化,荐拔淹滞,申达幽枉。孝悌力田,给以优复。鳏寡孤独不能自存者,量加赈济。义夫节妇,旌表门闾。高年之老，加其版授，并依别条，赐以粟帛。笃疾之徒，给侍丁者。虽有侍养之名，曾无赒赡之实，明加检校，使得存养。若有名行显著，操履修洁，及学业才能，一艺可取，咸宜访采，将身入朝。所在州县，以礼发遣。其有蠹政害人、不便于时者，使还之日，具录奏闻。

己酉，以吴州总管宇文弼为刑部尚书。

二月己卯，以尚书左仆射杨素为尚书令。

三月丁未，诏尚书令杨素、纳言杨达、将作大匠宇文恺营建东京，徙豫州郭下居人以实之。戊申，诏曰：

听采舆颂，谋及庶民，故能审政刑之得失。是知昧旦思治，欲使幽枉必达，彝伦有章。而牧宰任称朝委，苟为徼幸，以求考课，虚立殿最，不存治实，纲纪于是弗理，冤屈所以莫申。关河重阻，无由自达。朕故建立东京，躬亲存问。今将巡历淮海，观省风俗，眷求谠言，徒繁词翰，而乡校之内，阙尔无闻，怛然夕惕，用忘兴寝。其民下有知州县官人政治苛刻、侵害百姓、背公徇私、不便于民者，宜听诣朝堂封奏，庶乎四聪以达，天下无冤。

又于皁涧营显仁宫，采海内奇禽异兽草木之类，以实园苑。徙天下富商大贾数万家于东京。辛亥，发河南诸郡男女百余万，开通济渠，自西苑引谷、洛水达于河，自板渚引河通于淮。庚申，遣黄门侍郎王弘、上仪同于士澄往江南采木，造龙舟、凤䑹、黄龙、赤舰、楼船等数万艘。

夏四月癸亥，大将军刘方击林邑，破之。

五月庚戌，民部尚书义丰侯韦冲卒。

六月甲子，荧惑入太微。

秋七月丁酉，制战亡之家给复十年。丙午，滕王纶、卫王集并夺爵徙边。

闰七月甲子,以尚书令杨素为太子太师,安德王雄为太子太傅,河间王弘为太子太保。丙子,诏曰:

君民建国,教学为先,移风易俗,必自兹始。而言绝义乖,多历年代,进德修业,其道浸微。汉采坑焚之余,不绝如线;晋承板荡之运,扫地将尽。自时厥后,军国多虞,虽复黉宇时建,示同爱礼;函丈或陈,殆为虚器。遂使纡青拖紫,非以学优;制锦操刀,类多墙面。上陵下替,纲维靡立,雅缺道消,实由于此。朕纂承洪绪,思弘大训,将欲尊师重道,用阐厥猷;讲信修睦,敦奖名教。方今宇宙平一,文轨攸同,十步之内,必有芳草;四海之中,岂无奇秀!诸在家及见入学者,若有笃志好古,耽悦典坟,学行优敏,堪膺时务,所在采访,具以名闻,即当随其器能,擢以不次。若研精经术,未愿进仕者,可依其艺业深浅,门荫高卑,虽未升朝,并量准给禄。庶夫恂恂善诱,不日成器,济济盈朝,何远之有!其国子等学,亦宜申明旧制,教习生徒,具为课试之法,以尽砥砺之道。

八月壬寅,上御龙舟,幸江都。以左武卫大将军郭衍为前军,右武卫大将军李景为后军。文武官五品已上给楼船,九品已上给黄篾。舳舻相接,二百余里。

冬十月己丑,赦江淮已南。扬州给复五年,旧总管内给复三年。

十一月己未,以大将军崔仲方为礼部尚书。

二年春正月辛酉,东京成,赐监督者各有差。以大理卿梁毗为刑部尚书。丁卯,遣十使并省州县。

二月丙戌,诏尚书令杨素、吏部尚书牛弘、大将军宇文恺、内史侍郎虞世基、礼部侍郎许善心制定舆服。始备辇路及五时副车。上常服,皮弁十有二琪,文官弁服,佩玉,五品已上给犊车、通幰,三公亲王加油络,武官平巾帻,裤褶,三品已上给艛槊。下至胥吏,服色皆有差。非庶人不得戎服。戊戌,置都尉官。

三月庚午,车驾发江都。先是,太府少卿何稠、太府丞云定兴盛修仪仗,于是课州县送羽毛。百姓求捕之,网罗被水陆,禽兽有堪氅眊之用者,殆无遗类。至是而成。

夏四月庚戌,上自伊阙陈法驾,备千乘万骑,入于东京。辛亥,上御端门,大赦,免天下今年租税。癸丑,以冀州刺史杨文思为民部尚书。五月甲寅,金紫光禄大夫、兵部尚书李通坐事免。乙卯,诏曰:

> 旌表先哲,式存飨祀,所以优礼贤能,显彰遗爱。朕永鉴前修,尚想名德,何尝不兴叹九原、属怀千载?其自古已来贤人君子,有能树声立德、佐世匡时、博利殊功、有益于人者,并宜营立祠宇,以时致祭。坟垄之处,不得侵践。有司量为条式,称朕意焉。

六月壬子,以尚书令、太子太师杨素为司徒。进封豫章王暕为齐王。

秋七月癸丑,以卫尉卿卫玄为工部尚书。庚申,制百官不得计考增级,必有德行功能灼然显著者,擢之。壬戌,擢藩邸旧臣鲜于罗等二十七人官爵有差。甲戌,皇太子昭薨。乙亥,上柱国、司徒、楚国公杨素薨。

八月辛卯,封皇孙倓为燕王,侗为越王,侑为代王。

九月乙丑,立秦孝王俊子浩为秦王。

冬十月戊子,以灵州刺史段文振为兵部尚书。

十二月庚寅,诏曰:"前代帝王,因时创业,君民建国,礼尊南面。而历运推移,年世永久,丘垄残毁,樵牧相趋,茔兆堙芜,封树莫辨。兴言沦灭,有怆于怀。自古已来帝王陵墓,可给随近十户，蠲其杂役，以供守视。"

三年春正月癸亥，敕并州逆党已流配而逃亡者，所获之处，即宜斩决。丙子，长星竟天，出于东壁，二旬而止。是月，武阳郡上言，河水清。

二月己丑，彗星见于奎，扫文昌，历大陵、五车、北河，入太微，扫帝坐，前后百余日而止。

三月辛亥，车驾还京师。壬子，以大将军姚辩为左屯卫将军。癸丑，遣羽骑尉朱宽使于流求国。乙卯，河间王弘薨。

夏四月庚辰，诏曰：

> 古者帝王观风问俗，皆所以忧勤兆庶，安集遐荒。自蕃夷内附，未遑亲抚，山东经乱，须加存恤。今欲安辑河北，巡省赵、魏。所司依式。

甲申，颁律令，大赦天下，关内给复三年。壬辰，改州为郡。改度量权衡，并依古式。改上柱国已下官为大夫。甲午，诏曰：

> 天下之重，非独治所安；帝王之功，岂一士之略。自古明君哲后，立政经邦，何尝不选贤与能，收采幽滞。周称多士，汉号得人，常想前风，载怀钦伫。朕负扆凤兴，冕旒待旦，引领岩谷，置以周行，冀与群才共康庶绩。而汇茅寂寞，投竿罕至，岂美璞韬采，未值良工；将介石在怀，确乎难拔？永鉴前哲，怃然兴叹！凡厥在位，譬诸股肱，若济巨川，义同舟楫。岂得保兹宠禄，晦尔所知，优游卒岁，甚非谓也。祁大夫之举善，良史以为至公；臧文仲之蔽贤，尼父讥其窃位。求诸往古，非无褒贬，宜思进善，用匡寡薄。

> 夫孝悌有闻，人伦之本，德行敦厚，立身之基。或节义可称，或操履清洁，所以激贪厉俗，有益风化。强毅正直，执宪不挠，学业优敏，文才美秀，并为廊庙之用，实乃瑚琏

之资。才堪将略，则拔之以御侮；膂力骁壮，则任之以爪牙。爰及一艺可取，亦宜采录；众善毕举，与时无弃。以此求治，庶几非远。文武有职事者，五品已上，宜依令十科举人，有一于此，不必求备。朕当待以不次，随才升擢。其见任九品已上官者，不在举送之限。

丙申，车驾北巡狩。丁酉，以刑部尚书宇文弼为礼部尚书。戊戌，敕百司不得践暴禾稼，其有须开为路者，有司计地所收，即以近仓酬赐，务从优厚。己亥，次赤岸泽。以太牢祭故太师李穆墓。

五月丁巳，突厥启民可汗遣子拓特勒来朝。戊午，发河北十余郡丁男凿太行山，达于并州，以通驰道。丙寅，启民可汗遣其兄子毗黎伽特勤来朝。辛未，启民可汗遣使请自入塞，奉迎舆驾。上不许。癸酉，有星孛于文昌上将，星皆动摇。

六月辛巳，猎于连谷。丁亥，诏曰：

聿追孝飨，德莫至焉，崇建寝庙，礼之大者。然则质文异代，损益殊时，学灭坑焚，经典散逸，宪章湮坠，庙堂制度，师说不同。所以世数多少，莫能是正，连室异官，亦无准定。

朕获奉祖宗，钦承景业，永惟严配，思隆大典。于是询谋在位，博访儒术。咸以为高祖文皇帝受天明命，奄有区夏，拯群飞于四海，革凋散于百王，恤狱缓刑，生灵皆遂其性；轻徭薄赋，比屋各安其业。恢夷宇宙，混壹车书。东渐西被，无思不服，南征北怨，俱荷来苏。驾橇乘风，历代所弗至；辫发左衽，声教所罕及，莫不厥角关塞，顿颡阙庭，译靡绝时，书无虚月。韬戈偃武，天下晏如，嘉瑞休征，表里禔福，猗欤伟欤，无得而名者也。

朕又闻之，德厚者流光，治辨者礼缛。是以周之文、武，汉之高、光，其典章特立，谥号斯重，岂非缘情称述，即崇显之义乎？高祖文皇帝宜别建庙宇，以彰巍巍之德；仍遵月祭，用表蒸蒸之怀。有司以时创造，务合典制。又名位既殊，礼亦异等。天子七庙，事著前经，诸侯二昭，义有差降，故其以多为贵。王者之礼，今可依用，贻厥后昆。

戊子，次榆林郡。丁酉，启民可汗来朝。己亥，吐谷浑、高昌并遣使贡方物。甲辰，上御北楼，观渔于河，以宴百僚。

秋七月辛亥，启民可汗上表请变服，袭冠带。诏启民赞拜不名，位在诸侯王上。甲寅，上于郡城东御大帐，其下备仪卫、建旌旗，宴启民及其部落三千五百人，奏百戏之乐。赐启民及其部落各有差。丙子，杀光禄大夫贺若弼、礼部尚书宇文弼、太常卿高颎。尚书左仆射苏威坐事免。发丁男百余万筑长城，西距榆林，东至紫河，一旬而罢，死者十五六。

八月壬午，车驾发榆林。乙酉，启民饰庐清道，以候乘舆。帝幸其帐，启民奉觞上寿，宴赐极厚。上谓高句丽使者曰："归语尔王，当早来朝见。不然者，吾与启民巡彼土矣。"皇后亦幸义成公主帐。己丑，启民可汗归蕃。癸巳，入楼烦关。壬寅，次太原。诏营晋阳宫。

九月己未，次济源。幸御史大夫张衡宅，宴享极欢。己巳，至于东都。壬申，以齐王暕为河南尹、开府仪同三司。癸酉，以民部尚书杨文思为纳言。

四年春正月乙巳，诏发河北诸郡男女百余万开永济渠，引沁水南达于河，北通涿郡。庚戌，百僚大射于允武殿。丁卯，赐城内居民米各十石。壬申，以太府卿元寿为内史令，鸿胪卿杨玄感为礼部尚书。癸酉，以工部尚书卫玄为右候卫大将军，大理卿长孙炽为民部尚书。

二月己卯，遣司朝谒者崔毅使突厥处罗，致汗血马。

三月辛酉，以将作大匠宇文恺为工部尚书。壬戌，百济、倭、赤土、迦罗舍国并遣使贡方物。乙丑，车驾幸五原，因出塞巡长城。丙寅，遣屯田主事常骏使赤土，致罗刹。

夏四月丙午，以离石之汾源、临泉、雁门之秀容为楼烦郡。起汾阳宫。癸丑，以河内太守张定和为左屯卫大将军。乙卯，诏曰：

突厥意利珍豆启民可汗率领部落，保附关塞，遵奉朝化，思改戎俗，频入谒觐，屡有陈请。以毡墙毳幕，事穷荒陋，上栋下宇，愿同比屋。诚心恳切，朕之所重。宜于万寿戍置城造屋，其帷帐床褥已上，随事量给，务从优厚，称朕意焉。

五月壬申，蜀郡获三足乌，张掖获玄狐，各一。

秋七月辛巳，发丁男二十余万筑长城，自榆谷而东。乙未，左翊卫大将军宇文述破吐谷浑于曼头、赤水。

八月辛酉，亲祠恒岳，河北道郡守毕集。大赦天下。车驾所经郡县，免一年租调。

九月辛未，征天下鹰师悉集东京，至者万余人。戊寅，彗星出于五车，扫文昌，至房而灭。辛巳，诏免长城役者一年租赋。

冬十月丙午，诏曰：

先师尼父，圣德在躬，诞发天纵之姿，宪章文武之道。命世膺期，蕴兹素王。而颓山之叹，忽逾于千祀；盛德之美，不存于百代。永惟懿范，宜有优崇。可立孔子后为绍圣侯。有司求其苗裔，录以申上。

辛亥，诏曰：

昔周王下车，首封唐虞之胤；汉帝承历，亦命殷周之后。皆所以褒立先代，宪章在昔。朕嗣膺景业，傍求雅训，有一弘益，钦若令典。以为周兼夏、殷，文质大备；汉有天下，车书混一；魏、晋沿袭，风流未远。并宜立后，以存继绝之义。有司可求其胄绪列闻。

乙卯，颁新式于天下。

五年春正月丙子，改东京为东都。癸未，诏天下均田。戊子，上自东都还京师。己丑，制民间铁叉、搭钩、槊刃之类，皆禁绝之。太守每岁密上属官景迹。

二月戊戌，次于阌乡。诏祭古帝王陵及开皇功臣墓。庚子，制魏、周官不得为荫。辛丑，赤土国遣使贡方物。戊申，车驾至京师。丙辰，宴耆旧四百人于武德殿，颁赐各有差。己未，上御崇德殿之西院，怃然不怡，顾谓左右曰："此先帝之所居，实用增感，情所未安。宜于此院之西，别营一殿。"壬戌，制父母听随子之官。

三月己巳，车驾西巡河右。庚午，有司言，武功男子史永遵与从父昆弟同居。上嘉之，赐物一百段、米二百石，表其门闾。乙亥，幸扶风旧宅。

夏四月己亥，大猎于陇西。壬寅，高昌、吐谷浑、伊吾并遣使来朝。乙巳，次狄道，党项羌来贡方物。癸亥，出临津关，渡黄河，至西平，陈兵讲武。

五月乙亥，上大猎于拔延山，长围周亘二千里。庚辰，入长宁谷。壬午，度星岭。甲申，宴群臣于金山之上。丙戌，梁浩亹，御马度而桥坏，斩朝散大夫黄亘及督役者九人。吐谷浑王率众保覆袁川，帝分命内史元寿南屯金山，兵部尚书段文振北屯雪山，太仆卿杨义臣东屯琵琶峡，将军张寿西屯泥岭，四面围之。浑主伏允以数十骑遁出，遣其名王诈称伏允，保车我真山。壬辰，诏右屯卫大将军张定和往捕之。定和挺身挑战，为贼所杀。亚将柳武建击破之，斩首数百级。甲午，其仙头王被围穷蹙，率男女十余万口来降。

六月丁酉，遣左光禄大夫梁默、右翊卫将军李琼等追浑主，皆遇贼死之。癸卯，经大斗拔谷，山路隘险，鱼贯而出。风霰晦冥，与从官相失，士卒冻死者太半。丙午，次张掖。辛亥，诏诸郡学业该通、才艺优洽、膂力骁壮、超绝等伦，在官勤奋、堪理政事，立性正直、不避强御四科举人。壬子，高昌王麴伯雅来朝，伊吾吐屯设等献西域数千里之地。上大悦。癸丑，置西海、河源、鄯善、且末等四郡。丙辰，上御观风行殿，盛陈文物，奏九部乐，设鱼龙曼延，宴高昌王、吐屯设于殿上，以宠异之。其蛮夷陪列者三十余国。戊午，大赦天下，开皇已来流配，悉放还乡；晋阳逆党，不在此例。陇右诸郡，给复一年；行经之所，给复二年。

秋七月丁卯，置马牧于青海渚中，以求龙种，无效而止。

九月癸未，车驾入长安。

冬十月癸亥，诏曰：

> 优德尚齿，载之典训，尊事乞言，义彰胶序。饔熊为师，取非筋力；方叔元老，克壮其猷。朕永言稽古，用求至治，是以庞眉黄发，更令收叙，务简秩优，无亏药膳，庶等卧治，伫其弘益。今岁耆老赴集者，可于近郡处置。年七十以上，疾患沉滞，不堪居职，即给赐帛，送还本郡。其官至七品已上者，量给廪，以终厥身。

十一月丙子，车驾幸东都。

六年春正月癸亥朔，旦，有盗数十人，皆素冠练衣，焚香持华，自称弥勒佛，入自建国门。监门者皆稽首。既而夺卫士仗，将为乱。齐王暕遇而斩之。于是都下大索，与相连坐者千余家。丁丑，角抵大戏于端门街，天下奇伎异艺毕集，终月而罢。帝数微服往观之。己丑，倭国遣使贡方物。

二月乙巳，武贲郎将陈稜、朝请大夫张镇周击流求，破之，献俘万七千口，颁赐百官。乙卯，诏曰：

> 夫帝图草创，王业艰难，咸仗股肱，协同心德，用能拯厥颓运，克膺大宝。然后畴庸茂赏，开国承家，誓以山河，传之不朽。近代丧乱，四海未一，茅土妄假，名实相乖，历兹永久，莫能惩革。皇运之初，百度伊始，犹循旧贯，未暇改作。今天下交泰，文轨攸同，宜率遵先典，永垂大训。自今已后，唯有功勋，乃得赐封，仍令子孙承袭。

丙辰，改封安德王雄为观王，河间王子庆为郇王。庚申，征魏、齐、周、陈乐人，悉配太常。

三月癸亥，幸江都宫。甲子，以鸿胪卿史祥为左骁卫大将军。

夏四月丁未，宴江淮已南父老，颁赐各有差。

六月辛卯，室韦、赤土并遣使贡方物。壬辰，雁门贼帅尉文通聚众三千，保于莫壁谷。遣鹰扬杨伯泉击破之。甲寅，制江都太守秩同京尹。

冬十月壬申，刑部尚书梁毗卒。壬子，民部尚书、银青光禄大夫长孙炽卒。

十二月己未，左光禄大夫、吏部尚书牛弘卒。辛酉，硃崖人王万昌举兵作乱，遣陇西太守韩洪讨平之。

七年春正月壬寅，左武卫大将军、光禄大夫、真定侯郭衍卒。

二月己未，上升钓台，临扬子津，大宴百僚，颁赐各有差。庚申，百济遣使朝贡。乙亥，上自江都御龙舟入通济渠，遂幸于涿郡。壬午，诏曰：

武有七德，先之以安民；政有六本，兴之以教义。高句丽高元，亏失藩礼，将欲问罪辽左，恢宣胜略。虽怀伐国，仍事省方。今往涿郡，巡抚民俗。其河北诸郡及山西、山东年九十已上者，版授太守；八十者，授县令。

　　三月丁亥，右光禄大夫、左屯卫大将军姚辩卒。

　　夏四月庚午，至涿郡之临朔宫。

　　五月戊子，以武威太守樊子盖为民部尚书。

　　秋，大水，山东、河南漂没三十余郡，民相卖为奴婢。

　　冬十月乙卯，底柱山崩，偃河逆流数十里。戊午，以东平太守吐万绪为左屯卫大将军。

　　十二月己未，西面突厥处罗多利可汗来朝。上大悦，接以殊礼。于时辽东战士及馈运者填咽于道，昼夜不绝，苦役者始为群盗。甲子，敕都尉、鹰扬与郡县相知追捕，随获斩决之。

炀帝纪下

　　八年春正月辛巳，大军集于涿郡。以兵部尚书段文振为左候卫大将军。壬午，下诏曰：

　　天地大德，降繁霜于秋令；圣哲至仁，著甲兵于刑典。故知造化之有肃杀，义在无私；帝王之用干戈，盖非获已。版泉、丹浦，莫匪龚行；取乱覆昏，咸由顺动。况乎甘野誓师，夏开承大禹之业；商郊问罪，周发成文王之志。永监前载，属当朕躬。

　　粤我有隋，诞膺灵命，兼三才而建极，一六合而为家。提封所渐，细柳、盘桃之外；声教爱暨，紫舌、黄枝之域。远至迩安，罔不和会，功成治定，于是乎在。而高句丽小丑，迷昏不恭，崇聚勃、碣之间，荐食辽、獩之境。虽复汉、魏诛戮，巢窟暂倾，乱离多阻，种落还集。萃川薮于往代，播实繁以迄今，眷彼华壤，翦为夷类。历年永久，恶稔既盈，天道祸淫，亡征已兆。乱常败德，非可胜图；掩慝怀奸，唯日不足。移告之严，未尝面受；朝觐之礼，莫肯躬亲。诱纳亡叛，不知纪极，充斥边垂，亟劳烽候，关柝以之不静，生人为之废业。在昔薄伐，已漏天网，既缓前擒之戮，未即后服之诛。曾不怀恩，翻为长恶。乃兼契丹之党，虔刘海戍；习靺鞨之服，侵轶辽西。又青丘之表，咸修职贡；碧海之滨，同禀正朔。遂复夺攘琛赆，遏绝往来，虐及弗辜，诚而遇祸。轺轩奉使，爰暨海东，旌节所次，途经藩境。而拥塞道路，拒绝王人，无事君之心，岂为臣之礼？此而可忍，孰不可容！且法令苛酷，赋敛烦重，强臣豪族，咸执国钧，朋党比周，以之成俗，贿货如市，冤枉莫申。重以仍岁灾凶，比屋饥馑，兵戈不息，徭役无期，力竭转输，身填沟壑。百姓愁苦，爰谁适从？境内哀惶，不胜其弊。回首面内，各怀性命之图；黄发稚齿，咸兴酷毒之叹。省俗观风，爰届幽朔，吊人问罪，无俟再驾。于是亲总六师，用申九伐，拯厥阽危，协从天意；殄兹逋秽，克嗣先谟。

今宜援律启行，分麾届路，掩勃澥而雷震，历夫余以电扫。比戈按甲，誓旅而后行；三令五申，必胜而后战。左第一军可镂方道，第二军可长岑道，第三军可海冥道，第四军可盖马道，第五军可建安道，第六军可南苏道，第七军可辽东道，第八军可玄菟道，第九军可扶余道，第十军可朝鲜道，第十一军可沃沮道，第十二军可乐浪道；右第一军可黏蝉道，第二军可含资道，第三军可浑弥道，第四军可临屯道，第五军可候城道，第六军可提奚道，第七军可踏顿道，第八军可肃慎道，第九军可碣石道，第十军可东暆道，第十一军可带方道，第十二军可襄平道。凡此众军，先奉庙略，骆驿引途，总集平壤。莫非如豼如貔之勇，百战百胜之雄，顾眄则山岳倾颓，叱咤则风云腾郁，心德攸同，爪牙斯在。朕躬驭元戎，为其节度，涉辽而东，循海之右，解倒悬于遐裔，问疾苦于遗黎。其外轻赍游阙，随机赴响；卷甲衔枚，出其不意。又沧海道军舟舻千里，高帆电逝，巨舰云飞，横断沮江，迳造平壤，岛屿之望斯绝，坎井之路已穷。其余被发左衽之人，控弦待发；微卢彭濮之旅，不谋同辞。杖顺临逆，人百其勇，以此众战，势等摧枯。

然则王者之师，义存止杀；圣人之教，必也胜残。天罚有罪，本在元恶，人之多僻，胁从罔治。若高元泥首辕门，自归司寇，即宜解缚焚榇，弘之以恩。其余臣人，归朝奉顺，咸加慰抚，各安生业，随才任用，无隔夷夏。营垒所次，务在整肃，刍荛有禁，秋毫勿犯，布以恩宥，喻以祸福。若其同恶相济，抗拒官军，国有常刑，俾无遗类。明加晓示，称朕意焉。

总一百一十三万三千八百，号二百万，其馈运者倍之。癸未，第一军发，终四十日，引师乃尽，旌旗亘千里。近古出师之盛，未之有也。乙未，以右候卫大将军卫玄为刑部尚书。甲辰，内史令元寿卒。

二月甲寅，诏曰：

朕观风燕裔，问罪辽滨。文武协力，爪牙思奋，莫不执锐勤王，舍家从役，罕蓄仓廪之资，兼损播殖之务。朕所以夕惕愀然，虑其匮乏。虽复素饱之众，情在忘私；悦使之人，宜从其厚。诸行从一品以下，伕飞募人以上家口，郡县宜数存问。若有粮食乏少，皆宜赈给；或虽有田畴，贫弱不能自耕种，可于多丁富室劝课相助。使夫居者有敛积之丰，行役无顾后之虑。

壬戌，司空、京兆尹、光禄大夫观王雄薨。

三月辛卯，兵部尚书、左候卫大将军段文振卒。癸巳，上御师。甲午，临戎于辽水桥。戊戌，大军为贼所拒，不果济。右屯卫大将军、左光禄大夫麦铁杖，武贲郎将钱士雄、孟金叉等，皆死之。甲午，车驾渡辽。大战于东岸，击贼破之，进围辽东。乙未，大顿，见二大鸟，高丈余，皜身朱足，游泳自若。上异之，命工图写，并立铭颂。

五月壬午，纳言杨达卒。于时诸将各奉旨，不敢越机。既而高句丽各城守，攻之不下。

六月己未，幸辽东，责怒诸将。止城西数里，御六合城。

七月壬寅，宇文述等败绩于萨水，右屯卫将军薛世雄死之。九军并陷，将帅奔还，亡者二千余骑。癸卯，班师。

九月庚辰，上至东都。己丑，诏曰：

军国异容，文武殊用，匡危拯难，则霸德攸兴；化人成俗，则王道斯贵。时方拨乱，屠贩可以登朝；世属隆平，经术然后升仕。丰都爱肇，儒服无预于周行；建武之朝，功臣不参于吏职。自三方未一，四海交争，不遑文教，唯尚武功。设官分职，罕以才授；班朝治人，乃由勋叙，莫非拔足行阵，出自勇夫。教学之道，既所不习；政事之方，故亦无取。是非暗于在己，威福专于下吏，贪冒货贿，不知纪极，蠹政害民，实由于此。自今已后，诸授勋官者，并不得回授文武职事，庶遵彼更张，取类于调瑟；求诸名制，不伤于美锦。若吏部辄拟用者，御史即宜纠弹。

冬十月甲寅，工部尚书宇文恺卒。

十一月己卯，以宗女华容公主嫁于高昌王。辛巳，光禄大夫韩寿卒。甲申，败将宇文述、于仲文等并除名为民，斩尚书右丞刘士龙以谢天下。

是岁，大旱，疫，人多死，山东尤甚。密诏江、淮南诸郡阅视民间童女，姿质端丽者，每岁贡之。

九年春正月丁丑，征天下兵，募民为骁果，集于涿郡。壬午，贼帅杜彦冰、王润等陷平原郡，大掠而去。辛卯，置折冲、果毅、武勇、雄武等郎将官，以领骁果。乙未，平原李德逸聚众数万，称"阿舅贼"，劫掠山东。灵武白榆妄，称"奴贼"，劫掠牧马，北连突厥，陇右多被其患。遣将军范贵讨之，连年不能克。戊戌，大赦。己亥，遣代王侑、刑部尚书卫玄镇京师。辛丑，以右骁骑将军李浑为右骁卫大将军。

二月己未，济北人韩进洛聚众数万为群盗。壬午，复宇文述等官爵。又征兵讨高句丽。

三月丙子，济阴人孟海公起兵为盗，众至数万。丁丑，发丁男十万城大兴。戊寅，幸辽东。以越王侗、民部尚书樊子盖留守东都。庚子，北海人郭方预聚徒为盗，自号"卢公"，众至三万，攻陷郡城，大掠而去。

夏四月庚午，车驾渡辽。壬申，遣宇文述、杨义臣趣平壤。

五月丁丑，荧惑入南斗。己卯，济北人甄宝车聚众万余，寇掠城邑。

六月乙巳，礼部尚书杨玄感反于黎阳。丙辰，玄感逼东都。河南赞务裴弘策拒之，反为贼所败。戊辰，兵部侍郎斛斯政奔于高句丽。庚午，上班师。高句丽犯后军，敕右武卫大将军李景为后拒。遣左翊卫大将军宇文述、左候卫将军屈突通等驰传发兵，以讨玄感。

秋七月己卯，令所在发人城县府驿。癸未，余杭人刘元进举兵反，众至数万。

八月壬寅，左翊卫大将军宇文述等破杨玄感于阌乡，斩之，余党悉平。癸卯，吴人朱燮、晋陵人管崇拥众十万余，自称将军，寇江左。甲辰，制骁果之家蠲免赋役。丁未，诏郡县城去道过五里已上者，徙就之。戊申，制盗贼籍没其家。乙卯，贼帅陈瑱等众三万，攻陷信安郡。辛酉，司农卿、光禄大夫、葛国公赵元淑以罪伏诛。

九月己卯，济阴人吴海流、东海人彭孝才并举兵为盗，众数万。庚辰，贼帅梁慧尚率众四万，陷苍梧郡。甲午，车驾次上谷，以供费不给，上大怒，免太守虞荷等官。丁酉，东阳人李三儿、向但子举兵作乱，众至万余。

闰月己巳，幸博陵。庚午，上谓侍臣曰："朕昔从先朝周旋于此，年甫八岁，日月不居，倏经三纪，追惟平昔，不可复希！"言未卒，流涕呜咽，侍卫者皆泣下沾襟。

冬十月丁丑，贼帅吕明星率众数千围东郡，武贲郎将费青奴击斩之。乙酉，诏曰：

> 博陵昔为定州，地居冲要，先皇历试所基，王化斯远，故以道冠《豳风》，义高姚邑。朕巡抚氓庶，爰届兹邦，瞻望郊廛，缅怀敬止。思所以宣播德泽，覃被下人；崇纪显号，式光令绪。可改博陵为高阳郡。赦境内死罪已下。给复一年。

于是召高祖时故吏，皆量材授职。壬辰，以纳言苏威为开府仪同三司。朱燮、管崇推刘元进为天子。遣将军吐万绪、鱼俱罗讨之，连年不能克。齐人孟让、王薄等众十余万，据长白山，攻剽诸郡；清河贼张金称众数万；渤海贼帅格谦自号燕王，孙宣雅自号齐王，众各十万，山东苦之。丁亥，以右候卫将军郭荣为右候卫大将军。

十一月己酉，右候卫将军冯孝慈讨张金称于清河，反为所败，孝慈死之。

十二月甲申，车裂玄感弟朝请大夫积善及党与十余人，仍焚而扬之。丁亥，扶风人向海明举兵作乱，称皇帝，建元"白乌"。遣太仆卿杨义臣击破之。

十年春正月甲寅，以宗女为信义公主，嫁于突厥曷娑那可汗。

二月辛未，诏百僚议伐高句丽，数日无敢言者。戊子，诏曰：

> 竭力王役，致身戎事，咸由徇义，莫匪勤诚。委命草泽，弃骸原野，兴言念之，每怀愍恻。往年出车问罪，将届辽滨，庙算胜略，具有进止。而谅愔凶，周识成败；高颎愎很，本无智谋。临三军犹儿戏，视人命如草芥，不遵成规，坐贻挠退，遂令死亡者众，不及埋藏。今宜遣使人分道收葬，设祭于辽西郡，立道场一所。恩加泉壤，庶弭穷魂之冤；泽及枯骨，用弘仁者之惠。

辛卯，诏曰：

> 黄帝五十二战，成汤二十七征，方乃德施诸侯，令行天下。卢芳小盗，汉祖尚且亲戎；隗嚣余烬，光武犹自登陇，岂不欲除暴止戈、劳而后逸者哉？
>
> 朕纂成宝业，君临天下，日月所照，风雨所沾，孰非我臣，独隔声教。蕞尔高句丽，僻居荒表，鸱张狼噬，侮慢不恭，抄窃我边陲，侵轶我城镇。是以去岁出军，问罪辽、碣，殪长蛇于玄菟，戮封豕于襄平。扶余众军，风驰电逝，追奔逐北，径逾沮水，沧海舟楫，冲贼腹心，焚其城郭，污其官室。高元伏锧泥首，送款军门，寻请入朝，归罪司寇。朕以许其改过，乃诏班师。而长恶靡悛，宴安鸩毒，此而可忍，孰不可容！便可分命六师，百道俱进。朕当亲执武节，临御诸军，秣马丸都，观兵辽水，顺天诛于海外，救穷民于

倒悬。征伐以正之，明德以诛之，止除元恶，余无所问。若有识存亡之分，悟安危之机，翻然北首，自求多福；必其同恶相济，抗拒王师，若火燎原，刑兹无赦。有司便宜宣布，咸使知闻。

丁酉，扶风人唐弼举兵反，众十万，推李弘为天子，自称唐王。

三月壬子，行幸涿郡。癸亥，次临渝宫，亲御戎服，祃祭黄帝，斩叛军者以衅鼓。

夏四月辛未，彭城贼张大彪聚众数万，保悬薄山为盗。遣榆林太守董纯击破，斩之。甲午，车驾次北平。

五月庚子，诏举郡孝悌廉洁各十人。壬寅，贼帅宋世谟陷琅邪郡。庚申，延安人刘迦论举兵反，自称"皇王"，建元"大世"。

六月辛未，贼帅郑文雅、林宝护等众三万，陷建安郡，太守杨景祥死之。

秋七月癸丑，车驾次怀远镇。乙卯，曹国遣使贡方物。甲子，高句丽遣使请降，囚送斛斯政。上大悦。

八月己巳，班师。庚午，右卫大将军、左光禄大夫郑荣卒。

冬十月丁卯，上至东都。己丑，还京师。

十一月丙申，支解斛斯政于金光门外。乙巳，有事于南郊。己酉，贼帅司马长安破长平郡。乙卯，离石胡刘苗王举兵反，自称天子，以其弟六儿为永安王，众至数万。将军潘长文讨之，不能克。是月，贼帅王德仁拥众数万，保林虑山为盗。

十二月壬申，上如东都。其日，大赦天下。戊子，入东都。庚寅，贼帅孟让众十余万，据都梁宫。遣江都郡丞王世充击破之，尽虏其众。

十一年春正月甲午朔，大宴百僚。突厥、新罗、靺鞨、毕大辞、诃咄、传越、乌那曷、波腊、吐火罗、俱虑建、忽论、靺鞨、诃多、沛汗、龟兹、疏勒、于阗、安国、曹国、何国、穆国、毕、衣密、失范延、伽折、契丹等国并遣使朝贡。戊戌，武贲郎将高建毗破贼帅颜宣政于齐郡，虏男女数千口。乙卯，大会蛮夷，设鱼龙曼延之乐，颁赐各有差。

二月戊辰，贼帅杨仲绪率众万余，攻北平，滑公李景破斩之。庚午，诏曰：

> 设险守国，著自前经；重门御暴，事彰往策，所以宅土宁邦，禁邪固本。而近代战争，居人散逸，田畴无伍，郛郭不修，遂使游惰实繁，寇攘未息。今天下平一，海内晏如，宜令人悉城居，田随近给，使强弱相容，力役兼济，穿窬无所厝其奸宄，萑蒲不得聚其逋逃。有司具为事条，务令得所。

丙子，上谷人王须拔反，自称"漫天王"，国号燕；贼帅魏刁儿，自称"历山飞"，众各十余万，北连突厥，南寇赵。

五月丁酉，杀右骁卫大将军、光禄大夫、郕公李浑，将作监、光禄大夫李敏，并族灭其家。癸卯，贼帅司马长安破西河郡。己酉，幸太原，避暑汾阳宫。

秋七月己亥，淮南人张起绪举兵为盗，众至三万。辛丑，光禄大夫、右御卫大将军张寿卒。

八月乙丑，巡北塞。戊辰，突厥始毕可汗率骑数十万，谋袭乘舆，义成公主遣使告变。壬申，车驾驰幸雁门。癸酉，突厥围城，官军频战不利。上大惧，欲率精骑溃围而出，民部尚书樊子盖固谏乃止。齐王暕以后军保于崞县。甲申，诏天下诸郡募兵，于是守令各来赴难。

九月甲辰，突厥解围而去。丁未，曲赦太原、雁门郡死罪已下。

冬十月壬戌，上至于东都。丁卯，彭城人魏骐麟聚众万余为盗，寇鲁郡。壬申，贼帅卢明月聚众十余万，寇陈、汝间。东海贼帅李子通拥众度淮，自号"楚王"，建元"明政"，寇江都。

十一月乙卯，贼帅王须拔破高阳郡。

十二月戊寅，有大流星如斛，坠明月营，破其冲车。庚辰，诏民部尚书樊子盖发关中兵，讨绛郡贼敬盘陀、柴保昌等，经年不能克。谯郡人朱粲拥众数十万，寇荆襄，僭称楚帝，建元"昌达"。汉南诸郡多为所陷焉。

十二年春正月甲午，雁门人翟松柏起兵于灵丘，众至数万，转攻傍县。

二月己未，真腊国遣使贡方物。甲子夜，有二大鸟似雕，飞入大业殿，止于御幄，至明而去。癸亥，东海贼卢公暹率众万余，保于苍山。

夏四月丁巳，显阳门灾。癸亥，魏刁儿所部将甄翟儿复号"历山飞"，众十万，转寇太原。将军潘长文讨之，反为所败，长文死之。

五月丙戌朔，日有蚀之，既。癸巳，大流星陨于吴郡，为石。壬午，上于景华宫征求萤火，得数斛，夜出游山，放之，光遍岩谷。

秋七月壬戌，民部尚书、光禄大夫、济北公樊子盖卒。甲子，幸江都宫，以越王侗、光禄大夫段达、太府卿元文都、检校民部尚书韦津、右武卫将军皇甫无逸、右司郎卢楚等总留后事。奉信郎崔民象以盗贼充斥，于建国门上表，谏不宜巡幸。上大怒，先解其颐，乃斩之。戊辰，冯翊人孙华自号总管，举兵为盗。高凉通守洗珧彻举兵作乱，岭南溪洞多应之。己巳，荧惑守羽林，月余乃退。车驾次汜水，奉信郎王爱仁以盗贼日盛，谏上请还西京。上怒，斩之而行。

八月乙巳，贼帅赵万海众数十万，自恒山寇高阳。壬子，有大流星如斗，出王良阁道，声如隤墙。癸丑，大流星如瓮，出羽林。

九月丁酉，东海人杜伏威、扬州沈觅敌等作乱，众至数万。右御卫将军陈棱击破之。戊午，有二柱矢出北斗魁，委曲蛇形，注于南斗。壬戌，安定人荔非世雄杀临泾令，举兵作乱，自号"将军"。

冬十月己丑，开府仪同三司、左翊卫大将军、光禄大夫、许公宇文述薨。

十二月癸未，鄱阳贼操天成举兵反，自号"元兴王"，建元"始兴"，攻陷豫章郡。乙酉，以右翊卫大将军来护儿为开府仪同三司、行左翊卫大将军。壬辰，鄱阳人林士弘自称皇帝，国号"楚"，建元"太平"，攻陷九江、庐陵郡。唐公破甄翟儿于西河，掳男女数千口。

十三年春正月壬子，齐郡贼杜伏威率众渡淮，攻陷历阳郡。丙辰，勃海贼窦建德设坛于河间之乐寿，自称"长乐王"，建元"丁丑"。辛巳，贼帅徐圆朗率众数千，破东平郡。弘化人刘企成聚众万余人为盗，傍郡苦之。

二月壬午，朔方人梁师都杀郡丞唐世宗，据郡反，自称大丞相。遣银青光禄大夫张世隆击之，反为所败。戊子，贼帅王子英破上谷郡。己丑，马邑校尉刘武周杀太守王仁恭，举兵作乱，北连突厥，自称"定杨可汗"。庚寅，贼帅李密、翟让等陷兴洛仓。越王侗遣武贲郎将刘长恭、光禄少卿房崱击之，反为所败，死者十五六。庚子，李密自号"魏公"，称"元年"，开仓以振群盗，众至数十万，河南诸郡相继皆陷焉。壬寅，刘武周破武贲郎将王智辩于桑乾镇，智辩死之。

三月戊午，庐江人张子路举兵反。遣右御卫将军陈棱讨平之。丁丑，贼帅李通德众十万，寇庐江，左屯卫将军张镇周击破之。

夏四月癸未，金城校尉薛举率众反，自称"西秦霸王"，建元"秦兴"，攻陷陇右诸郡。己丑，贼帅孟让夜入东都外郭，烧丰都市而去。癸巳，李密陷回洛东仓。丁酉，贼帅房宪伯陷汝阴郡。是月，光禄大夫裴仁基、淮阳太守赵佗等，并以众叛归李密。

五月辛酉，夜有流星如瓮，坠于江都。甲子，唐公起义师于太原。丙寅，突厥数千寇太原，唐公击破之。

秋七月壬子，荧惑守积尸。丙辰，武威人李轨举兵反，攻陷河西诸郡，自称"凉王"，建元"安乐"。

八月辛巳，唐公破武牙郎将宋老生于霍邑，斩之。

九月己丑，帝括江都人女寡妇，以配从兵。是月，武阳郡丞元宝藏以郡叛归李密，与贼帅李文相攻陷黎阳仓。彗星见于营室。

冬十月丁亥，太原杨世洛聚众万余人，寇掠城邑。丙申，罗令萧铣以县反，鄱阳人董景珍以郡反，迎铣于罗县，号为"梁王"，攻陷傍郡。戊戌，武贲郎将高毗败济北郡贼甄宝车于岻山。

十一月丙辰，唐公入京师。辛酉，遥尊帝为太上皇，立代王侑为帝，改元"义宁"。上起宫丹阳，将逊于江左。有乌鹊来巢幄帐，驱不能止。荧惑犯太微。有石自江浮入于扬子。日光四散如流血。上甚恶之。

二年三月，右屯卫将军宇文化及，武贲郎将司马德戡、元礼，监门直阁裴虔通，将作少监宇文智及，武勇郎将赵行枢，鹰扬郎将孟景，内史舍人元敏，符玺郎李覆、牛方裕，千牛左右李孝本、弟孝质，直长许弘仁、薛世良，城门郎唐奉义，医正张恺等，以骁果作乱，入犯宫闱。上崩于温室，时年五十。萧后令宫人撤床簀为棺以埋之。化及发后，右御卫将军陈稜奉梓宫于成象殿，葬吴公台下。发敛之始，容貌若生，众咸异之。大唐平江南之后，改葬雷塘。

初，上自以藩王，次不当立，每矫情饰行，以钓虚名，阴有夺宗之计。时高祖雅信文献皇后，而性忌妾媵。皇太子勇内多嬖幸，以此失爱。帝后庭有子，皆不育之，示无私宠，取媚于后。大臣用事者，倾心与交。中使至第，无贵贱，皆曲承颜色，申以厚礼。婢仆往来者，无不称其仁孝。又常私入宫掖，密谋于献后，杨素等因机构扇，遂成废立。自高祖大渐，暨谅暗之中，烝淫无度。山陵始就，即事巡游。以天下承平日久，士马全盛，慨然慕秦皇、汉武之事，乃盛治宫室，穷极侈靡，召募行人，分使绝域。诸蕃至者，厚加礼赐，有不恭命，以兵击之。盛兴屯田于玉门、柳城之外。课天下富室，益市武马，匹直十余万，富强坐是冻馁者十家而九。帝性多诡谲，所幸之处，不欲人知。每之一所，辄数道置顿，四海珍馐殊味，水陆必备焉，求市者无远不至。郡县官人，竞为献食，丰厚者进擢，疏俭者获罪。奸吏侵渔，内外虚竭，头会箕敛，人不聊生。

于时军国多务，日不暇给，帝方骄怠，恶闻政事，冤屈不治，奏请罕决。又猜忌臣下，无所专任，朝臣有不合意者，必构其罪而族灭之。故高颎、贺若弼先皇心膂，参谋帷幄；张衡、李金才藩邸惟旧，绩著经纶。或恶其直道，或忿其正议，求其无形之罪，加以刎颈之诛。其余事君尽礼、謇謇匪躬，无辜无罪、横受夷戮者，不可胜纪。政刑弛紊，贿货公行，莫敢正言，道路以目。六军不息，百役繁兴，行者不归，居者失业。人饥相食，邑落为墟，上不之恤也。东西游幸，靡有定居，每以供费不给，逆收数年之赋。所至唯与后宫流连耽湎，惟日不足，招迎姥媪，朝夕共肆丑言；又引少年，令与宫人秽乱，不轨不逊，以为娱乐。

区宇之内，盗贼蜂起，劫掠从官，屠陷城邑，近臣互相掩蔽，隐贼数不以实对。或有言贼多者，辄大被诘责。各求苟免，上下相蒙，每出师徒，败亡相继。战士尽力，必不加赏；百姓无辜，咸受屠戮。黎庶愤怨，天下土崩，至于就擒而犹未之寤也。

史臣曰：炀帝爰在弱龄，早有令闻，南平吴会，北却匈奴，昆弟之中，独著声绩。于是矫情饰貌，肆厥奸回，故得献后钟心、文皇革虑，天方肇乱，遂登储两，践峻极之崇基，承丕显之休命。地广三代，威振八纮，单于顿颡，越裳重译。赤仄之泉，流溢于都内；红腐之粟，委积于塞下。负其富强之资，思逞无厌之欲，狭殷、周之制度，尚秦、汉之规摹。恃才矜己，傲狠明德，内怀险躁，外示凝简，盛冠服以饰其奸，除谏官以掩其过。淫荒无度，法令滋章，教绝四维，刑参五虐。锄诛骨肉，屠剿忠良，受赏者莫见其功，为戮者不知其罪。骄怒之兵屡动，土木之功不息。频出朔方，三驾辽左，旌旗万里，征税百端，猾吏侵渔，人不堪命。乃急令暴条以扰之，严刑峻法以临之，甲兵威武以董之。自是海内骚然，无聊生矣。

俄而玄感肇黎阳之乱，匈奴有雁门之围，天子方弃中土，远之扬、越。奸宄乘衅，强弱相陵，关梁闭而不通，皇舆往而不反。加之以师旅，因之以饥馑，流离道路，转死沟壑，十八九焉。于是相聚萑蒲，蝟毛而起，大则跨州连郡，称帝称王；小则千百为群，攻城剽邑。流血成川泽，死人如乱麻，炊者不及析骸，食者不遑易子。茫茫九土，并为麋鹿之场；惵惵黔黎，俱充蛇豕之饵。四方万里，简书相续，犹谓鼠窃狗盗，不足为虞。上下相蒙，莫肯念乱，振蜉蝣之羽，穷长夜之乐。土崩鱼烂，贯盈恶稔，普天之下，莫匪仇雠；左右之人，皆为敌国。终然不悟，同彼望夷，遂以万乘之尊，死于一夫之手。亿兆靡感恩之士，九牧无勤王之师。子弟同就诛夷，骸骨弃而莫掩，社稷颠陨，本枝殄绝。自肇有书契，以迄于兹，宇宙崩离，生灵涂炭，丧身灭国，未有若斯之甚也。

《书》曰："天作孽，犹可违；自作孽，不可逭。"《传》曰："吉凶由人，祆不妄作。"又曰："兵犹火也，不戢将自焚。"观隋室之存亡，斯言信而有征矣！

古今名家评说

世祖明皇帝则天法地，混一华戎。东暨蟠木，西通细柳；前逾丹徼，后越幽都。日月之所临，风雨之所至，圆首方足，禀气食芒，莫不尽入提封、皆为臣妾。加以宝贶毕集，灵瑞咸臻，作乐制礼，移风易俗。智周寰海，万物咸受其赐；道济天下，百姓用而不知。世祖往因历试，统临南服，自居皇极，顺兹望幸。所以往岁省方，展礼肆觐，停銮驻跸，按驾清道，八屯如昔，七萃不移。岂意蚌起非常，逮于轩陛；灾生不意，延及冕旒。奉讳之日，五情崩陨，攀号荼毒，不能自胜。

——（隋）杨侗（恭帝），《隋书·恭帝纪》

罄南山之竹，书罪无穷；决东海之波，流恶难尽。

——（唐）李密：《讨炀帝檄》，见《旧唐书·李密传》

隋炀帝承文帝余业，海内殷阜，若能常处关中，岂有倾败？遂不顾百姓，行幸无期，径往江都，不纳董纯、崔象等谏诤，身戮国灭，为天下笑。

——（唐）李世民，见吴兢《贞观政要·论行幸》

隋炀帝性好猜防，专信邪道，大忌胡人，乃至谓胡床为"交床"，胡瓜为"黄瓜"，筑长城以避胡。终被宇文化及使令狐行达杀之。又诛戮李金才，及诸李殆尽，卒何所益？且君天下者，惟须正身修德而已，此外虚事，不足在怀。

——（唐）李世民，见吴兢《贞观政要·论慎所好》

隋炀帝篡祚之初，天下强盛，弃德穷兵，以取颠覆……

——（唐）李世民：《政本论》

朕观《隋炀帝集》，文辞奥博，亦知是尧、舜而非桀、纣，然行事何其反也

——（唐）李世民，见《资治通鉴·后周纪五》

自古圣人，不有外患，必有内忧，物理之然也。臣闻长老言，隋之末代，天下犹平。炀帝不龚，穷毒威武，厌居皇极，自总元戎，以百万之师，观兵辽海，天下始骚然矣。遂使杨玄感挟不臣之势，有大盗之心，欲因人谋，以窃皇业。乃称兵中夏，将据洛阳，哮阚之势，倾宇宙矣。然乱未逾月，而首足异处。何者？天下之弊，未有土崩；蒸人之心，犹望乐业。炀帝不悟，暗忽人机，自以为元恶既诛，天下无巨猾也，皇极之任，可以刑罚理之。遂使兵部尚书樊子盖，专行屠戮，大穷党与，海内豪士，无不罹殃。遂至杀人如麻，流血成泽，天下靡靡，始思为乱矣。于是萧铣、朱粲起于荆南，李密、窦建德乱于河北，四海云摇，遂并起而隋族亡矣。岂不哀哉！

——（唐）陈子昂：《谏刑书》，
见《历代名贤确论》卷六十六

彼炀帝者，聪明多智，广学博闻，岂不知蛟龙失悖，渔父足得为害；鲸鲵出水，蝼蚁可以为灾？忽乃弃崤函之奥区，违河洛之重阻；言贼者获罪，敢谏者受刑，岂不是色醉其心、天夺其鉴？窜吴夷以避其地，虚宫阙以候圣人，盖为大唐之驱除也。

——（唐）朱敬则：《十代兴亡论》

尽道隋亡为此河，至今千里赖通波。若无水殿龙舟事，共禹论功不较多。

——（唐）皮日休：《汴河怀古》

拒谏劳兵作祸基，穷奢极武向戎夷。兆人疲弊不堪命，天下嗷嗷新主资。

——（唐）周昙：《隋门·炀帝》

此地曾经翠辇过，浮云流水竟如何。香销南国美人尽，怨入东风芳草多。残柳宫前空露叶，夕阳川上浩烟波。行人遥起广陵思，古渡月明闻棹歌。

——（唐）刘沧：《经炀帝行宫》

隋炀帝初平陈，斩五佞人以谢三吴，当时天下称贤。及其无道，乃过后主，深可叹也。

——（宋）赵恒（真宗），见李焘《续资自通鉴长编》

（隋炀）帝临朝凝重，发言降诏，辞义可观，而内存声色。其在两都及巡游，常以僧、尼、道士、女官自随，谓之四道场。

帝善属文，不欲人出其右。

帝自负才学，每骄天下之士。

——（宋）司马光：《资治通鉴·隋纪五》

文帝之于周室，非有元功厚德，素洽于人；直以天元暴崩，嗣君幼弱，奸臣矫命，徼幸得之。然明敏俭约，勤于政治，随才任官，信赏必罚。故能取江南三百年之国易于返掌，使天下复为一统，百姓繁庶，衣食丰衍；突厥、室韦、靺鞨、林邑、高昌、女国之属，莫不稽颡称臣，奉珍入贡。虽两汉全盛之时，不能过也。向使后嗣，仅得中材之主以守之，十世之内，未易亡也。炀帝以悖逆诈谋，坐承富强之业，志骄意溢，慨然慕秦皇汉武之为人，穷奢极欲，兵连四夷，政烦赋重，盗贼蠭起，而犹巡游不息，以乐滔忧，恶闻直言，喜自壅蔽。噫！是道也，虽禹汤文武之子孙，未或不亡，况隋无积善之基乎？

——（宋）司马光：《文帝炀帝》，
见《历代名贤确论》卷六十六

隋炀帝不解音律，略不关怀。后大制艳曲，词极淫绮。令乐正白明达造新声，创《万岁乐》《藏钩乐》《投壶乐》，《舞席同心髻》《玉女行觞》《神仙留客》《掷砖续命》《斗鸡子》《斗百草》《泛龙舟》《还旧宫》《长乐花》及《十二时》等曲。掩抑摧藏，哀音断绝。帝悦之不已，谓幸臣曰："多弹曲者，如人多读书。读书多则能撰文，弹曲多则能造曲。"因语明达云："陈氏褊陋，曹妙达犹自封王，况我天下大同乎？"宋武帝既受禅，朝廷未备音乐，殷仲文以为言，帝曰："日不暇给，且所不解。"仲文曰："屡听自解。"帝曰："政以解则好之，故不习。"观二主之言，兴亡之理，岂不明哉？

——（宋）苏轼：《隋好乐而亡》，
见《历代名贤确论》卷六十六

隋炀帝负其富强之资，志逞无厌之欲，频出朔方，三驾辽左，旌旗万里，赋敛百端，四海骚然，土崩鱼烂，丧身灭国。
——（宋）安尧臣，《宋史·郑居中传》

隋炀帝妄兴师旅，征讨琉球，杀害夷人，焚其宫室，俘虏男女数千人。得其地不足以供给，得其民不足以使令，徒慕虚名，自弊中土。载诸史册，为后世讥。
——（明）朱元璋，《明太祖宝训》

从来国家之败亡也，非财用不足也，皆骄纵所致耳。若夏桀、商纣、秦始皇、隋炀帝、金完颜亮，咸贪财好色，沉湎于酒，昼夜宴乐，不修国政，遂致身死国亡。
——（清）努尔哈赤，《清太祖实录》

太子勇耽声色、狎群小，而逆广立平陈之功，且矫饰恭俭以徼上宠、钓下誉，声施烂然。文帝废勇而立广，虽偏听悍妻，致他日有"独孤误我"之叹，然当广恶未著、勇德有怼之日，参互相观，亦未见废立之非社稷计也，而奚以辨之哉？广之所以惑独孤者，曰阿大孝耳。妇人喜嚘嚅呴沫之爱，无足怪者，帝固熟察人情者，而何亦焉？天下有孝于父母而忍贼害其兄弟者乎？勇虽不德，然知广之陷己，终未尝求广之过，暴之父母之前。广则伏地流涕曰："不知何罪，失爱东宫。"勇无言，而广丞于谮；勇犹自处于厚，而广之不一定不可掩矣。

……

勇于见废之日，再拜泣下，舞蹈而出，终不讼广之见诬而摘其隐慝，然则使勇嗣立，隋尚可以不亡；藉令不然，亦何至逞枭猰之凶如广之酷邪？故勇与广，贤不肖未易辨也，而广诉勇、勇不诉广，其仁心之仅存与什万灭，则灼然易知也。

——（清）王夫之：《读通鉴论》卷十九《文帝一四》

凡六代不肖之主，皆仍其帝称。篇内独称炀帝曰"逆广"，以其与刘劭同其覆载不容之罪。且时无夷狄割据，不必伸广以明正统。

——（清）王夫之：《读通鉴论》卷十九《炀帝》

逆广之杀高颎、贺若弼也，畏其贤也；薛道衡、王胄、祖君彦，一词章吟咏之长耳，且或死或废，而无以自容。非以天子而求胜于一夫也，谓贤者之可轧己以夺己，而不肖者人望所不归，无如己何也。故虞世基、宇文述、裴矩、高德儒之猥贱，则委之腹心而不疑；乃至王世充之凶顽，亦任之以土地、甲兵之重。无他，以其耽淫嗜利，为物之所甚贱，而无与戴之者也。唐高祖以才望见忌，几于见杀，乃纵酒纳贿，托于污行，则重任之使守太原，以为崛起之资。夫人君即昧于贤不肖之分，为小人之所挠乱，抑必伪为节制之容，饰以贞廉之迹，而后可以欺昏昏者以雠其奸；未有以纵酒纳贿而推诚委之者。此岂徒逆广之迷乱哉？自隋文以来，欲销天下之才智，毁天下之廉隅，利百姓之怨大臣以偷固其位者，非一朝一夕之故矣。

——（清）王夫之：《读通鉴论》卷十九《炀帝六》

隋之毒民亟矣，而其殃民以取灭亡者，仅以两都、六军、宫官、匠胥之仰给，为数十年之计，置雒口、兴雒、回雒、黎阳、永丰诸仓，敛天下之口食，贮之无用之地。于是粟穷于比屋，一遇凶年，则流亡殍死，而盗以之亟起，虽死而不恤，旋扑旋兴，不亡隋而不止。其究也，所敛而积者，只为李密聚众、唐公得民之资，不亦愚乎？隋之富，汉、唐之盛未之逮也。逆广北出塞以骄突厥，东渡海以征高丽，离宫遍于天下，锦绮珠玉狼戾充盈，给其穷奢尚有赢余，以供李密、唐公之揭散，皆文帝周于攒聚之所积也。粟者财之本也，粟聚则财无不聚，召奢诲淫，皆此粟为之也。

——（清）王夫之：《读通鉴论》卷十九《炀帝七》

隋之得天下也逆，而杨广之逆弥甚。李氏虽为之臣，然其先世与杨氏并肩于宇文之廷，迫于势而臣隋，非其所乐推之主也。则递相为王，惩其不道而代兴，亦奚不可？

——（清）王夫之：《读通鉴论》卷十九《炀帝八》

炀帝之好大喜功，北巡西讨，可谓隋朝极盛时代。突厥内附，启民可汗恭顺无违，炀帝亲幸庐帐，索辫擎肉，韦韝献酒，何其盛也！及西巡河右，出临平关，穷追吐谷浑，虽张定和、梁默等，均陷没敌中，然观燕支山之受谒诸羌，道旁罗拜，亦曷尝不足夸人？奢淫如炀帝，有此幸遇，岂非意外尊荣？然炎炎者灭，隆隆者绝，以炀帝之无功无德，乃有此羌胡之归命，是正所谓天夺之鉴而益其疾也。况外人并非心悦诚服，无非贪利而来，我之利有穷时，彼之贪无穷境，利尽而彼即掉头去矣，彼去而我益困。外患未来，内讧先起，瓦解土崩，有必然者。

炀帝之征高句丽，聚天下兵顿于一城，彼不过夸耀兵威而已，安知兵法？夫曹操赤壁，苻坚淝水，皆以兵多致败，岂有劳师万里，水陆淹留，尚可痴望成功耶？庚质、段文振，相继进谏，言皆可行，乃听之藐藐，反戒诸军轻进，坐误因循。及辽东城相持不下，乃责诸军疲玩，以致来护儿、宇文述等，躁进丧师。至于督兵再举，不惩前辙，是即无内讧之猝起，恐亦不败不止耳。王者耀德不观兵，德无可言，徒欲以兵力屈人，试鉴诸隋炀而已然矣。
　　　　　——蔡东藩：《南北史演义》第九十四回
　　"征高丽劳师动众，溃萨水折将丧师"

　　文帝只知有吏治，并无开国理想与规模。炀帝则染到了南方文学风尚，看不起前人简陋。狂放的情思，骤然为大一统政府之富厚盛大所激动，而不可控勒。于是高情远意，肆展无已，走上了秦始皇的覆辙。
　　　　　——钱穆：《国史大纲》

　　唐太宗之不如隋炀帝，不仅在没有作过一篇《饮马长城窟行》而已，便拿那"南化"了的隋炀帝和"南化"了的唐太宗打比，像前者的"暮江平不动，春花满正开；流波将月云，潮水带星来"，甚至"鸟击初移树，鱼寒不隐苔"，又何尝是后者有过的？
　　　　　——闻一多：《唐诗杂论》

　　（杨）广虽不是一个很高明的政治家，却是一位绝好的诗人。
　　　　　——郑振铎：《插图本中国文学史》

　　筑长城、治黄河、开运河，都是当时的劳动人民的劳动。秦始皇没有挑土，隋炀帝没有挖运河，但是他们却是这些巨大工程的发动者和组织者。
　　　　　——翦伯赞：《中国史纲要》

　　隋文帝是历史上少有的节俭皇帝。因为节俭，剥削比较减轻，民众得以安居从事生产，开皇年间，户口和财产都有巨大的增进。隋炀帝是历史上少有的奢侈皇帝。因为奢侈，民众被剥削到无法生存的地步。民众只有起义推翻隋统治，才能找到生路。

隋炀帝凭借隋文帝积累起的巨量民力和财富，得以无限止地行施暴政。他是历史上著名的浪子，也是标准的暴君。他的奢侈生活和残虐政治愈来愈凶恶地驱迫民众陷入死地，到后来，农民发动大起义，消灭这个可耻可憎的浪子和暴君。

隋炀帝率领着庞大的游玩队，像暴发的山洪一般，凡是游过的地方，一路上民众的生计几乎都被冲刷得荡然无遗，民众所遭受的游玩灾，比起大水灾、大旱灾来并不轻些。他没有到过的某些地方，也不免遭受较轻的游玩灾，那就是建筑宫苑。西京、东京、江都三处，苑囿亭殿虽然很多，他觉得没有什么可意的，亲自看天下山川图，求胜地造宫苑。……

国力强盛的封建朝廷，一定要向外宣扬声威，何况侈心无限的隋炀帝，自然更要竭尽国力来满足侈心。

与四邻往来，交换有无，本是中国朝廷应做的好事情，但隋炀帝做来却成为害多利少的坏事情。他为满足声威扩张的侈心，对突厥、西域诸国，行为极其愚蠢；对南方赤土，东方倭国，因有海洋的限制，侈心受阻，使得往来的情况较为正常，从而有利于文化上的交流。

隋文帝末年已经表现了开拓疆域的倾向，隋炀帝加强这种开拓，短时期内造成领土广大的帝国。隋炀帝开拓疆域，到六〇九年止，全国共有郡一百九十，县一千二百五十五，户八百九十万有余。西到且末，北到五原，东西九千三百里，南北一万四千八百一十五里，国势号称极盛。

隋炀帝仇视民众，是死不悔罪的民贼；一心好战，是众叛亲离的独夫。《隋书》论隋炀帝侵高句丽事说："内恃富强，外思广地,以骄取怨,以怒兴师,若此而不亡,自古未闻之也。"

——范文澜:《中国通史》

隋炀帝出征高句丽师出无名,无非是好大喜功的思想在作怪。

——岑仲勉:《隋唐史》

大运河的开通与隋炀帝巡游享乐的动机,不能说没有关系,但这不是主要原因;主要的原因是,当时南北经济特别是江淮、河北地区的经济有了很大的发展,南北物资的交流成为迫切的需要,大运河就是适应这种历史情况而出现的。它一方面通过漕运,交流南北物资,一方面在军事上有利于加强对东南和东北地区的控制。对后来中国经济、文化的发展起了重大的作用。

隋炀帝的军事、外交活动,开拓了疆域,保障了边境的安全,促进了中外文化的交流,有一定的积极意义。

隋炀帝即位以来,为了满足无穷的欲壑,大兴土木,广事征调,到处巡游,挥霍浪费,以致"天下死于役而家伤于财"。又加连年发动对高句丽的战争,进一步加重了人民的痛苦,从而激化了国内的阶级矛盾。

——白寿彝:《中国通史》

暴君杨广,他是隋王朝第二任皇帝,具有绝顶的聪明和精力,所以只短短的十数年工夫,就把自己的王朝消灭。……杨广从开始采取夺嫡行动,到他行凶之日,历时十四年,在这段漫长岁月中,一直保持伪装,真是一件不容易的事。而杨广竟做得天衣无缝,可说明他具有绝顶的聪明才能。可惜他欠缺人类所特有的高级灵魂和情操,他夺嫡的目的只有一个,就是获得无限权力。

——柏杨：《中国人史纲》

隋炀帝即位之初，仓廪充裕，户口殷实，国力富强，可是仅仅经过十三年，便倾覆灭亡了，这是勤政的隋文帝易储之时万万没有预料到的。空前繁盛的大隋王朝何以由极盛而速亡？综观大业年间的史事，罪在隋炀帝的穷奢与暴政。炀帝即位后立即撕掉了俭朴寡欲的伪饰，露出穷奢极欲的真面目。营东都、建宫苑、开运河、凿驰道、掘壕堑、筑长城，无日不治宫室、每年必游四方，向突厥耀武、向西域夸富、向高句丽发动战争，无休止地滥用民力。督工之峻急，规模之浩大，建筑之富丽堂皇，耗费之巨大惊人，比起秦始皇毫无逊色；而乘龙舟下江都的大游乐，鱼龙百戏昼夜歌舞的大联欢，耀威夸富的不惜代价，三征高句丽的穷凶极恶，更是前代昏君所望尘莫及。所有这些大兴建、大游乐、大耀威、大征伐，征发了数百千万劳力，死亡了数百万人生命，耗费了数亿万财富，严重地破坏了农业生产，崩溃了社会经济，动摇了大隋王朝的根基。

隋炀帝又自命不凡，认定大隋天子非我莫属，当之无愧，拒不纳谏，独断专行，推行暴政来满足穷奢极欲，剥削不顾民众死活，挥霍只求本人快意，对内杀人惟恐太少，对外用兵惟恐不多。民众不堪忍受兵徭之苦，甚至伤残自己的肢体，称做"福手""福足"。在隋炀帝的暴政之下，耕稼失时，田畴荒芜，民众生计断绝，甚至人相食，安分守己只有死路一条，群起反抗还可能死里求生，于是纷纷揭竿而起。此时，如果隋炀帝有汉武帝的度量，下诏罪己，停役减税，开仓赈济，那么民怨可以平息，危机可以挽回，可是他却残暴的妄杀。这种以杀止乱的干法非但不能止乱，反而促成大乱，以至于"普天之下，莫非仇雠；左右之人,皆为敌国",隋炀帝也就在全国大动乱中结束了他罪恶的一生。

总之,是隋炀帝一手毁灭了杨家的江山。炀帝亡隋的史事,启示富强之国的当政者尤当戒鉴"覆舟"的历史教训。

——袁闾琨:《精评白话通鉴纪事本末》

对这个历史上称为隋炀帝的人的性格刻画是非常困难的,除了一些模糊的感觉外,人们不能期望在集中把他说成是古典"末代昏君"的大量被窜改的历史和传奇后面,对此人的实际情况有更多的了解。历史文献把文帝的谨慎节俭与炀帝的放荡挥霍进行对比,但从下面建设东都和完成运河体系一节可以看出,这种鲜明的对比过分夸大了。民间文学把炀帝描绘成荒淫无度的人——以各种异想天开的方式沉迷于女色。但人们会发现,即使怀有敌意的修史者也不能掩盖这一事实,即他的正妻,一个聪慧和有教养的妇女,从未遭到他的冷落而被宫内其他宠妃代替,她始终被尊重,而且显然受到宠爱。隋炀帝毕竟是一位美好事物的鉴赏家、一位有成就的诗人和独具风格的散文家,他可能有点像政治美学家,这种人的特点可用以下的语言来表达:的确,自欺欺人也许是一个规律,因为带有强烈的艺术成分的政治个性具有一种炫耀性的想象力,它能使其个人的历史具有戏剧性,并使一切现实服从野心勃勃的计划。

关于他(杨广)对三个年长资深的批评者(高颎、贺若弼、薛道衡)采取的粗暴行动并在607年将他们杀害之事,我认为并无夸大;而这一年正是颁布刑罚较轻的新律之时。这些严酷的措施预示着以后几年不幸地加剧的暴虐行动方式的来临。即使我们姑且假定处决先皇的三个主要政治家的指控有一定的根据,609

年年迈的薛道衡因含蓄地批评时局而被蓄意判处死罪之事,也肯定使炀帝的执政由此进入了更黑暗的第二阶段。

儒家修史者对炀帝道义上的评价的确是苛刻的,因为他们把他描写成令人生畏的典型的"末代昏君"。在民间传说、戏剧和故事中,他的形象被作者和观众的随心所欲的狂想大大地歪曲了——人民生活在一个无节制地使用权力、有豪华宫殿和享有无限声色之乐的世界中,只能产生这种感情上的共鸣。在中国的帝王中,他绝不是最坏的,从他当时的背景看,他并不比其他皇帝更加暴虐。他很有才能,很适合巩固他父亲开创的伟业,而他在开始执政时也确有此雄心。但是他希望历史会肯定他的执政以及他追求豪华壮观的欲望,这就使他的判断力不能发挥出来。那种骄奢淫逸的作风只能使阿谀奉承之辈得势,而他周围确有这样一批人,这对他是致命的。

——[英]崔瑞德、鲁惟一《剑桥中国隋唐史》

隋炀帝的父子兄弟

　　隋炀帝所以能够对内对外都有重大举措，端赖乃父隋文帝所积累的巨量财富。而文帝与独孤后一夫一妻而产五子，可谓三生有幸；但不幸的是，一母同胞，争夺皇位你死我活，手足之情冷如刀剑。炀帝三子，长子杨昭颇有人君之风，可惜早夭，其余的儿子也随父亲去世而成了刀下之鬼。父子兄弟三代人之间，恩情有，怨望乃至仇恨也有，恩恩怨怨、血雨腥风……

隋文帝杨坚

杨坚（541—604），隋朝开国皇帝，隋炀帝杨广之父。小名那罗延，弘农华阴（今陕西华阴）人，世居武川（今内蒙古武川）。东汉杨震之后，其父杨忠因功在北周时封随国公。公元581年称帝，在位二十四年。谥曰"文皇帝"，庙号"高祖"。隋文帝杨坚一朝所确立的政治、经济、法律、军事体制，对后世都产生了深远影响。

一、扶摇直上　野心勃勃

杨坚是东汉太尉杨震的后代。"弘农杨氏"世任高官，是汉、魏、北朝至隋唐时期最著名的门阀世族之一。杨震八世孙杨铉，在十六国中的燕国官至北平太守；杨铉之子杨元寿，在北魏任武川司马，全家遂定居于此；杨元寿之子杨惠嘏任太原太守，杨惠嘏之子杨烈任平原太守，杨烈之子杨祯任宁远将军。杨祯之子杨忠，就是杨坚的父亲。

杨忠十八岁时，曾东游泰山，正值南梁军北伐，杨忠被俘，在江南生活五年后，又回到北方。西魏大统三年（537），杨忠追随独孤信投靠在西魏专权的宇文泰。因在宇文泰执政和宇文觉建立北周过程中功勋卓著，杨忠被赐姓普六茹氏，位至柱国、大司空，封随国公。

西魏大统七年（541）六月的一天夜里，杨坚出生在冯翊县（治今陕西大荔）般若寺。据说当时寺院内紫气缭绕，祥云笼罩。天明时分，从外地来了个尼姑，声称此儿生来异常，不可按俗儿抚养，便把他带到另外的地方照料。又传说杨坚的相貌像龙，前额有五根柱子直通头顶,眼光外射,手上有像"文"字的纹理,身材上长下短,面部表情威严庄重,不苟言笑。

虽然古史书多载杨坚生来就有天子气象,却不见其青少年时期有过人的聪明。依靠家庭背景,杨坚曾在王公贵族子弟的专门学校里读书。至于学习成绩,从后世多讥讽他不学无术,他也自称"不晓书语"看,大概算不上用功的学生。

杨坚从十四岁就开始了做官生涯。十五岁,依靠父亲的功勋被授予散骑常侍、车骑大将军、仪同三司的荣誉职衔。此时,杨坚很受当政者宇文泰的赏识。第二年,北周取代西魏,杨忠是开国功臣,杨坚又因之升任骠骑大将军、加开府。同年,北周明帝继位,又封杨坚为大兴郡公。武成二年(560),北周武帝继位,十九岁的杨坚被任命为随州刺史。

天和元年(566),鲜卑大贵族、柱国大将军独孤信认识到杨坚前途无量,便把自己十四岁的七女儿嫁给了他,这更提高了杨坚的地位。天和三年(568),杨忠去世,杨坚继承了随国公的爵号。建德七年(577),北周灭北齐,杨坚立有战功,又晋封柱国。第二年,出任定州总管,不久转亳州总管。

杨坚并无突出功绩,地位却扶摇直上,逐渐引起一些朝臣和贵族的嫉恨。北周初年,大冢宰宇文护专权,多次想除掉杨坚,都因大将军侯伏、侯寿匡护而没有得逞。周武帝亲政后,齐王宇文宪曾劝其尽早除掉杨坚,他说:"普六茹坚相貌非常,臣每次见到他,总感到浑身不自在。恐怕他不是久居人下者,请尽早把他除掉。"周武帝说:"他只能做大将罢了。"内史王轨也对周武帝说:"皇太子不是社稷之主,普六茹坚有反相。"周武帝很不高兴,说:"天命所在,你让我如何?"

杨坚闻听这些言论,深为恐惧,于是十分注意收敛锋芒,韬光养晦。同时,他也积极利用自己已有的社会影响,广泛拉拢文臣武将，以扩大自己的势力。杨坚在做随州刺史时，已与骠骑将军庞晃结为莫逆之交。后来杨坚做定州总管，庞晃任常山太守，二人交往更密。杨坚将转亳州总管时，庞晃劝他就此起兵，建立帝王之业，杨坚握着庞晃的手说："时机还不成熟啊。"至此，杨坚取周自代的愿望已经表露无遗。

宣政元年（578）六月，周武帝去世，周宣帝继位，以杨坚之女为皇后，任杨坚为上柱国、大司马。第二年初，杨坚又转大后丞、右司武，不久升大前疑（相当于丞相）。在宣帝外出时，由杨坚主持日常政务。

周宣帝虽然年少，但昏庸荒淫，又大兴土木，修建洛阳宫，致使上下怨愤。杨坚便开始做取代周室的准备工作。

有一次，杨坚与好友宇文庆谈论当时形势，说："天元（周宣帝）没有什么德政，看相貌也不会长寿，而且整日沉湎于声色，法令繁多而严苛，以我看不会长久。宇文氏宗室诸王各就封国，既不能有效控制地方，朝廷里也失去了亲信。这样没有巩固根本之计，一旦有事，天下就不可收拾。"接着，他又分析掌握实权的地方势力说："相州太守尉迟迥是皇亲国戚，又久享声望，若天下有变，必首先为乱。但此人才智平常，子弟也多轻浮，且贪财而对下属从不拉拢，肯定不会成就大事。驻守郧州的司马消难是个反复无常的小人，若有机会，肯定会借机发难。但他轻薄而缺乏智谋，也不至于形成大害，至多失败后投奔江南。益州是易守难攻之地，总管王谦却比较愚蠢，没有深谋远虑，即使受人唆使而作乱，也不会成大气候。"

杨坚预感到北周的统治即将结束，对可能出现的动乱局面进行了充分的估计，可见，他已经做好了收拾北周残局的思想准备。

杨坚积极为取周自代做准备，也曾引起周宣帝的警觉，甚至曾想杀掉他。但杨坚始终不动声色，周宣帝既找不到借口，也不愿随便杀死自己的岳父。

二、诛杀诸王　建立新朝

杨坚尽管表面不露声色，但内心对北周宣帝的猜疑也感到不安。为逃避周宣帝的猜疑，且希望在北周动乱时握有实力，杨坚打算暂时离开朝廷，到地方上去掌实权。他把这种想法告诉了自己的同学内史上大夫郑译。大象二年（580）五月，周宣帝决定南伐，郑译乘机推荐杨坚。周宣帝做太子时，郑译即以讨好得宠，言无不从，遂任命杨坚为扬州总管。

大军未出，周宣帝病重，召见小御正刘昉、御正中大夫颜之仪，准备托以后事。二人到时，周宣帝已不会说话。这时，周宣帝的长子宇文阐年方八岁，根本不能真正做皇帝。刘昉为以后飞黄腾达，便与郑译商议，共同拟定了一份假诏书，声称周宣帝命杨坚以皇太后父亲的身份总揽朝政，辅佐宇文阐。周宣帝去世，刘、郑等人暂不公开，首先宣布由杨坚总管中外军事大权。杨坚又以诏书的名义控制了京师卫戍军队，基本控制了朝廷。

三天之后，杨坚等才正式宣布周宣帝已经驾崩，八岁的宇文阐即位，即周静帝。以杨坚为假黄钺、左大丞相，掌握军事、政治全权。杨坚深知，自己的地位还不巩固，必须采取一系列措施。

首先是建立自己的统治核心。杨坚是在刘昉、郑译等人的拥戴下才得以上台的。刘、郑二人都想借助杨坚捞到好处，他们建议由杨坚出任大冢宰，郑译要做大司马，刘昉想任小冢宰，实际上是要三人共掌朝政。杨坚不愿让二人分割自己的权力，在亲信李德林的支持下，拒绝了他们的要求。他自任丞相，设丞相府，以郑译为相府长史兼内史上大夫，刘昉为相府司马，李德林为府属兼仪同大将军，把他们都置于自己的控制之下。杨坚又拉拢真正具备政治才能的高颎等人,作为自己的亲信。此时,相府实际上已代替朝廷,成为真正的决策机构。杨坚利用掌握军权的司武上士卢贲,用军队的力量暂时压服了尚未完全清醒过来的朝廷百官。

其次是除掉宗室宇文氏的势力。杨坚执政之初,周宣帝的弟弟宇文赟仍以皇叔身份居上柱国、右大丞相之职,在朝廷中与杨坚平起平坐。杨坚支使刘昉将宇文赟劝回家中,不再过问朝政,答应以后由他做皇帝,只须在家里等待。宇文赟年轻无才,信以为真,杨坚遂排除了最近潜在的干扰。

然而此时的真正威胁,是已经成年并各居藩国的宇文泰的五个儿子:赵王宇文招、陈王宇文纯、越王宇文盛、代王宇文达、滕王宇文逌。他们既有实力,又有影响,一旦起兵,杨坚根本无法控制。在还没有公开宣帝死讯时,杨坚便借口将他们召回长安,收缴了兵权印符。五王与雍州牧毕王宇文贤联系,请他起兵,但宇文贤很快就被杨坚击败。杨坚明知是五王从中捣鬼,却假装不知,并允许他们剑履上殿,入朝不趋,以此安定他们。

五王看到外面指望不上,便寻找直接刺杀杨坚的机会。有一天,赵王宇文招、滕王宇文逌借口请杨坚吃饭,安排亲信卫士手持兵器守护左右,并暗伏兵士于后。杨坚到后,所带随从均被挡在外面,只有杨弘与元胄跟随进入,并且只准坐在门口。元胄看出势头不对,便说:"相府有事,丞相不宜久留。"催促杨坚赶快脱身,并强行拉杨坚离开座位,赶快出门,护送杨坚回到了相府。杨坚赏赐给元胄大笔财富,并以谋反罪杀掉了宇文招、宇文逌,其他三王也很快被除掉。宇文氏的势力就此基本消灭。

接着,杨坚宣布废除周宣帝时的严刑峻法,停止洛阳宫的营建,以此取得广泛支持。这样,杨坚在京师的统治已基本稳固。

杨坚以外戚专权,引起北周一些地方势力的不满。杨坚本想寻找种种借口,逐步用自己的亲信去控制地方,把原来的将领召回京师，或杀或用，如此即可兵不血刃地控制全国局势，但都没有成功。

杨坚执政刚一个月，尉迟迥便在相州（治今河南安阳）发难，王谦在益州（治今四川成都）起兵，司马消难在郧州（治今湖北安陆）起兵，局势异常严峻。杨坚一方面利用自己已经取得的政治优势拉拢地方将领，对反对者进行分化瓦解；另一方面，投入自己所能控制的全部军队，经过半年的战争，三方武装反抗全部平定。

从辅政之日起，杨坚要做皇帝已经是公开的秘密。在平定三方武装反抗的过程中，杨坚又为铺平称帝的道路采取了诸多措施：宣布自己由左丞相改任大丞相，废左、右丞相设置，不久改称相国；让自己的长子杨勇出任洛阳总管、东京小冢宰，监督东部地方势力；爵位由随国公改称随王，以二十州为随国，封独孤氏为王后，杨勇为世子，随王位在诸侯王之上；为宣扬自己的家世，追封曾祖杨烈、祖父杨祯、父亲杨忠；为削弱宇文氏的影响，废除所有对汉人的赐姓，令其各复本姓，这一措施得到了汉人的普遍拥护。

至大象二年（580）底，杨坚称帝的准备工作已经基本完成。次年正月，杨坚派人为周静帝写退位诏书，内容极称杨坚功德，希望他按照舜代尧、曹丕代汉献帝的故事，接受皇帝称号，代周自立。诏书由朝臣捧着到随王府送给杨坚，杨坚假意推辞，经过朝廷百官的再三恳求，杨坚才同意接受。仪式结束，杨坚穿戴上早已准备好的皇帝冕服，在百官簇拥下坐上了皇帝的宝座。

杨坚由继承父亲的随国公起家，进称"随王"，故把自己新王朝的国号定为"随"。他又感到"随"字有"辶"，与"走"同义，似乎不太吉利，便改"随"为"隋"。建元"开皇"，仍以长安为首都。

三、革旧图新　偃武修文

杨坚既已做了皇帝，就要建立杨氏天下。他首先追谥其父杨忠为"武元皇帝"，庙号"太祖"，母亲吕氏为元明皇后；以独孤氏为皇后，长子杨勇为皇太子。为吸取宇文氏没有强根固本的教训，文帝封其诸弟和众子为王，并各掌一州，兼管周围各州军事，又都配备亲信重臣辅佐，以此加强对地方的控制。

隋文帝是在刘昉、郑译等人拥戴下控制朝政并取周自代的，但这些人并不具备治理国家的才能，况且多恃功自傲，总想得到更多的财富和权力。文帝要真正治理国家，就必须彻底摆脱这些人的干扰，以免他们以后再跟自己捣乱。在建立新的权力中枢时，这些人逐步被疏远、罢免或杀头。文帝以高颎为尚书左仆射兼纳言，虞庆则为内史监兼吏部尚书，李德林为内史令，韦世康为礼部尚书，元晖为都官尚书，元岩为兵部尚书，长孙毗为工部尚书，杨尚希为度支尚书，杨惠为左卫大将军。后来又提拔了具有军事才能的杨素和具有经济头脑的苏威等人，组成了新的权力中枢。

隋文帝在杨氏天下基本稳定、政治机构大致完善后，接受高颎等人的建议，采取了一系列改革措施。

北周官制多模仿《周官》设置，既乱且滥。文帝接受崔仲方的建议，恢复汉、魏旧制。设三师、三公及五省。三师不掌实权，不置官署，只是给予德高望重者的荣誉职衔。三公虽置僚属，有参与国家大事的责任，但也只是顾问性质，没有实权，也不常设。五省才是真正的权力机关。其中，内侍省是宦官机构，主要掌皇宫中琐事；秘书省掌国家图书历法，是比较清闲的地方，二者在政权中不占重要位置。门下省和内史省都是协助皇帝执政的决策机构，掌管机密，共议国政，并负责审查皇帝发布的诏书，签署大臣的奏章，对皇帝可以提出自己的意见或建议，对奏章可以驳回或进行处理。

五省中的尚书省，是主持日常政务的机构。尚书省置尚书令和左、右仆射各一人。下设吏部，掌管全国官吏的任免、考查、升降及调动等；礼部，掌祭祀、礼仪及接待四方宾客；兵部，掌管全国武官选用和兵籍、军械、军令等；度支（后改称民部），掌管全国土地、户籍、赋税、财政收支等；都官（后改刑部），掌管法律、刑狱等；工部，掌管各项工程、工匠、屯田、水利、交通等政令。六部始称"六曹"，由左、右仆射分领。六部尚书分掌全国政务，加强了中央集权，后世遂相沿成例。五省以外，又有御史、都水二台，及十一寺、十二府，此外还有不少荣誉称号，授给有功的文武官员。

隋朝建立以前，地方官制极为混乱。大象二年（580），北周仍实行州、郡、县三级制，全国有二百一十一州、五百零八郡、一千一百二十四县。"民少官多，十羊九牧"，造成极大的财政浪费。开皇三年（583），文帝下令废郡，实行州、县两级制，又合并了一些州县，裁汰了一大批冗官，既节省了开支，又有利于政令的推行。两级制也成为后世定式。

早在北周末年，地方势力就已长期威胁中央政府。当时，身为相国的杨坚专权，也引起地方上的武装反抗。隋朝建立后，为有效控制地方，文帝规定：九品以上官员全部由吏部统一任免，每年都要接受吏部的考查；后来又规定，刺史、县令三年一换地方，避免发展为割据势力；县佐不能任用本郡人，以免豪强地主把持地方行政。地方政治的改革，巩固了中央集权。

北周的刑律残酷而紊乱。文帝下令制定《开皇律》，废除了枭首、车裂等残酷刑律，只保留律令五百条。刑分为死、流、徒、杖、笞五等。并规定只要不是图谋推翻杨氏政权者，不得株连九族。《开皇律》对后世影响也很大。

为逃避国家的赋税、徭役,农民往往虚报年龄,以求躲过纳税年限;豪强地主占有大量依附人口,也想方设法不报户口。为扩大财政来源,开皇五年(585),文帝采取了"大索貌阅"和"输籍定样"(也称"输籍法")两项措施。前者即严格核对户口,实行户籍制度。这一年就检查出成丁男子四十四万三千,并把一百六十四万一千五百人编入户籍。根据各家资产情况,从轻作出缴纳赋税的标准,写成"定簿"。这样,百姓不能逃税,地方官吏也难以随意增减克扣,更重要的是把大量依附人口从豪强地主的荫庇下解放出来。每年正月初五,县令派人检查,重新制定"定簿",秋收后即以此征收。这两项措施使国家掌握的人口剧增,增加了财政收入。

隋朝沿用北魏以来的均田制,每个成年男子可以分配露田八十亩、永业田二十亩,成年女子分配露田四十亩,奴婢与一般农民分田数量相同。均田法又规定:京官一至九品都可得到一至五顷的职分田,收入作为俸禄,免官则交出土地;各级行政机构都可耕种一定的土地,称"公廨田",收入作为办公费用。这种办法节省了大笔财政支出,也就变相增加了国家的实际收入。整个隋代,国家的仓库都堆满粮食和绢帛,呈现经济繁荣的景象;同时,均田制给一般农民提供了一定数量的土地,有利于生产力的发展。

隋代对农民的赋役征收主要是租、调和力役。规定:男女三岁以下为"黄",四至十岁为"小",十一至十七岁为"中",十八至六十为"丁",六十以上为"老"。负担国家赋役的主要是丁。一对成年夫妇每年要缴纳粟三石,即"租";种桑养蚕地区每年缴绢一匹(相当于四丈)和绵三两,种麻织布地区每年则缴布一端(相当于五丈)和麻三斤,即"调"。没有结婚的单身成年男女可缴规定租、调的一半。成年男子每年为国家服徭役一个月，称"力役"。开皇十年（590），又规定成年男子的力役，五十岁以后可用缴纳布帛代替，称"庸"。租庸调制一直影响到唐代。

为便于把潼关以东地区的粮食、布帛运到首都，开皇四年（584），文帝命当时的"巧匠"宇文恺率领民工开凿广通渠。广通渠的开凿，也为两岸的土地提供了灌溉条件。

魏晋以后，国家分裂，币制非常混乱，影响商品交易的发展。文帝建隋后，下令改铸五铢钱，废除其他古币和私人铸币，只准五铢钱流通，又统一了度量衡，有利于工商业的发展。

突厥本是活动于中亚一带的游牧民族，后来东迁，活动在蒙古草原。在北齐、北周时，经常向内地侵扰。北周采取和亲政策，努力缓和双边关系。文帝建隋代周，突厥大举南侵，攻掠今甘肃和陕北一带。开皇二年（582），隋文帝派河间王杨弘、尚书左仆射高颎等率兵将其击败。为阻止突厥的南下骚扰，文帝三次征发民夫修筑长城，并加强防御。不久，突厥分裂为东、西两部，西突厥向西发展，东突厥逐渐南附，接受隋朝的控制，北部边防渐趋巩固。

对长期依附北周的西梁（又称"后梁"），文帝一开始采取笼络政策。当经济和军事实力有较大发展并对统一江南做好准备后，文帝就不能容忍在自己的疆域内再存在独立王国。开皇七年（587）八月，隋文帝邀请西梁国主萧琮到长安，派兵灭掉了西梁。

文帝建隋后，即开始做统一江南的准备。在巩固了内部、缓和了与突厥的矛盾和灭梁之后，开皇八年（588）秋，共发兵五十一万八千，东起海滨，西至今四川，在整个长江沿线水陆并进，向南方的陈朝发动大举进攻。这时，陈朝兵力不过十万，而君臣仍生活在花天酒地之中。面对隋朝的全面进攻，后主陈叔宝及文武百官全部做了俘虏。从事，二百多年的分裂局面，由隋文帝杨坚再次统一。

隋初仍沿用西魏、北周以来的府兵制，战士和家室、土地自成系统，不受地方州县辖制。灭陈之后，战争已基本结束。为把府兵变成国家的纳租对象，开皇十年（590），隋文帝对府兵制进行了较大改革：所有军人，户籍全部划入当地州县，土地分配和赋役征收与原来的农民完全一样，只是他们仍有军人的职责，受军府管辖。这种兵归于农、兵农合一的措施，既增加了国家的财政收入，又加强了政府对军人的控制。这一制度，到唐代仍然沿用。

同时，隋文帝为稳固自己的统治，下令除边疆和京师守卫军队，其余的兵器等军事装备立即停止制造，民间兵器全部销毁；军人子弟应尽力改从学文，要把尚武之风改变成习文之气。

四、猜忌功臣　滥杀立威

隋文帝代周建隋，在政治、经济等领域进行一系列成功的改革，北抚突厥、南灭陈，完成全国统一，是一个颇有作为的皇帝。同时，他又有非常昏庸的一方面，猜疑苛察，喜怒无常，迷信佛道，不学无术，还有废除学校，等等。

隋文帝代周称帝，用的是阴谋诡计，由独揽朝政而发展为取周自代。他的经验，是成功利用了周静帝年幼、宇文氏又未有效地控制大权的机会。由此，文帝也把它作为教训，在让宗亲、亲信把持大权的同时，极力加强自己的专制统治，对朝廷百官、特别是功勋卓著的文武大臣，时时保持高度警惕，密切注意其言行，唯恐他们也效法自己，颠覆杨家天下。

在建国初期，隋文帝成功地排除了曾为他做皇帝立下汗马功劳、但实际没有治国能力的刘昉、郑译等人，使用了高颎、苏威、李德林等一批真正能够帮助他治理国家的人才。在巩固统治的同时，他所使用的文臣武将都获得了高官勋爵，但又引起了他的猜疑。至其晚年，开国功臣、平定三方武装反抗的地方将领、南平北抚的文武大将、帮他在中央主持一系列改革的重臣，已经所剩无几，或遭杀戮，或被废弃，且大部分都无明显的恶迹，只是充当了文帝猜疑的牺牲品。

梁睿本是北周旧臣，在征讨王谦时立有大功，出任益州总管。只因他在益州颇得人心，文帝便怀疑他有发展地方割据之意。梁睿也深知皇上怀疑自己，便主动请辞，到长安去做京官，接受文帝的直接监督。终因招致非议，被免官。

王世积也是北周官僚，在平定尉迟迥和灭陈时，数有大功，晋位上柱国。他亲眼看到许多功臣被杀，从此嗜酒如命，不参与任何政事。开皇十九年（599），文帝征辽东，以王世积为行军元帅，回师后任为凉州总管。这时，王世积的亲信皇甫孝谐犯罪，被官府缉捕前来投奔，王世积没有接受。皇甫孝谐被捕，判以发配之罪，为报复王世积不肯包庇，便诬陷他谋反，文帝明知并无任何根据，却仍然下令处斩。

虞庆则也是北周旧官，曾在安抚突厥以及平灭北齐中立有大功，颇受文帝赏识，位至尚书右仆射，成为皇帝之外的第二号实权人物。开皇十七年（597），李贤叛乱，文帝指名要虞庆则为行军总管。在回师途中，虞庆则曾指着一个地方说："这里若有一个合适的人驻守，只要粮食足够，便难以攻破。"这话传到文帝耳中，便以谋反罪杀了他。

高颎是隋文帝作为治国之才拉拢为心腹较早的一个。高颎之父本是独孤信的部下，赐姓独孤氏，文帝的妻子正是独孤信的女儿，因而文帝和高颎一直关系融洽。文帝代周，高颎是高参；文帝建隋，高颎任尚书左仆射，是掌握实权协助文帝治国的一号人物；政治、经济改革的许多重大决策，文帝都得之于高颎。高颎是文帝长期依赖的亲信，也是最得力的助手。文帝对高颎也非常信任，常把他比作镜子，说他可以矫正自己的过失；有人说高颎的坏话，一律不听，甚至治告状者的罪；所封官职、爵位都到极限，赏赐的财物更是无以计数。

至开皇末年，隋文帝对长子杨勇越来越不满意，打算把帝位传予次子杨广。高颎没有领会文帝的意图，反对废勇而立广。为削弱杨勇的力量，文帝要从东宫挑选卫士，高颎也不同意。杨勇的女儿是高颎的儿媳，若杨勇继位，高颎就是皇亲国戚。文帝以外戚身份谋取帝位，因而对此非常敏感，认为高颎坚持为杨勇着想，是想步自己的后尘。后来以王世积之事株连，罢免了高颎的左仆射职务和上柱国勋衔。有人告高颎有谋反迹象，文帝未做任何核实就信以为真，只是不愿落个连续杀戮功臣的名声，才没有杀掉高颎，而是剥夺了他的全部官职，贬为平民。

隋文帝经常命人四处查访，凡稍有过失者，都要加以重惩。刑部侍郎辛亶只因迷信穿红裤子有利于升官，有一次上朝时穿了它。文帝则将其理解为避邪，上朝穿避邪衣服显然是把皇帝看成了邪，马上下令推出去杀头。当时任大理寺丞的赵绰提出异议，认为根据法律不该杀头。文帝说："你可惜辛亶，就不顾你自己的性命吗？"（"卿惜辛亶而不自惜也？"《隋书·赵绰传》）又有一次，时值某月初一，上朝时有个别武官衣冠不整、佩剑不齐。文帝认为这是对朝廷的不尊，没有直接问罪武官，而是责备专管弹劾大臣的御史为何没有当场提出弹劾，便下令杀掉了御史。谏议大夫毛思祖出来劝阻，也被当场杀头。为禁止官吏受贿，文帝还派人私下四处行贿，一旦有人接受，便马上处死。

为树立自己的权威，隋文帝在宫廷里长期存放杖棒，稍不如意即当场施刑，有时一天就要打好几个人。他还常嫌持杖者下手过轻，怀疑他们手下留情，便推出去杀头。因而宫廷里常有人死于杖下。高颎等人都曾提出"朝堂非杀人之所，殿廷非决罚之地"，建议宫廷不设杖棒。文帝一度废去杖棒，但他想打人时，用马鞭抽打感到不过瘾，很快又把杖棒放入宫廷；百官犯法本应交大理寺审理处置，文帝却喜欢亲自看人挨打。把宫廷变成公堂，显然是为提高淫威。

五、佞信佛道　废除学校

隋文帝非常迷信，佛道、符瑞、阴阳五行以及各种鬼怪，都在其崇信之列。北周武帝灭佛之后，佛学在北方衰微。杨坚初任丞相，便下令对原来的和尚、道士进行挑选，让他们各操旧业。杨坚称帝之年，更下令听任天下百姓出家做和尚、道士，在全国范围内按人口征钱，在各地营建佛寺，修塑佛像，缮写佛经；大都市则由国家拨专款修复寺庙。佛道之学再度复兴，并很快风靡全国，民间的佛经比儒家"六经"要多几十倍。隋、唐佛教的繁荣，与隋文帝的大力提倡是分不开的。

隋文帝建隋，通过和平政变的方式取代了北周宇文氏。隋初的官僚大多是北周旧臣，在功绩、实力和其他方面，文帝杨坚并不比他们更有资格。要有效地控制这些人，除了镇压、猜疑和苛察，还需要从心理上征服他们，即把自己做皇帝说成是上帝的旨意。王劭本是一个学者，靠赞美文帝有帝王之相做了著作郎。他认准了文帝的爱好，广泛搜集能为其称帝充当理论根据的材料，任意曲解附会，把北周的灭亡、文帝由专政到称帝以及"隋"的国号，都说成是上帝的安排。这是文帝最希望得到的，王劭因此得到了优厚的赏赐。

隋文帝不仅提倡佛、道，对当时民间流行的各种迷信他都相信，包括山神、土地、河海龙王等等，甚至对各种妖怪也不怀疑。文帝之妻独孤氏和杨素之妻郑氏都得了病，医生认为是有人故意利用猫妖作怪，文帝为此专门下了诏书：凡有意饲养、培训并利用猫妖等怪物而害人者，一律流放边境。

隋文帝被后世讥为不学无术，他自己也承认，而且看不起那些咬文嚼字的读书人。对北周宗室宇文氏，他要斩尽杀绝，李德林劝阻，否则会显得过于残忍，谁知他竟然回答说："你不过一介书生，没资格评断、处理这种大事。"（"君读书人，不足平章此事。"《隋书·李德林传》）不听劝告，照旧施行。他认为文化一无用处，也便无需建立学校。仁寿元年（601），他下令全国只保留供王公贵族子弟读书的国子监，废除天下郡县的所有学校。

文帝做皇帝的第二年，嫌旧长安城规模太小，且宫中又常闹鬼，下令在旧城西北修筑新城，同年底完工。文帝最早的封爵是"大兴郡公"，新城便被命名为"大兴城"（今陕西西安），皇宫称"大兴宫"，主殿称"大兴殿"。

开皇十三年（593），隋文帝对大兴城又失去了兴趣，便以杨素为总管，宇文恺为主要设计者，在岐州（今陕西凤翔南）营造仁寿宫。通过开山填谷，建成了楼台亭阁宛转相连的豪华宫殿。为讨好文帝，杨素对民夫督促得非常紧，死者数万，都随地埋进了宫殿的地基里。用了整整两年的时间，仁寿宫才在民夫的白骨上面完成。开皇十八年（598），文帝又在仁寿宫和大兴城之间修筑行宫十二座，往返途中便有了可以娱乐的地方。

六、废黜诸子　死因不明

隋文帝的猜疑和严刑，使他失去了大批可以利用的臣僚；崇尚迷信，又招来许多专事拍马屁的小人。大兴土木开了奢侈之风，"节俭"则苦了老百姓。文帝的晚年虽然仍是处于盛世，但潜在的危机已经露出端倪。

独孤信是北周重臣，杨忠追随独孤信起家，无论地位还是权势，杨家都从属于独孤氏。杨坚和独孤氏的结合，肯定受到了这种关系的影响。杨坚由专权而称帝，独孤氏家族的地位和影响起了作用，如后来为文帝出力最大的高颎，原来正是独孤氏的家客。由此，文帝对独孤氏一直心存畏惧。建隋之后，独孤氏直接参与政事，实际成了皇帝的皇帝，故宫中把二人合称"二圣"。

独孤氏嫉妒心很强，一般情况下不许文帝和其他女人接近。虽然当时后宫也有嫔妃数十，但文帝根本不能和她们亲近。有一天，文帝在后宫发现尉迟迥的孙女很有姿色，一时心血来潮，便与她亲热一番，独孤氏便暗中派人将其杀掉。由于独孤氏喜欢次子杨广，文帝最后也废除了长子杨勇的太子之位。隋文帝做皇帝二十余年没有走上荒淫之路，某种意义上应归功于独孤氏。

杨勇是隋文帝杨坚的长子，幼时颇得父母喜爱，后来立为太子。开皇初年（581），文帝为提高儿子的地位，凡有军国大事，都要杨勇参与处理。其时，杨勇不过是十来岁的孩子。有一次，文帝发现杨勇把一副铠甲装饰得很华丽，便严肃地告诫他，做皇帝追求奢侈是亡国之道。

随着年龄的增长，杨勇越来越迷恋女色，东宫嫔妃多被宠幸。杨勇死时不过三十来岁，生的女儿不算，儿子就有十个，且出自五六个母亲。独孤氏最讨厌除妻子外和别的女人生孩子的男人，对杨勇的行为当然也不满意。杨勇的第一个儿子，是与尚未选入东宫的云氏在外边生的，即私生子。文帝对此也大为不满，指责杨勇不应迷恋女色。杨勇不服，依然我行我素，从此逐渐失宠。但杨勇既为皇太子，当然会有一批人为了将来的利益为他出谋划策，在他周围逐渐形成了一派势力。而杨勇在父母面前失宠，善于察言观色的杨广便开始策划取而代之，在他周围以当朝重臣杨素为首形成了另一派势力。

开皇十八年（598）冬至日，朝廷百官都到东宫朝见太子，杨勇也大张旗鼓地接受朝贺,实际上是对文帝示威。文帝当然不能容忍,专门为此下诏,严禁以后再有此类事情发生。废除杨勇的意图,此时已经正式形成。

其后,文帝父子互相猜疑。为防备杨勇,文帝把东宫的强壮警卫全部挑走,并经常与皇宫警卫轮换,侍卫以上的官吏全由皇宫卫队统一指挥,不受东宫调遣。杨勇本来就没有雄才大略,依附者在皇帝的再三警告下也不敢妄动,杨勇便也束手无策。开皇二十年(600),文帝正式废杨勇为平民,并杀掉和罢免一大批臣僚,彻底消灭了太子党。

杨广是隋文帝的次子,很有心术,善于讨好文帝夫妇。他知道独孤氏讨厌男人同时与几个女人亲近,便在表面上只宠正妃,而把与其他女人生的孩子全部弄死。又值杨勇和文帝夫妇的矛盾逐日加深,便乘机谋得太子位,成为隋朝的第二位君主。

杨俊是隋文帝第三子,十一岁立为秦王,十二岁拜上柱国、河南道行台尚书令,后转并州(治今山西太原)总管。杨俊追求奢侈生活,身为皇帝之子,还要发放高利贷榨取百姓。营造豪华宫殿,整日在其中歌舞宴饮。他贪好女色,常与别的女人厮混,妻子崔氏却备受冷落。崔氏寂寞难挨,图谋报复,便在杨俊吃的瓜里放入药物,杨俊由此得病。文帝知道后,便把他召回长安,免去官职。开皇二十年(600),杨俊病死。

杨秀是隋文帝第四子,初封越王,后做蜀王,坐镇蜀地。杨秀在追求奢侈生活的同时,又处处效仿父亲的衣食住行,梦想有朝一日自己做皇帝。他拉拢亲信,发展势力,并制造谣言、图谶,为继承皇位编造理论依据。杨勇被废后,杨广担心杨秀和自己作对,便鼓动父亲把他召回京师,罗织谋叛罪名,在文帝临死前将其贬为平民。

杨谅是隋文帝第五子,初封汉王,后任并州总管。杨勇被废后,杨谅也想做皇帝,便在并州招兵买马,修治兵器,为争夺皇位做准备。文帝死后,杨谅没有到长安奔丧,而是立即起兵,以讨伐杨素为由,进兵长安。杨谅根本不懂打仗,很快便被杨广的军队击败,自己也做了俘虏。

隋文帝的五个儿子同出一母,但也未能避免因争夺皇位而相互内讧的悲剧。文帝为吸取北周的教训,让儿子们在地方上各掌一方,但他们却辜负了父皇的厚望。文帝晚年也认识到儿子们并不可靠,始而猜疑,终而废为平民;后来的江都变乱中,杨广、杨秀、杨谅无一幸免。隋文帝的五个儿子,竟然没有一个寿终正寝。

仁寿四年(604)正月,隋文帝又要到仁寿宫游玩,便把朝廷日常工作全部交给了杨广。四月,文帝得病;七月,病重,召杨广等入宫侍候。

这时,宫中发生了两件大事。一是杨广为处理文帝的善后工作,写信征求杨素的意见,但杨素的回信却误送到了文帝手中。文帝看信后,勃然大怒,显然信中内容给了他很大刺激。二是在独孤氏死后,文帝最宠爱的宣华夫人陈氏报告说杨广在夜里调戏她,文帝一怒之下,便让人赶快召杨勇。杨广听说此事后,派亲信入宫把侍候文帝的人全部赶走。同一天,文帝去世,享年六十四岁。谥号"文皇帝",庙号"高祖"。

隋恭帝杨侑

杨侑(605—619),隋朝第三位皇帝。隋炀帝杨广之孙,元德太子杨昭之子,母韦妃。公元617年即位,在位两年。谥号"恭皇帝"。

杨侑自幼聪明敏捷,才气过人,气度不凡,深受祖父隋炀帝的喜爱，三岁时就立为陈王，后来又封为代王，享受一万户的食邑。

大业九年（613），隋炀帝征辽东时，杨侑被任命为京师总留守，镇守西京长安。大业十一年（615），十一岁的杨侑随炀帝到山西晋阳（今山西太原）巡视，随后又被任命为太原太守。翌年二月，隋炀帝在农民起义军的打击下，南逃江都（今江苏扬州），并下令修建丹阳（今江苏南京）宫，企图固守江南，维持半壁河山，杨侑则被诏令据守长安。

大业十三年（617）五月，李渊、李世民父子在晋阳起兵，誓师入关，准备进攻长安。十月，李渊指挥李建成、李世民两路大军，避开隋将屈突通据守的河东，迂回包围了长安。此时，长安城内兵力空虚，辅助杨侑守城的主要人物卫文升年过七旬，听说李渊军队兵临城下时，惊吓成疾，不能视事。只有左翊卫将军阴世师、京兆郡丞骨仪调兵守城，因而长安很快就被李渊攻陷。

城破之日，卫文升惊吓而死，阴世师、骨仪被杀，左右官员也都四散逃命。在东宫里陪伴杨侑的，只有侍读姚思谦一个人，孤零零地当了李渊的俘虏。

李渊占领长安后，并没有将杨侑杀掉，反而拥戴他当了皇帝。同年十一月，十三岁的杨侑在李氏父子的拥戴下，在大兴殿即位称帝，改元"义宁"，遥尊隋炀帝为太上皇。李渊自己则担任大都督、尚书令、大丞相，统管和处理一切政事。义宁二年（618）五月，隋炀帝在江都被杀的消息传到长安后，杨侑这块招牌失去作用，被迫下诏退位，由李渊即位称帝，改国号为唐。隋朝灭亡。

杨侑禅位后，被降为国公，在京师长安过起了寓公生活。第二年五月，杨侑被李渊派人杀死，时年十五岁。谥曰"恭皇帝"。

房陵王杨勇

杨勇（？—604），隋文帝杨坚长子，炀帝杨广同母兄，母独孤皇后。北周时，杨勇被封为博平侯。杨坚为相后，立杨勇为世子，封长宁郡公。隋朝建立后，杨勇被立为太子。后遭谗言构陷被废黜，杨广即位后被杀。赐封房陵王。杨勇性情宽仁厚道，待人接物直率任性，不喜伪装掩饰，成为众矢之的，群起攻之，导致灭顶之灾。

一、助父夺权　年少有为

杨勇是隋文帝杨坚的长子。北周时期，因祖父杨忠的军功，他被封为博平侯。

北周大象二年（580），杨坚以大丞相身份辅政，立杨勇为世子，拜为大将军、左司卫，封长宁郡公，并任命为洛州（今河南洛阳）总管、东京小冢宰，掌握原北齐全部疆域，以便壮大杨氏家族的势力，聚集人才，扩大力量。夺权之前，杨坚又将杨勇调回京师，进位上柱国、大司马，领内史御正（内史省最高长官），全权掌管禁卫军队，负责京城治安。

大象三年（581），杨坚夺权，即皇帝位，国号"隋"，改元"开皇"。隋朝建立后，隋文帝杨坚立杨勇为皇太子，军国大事及各部尚书所奏日常政务，除司法部门所报死罪人犯外，均令杨勇参与决断，从各方面培养其治国才能。

当时，山东（今崤山、函谷关以东地区）地区人民生活穷困，流离失所，朝廷派人设法安置。同时，隋文帝又想迁内地百姓充实到北方边境地区，屯垦戍边。杨勇听说这个打算后，上书劝谏道：

> 臣私下认为：引导世风改变，应当逐渐开展，不能希望速见成效。恋土怀旧，是百姓的正常情感；飘泊流荡，大多出于迫不得已。北齐末年，君主昏愦，社会黑暗；北周灭齐之后，严酷暴虐，民不聊生。百姓因此到处逃亡，并非讨厌家乡、喜好流浪。再加上近年来地方混乱，幸亏仰仗陛下仁德，才使天下太平。虽然武器已经收缴毁损，但战争给百姓造成的创伤，至今尚未恢复。如果能够宽松治理几年，使百姓沐浴陛下恩泽，那么，各地流亡的百姓自然会回归本土。虽然北敌（突厥）猖獗，曾经进犯边境，但现在城镇坚固，防守严密，何必迁徙百姓、劳苦地方？臣无才无德，虚居太子之位。今具寸诚管见，有污陛下视听。

隋文帝看到杨勇奏上的表章，非常高兴，下令停止办理迁民之事。当时有许多规定不符合实际，杨勇令人进行了许多修改补充，每次上报，隋文帝都是欣然同意，批准实施。

杨勇平日十分好学，能够写诗作赋。他天性宽仁和厚，处处流露真情实感，言行举止从不伪饰，曾专门延请明克让、姚察、陆开明等人为宾客师友。

虽然杨勇明知父皇喜好节俭，但他仍经常用文彩装饰铠甲。文帝看到后，很不高兴，怕他逐渐奢侈腐化，训导说："朕听说上天没有偏爱，只辅助有德之人。遍观历代帝王，没有因奢侈腐化而能长久保全的。你现在身为太子，如果不能上同天心、下合民意，怎么能够继承宗庙、管理万民呢？朕把以前穿过的衣服，各留下一件，经常观看，回想过去，用以自我警戒。现在，朕把这把过去佩带过的刀子给你，还有腌的酱菜一盒，这是你从前做上士时经常食用的,提醒你以后时时反省。你应当理解朕的良苦用心。"

开皇十八年(598)冬至那天,百官去拜见太子。杨勇升位奏乐,接受百官朝贺。隋文帝听说后,向朝中群臣询问:"听说冬至那天,内外百官都去东宫朝拜,这是遵从哪一条礼法啊?"太常少卿辛亶提醒文帝,委婉劝谏:"百官到东宫,只能说是朝贺,不能说成朝拜。"文帝说:"改换节令,前去庆贺,只能是三五个、十几个一起,根据情谊先后而去。为什么有官员发出通知,内外百官同时聚齐,太子身着礼服,登位奏乐,接受朝贺?太子这种行为,实在不合礼法。"

为此,隋文帝专门下诏:"礼法规定自有差别,君臣上下不能混杂。近几十年来,文化教育日渐衰弱,待人接物随心所欲,上下因循,渐成风气。皇太子虽然身为皇嗣,按照朝廷规定,现在还是臣子。各地官员,冬至来京朝贺,送上本地贡品,离开朝廷之后,又去东宫太子之处,这种行为不合礼法,应当全部停止。"从此以后,隋文帝对杨勇的宠信开始降低,父子二人心中逐渐产生隔阂猜忌。

二、因妾忤母 遭奸构陷

杨勇宫内有很多姬妾,昭训云氏尤获宠幸,各种仪礼规格都与正妻相同。杨勇正妻元氏不受宠爱,后来心脏发病,两天后去世。独孤皇后痛恨男人宠爱姬妾、冷落正妻,她认为元氏死得不明不白,怀疑另有原因,对杨勇很是责难抱怨。元氏死后,云氏专宠于杨勇内宫。独孤皇后心中越发不满,经常派人去东宫窥伺侦察,寻求杨勇的罪过。

晋王杨广知道这件事后,越发矫伪掩饰,树立形象,邀宠于父皇、母后。他的宫中姬妾,只按规定数额选取,平日只与妃子萧氏共同起居，表面上不近女色。独孤皇后知道后，越发轻视杨勇，推重杨广的品德行为。

杨广从江都（今江苏扬州）回京师，所带车马仪仗都很简陋，接见大臣毕恭毕敬，礼节极其谦恭，以此博得百官称赞。杨广的名声越来越好，逐渐超过其他藩王。临回江都，入宫告辞时，杨广趁机对母亲独孤皇后进言："臣镇守外地，久离父母，依恋之情，深藏于心。现在离开父母，无法侍奉陪伴，下次回来拜见，遥无定期。"说罢泪流满面，伏地不起。独孤皇后也流泪说："你在外地，我又年老。这次分别，不像往常。"母子二人泪眼相对，杨广趁机挑拨："臣生性愚昧，言行举止恪守兄弟敬爱之道。但不知为何，触怒东宫，太子常怀盛怒，意欲加罪于我，我惧怕谗言诬陷日久成真，杯勺之中遇到鸩毒。因此一直惴惴不安，担心受害。"

独孤皇后闻言大怒："睍地伐（杨勇小名）越来越不像话！我给他娶元家的姑娘，本希望能够帮助他兴隆基业。听说杨勇竟然不和她做夫妻，只是每日专宠阿云，竟有这种猪狗不如之人！前段时间，元氏本来没病，却突然死去。我看是有人投药，使得媳妇夭亡。事已至此，我也不能追究，为何他在你这里又有如此意图？我活着，他就这样；我死后，他还不像吃鱼肉一样吃掉你吗？我每次想起东宫竟然没有正宗儿媳，你父亲去世以后，你们弟兄几人将在阿云面前叩拜问讯，这真让我特别难受！"杨广伏地再拜，呜咽不止。独孤皇后也感情失控，不能自制。这次分别，杨广方知独孤皇后对杨勇积怨已深，这才开始定下决心，准备夺取太子之位。

杨广与安州（治今湖北安陆）总管宇文述一向友好，为了拉拢他，杨广奏请让他做了秦州（治今安徽寿县）刺史。杨广延请心腹张衡出谋划策，二人商定，先派宇文述深交杨素之弟杨约，再通过杨约结纳权臣杨素，引以为援。杨约将独孤皇后与杨广的一番话告诉杨素，杨素大为惊讶："实在不知道皇后心中到底作何打算。如果真像她说的这样，我们又怕什么？"

几天后，杨素入宫侍宴，在酒席上试探独孤皇后说："晋王恭孝节俭，很像当今圣上。"以此揣摩独孤皇后的心意。只见独孤皇后流下眼泪说："您的话说得是。我的这个儿非常孝敬父母，每次听说皇上和我派遣内使（宦官）到他那里去，一定到府门外迎接。说话如有违离之处，没有不伤心哭泣的。再说他的新媳妇也非常让人怜悯，我派婢女到她那里去，她常常和我的婢女同寝共食。哪里像睨地伐与阿云对坐着，整天沉湎在酒宴之中，亲近小人，疑惑骨肉至亲。我更加怜爱阿𡡉（杨广小名）的缘故，是常常担心怕睨地伐暗害他。"杨素摸清独孤皇后的意图，顺水推舟，畅言杨勇无德无才。独孤皇后大喜，送给杨素大笔金银，暗中委托他在外面为废勇立广做准备。

杨勇很快获悉了废立的阴谋，内心忧惧，无计可施。他听说新丰（今陕西临潼）人王辅贤能预卜吉凶，就将其召来询问。王辅贤回答说："白虹贯东宫门，太白袭月皇，太子有废退之像。"杨勇以铜铁五种兵器制作符咒之物，祈福求助。又在后园里修建农家村落，器具粗糙，房舍简陋。杨勇经常布衣草褥，在里面休息。希望以此抵挡诽谤，保住权位。

隋文帝听说杨勇心中不安，于是派杨素前去观察了解其言行。杨素来到东宫门外，躺下休息了很长时间，不进宫门。杨勇服饰整齐，在宫中静候。杨素故意拖延时间不进宫门，以此来激怒杨勇。杨勇心中果然怨恨，形于言色。杨素于是回报杨坚，说"杨勇言谈举止颇有怨恨之情，恐怕会有其他变故，希望陛下留心，注意加以防范观察"等。

隋文帝听了杨素对杨勇的诽谤中伤，有些半信半疑。独孤皇后了解隋文帝的心思后，迅速派人到东宫监察窥伺，将东宫太子的闲言碎语、琐事杂务，逐一报告皇上。讲述时，又捕风捉影，刻意渲染，把杨勇塑造成无德无才之子、有过有罪之人。母后仇视，奸贼构陷，杨勇从此成为众矢之的，欲求安稳已不可得。

三、父皇信谗　杨勇获罪

外有杨素等人诬陷中伤，内有独孤皇后挑拨离间，日积月累，隋文帝的信心渐渐动摇，对太子杨勇开始疏远、猜忌。隋文帝命令，在玄武门到至德门之间，布置大批侦探，以观察杨勇动静，有事随时上奏。又命令，将东宫卫士侍官以上名单，全部交送有关部门；侍卫之中，强健之人全部撤掉。

晋王杨广又指挥督王府军事的段达，刻意结交杨勇宠信的心腹姬威，馈赠姬威大笔财物，让他传送杨勇的喜怒哀乐、言语作为，并全部秘密报告杨素。从此以后，内外喧哗，百官杂议，杨勇过失，每日传闻。段达趁机胁迫姬威："太子的罪过，皇上都已经知晓。我们已奉密诏，准备废掉太子。你若能检举揭发太子的过失，将来一定非常富贵。"姬威应允。

开皇二十年（600）九月，隋文帝驾幸仁寿宫，登上大兴殿，对左右侍臣说："朕刚返回京师，应当尽情欢乐；不知何故，反而愁苦。"吏部尚书牛弘奏称："臣等不称职，主上忧劳，所以愁苦。"隋文帝经常听人诬陷杨勇，以为朝中百官看法一致，因此故意有此发问，本想听人举报太子过失。而牛弘的这番话，实在不合心意，不禁发作，指着东宫所属一群官员大骂："朕每次回京师，都得严备守卫，如入敌国。朕为了下去解手方便，不解开衣服躺着，昨天夜里想就近去厕所，原来的厕所在后房，担心出现紧急情况，还要移到前殿来。莫非是你们这些人想要危害朕的国家不成？"下令将太子左庶子唐令则等人下狱审问，并命杨素当众陈述杨勇的劣迹,遍告群臣。

杨素高声回奏:"我奉圣谕,从仁寿宫回京城令太子缉捕刘居士余党。太子闻诏,勃然大怒,挥手顿足,斥责臣下,说:'刘居士余党全部伏法,叫我到何处追捕?你身为右仆射,权位不轻,自去追捕,与我何干?'又说:'如果大事不成,我先被杀。皇上约束,使得我还不如几个兄弟,事事请示,不得自由!'太子又仰天长叹,回头对臣说:'现在真觉得太受束缚了!'"

杨素奏完,隋文帝勃然大怒:"这个儿子早就不堪重用,皇后常劝我废掉他。因为他是朕身在平民时生的,年岁又居最长,朕盼望他能逐渐改悔,所以勉强忍耐到了今天。杨勇曾经指着皇后的侍女对人说'这些都是我的东西',说出这话是何等奇怪之事!他的妻子元氏当初死的时候,朕就怀疑是遇到了毒害,曾经责备过他,可他立即怨恨地说'正巧要杀元孝矩(元氏)',这是想害朕而迁怒别人罢了。想起他初生的时候,朕与皇后一同抱养他,朕把他藏在自己的怀里,刚抱过来,皇后又要回去,没想到长大变成了这个样子。况且云定兴(云昭训之父)的女儿,是在外面的私生子,想到她这种身份由来,帝位为何一定是由他们的后嗣来继承?从前晋国的太子娶了屠户家的女儿,他的独生子就喜好屠杀割肉。现在偶然出了这么一个不伦不类的东西,便会乱了宗庙。朕虽然道德赶不上尧舜,终究不愿把天下万民交付不肖之子。朕常常畏惧他加害于我,如同防备大敌一样。今天朕打算废黜他,以此来安定天下。"

左卫大将军、五原公元旻劝谏:"废立太子,乃是国家大事。天子讲话,不能出尔反尔。圣旨若下,后悔不及。逸言害人,没有止息,请陛下明察。"元旻理直气壮,声色俱厉,隋文帝听后,不予理睬。

当时,姬威又奏上表章,指控太子违法。隋文帝命他一一陈述，不得遗漏。姬威说："皇太子追求奢华，曾对臣讲，要把樊川至散关地方划为苑囿；又说：'从前汉武帝想造上林苑，东方朔谏阻，武帝赐他黄金百斤，真是可笑！我实在没有黄金赐予这类人，若有劝谏之人，应当斩杀，不过杀个百十来人，自然无人再谏。'宫中所需之物，负责尚书大多执法严谨，不与通融。太子就因此而发怒，说：'仆射以下的朝官，我一定要杀掉一二人，使人知道怠慢我的后果。'太子又在宫苑内建造了一座小城，春夏秋冬，修建不停，立亭起殿，朝造夕改。太子又说：'皇上怪我多姬妾，生了庶子。高纬、陈叔宝都是庶出，他们难道是不孝之子？'太子曾经令巫师占卜吉凶，对臣说：'皇上将在开皇十八年去世。这样的话，时间不会太长！'"

隋文帝听完这些话，泪流满面："谁人不是父母生养？逆子竟然如此不孝！朕近日阅读北齐史书，见高欢放纵儿子，不加约束，想起来非常生气，朕怎能仿效高欢！"当天，杨勇及其几个儿子都被软禁，部分东宫官员被抓。

杨素退朝后，舞文弄墨，巧言中伤，罗织罪名，诬陷诋毁。杨勇从此败局已定，只能任凭他人宰割。几天后，主管官员按照杨素的安排，上奏朝廷，揭发元旻、裴弘等人依附杨勇，勾结作乱。隋文帝命武士拘捕元旻、裴弘，交给元胄、杨约审讯、治罪。

太史令袁充迎合上意，奏道："臣观天象，皇太子当废。"隋文帝说："天象已经显示好长一段时间了。"（"玄象久见矣，群臣无敢言者。"《隋书·文四子传》）百官恐惧，无人敢言。

四、父皇废之　乃弟杀之

从前，杨勇见到一颗老枯槐树，问道："这老枯树能做什么用？"有人回答说："古槐树最适宜取火用。"当时东宫的卫士都佩带火燧，杨勇便命工匠用老枯槐树做了几千枚火燧，准备分赐左右。到了这时，这些火燧被从仓库中查获；东宫药藏局贮存的数斛艾草，也被搜查出来。大家都非常奇怪，来问姬威。姬威说："太子的心意另有打算。皇上在仁寿宫时，太子经常养马上千匹，说'要是直接守住城门自然会饿死'。"杨素诘问为何养那么多马，杨勇不服气地说道："我私下听说您家中养马几万匹，我杨勇愧为太子，养马千匹便是反叛吗？"杨素又找出东宫之中的服饰珍玩，类似加过雕琢修饰的，全都摆放在大庭上，向文武群臣展示，作为太子的罪状。隋文帝及独孤皇后轮流派遣使者责问，杨勇还是不服气。

十月，隋文帝派人召见太子。杨勇见到使者，惊讶地问："难道要杀我吗？"隋文帝穿着军服，摆列卫兵，坐在武德殿上，召集朝廷百官站在大殿东侧，诸亲戚站在大殿西侧，命人带进杨勇和诸子排列在殿廷中间，命令内史侍郎薛道衡宣布诏命，废黜皇太子杨勇及其被封为王和公主的儿女，一同降为庶人。杨勇见此，只得无可奈何地下拜说："臣子当暴尸都市，作为将来的鉴戒。有幸蒙受哀怜，得以保全性命。"说完泪如泉涌，流湿了衣襟，过了一会儿拜跪退去。左右的群臣无不默然怜悯。长宁王杨俨（杨勇之子）上表乞求宿卫皇宫，言辞悲哀恳切，隋文帝御览之后很是怜悯。

杨广深知夜长梦多之理，必须对杨勇和东宫属臣穷追猛打，斩断皇上的最后一丝情意。他授意杨素上书进谏，杨素便进谏说："希望圣心如同蝮蛇螫手、壮士断腕，不应当再留情意。"于是隋文帝诏令："元旻、唐令则以及太子家令邹文腾、左卫率司马夏侯福、典膳监元淹、前吏部侍郎萧子宝、前主玺下士何竦一同处斩，妻妾子孙没入官府。车骑将军阎毗、东郡公崔君绰、游骑尉沈福宝、瀛洲术士章仇太翼，免于死刑，各杖打一百，自身及其妻子、资财、田宅没入官府。副将作大臣高龙义、率更令晋文建、通直散骑侍郎元衡，处罪自尽。"

接着，聚集群官在广阳门外，宣布诏书处刑。杨勇被迁移到内史省，给予五品官的待遇。赐杨素布帛三千段，元胄、杨约布帛一千段，奖赏审讯杨勇的功劳。当时文林郎杨孝政上书劝谏说："皇太子被小人贻误了，应当加以训导教诲，不应当废黜。"隋文帝大怒，下令捶挞其胸。

起初，云昭训的父亲云定兴，进出东宫没有节制，屡次进献奇装异服和怪异器物来博取太子的喜爱。左庶子裴政屡次劝谏，杨勇不听。裴政对云定兴说："您在东宫的所作所为，不符合法度。再则元妃暴死，路人议论纷纷，这对于太子并非美名。您应当自行引退，不然会大祸临头。"云定兴把这番话告诉了杨勇，杨勇从此更加疏远裴政，并调其出京去做襄州（治今湖北襄樊）总管。唐令则为太子所亲近，经常让他教宫人弹琴唱歌。右庶子刘行本责备唐令则说："身为东宫庶子，应当辅佐皇太子遵循正道，哪里有取媚后宫的道理？"唐令则非常惭愧，但却不予改正。

当时沛国人刘臻、平原人明克让、魏郡人陆爽，都凭借文学才能受到杨勇亲近。刘行本恼恨他们不能调护太子，常对三人说："您几位只是解释经书、指导阅读罢了。"左卫率司马夏侯福，曾经在东宫阁内与杨勇游戏，夏侯福哈哈大笑，笑声传到了阁外。刘行本听到后，等夏侯福出来，斥责说："太子殿下宽宏大量，赐给你好脸色，你是什么东西，胆敢在这里亵渎轻慢！"于是把他交付法官治罪。几天之后，杨勇替夏侯福说情，才予以释放。杨勇曾得到一匹好马，想让刘行本骑上观看一番，刘行本严肃地说："皇上把臣下放在了庶子的地位上，是想让臣下辅佐引导殿下，不是来殿下这里做戏耍之臣的。"杨勇十分惭愧地停了下来。到杨勇被废，裴、刘二人已经去世，隋文帝叹息道："假使当初有裴政和刘行本在他身边，勇儿也不至于到了这种地步。"

杨勇曾经设宴款待东宫的宫官，在宴会上，唐令则自告奋勇弹奏琵琶、演唱艳曲。太子洗马（侍从官）李纲愤起禀告说："唐令则身为宫官，职守在调善护理，却竟然在大庭广众之中把自己比作戏谑艺人，进献淫乱之音，污秽视听。这事若是皇上听到，唐令则的罪过非同小可，这不就成了殿下的拖累吗？臣请求赶快治他的罪。"杨勇说："我想快乐一下，你不要多事。"李纲于是急步出门而去。

后来杨勇被废，隋文帝召集东宫官员僚属严加斥责，人人惶恐不安，怕得要死，没有敢应对的。只有李纲站出来说："废立太子的大事，文武大臣都认为不可行，却没有肯说话的。臣下怎敢怕死，不一一地替陛下分辨清楚、说个明白呢？太子的性情本属中人，可以与人为善，可以与人为恶。假使陛下开始就选择正人君子辅佐他，是完全可以嗣守鸿业的。现在竟然任用唐令则为左庶子，邹文腾为家令，这两个人只知道用弹琴唱歌、放鹰走狗来取悦太子，怎么能不发展到这种地步呢！这是陛下的过失，不是太子的罪过。"说完俯伏在地，哭泣不止。

隋文帝悲伤了好一会，才说："李纲责备朕，不是没有道理。可你只知其一、不知其二。朕选择你做了宫官，而杨勇不亲近、不任用你，即使再选正人君子，又有何益处呢？"李纲回答说："臣下之所以不被太子亲近信任，实在是由于奸臣在太子身边的缘故。陛下只要斩了唐令则、邹文腾，重新选择贤才来辅导太子，怎么知道臣下始终会被太子疏远呢？自古以来国家废长立幼，很少不倾覆危亡的。希望陛下的圣心深思熟虑，不要留下悔恨。"

隋文帝听了很不高兴，宣布散朝，大家都替李纲害怕得两腿发抖。正巧这时尚书右丞空缺，主管官员请示人选，隋文帝指着李纲说："此人是最佳的右丞。"便立即予以任用。

开皇二十年（600）十一月，朝廷下诏，立晋王杨广为皇太子。当时，天下发生地震。杨广故作姿态，请求换下礼服，宫官在他面前不必称"臣"。

隋文帝把杨勇囚禁在东宫，交给皇太子杨广看管。杨勇被废之后，觉得自己虽有过失，但还不至于招致废黜，因此多次请求进见父皇，面陈冤屈。杨广派人阻挠，文帝毫不知晓。杨勇于是爬上树干，大喊大叫，希望父皇听到后召见自己，以便见面申冤。隋文帝听到喊声，派人询问，杨素趁机上奏："杨勇被鬼魅纠缠，神志昏乱，无法恢复正常。"文帝听说后，不再过问，父子二人终生未再见面。

仁寿四年（604），隋文帝患病，命太子杨广入宫侍疾。杨广调戏文帝宠爱的宣华夫人陈氏，文帝大怒，埋怨已死的独孤氏怂恿自己误废杨勇，传旨派人速召杨勇。杨广听说后，马上派亲信入宫，将隋文帝身边宫人全部赶出。当天，杨坚去世。

隋文帝死后，杨广秘不发丧，假传杨坚旨意，杀死杨勇，赐封房陵王。

杨勇共有十个儿子：云昭训生长宁王杨俨、平原王杨裕、安城王杨筠，高良娣生安平王杨嶷、襄城王杨恪，王良媛生高阳王杨该、建安王杨韶，成姬生颍川王杨炬，其他姬妾生杨孝实、杨孝范。

秦王杨俊

杨俊（571—600），隋文帝杨坚第三子，炀帝杨广三弟，母独孤皇后。字阿祇。隋文帝时封为秦王，历任扬州总管、并州总管等。杨俊起初勤政爱民，后来却奢侈放纵，被文帝免官。又因喜好女色，被善妒的妃子下药，染病身亡。

一、年少封王　担当重任

开皇元年（581）二月十六日，隋文帝受禅登基的第三天，杨俊封秦王。开皇二年（582）春，拜上柱国、河南道行台、尚书令、洛州刺史，又加授右武卫大将军，统领关东兵马，当时杨俊年仅十二岁。开皇三年（583），迁任秦州（治今甘肃天水）总管，陇右诸州全部归其管辖。

杨俊生性仁恕慈爱，崇敬佛道，曾经上书请求出家为僧，父皇隋文帝坚决不允许，方才作罢。

开皇六年（586），杨俊迁山南道（治今湖北襄樊，辖川、甘、陕、豫、鄂各部分地区）行台、尚书令。

开皇八年（588），隋朝举兵伐陈，隋文帝以杨俊为山南道行军元帅，监督三十名总管，管理水陆大军十余万。杨俊屯兵汉口，节制长江上流军政事务。

当时，南陈将领周罗睺、荀法尚等率精兵数万，驻扎在鹦鹉洲（在今武汉西南长江中）。总管崔弘度请求率兵前去攻打，杨俊担心兵卒、百姓等伤亡，不许攻击。后因形势所迫，周罗睺、荀法尚等率众投降。隋文帝大喜，派遣使者通知杨俊，要他装饰车马，回京复命，以示朝廷嘉奖。杨俊接到圣旨，一边落泪，一边对朝廷使者说："我虚任辅助之位，愧无尺寸之功。朝廷如此嘉奖，心中实在惭愧。"隋文帝听到他的谦退之词，大加赞许。

不久，隋文帝授杨俊为扬州总管，统领四十四州军事，驻扎于广陵。一年后，又转任并州（治今山西太原）总管，统领二十四州军事。上任之初，杨俊很有政绩，声名鹊起。文帝听说后，非常高兴，专门下诏予以奖励。

二、奢侈放纵　犯律免职

任并州总管初期，杨俊尚能勤政爱民，廉洁自律。几年以后，他变得渐渐奢侈起来，违犯朝廷规定，向外发放贷款，收取高额利息，普通百姓和下层官吏都不堪重负，无法忍受。事情传到朝中，隋文帝派人追查，因与这件事相关而被查处的，竟有一百多人。

此事过后，杨俊不思悔改，开始大修宫室，竭力追求奢侈华丽。杨俊生性聪明机敏，多有巧思，经常亲操刀凿斧锯，制造各种精美器具，并以珍珠美玉加以装饰。他曾为爱妾制造过一幅七宝帘幕，还曾修建水殿一座。这水殿香涂粉壁，玉砌金阶，梁柱之间多挂明镜，中间夹杂饰以珠宝，装饰得极其华丽。杨俊经常与宾客、歌妓在里面置酒弹琴，寻欢作乐。

杨俊十分喜好女色，姬妾众多。正妻崔氏生性妒忌，对杨俊的作为十分不满，便在瓜里放入药物进献，杨俊从此染病。这些作为传到隋文帝耳中，朝廷将他调回京师，以奢侈放纵之罪免官，敕令回府居住，闭门思过。

左武卫将军刘升劝谏说："秦王没有其他过错，只不过是浪费官府财物修建宫室楼台而已。臣下认为可以原谅。"隋文帝却说："法律不可违背。"刘升固执己见，文帝发怒，他方才停止劝谏。过了一段时间，杨素又为此事进谏："秦王虽有过错，不应如此处置。敬请皇上重新调查处理。"隋文帝说："朕是五个儿子的父亲。如果按照你的意思，何不另行制定一篇专门用于天子之子的法律？周公为人那么宽容，尚且诛杀管叔、蔡叔。朕比周公差远了，怎么能随意违背法律规定呢？"不肯答应杨素的请求。

杨俊病重，不能起床，派使者送上表章，承认错误，检讨过失。隋文帝对使者说："朕尽心竭力，创此大业，作训垂范，希望臣下遵守，不犯过失。杨俊作为朕的儿子，却想破坏朕的规定，真不知道该如何处罚他！"杨俊听到这番话，又是惭愧，又是恐惧，病情越发加重。大都督皇甫统上表，请求恢复秦王官职，隋文帝不许。一年多之后，因杨俊病情越来越严重，朝廷恢复了他的上柱国职位。

开皇二十年（600）六月，杨俊病逝于秦王府第，年仅三十岁，谥曰"孝"。

三、后嗣多舛　未得善终

杨俊去世后，他日常所制奢华之物，隋文帝下令全部焚毁，并严令送终器具务必节俭，以便作为以后的规范。秦王府官员请求给秦王立碑，文帝说："想要留名千古，一卷史书就够了，哪还需要石碑？如果子孙不能保全家业，碑石不过白白留给别人作镇宅基石罢了。"（"欲求名，一卷史书足矣，何用碑为？若子孙不能保家，徒与人作镇石耳。"《隋书·文四子传》）

杨俊的正妻崔氏，因给杨俊下毒，隋文帝下诏书废掉，赐死于家中。群臣议论说："《春秋》之义，母以子贵，子以母贵。贵既然如此，罪也应该以此类推。所以，汉朝景帝时栗姬有罪，其子便废；光武帝时郭圣通皇后被废，她的独生子也被黜免。如今秦王两个儿子，父母皆因罪被废，就不应该再承嗣王爵。"于是，崔氏所生长子杨浩，妃嫔所生次子杨湛，皆因母罪被废。

当时，杨俊的长女永丰公主年仅十二岁，对父王的死十分哀伤，竭尽孝女的礼仪，遂断绝吃鱼、肉。每到杨俊的忌日，永丰公主便哭泣不食。

杨俊的属官王延，性格忠厚，统领亲信兵十余年，杨俊对他礼遇有加。杨俊生病时，王延常在病榻前侍候，衣不解带。杨俊死后，王延不吃不喝好几天，形销骨立。隋文帝得知此事，十分怜悯,赐给他御药,授予骠骑将军之职,命他负责宿卫皇宫。杨俊下葬之日,王延哀号不止,竟至恸绝。隋文帝嗟叹良久,命令通事舍人前往吊祭,并下诏将王延葬于杨俊墓侧。

隋炀帝杨广即位后,立杨浩为秦王,以便接续杨俊子嗣,封杨湛为济北侯。后来,又封杨浩为河阳(治今河南孟县)都尉。

大业九年(613),杨玄感起兵造反。朝廷派大将军宇文述率兵征讨。大军路过河阳,宇文述送信问候,杨浩也到军中拜访宇文述。有司据此弹劾杨浩,批评他以诸侯身份结交朝臣,违背朝廷规定。隋炀帝下令治罪,将杨浩罢官免职。

大业十四年(618),宇文化及缢杀隋炀帝,立杨浩为帝。宇文化及在黎阳(今河南浚县西南)兵败后,率众北走魏县(今河北大名),自立为帝,国号"许",年号"天寿",遂将杨浩毒杀。

杨浩之弟杨湛,骁勇果敢,颇有胆略。隋炀帝即位不久,任命他为荥阳(今河南荥阳)太守。因受杨浩与宇文述勾结之事牵连,被免职。后与杨浩一起,同为宇文化及所害。

蜀王杨秀

杨秀(?—618),隋文帝杨坚第四子,炀帝杨广四弟,母独孤皇后。隋文帝时封越王,又改封蜀王,历任上柱国、尚书令、右领军大将军等职。因奢侈违制被废黜。杨秀一心要扩充势力,遭到打击后又转而追求奢侈浮华的享乐生活,终致遭谗言被废;隋炀帝即位,对他严加看管,后又死于江都之难。

一、意欲扩充 却遭夺权

开皇元年(581),杨秀与兄弟一同封王,本人封越王。后改封蜀王，封国为蜀地；又拜柱国、益州（治今四川成都）刺史，总管二十四州军事。开皇二年（582），进位上柱国、西南道（辖今云、贵、川、藏地区）行台、尚书令，其他官职不变。一年之后，以上任命取消。开皇十二年（592），朝廷任命杨秀为内史令、右领军大将军，不久又出镇蜀地。

杨秀胆气豪壮，容貌雄伟，美须髯，多武艺，朝廷百官对他非常敬畏。隋文帝常对独孤皇后说："杨秀一定不会善终。我活着时，不用担心；我死以后，他的哥哥治国，杨秀必定造反！"

兵部侍郎元衡出使蜀地，杨秀刻意结纳，请他上奏，为自己申请扩大部属、增加官佐。元衡回到京师，代杨秀上奏，隋文帝不予批准。

西部边境出现战事，朝廷命大将军刘哙之率兵征讨。隋文帝又令上开府（"上开府仪同大将军"的省称）杨武通统兵，作为后续部队，继续开赴前线。杨秀委派自己日常宠爱狎昵的万智光到军中，担任杨武通的行军司马。隋文帝认为万智光难以当此重任，谴责杨秀用人不当。

此事发生后，隋文帝对群臣说："违犯朕所制定的法律的人，必然出现在朕的子孙当中。这就像猛兽一样，强有力的外敌都无法伤害，但却会被皮毛之间的小虫叮咬、吸食。"从此，隋文帝逐步削夺杨秀的权力，分职别任，以示惩戒。

二、奢侈违制　遭谗被废

扩充势力的意图遭到打击后，杨秀逐渐变得奢侈浮华，追求享乐。他违反制度，超越规格，车马、服饰均比照天子所用样式添置。

开皇二十年（600），太子杨勇因遭受奸人构陷被废，晋王杨广费尽心机夺得太子之位。杨秀对此很有意见。杨广知道杨秀对自己的看法，担心他以后会反抗自己，就暗中安排杨素访察其过失，随时在父皇面前说他的坏话。日久天长，渐生功效。

仁寿二年（602），杨秀被隋文帝调回京师。杨秀回京后，隋文帝见到他，不予理睬。第二天，隋文帝派人痛斥杨秀。杨秀回答说："臣下空受国恩，出镇藩地，不能守法，罪该万死！"文帝集中各位亲王及太子，当众表态："从前，秦王杨俊浪费财物，朕以为父之道训导他；现在，杨秀残害百姓，朕当以为君之道惩处他。"杨秀遂被交与执法人员审讯。

开府庆整劝谏文帝说："杨勇已废，杨俊已死；陛下儿子已经不多，何必如此处治？而且蜀王生性耿直豪爽，现在被严肃处理，恐怕不能自我保全。"隋文帝闻言大怒，真想割掉他的舌头。当时，文帝对百官发作道："应当将杨秀推到街市斩首，以便向天下百姓谢罪。"命令杨素、苏威、牛弘、柳述、赵绰等人，详细审问，严肃处理。

杨广暗中令人制作木偶，写上文帝杨坚、汉王杨谅的名字，丝绳束手，铁钉穿心，命人埋到华山下面，然后通知杨素去挖出来，说是杨秀所为。杨广又让人写了一篇檄文，中有"乱臣贼子，专弄权柄，陛下空守朝堂，一无所知。陈甲兵之盛，可指期问罪"等字句，派人把纸页偷放在杨秀的文集里。安排完毕，杨广将杨秀的过失奏明父皇。隋文帝信以为真，说："天下怎么会有这种事情！"遂废杨秀为庶民，囚禁于内宫，不得与妻儿见面。同时派遣丑陋凶恶的婢女二人，让杨秀驱使。又下令严惩杨秀的党徒，受牵连获罪的有一百多人。

杨秀被囚禁污辱，愤懑难耐，不知自己因何获罪，于是愤然上表，奏请面见父皇，然后把自己处死。隋文帝接到表章，下诏数说杨秀的罪过，共有十条：一是包藏祸心，图谋不轨；二是盼父生灾，贼子之心；三是怨恨兄长，悖弟之行；四是嫉妒兄弟，无恶不作;五是违犯制度,破坏法纪;六是多杀无辜,残暴凶狠;七是盘剥百姓,严酷暴虐;八是搜掠珠宝,贪求财货;九是喜好邪术,顽劣轻狂;十是辜负重托,无才无德。文帝言出法随,杨秀无可奈何。

后来,隋文帝放松了对杨秀的看管,准许他与家人见面,同意其子陪同起居。这对杨秀来说,是莫大的安慰,因此他感激皇上之恩,准备安心生活下去。但他的这点可怜的愿望,没多久便被浇熄了——隋炀帝即位后,马上下令对杨秀严加看管,禁锢如初。

大业十四年(618),宇文化及杀掉杨广,欲立杨秀为帝。宇文化及的左右臣僚认为杨秀难以驾驭,不可立他为帝,于是宇文化及下令,将杨秀及其诸子一并处死,蒴除后患。

汉王杨谅

杨谅(?—605),隋文帝杨坚第五子,炀帝杨广五弟。本名杰,字德章,小名益钱。隋文帝时封汉王,历任左卫大将军、并州总管等职。文帝驾崩、炀帝即位,杨谅造反,兵败被俘。后废除王号,囚禁至死。杨谅深受父皇宠爱,遂骄狂放纵,拥兵自重,为夺取帝位与炀帝同室操戈,喋血沙场。对权势的贪婪让兄弟之情付诸流水,以致必欲除之而后快。

一、父皇宠爱 拥兵自重

开皇元年(581),隋文帝杨坚册封杨谅为汉王。开皇十二年(592),杨谅官拜雍州牧,加上柱国、右卫大将军。一年后,又任左卫大将军。

开皇十七年（597），杨谅出任并州（治今山西太原）总管。崤山、函谷关以东，黄河以北，东至大海，北至边地，五十二州土地，均为杨谅节制。隋文帝特许他专权负责，机断行事，必要时可以不遵守朝廷律令，临机处置，不必请求。杨谅临行前，隋文帝亲自为他送行。

开皇十八年（598），隋文帝发兵征讨高句丽，以杨谅、王世积为行军元帅，派尚书左仆射高颎为汉王杨谅长史，统率水陆大军三十万，分路进发。大军至辽水（今辽宁辽河），后勤供应不及时，军中又有传染病，便无功而返。

开皇十九年（599），突厥进犯边境。隋文帝令杨谅为行军元帅，尚书左仆射高颎出朔州（治今山西朔县），右仆射杨素出灵州（治宁夏灵武），上柱国燕荣出幽州（治今北京），诸路兵马皆归汉王杨谅节制。而杨谅竟没有亲临前线，根本不关心前方战事。亏得高颎、杨素等均为多年战将，协力作战，这才击败了突厥。

隋文帝对杨谅特别宠爱，这也无形中滋长了他的骄狂之气。杨谅也以为天下精兵皆在自己手中，逐渐变得骄狂放纵。太子杨勇被废，晋王杨广以阴谋夺得太子之位。这件事使杨谅受到很大震动，闷闷不乐之中，也渐渐产生了夺取天下的念头。

夺取天下的念头产生后，杨谅就借机请求父皇："突厥力量逐渐强大，太原已经成为边境地区的军事重镇，应当加强武装保卫。"隋文帝同意了。从此，杨谅征集大量民工，修理制造兵器军械，全部储备在太原城中。同时大量招收强壮百姓、流亡犯人，扩大部属力量。日积月累，他的左右僚属、私人武装等越来越强大，人数已达数万。

突厥曾经侵犯边郡，隋文帝派杨谅统兵抵御，结果被打得大败，部下将帅因战败被解职除名的有八十多人，都发配到了岭南去防守。杨谅以这些人都是富有经验的旧将为由，奏请留下。隋文帝怒斥说:"作为藩王,你唯一应当做的,就是恭敬地遵照朝廷的命令,怎么能私自议论旧情,而废弃国家的根本大法呢?你这小子,一旦没有了朕,可能要轻举妄动。到那时,人家取你如笼内捉鸡雏一般,用得上什么心腹!"(《资治通鉴·隋纪四》)

杨谅的咨议王頍,是南梁大将王僧辩之子,豪放洒脱,智谋出众,胸有奇谋远略。参军萧摩诃,原来是南陈将领,陈亡后降隋。二人平日郁郁不得志,总想起兵造反,建功立业,杨谅对他们颇为倚重。

仁寿二年(602),蜀王杨秀因罪被废黜囚禁。隋文帝共五子,此时,杨勇被废,杨广立为太子,杨俊病死,杨秀囚禁,唯独杨谅在外统兵治政。杨谅观人思己,心中惴惴不安。

正当这时,荧惑星(即火星)守在东井(即井宿星座)的区域,仪曹官傅奕通晓天文历法,杨谅问他:"这天象是何征兆?"傅奕答说:"天上东井区域是黄道经过的地方,荧惑星行经这里是它的常理。假如它进入地上井,才可奇怪了。"杨谅听了心中不高兴。

仁寿四年(604),隋文帝杨坚去世,杨广即位,派车骑将军屈突通带着盖有文帝御玺的文书征召杨谅。先前,文帝曾与杨谅秘密约定:如果以御玺文书征召,要在"敕"字旁边另加个点,又要与玉麟兵符切合才就征召。杨谅打开文书后,发现没有证验,知道其中有了变故,便审问屈突通。屈突通对答不出,便打发他回了长安,杨谅于是发兵反叛。

二、反复不定　贻误战机

杨谅起兵,打的也是"清君侧"的旗号,他声称:"杨素造反,前去诛杀,以清君侧。"总管司马皇甫诞极力劝阻,杨谅大怒,将他下狱囚禁。

岚州（治今山西岚县东北）刺史乔钟葵准备跟从杨谅，他的司马陶模阻拦说："汉王要图谋不轨，您承受了国家的厚恩，身为一方之长，应当竭尽全力为朝廷效力，怎么能置身祸端之上呢？"乔钟葵大惊失色说："莫非司马反了吗？"并用刀剑胁迫他。陶模不肯屈服，乔钟葵无奈，称赞其大义并予以释放。军吏们建议说："如果不斩陶模，无法压住军心。"乔钟葵便把陶模囚禁起来。就这样，跟从杨谅反叛的共有十九州。

王頍对杨谅进言："大王军中将吏官佐，家属都在关中。如果用这些人作战，必须长驱直入，直捣京师，以造成迅雷不及掩耳之势；如果大王想在北齐旧地（杨谅管辖地）割据，必须使用东部的人。"杨谅踌躇不定，于是兼用两种策略，打算一部分部队进攻京师，一部分就地据守。

总管府兵曹裴文安进谏说："井陉（指井陉关，在今河北井陉）以西，是大王直接掌管之地；山东军马，尽归大王指挥。应将精兵全部调遣，全力进攻，另派老弱士兵防守军事要道，管理后方。我军精锐部队，应当直入蒲津（黄河渡口，在今山西永济境内），速攻长安。我请求做前锋先行，大王率军随后进发，风行电击，屯兵霸上，咸阳以东，指日可定。京师震恐，兵不暇集，上下相疑，群情惊骇。到那时，大王陈兵发令，天下谁敢不从！十日之内，大局可定。"杨谅听后非常兴奋。

杨谅采纳裴文安的计策，派大将军余公理率军出太谷（今山西太谷），直取河阳（治今河南孟县）；大将军綦良率军出滏口（关隘名，在今河北磁县境内），直取黎阳（今河南浚县西南）；大将军刘建率军出井陉，进取燕赵；柱国乔钟葵率军出雁门（关隘名，在今山西代县），防守北地；任命裴文安为柱国，与柱国纥单贵、王聃、大将军茹茹天保、侯莫陈惠，率军向西，直指京师。诸将领命而去。

隋炀帝任命右武卫将军丘和为蒲州（治今山西永济）刺史，镇守蒲津。杨谅选拔精锐骑兵数百人，头戴妇女的头巾，伪装成杨谅的宫人，声称要取道回长安。守门的官员没有发觉，于是杨谅率军直进蒲州城，城中的豪杰人物也有响应的。丘和发觉形势不妙，翻身跳下城去，逃回了长安；蒲州的长史高义明、司马荣毗，都被活捉。

杨谅大军发兵西指，前锋距蒲津百里时，突然改变计划，令纥单贵守蒲州，急召裴文安返回。裴文安回来询问道："兵贵神速。本想出其不意，直捣长安，大王不予采纳，我又返回，浪费时日，徒使敌人防守完备。如果敌人反攻力量形成，我们的优势就会丧失殆尽。"杨谅无言以对，传令王聃占据蒲州，裴文安占据晋州（治今山西临汾），薛粹占据绛州（治今山西闻喜），梁菩萨占据潞州（治今山西襄垣），韦道正占据韩州（治今陕西韩城），张伯英占据泽州（治今山西晋城），分兵据守，准备割地而据，与隋炀帝对抗。

三、不听劝谏　败降囚死

隋炀帝派杨素率骑兵五千，袭击据守蒲州的王聃、纥单贵。夜晚到达黄河边，收买商船几百艘，在船里垫上草，人马踏上去不出声响，于是衔枚夜渡黄河。将近天亮的时候，杨素挥军发动攻击，纥单贵战败逃走，王聃惧怕，献城投降。

杨谅当初起兵的时候，妃子的哥哥豆卢毓正担任总管府的主簿，苦苦劝谏，杨谅不听。豆卢毓私下对弟弟豆卢懿说："我单枪匹马归向朝廷，自己得以免除灾祸，这是替自身打算，并非为国家。不如暂时跟从他，慢慢地观察，等方便的时候再归向朝廷。"豆卢毓的哥哥豆卢贤当时任显州刺史，他对炀帝说："臣下的弟弟豆卢毓平常就怀着忠于朝廷的气节，一定不会跟从叛乱，只是被凶狂和威势所逼迫，不能不跟随。臣下请求从军，与豆卢毓里应外合，杨谅是不难谋取的。"隋炀帝批准了他的请求。

豆卢贤暗中派家里人带着敕书，到了豆卢毓的住所，与他计议。正在这时，杨谅出了并州城，准备前往介州，命豆卢毓和总管属朱涛留守。豆卢毓对朱涛说："汉王图谋叛逆，败亡迫在眉睫。我们这些人难道可以坐待朝廷大军的杀戮而辜负国家吗？我将与您出兵抵抗汉王。"朱涛大惊道："汉王把大事托付给您，怎么能说这种话？"于是愤怒离去。

豆卢毓派人追杀了朱涛，从监狱里放出皇甫诞，还有开府仪同三司宿勤武等人，他们谋划关闭并州城门，共同抗拒杨谅。部署还没有完成，有人报告了杨谅，杨谅率兵袭击。豆卢毓发现杨谅回到了城下，就欺骗部下军兵说："这些是贼军。"杨谅攻打并州城南门，稽胡守南城，他不认识杨谅，于是箭下如雨。杨谅转攻西门，守兵认识，就打开城门放他进来，结果豆卢毓和皇甫诞均被处死。

大将军綦良出滏口攻打慈州（治今河北磁县）刺史上官政，未能攻下。领兵转攻相州（治今河南安阳）的薛胄，又没有攻下来。于是从滏口进攻黎阳，控制了白马津。大将军余公理从太行山进军河内。隋炀帝任命右卫将军史祥为行军总管，驻军河阳。史祥发动进攻，余公理军被打得大败。史祥率军直奔黎阳，綦良军未作抵抗就溃退了。

隋炀帝准备调发幽州（治今北京城西南）兵，疑心幽州总管窦抗有二心，向杨素询问可派谁去取代。杨素推荐前江州刺史渤海人李子雄，遂授予上大将军的官衔，任命为广州刺史。李子雄赶赴幽州，住在传舍里，在当地招募士兵，聚集了一千多人。窦抗来见，李子雄埋伏甲士将其擒住。李子雄调发幽州兵，出动步、骑三万，从井陉西进攻击杨谅。刘建的戍将张祥驻兵井陉，李子雄军在抱犊山下击败其军，刘建逃走。

这时，杨素率领步兵、骑兵共四万，直奔太原杀来。杨谅派赵子开率军据守高壁，为杨素所溃。连败两阵，杨谅非常害怕，率大军在蒿泽与杨素对抗。天降大雨，杨谅想退兵，王頍劝谏说："杨素率军远道而来，兵马疲惫。大王率精锐部队主动出击，杨素必败。现在遇敌退走，别人会以为大王胆怯，沮灭我军士气，壮大敌人声威，希望大王一定不要撤退。"杨谅不听，退守清原（今山西稷山东南）。

王頍对儿子说："现在的形势非常不妙，我军必败无疑，你可随我行动。"杨素率军进击杨谅，大破其军，活捉了萧摩诃。杨谅退保并州城，杨素进兵围攻。杨谅穷促，不得不请求投降。杨谅的其他几支军队，也都被平定了。

王頍准备逃往突厥，行至山中绝路，知道必有追兵，对儿子说："我的计谋不低于杨素，但提出的建议不被采纳，终于到了这种地步。我不能束手就擒，成就竖子（指杨素）的名声，我死之后，你千万不要到亲朋故友那里去。"于是自杀，埋葬在石窟中。其儿子几天吃不着东西，便到他的老友家里去，终于被擒住，并掘出了王頍的尸体，枭首在并州城头。

杨素押解汉王杨谅回到京师，百官上奏，认为杨谅谋反对抗朝廷，罪当处死。隋炀帝表态说："我们兄弟不多，处死他于心不忍。"于是，朝廷将杨谅削职为民，剔出宗亲属籍。杨谅部下的官吏、平民，因反叛罪牵连而被处死、流放的多达二十余万家。

杨谅在狱中一直囚禁至死。其子杨颢同时囚禁，大业十四年（618）被宇文化及杀害。

元德太子杨昭

杨昭（？—606），隋炀帝杨广长子，母萧皇后。早年封河南王，又晋爵晋王。炀帝即位后，立为太子。因为炀帝在东都洛阳玩乐，留守西京长安的杨昭多次前往拜见，劳累致病而死。他性情恭谨厚重，有人君的器量，可惜父不体谅、天不假年。

杨昭出生后，隋文帝杨坚敕命养在宫中。三岁时，杨昭在玄武门玩石狮子，文帝与独孤皇后到了那里。文帝当时正患腰痛病，抬起手搭扶着独孤皇后，杨昭看见就回避开去，如此有好几次。文帝叹道："天生懂得礼义之人，谁又教了他呢！"（"天生长者，谁复教乎！"《隋书·炀三子传》）因此很为惊奇。

有一次，文帝对杨昭说："要给你娶个媳妇。"杨昭当即哭了起来。文帝问是何原因，杨昭回答说："汉王没有成婚时，常在您身边，一旦娶了媳妇，就迁出宫外。我担心要离开您，所以哭泣。"（"汉王未婚时，恒在至尊所，一朝娶妇，便则出外。惧将违离，是以啼耳。"同上）文帝感慨他有亲情天性，特别钟爱。

开皇十年（590），杨昭十二岁，被封为河南王。

开皇十七年（597），杨昭纳慈州刺史崔弘升之女崔氏为河南王妃，隋文帝为此大宴并按等级赏赐群臣。

仁寿初年（601），因晋王杨广立为太子，杨昭进袭父爵为晋王，并拜任内史令，兼任左卫大将军。三年后，改任雍州牧。

隋炀帝即位后不久，便临幸洛阳宫，流连声色犬马。当时，杨昭负责留守京城长安。大业元年（605），隋炀帝派使者立他为皇太子。

杨昭威武有力，能拉强弓。他性格谦和，言语、形色恭谨，从不轻易恼怒。即使有很可恶、应当斥责的事，他也只说"大不是"（"很不对"）。他所用膳食，从来不设许多花样，帐帷、坐席极其简朴。他为人仁爱，臣下僚属有年老父母的，他都亲自询问其安康，年节都有所恩赐。

大业二年（606），杨昭到洛阳朝拜父皇。在洛阳住了几个月，已是七月，炀帝命他速回京城。当时正值盛夏，天气炎热，杨昭请求稍作迟留，炀帝不同意。杨昭回到长安后，又多次到洛阳向父皇拜候请安。杨昭身体素来肥胖，连日奔波，因此疲累致病。炀帝派巫师诊视，说是"房陵王（杨勇）为祸"。不久，杨昭薨逝，时年二十三岁。炀帝下诏让内史侍郎虞世基写哀策文追悼，谥曰"元德"。

对于杨昭之死，当时宫中相传乃误饮药酒所致，且正是当年七月到洛阳朝见之时。原来，炀帝继位后，认为杨素功高权重，对自己不利，便打算除掉他。炀帝邀太子和杨素一起饮酒，暗置毒酒，准备毒死杨素。但传酒的侍臣却误将毒酒错递给了太子，酒宴后三天，太子中毒吐血而死，而杨素则安然无恙。

炀帝起初对杨昭之死不甚哀痛，只哭了几声便继续歌舞声色。后来，随着他年岁渐长，看到身边的儿子没有一个比得上杨昭的，这才深为怀念哀伤，并在杨昭的庄陵旁建造寺庙，进行追念。

义宁元年（617），杨昭之子代王杨侑即位，是为隋恭帝。恭帝追谥父皇为"孝成皇帝"，庙号"世宗"。杨昭的另一个儿子越王杨侗，也曾一度称帝。可惜哥俩最终都被杀害了。

齐王杨暕

杨暕（585—618），隋炀帝杨广次子，母萧皇后。字世朏，小字阿孩。隋文帝时封豫章王。隋炀帝时封齐王，历任吏部尚书、河南尹等。江都之难，杨暕与炀帝一同被宇文化及杀害。杨暕自幼受宠，太子杨昭死后，他所受恩宠日渐隆盛，便以太子自居，骄纵恣肆，触怒了炀帝，导致失宠。

一、官多身贵　骄纵恣肆

杨暕幼时仪容优美，眉清目秀，很受祖父隋文帝杨坚喜爱。他尚在幼年，便被祖父立为豫章王，食邑千户。

杨暕长大以后，涉猎经史，擅长骑射，文武两方面均有长进。入朝为官，初授内史令，后来转任扬州总管，统领淮河以南诸州军事。

隋炀帝杨广即位后，大业元年（605），封杨暕为齐王，增加食邑四千户。

大业二年（606），隋炀帝首次驾幸东都洛阳，大摆仪仗，命杨暕率军为前导。不久，任命杨暕为豫州（大业元年改洛州为豫州，治今河南洛阳）牧。

同年七月，太子杨昭病逝。当时，杨暕为朝野所关注，很多人都以为他必将成为太子。但隋炀帝并未立即册立，而是任命他为吏部尚书。杨暕出任吏部尚书后，许多公卿子弟都被授予官职。

大业三年（607），杨暕转任雍州（治今陕西西安）牧，不久又迁任河南（治今河南洛阳）尹、开府仪同三司，已故太子杨昭的部属两万余人，全部隶属于他。杨暕所受恩宠日渐隆盛，地位越来越高，皇室宗亲争相道贺，文武百官纷纷拜见，车马喧杂，道路填塞。

随着时间的推移，杨暕开始变得骄纵恣肆，犯法违律，随心所欲。他委派乔令则、刘虔安、裴该、皇甫谌、库狄仲锜、陈智伟等人，广求声色犬马。乔令则等人借机胡作非为，得知谁家有美女，就假称杨暕旨意，命人送入自己宅中；实际上是背着杨暕私下玩弄后，再遣送回家。库狄仲锜、陈智伟到陇西后，大肆骚扰各部族，要求他们贡献名马。二人以数匹名马进献，杨暕命他们退还各部族首领。二人出来，谎称是齐王赏赐，竟然把马牵回了自己家中。杨暕对这几个人的劣迹，竟然一无所知。

乐平公主曾对隋炀帝说："柳家姑娘非常美丽。"隋炀帝没有吱声。过了一段时间，乐平公主把柳氏献给了杨暕，杨暕将之纳入后宫。后来，炀帝询问柳氏在哪里，乐平公主答说已入齐王宫中，炀帝很不高兴。

二、恩宠渐衰 乱中遇害

大业五年（609），隋炀帝驾幸榆林郡（治今内蒙古准格尔东北），杨暕率步、骑五万在后随从保护，总是与杨广相距几十里，不去见面。

炀帝在汾阳宫围猎，召杨暕派一千骑兵入围助兴，杨暕部下猎获很多麋鹿，献给了炀帝。而炀帝自己却没有射到一只，恼羞成怒。炀帝左右侍卫都说自己被杨暕部下阻挡，无法把野兽驱赶到皇上马前。炀帝大发雷霆，派人调查杨暕的过失。

隋朝规定，县令无故不得离开本县。伊阙县（治今河南伊川）县令皇甫翊受杨暕宠信，私自离开本县，准备到汾阳宫见杨暕。还有，京兆人达奚通有妾王氏，擅长唱歌，王公贵族设宴聚会，经常请来助兴，因此王氏也常被叫到齐王府中献艺。御史韦德裕迎合炀帝心意，弹劾杨暕。隋炀帝命甲兵十余人，大搜杨暕府第，准备从重处理。

杨暕之妻韦氏早年去世，杨暕与韦氏姐姐私通，生有一女。杨暕想当太子，唯恐隋炀帝立已故太子杨昭之子为太子，曾用妖术诅咒杨昭的三个儿子。这些事情以及乔令则等人的劣迹，都被检举揭发出来。隋炀帝大怒，命将乔令则等人斩首；韦氏姐姐赐死，齐王府大小官吏一概免职，流放边地。

当时，杨暕的弟弟杨杲尚在襁褓之中，隋炀帝对侍臣说："朕现在只有杨暕这个成年儿子，否则，定将他当众诛杀，以明国法。"从此，杨暕的恩宠日渐衰落，虽仍官居京兆尹，却不能再干预朝政了。

隋炀帝将一名武贲郎将派驻齐王府，长期监督王府的所有作为，并及时汇报。杨暕稍有过失，武贲郎将就迅速上报。隋炀帝担心杨暕作乱，拨给他的仆人、卫士、左右官员，都是老弱之人，凑数而已。

大业十四年（618），隋炀帝在江都宫居住，杨暕也随同。宇文化及作乱，率兵将闯入宫中，隋炀帝听到动静，还回头对萧皇后说："是不是阿孩作乱？"父子俩疏远忌恨到了如此地步。

杨暕深知其父残暴，长怀危惧，无法安心，一直担心父亲加害于己。宇文化及杀死隋炀帝后，又派人缉捕杨暕。杨暕当时卧床未起，见有士兵闯入，惊问："什么人？怎么没人禀报？"直到被抓走，他还以为是父皇派人来抓他，请求使节慢些，一路讲述自己没有做对不起父皇的事情。来人把他拉到街上，挥刀砍掉了头颅，他至死也不知道死于何人之手。

杨暕遇害时，年仅三十四岁。他的两个儿子同时被害。杨暕留有一个遗腹子，名杨政道，与祖母萧皇后一同流落到了突厥那里。突厥处罗可汗称他为"隋王"，把所有从中原地区俘虏来的兵丁百姓，都拨给他做臣民，安置他在定襄（今内蒙古和林县）居住。后来，突厥被唐军打败，杨政道又归降了唐朝，授官员外散骑侍郎。

赵王杨杲

杨杲（606—618），隋炀帝杨广第三子，母萧嫔。小名季子。七岁时封赵王。杨杲聪明机辩，极为孝顺。在炀帝被杀时，他也被杀。炀帝昏庸无道，祸及其子，可悲可叹。

大业九年（613），杨杲年仅七岁，便被封为赵王。随后授任光禄大夫，任河南尹。隋炀帝巡游江南，诏命他行使江都（今江苏扬州）太守之职。

杨杲聪明机辩，容仪俊美，炀帝所作词章文赋，他大多能够背诵。

杨杲心性极为孝顺。有一次，炀帝中了风邪，不进饮食，他为父皇忧心，也整天不进食。又有一次，萧皇后患病需要灼艾，杨杲请求先试灼艾炷，萧皇后不同意，他流泪请求道："皇后所服汤药，都蒙允许让我先尝。现在灼艾，请允许让我先试灼。"杨杲哀求哽咽不止。萧皇后为了他，只得不灼艾，也由此更喜欢他。

大业十四年（618），杨杲随炀帝住在江都宫，不幸遇上宇文化及反叛，杨杲在炀帝身边，号哭悲恸不止。叛将裴虔通将他在炀帝面前一刀砍死，鲜血直溅炀帝御服。当时，杨杲年仅十二岁。

嫡母庶母与皇后公主

　　隋朝的政治深受文帝皇后独孤氏的影响，文帝对她敬畏有加、言听计从，而独孤氏也多参与朝政，故当时有"二圣"之谓。隋炀帝能够立为太子、进而登上皇位，与这位善妒、偏执的母亲大有关系。作为皇帝且为好色之徒，炀帝后宫充牣，但他却"广采博收"，连父亲的妃子也不放过。此外的兰陵公主、南阳公主等等，荣华富贵因着炀帝，凄凉而死、漂泊异域或出家为尼，也是因着炀帝。

皇太后独孤氏

独孤氏（553—602），隋文帝杨坚之妻，炀帝杨广之母。复姓独孤，名伽罗，洛阳（今河南洛阳）人。父独孤信，曾任北周大司马。杨坚代周称帝后册为皇后。她精明练达，对国政多有参议，时人有帝后"二圣"之谓，对促成"开皇之治"颇有作用；她勤劳节俭，追求夫妇不贰，促成太子废立，从而为隋王朝的灭亡埋下祸根。

一、严父择婿　新婚约法

独孤信是北周的名将，作战勇敢，战功卓著，官拜上柱国、大都督，封河内公。他共有七个女儿，其中长女是北周明帝的皇后，独孤氏是他最小的女儿。

独孤氏出身将门，曾经历过北魏末年的战乱，随父母逃到长安。在逃难途中，她常听父亲讲述惊心动魄的战争事迹，因此不喜欢做女红等女子家事，而非常喜爱读书，很有个性，深得父亲宠爱，被视为掌上明珠。

独孤氏十四岁时，出落得亭亭玉立、美丽大方，引得众多士家大族子弟慕名求聘。环顾满朝青年子弟，独孤信最后选中了北周开国勋臣随国公杨忠的长子杨坚。杨坚为人深沉稳重，不苟言笑，谈吐极有见识，令很多人刮目相看，说他风骨特异，必有飞黄腾达之日。

独孤信有意将女儿许配杨坚，为此他要亲自考察一番。一天，独孤信特意摆下酒筵，宴请杨忠父子和几个知己朋友。席间，独孤信有意考问杨坚说："我与你父亲在战场上出生入死，今天才获得些功名。你还没有经历过战场考验,你有什么打算?"杨坚不慌不忙地回答说:"大人盛名盖世,我常听家父称赞大人用兵如神,谋而后动,声振邻国。我如果上了战场,当以大人为榜样,建功立业。"

独孤信被恭维得通体舒畅,又笑着问:"贤侄平日喜欢练习何种武艺?"杨坚说:"刀枪弓马,每日必练。但我以为,为帅者不仅要武艺出众,重要的是要有韬略修养。项羽虽能敌万人,但智谋不及刘邦,只落得四面楚歌、自刎乌江的败局。"独孤信十分赞赏杨坚这番话,他说:"你将来的造就,一定在老夫之上,好好努力吧!"

杨坚顺利地通过了考验,独孤信把幼女伽罗嫁给了他。

独孤氏婚后生活十分美满,但她也深知身为高官显贵,向来是妻妾成群,而她自己则追求夫妇亲爱、终生不贰。新婚不久,在一次交谈中,独孤氏对杨坚说出了自己的想法,杨坚当即表示除独孤氏之外,不和第二个女人有来往,并且指天发誓。

史书谓独孤氏善妒,就历代王朝的普遍情形来看,确实如此。但从另一个角度看,她力求夫妻之间真诚相爱,要求杨坚不纳妾、不乱爱,即使到杨坚贵为皇帝,也不能破坏这个原则,这样的追求和要求并没有错。而杨坚称帝后,相当长时间不事淫乱,也确实与独孤氏的严厉"管束"有关;而他在独孤氏去世后开始放纵而导致身体垮掉,与隋朝短命而亡也可谓不无关系。

二、佐夫称帝　册为皇后

杨坚婚后不久,靠父亲荫官为车骑将军。当时正值北周明帝宇文毓当政,明帝皇后是独孤信的长女,明帝和杨坚是连襟。早在登上帝位以前,明帝就曾听人说过杨坚相貌贵不可言,如今皇权不振,他不能不警觉。为此,明帝密遣相士赵昭去观察,如果发现杨坚有帝王之相，就除掉他。

赵昭见到杨坚，发现他果然气宇不俗、相貌不凡，有所谓"五柱贯顶"的君相。为图日后富贵，赵昭决定投向杨坚，称赞其极贵之相后，希望异日富贵勿相忘，并提醒杨坚深自隐晦、小心从事。回到皇宫，赵昭奏禀明帝，说杨坚相貌虽奇，也顶多做到柱国之类的军职，消除了明帝心中的疑惑。

这时，执掌大权的大冢宰宇文护疑忌杨坚，曾有意杀他，但都被杨坚逃过。明帝受宇文护的辖制，一心想除掉他，不料宇文护竟先下手毒死了明帝。继立的武帝，即宇文邕，经过十一年的准备，设计杀死了宇文护，尽诛其党羽，掌握了大权。

北周武帝亲政后，积极整练军队，灭了强敌北齐。此时杨忠已经去世，杨坚袭爵为随国公。在多次征战中，杨坚功勋显赫，加上好友郑译等人在武帝面前不时吹捧，杨坚的声誉日渐上升。武帝太子宇文赟十六岁时，择杨坚长女为太子妃，这样杨坚就成了太子的丈人。

杨坚三十七岁时，武帝驾崩，太子宇文赟即位，史称周宣帝。周宣帝是个二十一岁的青年，性格暴躁，嗜酒如命，喜怒无常。杨坚以皇后之父受命为大后丞（北周四辅官之一）。宣帝远游时，就派杨坚居守。杨坚常借机弄权，为讨好内外，对宣帝也时常规劝，要他注意政事。宣帝渐渐感到不耐烦，从而对杨坚心生不满。

杨坚知道自己已经不再被皇帝信任，觉得唯有外放，离开朝廷，才比较安全。这样，由好友郑译策划，杨坚被外放扬州总管。上任前，杨坚特别关照郑译等人，以后朝中政情大事，要随时通报消息。

正在杨坚准备起身去扬州之时，郑译传来消息，宣帝因饮酒过度，已昏迷两天，怕有变故。杨坚得知后，拿不定主意，便与独孤氏商议。独孤氏以古为鉴，审时度势，说："这个时候，绝对不能走。机不可失，现在你装作失足扭伤，不能行走，传话出去，暂时延缓行期。其他的事，赶快找刘昉、郑译一班好友密议。"杨坚依独孤氏的主意而行，一面装着脚痛，宣布行期延缓；一面秘密与刘昉、郑译等商议，定下策略。

宣帝暴饮昏迷了十天，郑译乘机草拟诏令，策命杨坚入朝辅政，并都督内外军事。在杨皇后支持下，诏令在皇帝病床前宣读，当时宣帝不能言语，但也算是口授诏书，立刻正式宣布。杨坚轻易取得辅政大权，立即进居朝堂，施展权谋，以郑译、刘昉为心腹，并乘宣帝未死，假称赵王宇文招嫁女于突厥，尽召诸王入京。两天后，宣帝驾崩，七岁的太子宇文阐继位，杨坚身为摄政，大权独揽。

杨坚的作为，渐渐显出揽权的野心，遭到宇文氏诸王的反对。赵王设宴请杨坚，准备在宴席上伏兵杀之。杨坚在随从元胄的保护下，免遭毒手。独孤氏看到杨坚犹豫不决，提出了自己的建议："事情到了这样，已成骑虎难下之势，后退不得，下决心吧！"（"大事已然，骑兽之势，必不得下，勉之！"《隋书·后妃传》）于是，杨坚命人告发赵王等与尉迟迥叛乱有勾结，一气杀了五个亲王及其全家老小。凡是不附和他的朝臣，也被一一翦除。

两年以后，时机成熟，在郑译、刘昉的策动下，杨坚逼周静帝宇文阐禅位。北周大定元年（581），杨坚登上帝位，建立隋王朝，册立独孤氏为皇后。

三、软硬兼施　皇上独宠

登基之后，杨坚勤于政务，颇有政治才能。在他治理下，隋王朝国势日强。

在历代皇帝皇后中，唯有隋文帝和独孤皇后曾有过一段一夫一妻的生活。直至独孤氏去世，隋文帝才得以宠幸妃嫔，这在历史上也是前所未有的。这一方面是两人感情深厚，另一方面也表明独孤后御夫有术。

隋文帝能平步青云，职位不断提高，最后登上皇帝宝座，多得益于独孤后的帮助；登基之后，国势蒸蒸日上，也有独孤后的一份功劳。独孤后一直在幕后为夫君出谋划策，因而文帝对她既爱又畏，言听计从。每天上朝，独孤后总要陪杨坚共乘一辇，文帝在前殿听政，她就坐在后殿等候，派宦官沟通联络，有所失误，随时纠正；文帝下朝，夫妻一起回宫。("上每临朝，后辄与上方辇而进，至阁乃止。使宦官伺上，政有所失，随则匡谏，多所弘益。候上退朝而同反燕寝，相顾欣然。)而且夫妻讨论政事，往往意见一致，因而宫里称之为"二圣"。("后每与上言及政事，往往意合，宫中称为'二圣'。"《隋书·后妃传》）

但隋文帝毕竟是个四十出头、精力旺盛的男人。一天，他来到后院洗衣局，几个女子正在洗衣，见皇帝驾到，都慌忙跪伏行礼。其中一个年约二十岁的女子，眉清目秀，气质典雅，如同鹤立鸡群，杨坚不由心动。原来她复姓尉迟，入宫已经四年。文帝有心将尉迟氏弄到身边，又怕独孤后。可几天过去后，尉迟氏的形象总也不能从心中抹去，便利用皇后午睡的机会，命内侍引尉迟氏来见。尉迟氏略加妆饰，更显美丽。隋文帝急不可待，在内书房后室便和尉迟氏温存起来。隋文帝为美色所迷，加上尉迟氏又体贴人意，暗中常与她欢聚。

好景不长，独孤后很快就知道了，她气愤地对文帝说："你当初山盟海誓，现在是嫌我年老色衰，还是你做了皇帝就可以随随便便？"隋文帝一向敬爱独孤后，此刻也有些心虚，便淡淡地说："我只是一时之兴，皇后何必认真。"独孤后毫不相让："那狐狸精是尉迟迥家的人,她如果不安好心,你岂不危险?你怎么这么糊涂?你给我把她撵出宫去。"尉迟迥在杨坚做北周丞相时,曾起兵反叛,后被杀。隋文帝深知独孤后的脾气,无法缓和,只有遵命。

这件事给了独孤皇后很大刺激。她知道,只要放松一次,就会有第二个、第三个类似尉迟家的女人出现。她越想越有气,决定给丈夫点颜色看。次日退朝后,文帝正思考如何打发尉迟氏,只见独孤后命人提来一个盒子,放在内寝走廊上。打开一看,正是尉迟氏的人头。隋文帝气得说不出话来。"我替你了结了她,免得你难做。"独孤后望着吃惊的隋文帝说。

隋文帝大怒,愤然离去。他到后院御厩,骑上枣骝马,从右侧门直出长安北门,毫无目的地狂奔而去。停在一处山谷边的松林下,他心情很复杂,也想施龙威,囚禁独孤后,让她吃尽苦头,但"皇帝偷情,皇后吃醋",实在不好听。他只觉得自己受了莫大的委屈。

太阳西下之时,从长安方向飞奔而来两骑。原来,独孤后见隋文帝怒气冲冲地离开,也有些后悔,生怕出事,叫近侍召来文帝的两个亲密大臣——高颎和杨素,告知他们事情的原委,请他们帮忙。见面后,他们力劝文帝息怒回宫。

一直到半夜,在高颎、杨素的劝慰下,文帝怒气稍平,长叹一声,说:"吾贵为天子,不得自由!"(同上)才调转马头回宫。

独孤皇后早已在宫中阁道前迎候,一见文帝,便呜咽流泪,跪在地上请罪。高颎、杨素见此情景,连忙好言规劝:"皇上回来了,皇后就不要再忧伤自责了。皇上到现在还没有吃晚饭呢。"独孤后说:"可真难为你们了。"隋文帝终于开口:"你们就留下来一起用晚膳吧!二位在外朝政事上为朕分忧,在内朝又为朕的家事挨饿,朕要好好谢谢你们。"

经过这一番波折，独孤后为讨隋文帝欢心，刻意修饰，夫妻重温旧情，和好如初。

四、明中有愚　错易太子

作为封建时代的皇后，独孤后并未能超越封建礼教的束缚，她柔顺恭孝，谦卑自守。自从立为皇后，独孤后凡事都要遵守礼法的要求。她教育几个公主说："北周皇帝的几个公主，都没有妇人之德，嫁到夫家后，不尊重公婆，搅得家人不得安宁。这样的事，你们要引以为戒。"

一次，独孤后侄女的丈夫死在并州，嫂嫂告诉独孤后，说侄女已有身孕，请求准许不去参加葬礼。独孤后说："女人应该服侍丈夫，这样的事，怎么能不去！况且她的婆婆还健在，理应去问她。"（"妇人事夫，何容不往！其姑在，宜自谐之。"《隋书·后妃传》）结果由于婆婆不答应，独孤后的侄女只得前去参加葬礼。

独孤后生性节俭，不好华丽。一次，幽州总管献上一筐明珠，价值连城，精美绝伦，独孤后不为所动，说："这些东西我用不着。现在边塞上战事频繁，将士们都很疲惫辛苦，用它犒劳有功的将士吧！"

作为皇后，独孤后遇到大事能从大局出发，为江山社稷考虑。表兄大都督崔长仁犯了死罪，隋文帝念他与皇后的亲戚关系，准备赦免。独孤后知道后，对文帝说："处理国家大事，怎么能顾念私情呢？"（"国家之事，焉可顾私！"《隋书·后妃传》）随后，崔长仁被处死。独孤后的深明大义，博得大臣们的一致称赞。

然而，由于独孤后痛恨男人纳妾的心理，导致太子杨勇失欢于她，最终被杨广取而代之，演出了一幕家庭悲剧，使隋文帝创建的大隋王朝随之覆亡。

隋文帝有五个儿子，都是独孤后所生。隋文帝经常自豪地对臣下说:"朕傍无姬侍,五子同母,可谓真兄弟也。孽子忿诤,为亡国之道邪!"(《隋书·文四子传》)他岂能想到,一母所生的兄弟,为了权位,照样会闹出悲剧。

隋文帝长子杨勇,次子杨广。杨勇品性宽厚,恣意任性,没有心计。杨广生得仪态俊美,善于察言观色,深藏心计。五个儿子中,独孤后最喜欢杨广。杨勇因系长子,立为太子,杨广封晋王。开皇八年(588),隋文帝兴兵大举伐陈时,杨广为行军元帅,统御各路军马,战功卓著,也赢得了文帝的喜爱。

杨勇的妃子元氏,是前朝北魏的皇族,门第高贵。但元氏不够美丽,太子不甚喜欢,而是宠爱出身低微的幸姬云氏。为此,独孤后经常斥责太子,要他礼爱元氏,太子只是表面应付。

独孤后经常派人伺察太子杨勇的举动,很多事情使她不满,因此少不了在文帝面前说这个儿子不堪重任。而生性宽厚的杨勇又不够警觉,也并不因此而约束自己。一次大阅,杨勇在铠甲上加了金珠等装饰,隋文帝重视节俭,杨勇为此受了斥责。又一次冬至之日,杨勇在太子宫接受百官贺节,场面极为铺张。隋文帝得知后,大为气愤,责问众臣,并怀疑太子暗中弄权收揽人心,很不放心。文帝又见东宫太子宿卫有几千人,于是下令将其中精壮者选入皇帝的禁卫军。晋王杨广觉得有机可乘,遂设计图谋夺取太子之位。

杨广与杨勇性格迥异,他阴险狡诈,知道父皇崇尚节俭,就把府邸布置得十分寒素。杨广表面谦逊有礼,对文帝的宠臣杨素更是虚心结纳,因此获得许多朝臣的称赞。不但如此,杨广和夫人萧氏,还在独孤后面前大献殷勤,显得十分恭敬孝顺。他知道母亲痛恨男人纳妾,就视萧氏为上宾,有时独孤后派宫婢传话,或是有所赏赐,杨广甚至和萧氏同寝共食。回去的人,自然会在独孤后面前夸赞晋王夫妇的美德。日久天长,隋文帝也对他刮目相看。

灭陈以后，杨广被任命为扬州总管，镇守南方。临行前，杨广进宫辞别母亲，趁机说太子有意加害自己，母子二人呜咽流泪，悲不自胜。杨广得知母后对杨勇极为不满，觉得取代杨勇成为太子大有可为，遂与心腹张衡定下计谋，深交杨素，让杨素帮助自己谋求皇太子之位。

随着时间的推移，杨勇渐渐觉察到自己的太子地位发生了动摇，因而大为惶恐。隋文帝派杨素去东宫观察太子的言行，杨素看出独孤后对太子不满，决定帮助杨广，回宫报告说太子有怨气，恐怕有变。独孤后也派人秘密刺探太子的过失，添枝加叶地汇报给皇帝。天长日久，隋文帝深感忧虑，认为自己处境危险。杨广见时机成熟，派人胁迫太子的心腹姬威诬告太子谋反。杨素一手遮天，搜罗太子的过失，把太子饲马千匹和将庭前枯树根干制成火燧千枚等事，说成是蓄谋政变。

隋文帝听信谗言，遂于开皇二十年（600）将太子杨勇废为庶人。两个月后，立晋王杨广为太子。

又过了两年，仁寿二年（602）八月，独孤皇后病故，时年五十岁。葬泰陵，谥曰"献"，史称"文献皇后"。

宣华夫人陈氏

陈氏（生卒年不详），隋文帝嫔妃，南朝陈宣帝女，陈后主同父异母妹。杨坚称帝后，她被选为嫔妃，遗诏追封宣华夫人。独孤皇后在世时，文帝不敢亲近后宫嫔妃；独孤氏去世后，陈氏成为文帝宠妃，在后宫凌驾于其他妃子之上。文帝卧病时，她峻拒杨广调戏，但最终也没能逃脱这个"儿子"的魔掌。

一、一落千丈　不幸万幸

陈氏自小聪明伶俐，颇具倾国倾城之貌，深得父亲宣帝陈顼的喜爱，视之为掌上明珠。陈氏在这样的环境里，无忧无虑地度过了童年。

隋文帝开皇八年（588）的除夕之夜，正当陈后主君臣在宫中饮酒作乐之时，隋军直抵建康，陈朝灭亡。陈氏和陈朝宫人一起，被掳入隋朝后宫，不久，她又被隋文帝杨坚征选为嫔，从此开始了新的生活。

陈氏生于陈朝宫中，自小耳濡目染宫中礼仪，行止端重，而且年轻漂亮，因而颇得文帝的赏识。当时，独孤皇后生性忌妒，后宫嫔妃罕有得到皇上幸御之人，只有陈氏偶然被幸。晋王杨广阴谋夺取太子之位，常送礼物给陈氏，以取媚于她。陈氏拿人手短，在废立太子之事上，也为杨广出了力。

仁寿二年（602）八月，独孤皇后在永安宫病逝，隋文帝更加宠幸陈氏，不久便由夫人晋升为贵人。随着地位的提高，陈氏开始处理宫中一些内部事务，成为凌驾于其他妃子之上的特权人物。

仁寿四年（604）七月，隋文帝携陈氏和诸嫔妃在仁寿宫避暑。暑天已过、秋风渐凉时，他便躺在床上，一病不起。大臣杨素、柳述及陈氏等都在跟前伺候，陈氏更是日夜守在床边。太子杨广虽也"侍疾"，心里则巴不得父皇快些死掉，以便自己早日登上皇帝宝座。他早就垂涎陈氏的美色，"侍疾"中逮着机会，不免动起手脚来。陈氏拼命挣扎，才得以逃脱。

隋文帝得知情形，五内俱焚，悔恨交加地说："这畜生哪值得托付重任，独孤氏误我！"此时的隋文帝，后悔废勇立广，但为时已晚。

隋文帝临终，遗诏封陈氏为宣华夫人。

二、红颜薄命　夫逝子烝

杨广继位后，一直寻找机会，想把自己对宣华夫人陈氏的爱恋表达出来。

一天，隋炀帝派人送来一个四面御封画押的金盒。宣华夫人见了，很是害怕，担心是送毒药来赐死，不敢打开。使者一直催促，她才打开盒子，发现里面放的是同心结。宫人们见到同心结，都很高兴，互相传告说："得以免去死罪了！"宣华夫人却心中不乐，不肯答谢。在宫人们的逼迫下，宣华夫人最终向使者答谢。隋炀帝得知宣华夫人收下同心结，非常高兴，连夜赶来与其相会。从此，隋炀帝强占父妃成为隋王朝贻笑后人的丑闻。

隋炀帝背着萧皇后，整天与宣华夫人饮酒作乐。这丑闻终于传到萧皇后的耳中，她怒上心头，当着宣华夫人的面大骂隋炀帝："你刚刚做了皇帝，就背弃正妻奸淫父皇的妃子，如此乱伦，怎样治理国家？父皇在九泉之下，会怎么样呢？你一定要把这个淫妇打入冷宫，不然，我就传下懿旨，让百官都知道你们的丑行，看你这皇帝还怎样当！"

萧皇后的话说得隋炀帝哑口无言，宣华夫人更是羞愧难当。久居宫闱的宣华夫人深知宫闱斗争的残酷，既已遭到皇后的嫉妒和朝中大臣的反对，如不退步，恐怕性命难保。她让隋炀帝把自己送到无人居住、与世无争的地方，无可奈何之下，炀帝将她送到仙都宫居住。

从此，隋炀帝整天闷闷不乐，时常莫名其妙地大发脾气。萧皇后看着丈夫日渐消瘦，而且不思茶饭，知道他惦记着宣华夫人，最后不得已又把宣华夫人接回了宫中。

宣华夫人复回宫中，可在当时的社会，这样违背伦理的事公之于众，其压力可想而知。因此，她的心理受到极大摧残，整日郁郁寡欢，一年之后就离开了人世，年仅二十九岁。

宣华夫人死后，隋炀帝悲恸万分，不仅举行了隆重的葬礼，还写了一首《神伤赋》来纪念她。

容华夫人蔡氏

蔡氏（生卒年不详），隋文帝晚年的两位宠妃之一，遗诏追封容华夫人。丹阳（今江苏南京）人。陈朝灭亡后被选入隋宫，独孤皇后去世后获得文帝宠爱。后为炀帝所烝，抑郁而逝。

蔡氏刚入隋宫时，只是位阶不高的"世妇"，但姿容婉丽，仪态大方，隋文帝颇为喜爱。不过，因为独孤皇后管束极严，隋文帝虽然喜欢，也极少机会能够与她在一起。在这样的处境中，蔡氏只得独居深宫，在寂寞无聊中打发着时光。

独孤皇后去世后，隋文帝成为自由之身，于是开始对蔡氏与陈氏大加宠幸，并将还是世妇的蔡氏升为贵人。蔡氏不但参与掌管后宫之事，地位也与陈朝公主出身的陈氏不相上下。

隋文帝晚年，由于没有了独孤皇后的约束，一下子放纵起来，日夜与蔡氏和陈氏寻欢作乐，久而久之便病倒了。文帝自己也明白病因何在，有一次对侍者哀叹说："假如皇后还在，我不会至此地步。"（"使皇后在，吾不及此。"《隋书·后妃传》）对蔡氏来说，这段短暂的好时光成为她第一条罪状：无论正史野史，都把隋文帝杨坚病重归罪于她和陈氏的魅惑。

应该说，蔡氏对于隋文帝还是很有感情的，在文帝病重时，她与陈氏在病榻前伺候，衣不解带，尽心尽力。隋文帝对此看在眼里，感动在心里，因此临终遗言给蔡氏加号"容华夫人"。

隋文帝去世后，隋炀帝先是占有了宣华夫人陈氏。蔡氏没有了指望,一时间不知所措,便哭哭啼啼找隋炀帝问计。蔡氏见到隋炀帝,边哭边拜,自称情愿出家为尼。隋炀帝凝神一瞧,见蔡氏虽比宣华夫人稍逊一筹,也觉得姿色过人,便好言劝慰,仍叫她安居后宫,决不亏待。哪知炀帝到了晚上,竟踱入容华宫中,要与她同寝。容华夫人胆子小,且知宣华已为先导,于是也便曲从了"圣意"。

此后,容华夫人也成了隋炀帝的妃嫔。虽然皇上对她的宠爱不及宣华夫人,但也时不时光临她的容华宫。容华夫人也就极力装扮自己,以讨皇上的欢心。

然而,这种苟且偷安生活也没有持续多长时间。萧皇后指责炀帝奸淫父皇的妃子,炀帝只好疏远了两位"夫人"。容华夫人搬离容华宫,住到了别处,在郁郁寡欢中度过了残生。

皇后萧氏

萧氏(570—647),隋炀帝皇后。西梁国主萧岿之女,母皇后张氏,南兰陵人。杨坚称帝后册为皇后,在位十四年。算命先生的一卦使原本公主命的萧氏成为父母眼中的"灾星",成了弃儿;十四年后,算命先生的又一卦使萧氏从弃儿成为晋王妃,继而成为皇后。她性格柔顺,知书达理,多次规劝隋炀帝不见奏效,只落得夫死国灭、流亡他乡。随着大唐王朝的兴起,萧氏也在孤独寂寞中悄悄地离开了人世。

一、少时多艰 逢凶化吉

隋炀帝皇后萧氏出身名门,曾祖父是梁朝昭明太子萧统,父亲是西梁孝明帝萧岿,母亲为皇后张氏。

北周天和六年（570）二月二日，江陵（今湖北沙市）城里的西梁（亦称"后梁"）宫中，皇帝萧岿的宠妃张姬产下一个女婴。按照当时江南的风俗，二月出生的孩子命运多舛，而这个女婴又生在二月二，更不吉利。萧岿迷信占卜，连占两卦，卦相都不好。

身为一国之君，为了自己的社稷，当然不能允许这样的"灾星"留在家里。萧岿打算把这孩子弄死，张姬苦苦哀求，最终只好各让一步，决定把孩子送给别人。第二天，这孩子送到了萧岿的远房亲族萧岌家，托萧岌夫妇收养。这个女婴，就是后来隋炀帝的皇后萧氏。

萧岌夫妇无儿无女，对萧氏百般疼爱，视如掌上明珠；聪明伶俐的萧氏，也给萧岌夫妇带来无穷乐趣。萧氏八岁时，萧岌夫妇相继谢世，孤苦无依的萧氏只好辗转投奔舅舅张轲。

张轲的家境远不及萧岌，老两口辛勤耕作，日子很是清苦；添上萧氏，更是难上加难，有时甚至等米下锅。没办法，萧氏也得干些力所能及的活，以维持生计。幸运的是，张轲夫妇对萧氏视如己出，教她为人处世的道理，还教她读书认字。萧氏天性聪颖，过目不忘，虽然生活在贫困环境里，但也知书达理、颇有教养。

隋文帝开皇二年（582）的一天，萧岿派人匆匆赶到张轲家里，说萧岿有急事，让萧氏回家一趟，立即动身。坐在疾驰的车里，萧氏秀眉微蹙，她不知等待自己的又是什么。

原来，隋文帝次子晋王杨广已年满十六岁，到了选王妃的年龄，隋文帝和独孤皇后为此大动了一番脑筋。独孤后提出从南方的名门望族中挑选王妃，隋文帝也十分赞同。他们左思右想，最后一致认为，当时南方的名门望族中，最有影响、最受礼重的莫过于江陵西梁王萧岿。于是，隋文帝派使者陈中携带厚礼，到萧家提亲。

萧岿喜出望外，倘能与皇帝结为儿女亲家，那么他的地位就确保无虞了。于是把家中三个女儿都叫出来，可陈中看来看去，不是相貌不好，就是卜卦不吉。眼看这门婚事就要泡汤，这时，有人小心翼翼地提起了寄养在张轲家的萧氏，萧岿欣然同意，派人立即去接。

萧氏接来之后，陈中一见，顿时呆了。眼前的萧氏安详典雅，落落大方，美丽而高贵，与前几个大不相同。萧岿也愣了，没想到十四年前被他遗弃的女儿，出落得如此动人。陈中迫不及待地虔诚祷拜，占得一个大吉大利的卦。陈中向萧岿道贺之后，随即回去禀报文帝定夺。

不久，萧氏被迎到都城长安，隋文帝和独孤后亲自召见。在见皇帝、皇后之前，萧氏十分紧张；而见到皇帝、皇后十分和蔼，她变得轻松起来。隋文帝问了些南方习俗和萧家的情况，萧氏对答得体，独孤后甚为满意，隋文帝也大加赞赏。就这样，萧氏正式进入皇宫。不久，举行册封礼仪，萧氏成为晋王妃。

二、甘当砝码　助夫夺嫡

萧妃性格随和温顺，对占卜颇有造诣。每当与笃信占卜的隋文帝、独孤后谈到卜卦时，总能把其中的道理分析得透彻、精辟，深得他们的赏识。

晋王杨广仪容俊美、才思敏捷，萧妃十分欣慰。杨广对温柔贤惠、美丽端庄的萧氏也是百般恩爱，夫妻十分和睦。

开皇三年（583），隋文帝梦见天神从天而降，说将会投生于杨家。不久，传来了晋王妃怀孕的消息。于是隋文帝便将晋王妃从封国迎回大兴，安置在大兴宫的客省。

开皇四年（584年）正月，晋王妃生下了长子杨昭，即后来的元德太子。次年，又生下了次子杨暕。接着的第三年，又生下了长女，即后来的南阳公主。

杨广觊觎太子之位，千方百计迎合、讨好父皇和母后。他深知父皇励精图治、反对奢侈，母后又力主夫妻不贰、深恶淫行，因而与萧氏表现得恩爱无比。每当独孤皇后派遣宫人前来探视，王妃往往与宫人同寝共食。

对于夫君杨广谋取夺嫡，萧氏心知肚明，也全力支持，而且成了一个重要的砝码。比如她与皇后所派宫人同寝共食，独孤皇后就称赞说："新妇亦大可怜，我使婢去，常与之同寝共食。"（《北史·隋宗室诸王》）

萧氏生长民间，学会了不少"伎术"，不仅善于占卜，还能为人治病。郭衍是杨广的心腹，经常一起商讨计策，但一个在长安，一个在江都，无故往来会招人非议。于是便借口郭衍之妻患有瘿病，而萧氏有术能治，从而获得皇帝准允，郭衍夫妇得以频繁往来江都。

不仅算计父皇、母后，杨广还收买大臣与宫廷内侍，宣扬自己，中伤太子杨勇。久而久之，杨勇懦弱无能、心怀不轨，杨广清正贤明、循规蹈矩，就成了朝中一致的舆论。

隋文帝也逐渐有了废立之意。有一次，文帝试探高颎说："有神灵附在晋王妃身上，说是晋王必将拥有天下，怎么办呢？"（"晋王妃有神凭之，言王必有天下，若之何？"《隋书·高颎传》）高颎认为长幼有序，不可废长立幼，文帝虽然当时"默然而止"，却并未打消念头。

经过一番精心策划、运作，杨广最终夺取了太子之位。

仁寿四年（604）隋文帝驾崩，杨广登基，改元"大业"，并下诏册立萧妃为皇后。

三、良谏苦劝　炀帝不听

隋炀帝继位后，就再也不是原来的样子。他骄奢淫逸，大修宫室园囿，搜罗天下奇珍异宝，开凿运河，巡幸江南……

大业三年（607），隋炀帝下令开运河、造龙舟，准备进行一次盛大的水上游历。一时间江南震动，朝廷上下议论纷纷。萧氏觉得身为皇后，必须阻止炀帝的此次活动。

一天，萧后特地在院中设酒筵请炀帝来赏花。他见炀帝兴致正浓，便婉转地谈起了独孤太后："母后驾崩前曾找我去说了一段话，我一直想告诉你，可迟迟……"她故意沉吟起来。隋炀帝急问："母后说些什么？"萧后仍不甘心地劝道："她老人家一直认为你简朴恭孝、自守甚严，将父皇基业托付给你最放心。可你现在……不是我扫陛下的兴，开运河、造龙舟耗费钱财不说，更会使多少百姓无家可归啊。"炀帝忘乎所以地说："皇后，你真是太过虑了。父皇留给我一个统一富足的大帝国，国库里的钱堆得像山一样。钱是供人享用的，像父皇那样空做守财奴，岂不自寻烦恼？你读过不少书，正如魏武帝所歌：'对酒当歌，人生几何。譬如朝露，去日苦多。'我就喜欢这几句，一个人应趁少壮之时尽情享乐。我现在富有天下，这是老天对我的恩赐，倘不享用，岂不辜负了上天的美意？"

听了这番话，萧后大失所望，知道再也无法改变炀帝的观点，说多了，反而会破坏夫妻感情，只有暗自流泪叹息。

自那次谈话后，萧后自恨无法改变炀帝的享乐观念，眼见大隋江山每况愈下，在无可奈何的情况下，作了一篇《述志赋》，表达了对炀帝的希望和规劝。文章写道：古圣贤遗训和做人道理我不能忘怀，我的愿望是做一个周文王夫人周姒那样的贤良圣母，为国家培养出周武王那样的英才；做一个像齐威王虞妃那样的贤妻内助，规劝君王勤政爱民，致君尧舜之上……

隋炀帝临幸萧后住处，无意中看到了这篇文章。他一面读，一面赞道："写得好，没想到皇后居然有此文采，真是可佩可敬呀。"萧后心中暗喜。谁知隋炀帝越看越觉得不对劲儿，便不高兴地说："皇后，所谓人生如寄，多忧何为？我取'大业'作年号，就是要追求秦始皇、汉武帝的伟大事业，生有荣名，死有遗业。"萧后大为失望，仍想再劝几句，却见炀帝脸色一沉："皇后，我平生讨厌别人劝我，希望你不要再说这些不中听的话了，这样徒惹你我不高兴罢了。"听到这话，萧后如冷水浇头，她清醒地认识到丈夫已经彻底不可挽救，只好听天由命，从此对其所作所为不闻不问。

隋炀帝一意孤行，对于进谏大臣，他必置之死地，朝廷上下噤若寒蝉，人人自危。八月仲秋，隋炀帝亲率龙舟数千艘、随从两万多人巡游江南。第二年四月才返回洛阳。

此时，太子杨昭已十九岁，颇像萧后，待人宽厚、自奉甚俭，很得人心。七月，天气酷热，从长安赶来朝见的杨昭一路受暑，不久就一病而亡。

消息传到洛阳，萧后伤心落泪，她觉得这是上天的警告，再劝隋炀帝收一收心。炀帝失去爱子，也很伤感，所以答应萧后不再远游。可他生性好大喜功，如今据有天下，总想做些惊天动地的事以显出自己的不凡，对萧后的保证很快就忘在了脑后。

四、颠沛流离　孤苦离世

隋文帝励精图治，国家安宁，当时边境已无强敌，只有北方的突厥称雄塞外，时常南下骚扰边境。隋文帝曾用和亲政策，将宗室之女号为"义成公主"，下嫁突厥启民可汗。而此时隋炀帝突发奇想，要去塞外炫耀武力。他下令修筑直通太原的大道，亲率三宫六院、百官甲兵五十多万人，浩浩荡荡直趋胜州（今内蒙古托克托附近）。在胜州行宫里，隋炀帝接见了启民可汗、义成公主及众酋长。

萧后一直惦念着义成公主。盛会后，萧后亲自拜会义成公主。皇后屈驾拜会王室之女、番邦之妻的无上殊荣，义成公主十分感动，更有一种如见亲人的感觉。由此，萧后与义成公主建立了深厚的感情。

从大业四年至十二年（608—616），隋炀帝两次巡游江都，一次北巡长城，三次攻打高句丽，损兵折将，劳民伤财，将士离心，哀鸿遍野，饿殍载道，各地农民起义风起云涌。这时，全国到处都有逃亡的将士聚众为盗；豪杰之士乘机号召，称雄一方，割据而立；州郡官吏无力平盗、惧怕朝廷刑律，反与盗匪暗通。

就在这种危机四伏的情况下，大业十二年（616），隋炀帝仍然下令游江都。萧后及许多忠正大臣极力劝阻，他不但不听，反而一怒之下杀了不少忠臣。到了江都后，炀帝想方设法享乐，置朝政社稷于不顾，宠信佞臣、沉湎酒色。萧后忧心忡忡，觉得这情形再继续下去实在太危险了，有亡国的可能。她不顾隋炀帝的反感，找了一个机会再次规劝："陛下，现在群盗四起，你怎能放弃朝务，安心享乐呢？这样下去，就怕大隋江山不稳了。"隋炀帝不以为然地说："说得严重了，你这是杞人忧天了。"萧后说："但愿我这是杞人忧天，陛下倘再执迷不悟，恐怕将来不能再安心享乐了。"这番话并未能使隋炀帝振作起来，他对日益严重的局势丝毫没有办法。

当时，臣下都离心离德，卫士们都想谋反。有一位宫女说："听说外面人人都想造反。"萧后说："任凭你去奏明皇上。"宫女前往告诉隋炀帝，炀帝大怒说："这不是你所应该说的！"就把她杀了。后来又有人对萧后说："保护皇帝的侍卫常常谈及谋反。"

萧后说："天下的事到了这种地步，已经不可救药。多说反而令皇上忧心烦恼。"从此，没有人再提"有人谋反"之事。

大业十四年（618），宇文化及杀了隋炀帝后，萧后随军到了聊城（今山东聊城）。宇文化及兵败，萧后被关押于窦建德处。远在突厥的义成公主闻知隋朝江山被灭，萧后被执，便促使启民可汗之子处罗可汗发兵围困窦建德，逼迫窦建德生擒宇文化及。义成公主派专使迎接萧后到突厥，萧后举目无亲，从此就过上了背井离乡、流落异乡的生活。

唐太宗贞观四年（630），唐朝大将李靖率军大败突厥。唐太宗李世民得知萧后尚在塞外，便派特使迎接她返回长安，颐养天年。

十四年的流亡生活，萧后饱经沧桑。返回长安的途中走到胜州附近，眼前的景物勾起往事的回忆，萧后不禁凄然泪下。

大唐王朝又有一番新景象，虽然唐太宗对萧氏十分关照，可这一切都无法弥补她此时心中的裂痕。在孤独寂寞中，她悄悄地离开了人世，结束了坎坷波折的一生。萧氏死后，唐太宗命人把她送到江都，与隋炀帝合葬。

兰陵公主

兰陵公主（572—604），隋文帝杨坚第五女，炀帝杨广之妹，母独孤皇后。字阿五。她先嫁王奉孝，后改嫁柳述。她性格温顺，不摆公主的架子，小心谨慎事奉公婆。后来其夫柳述得罪炀帝，流放边地，她抗拒圣旨，不肯改嫁，忧愤而死。兰陵公主以忠贞烈女见诸史书，受到后人称赞，而炀帝则无形中成了杀妹的凶手。

一、夫死再嫁　孝顺公婆

兰陵公主仪态优美，性格温顺，自幼喜欢读书。因此，在众多的女儿中，隋文帝特别喜欢她，把她看作掌上明珠，有好吃的、好玩的，总是优先赏赐给她。

兰陵公主在豆蔻年华时，嫁给了仪同（"仪同三司"的省称）王奉孝。婚后两人感情很好，生活也很幸福。但没过几年，丈夫王奉孝得病去世，公公王谊也因不满朝政为人告发被赐死。此时的兰陵公主年龄尚小，自然不能就此孤苦一生，父母、兄长都为她的婚事操心。

晋王杨广的妃子萧氏，是西梁国主萧岿之女。萧妃有个弟弟叫萧玚，尚未婚娶，年龄又和兰陵公主相仿，杨广就在父母面前极力撮合这门婚事，文帝夫妇也欣然应允。谁知此时萧岿去世，按照礼制，萧玚要守孝三年，兰陵公主的婚事又暂时搁置下来。

光阴荏苒，眼看兰陵公主就要满十八岁，婚事再也不能耽搁。隋文帝召著名相士韦鼎相看驸马，河东柳氏家族的柳述也成了驸马候选人。柳述是隋文帝宠臣柳机长子，同样出身名门世家。韦鼎相看一番，然后对皇上说："萧玚有封侯之兆，但无贵妻之相；柳述面相显贵，不过恐怕守不住富贵。"文帝说："富贵由我。"就这样，兰陵公主又嫁给了柳述。

柳述爱好文艺，明达事理，很有才略。当时，他担任太子杨勇的亲卫。兰陵公主不嫌弃他的官小，很欣赏他的才学，十分敬重。夫妻二人关系和睦，经常饮酒赋诗，你唱我和，可谓琴瑟和谐。

兰陵公主的几个姐姐都很娇贵，对公婆也以公主自居，不肯尽心侍奉。只有兰陵公主能丢下公主身份，遵守媳妇应尽的孝道，小心谨慎侍奉公婆。每当公婆生病，兰陵公主定要亲自端汤送药，精心加以照顾。隋文帝听说后十分高兴，柳述也因此受到宠爱，任为开府仪同三司、内史侍郎。后来，又多次升迁，官至吏部尚书兼兵部尚书。

柳述处理政务十分干练，为时人称赞，但他不识大体，对待属下颇为横暴；又恃宠而骄，不肯轻易屈服于权贵。尚书左仆射杨素是当时的权臣，贵极一时，朝臣没有不惧惮他的。因为父亲曾被杨素戏谑，柳述便也多次凌辱杨素，常在皇上面前贬损他，杨素对此自然记恨。

不仅杨素，晋王杨广也因妹妹未能嫁予妻弟萧玚，转而记恨柳述。这一切，给柳述的未来埋下了祸端，也预示了兰陵公主的结局。

二、夫遭流放　忧愤而逝

开皇二十年（600）十一月，隋文帝废掉太子杨勇，改立晋王杨广为皇太子。兰陵公主与杨勇兄妹感情不错，杨勇被废，她内心有些愤愤不平，但也无可奈何。

易储之后，为保持对新太子的威慑、制约，文帝逐渐架空了权臣杨素，并令柳述担任兵部尚书。柳述上表谦称自己无功，不该担任如此重职，文帝便命他代理兵部尚书，参掌机密。朝臣韦云起曾经进谏，说柳述没有经过大事，只因是皇亲才身居要职，恐怕有人议论皇上"任官不选贤能，把高官厚禄滥施私心宠爱之人"（"官不择贤，滥以天秩加于私爱"），不利于朝政。文帝因此告诫柳述："云起的话，是你的良药。你应当把他看作老师和朋友。"（"云起之言，汝药石也，可师友之。"《旧唐书·韦云起传》）

仁寿四年（604），隋文帝病倒在仁寿宫，柳述与杨素、黄门侍郎元岩等在宫中侍候。当时，杨广作为皇太子也入宫侍候，却趁机调戏父皇宠爱的宣华夫人陈氏。隋文帝得知大怒，悔恨废了杨勇，命令柳述速召杨勇来见。柳述与元岩正在起草召见杨勇的敕书，杨素听说了，立即与杨广商议，矫诏逮捕了柳述、元岩，关押起来。当天，隋文帝驾崩。

杨广即位伊始，便削掉柳述的官职，流放岭南。随后，炀帝下令让兰陵公主改嫁。

面对突然而来的不幸，兰陵公主一时间不知所措，终日以泪洗面。她没有与柳述见面的机会，也不知道事情的真相，但相信丈夫没做对不起国家之事。因此，她的内心对于炀帝有些不满，发誓宁死也不改嫁，也不再朝见炀帝。她上奏请求免去公主称号，与柳述一起流放岭南。炀帝不答应。

兰陵公主无计可施，终日郁郁寡欢，没过多久便忧愤而逝，年仅三十二岁。

临终之前，兰陵公主给炀帝上表，表中说："从前共姜自己发誓，在《诗经》里留下美好的名声；息妫为前夫不再说话，在史籍里流芳百世。我虽是有罪的人，也私心仰慕这些往古贤人。我活着不能跟随丈夫，死后希望归葬柳氏墓地。"（"昔共姜自誓，著美前诗，郾妫不言，传芳往诰。妾虽负罪，窃慕古人。生既不得从夫，死乞葬于柳氏。"《隋书·杨阿五传》）

看了兰陵公主的上表，隋炀帝更加生气，根本不见悲伤神情，也没有遵照公主归葬柳氏墓地的遗愿，而是把她葬在了洪渎川，送葬器物也很少，因而"朝野伤之"——朝中官吏和平民百姓都为此伤心不已。

南阳公主

南阳公主（586—?），隋炀帝杨广长女，母萧皇后。她嫁宇文士及，敬重公婆，精心侍奉。宇文士及的兄长宇文化及杀死炀帝，宇文士及降唐，她出家为尼。宇文士及后来肯求和好，公主坚决不肯原谅。南阳公主的刚烈，深受后人称赞。

南阳公主自幼在皇宫长大，有志气、有操守，仪表优雅，行事循礼，深受父母宠爱，炀帝经常带着她外出巡游。

开皇十九年（599），南阳公主十四岁，嫁给了许国公宇文述的儿子宇文士及。作为妻子，她态度严谨端庄；作为儿媳，她极为孝顺。宇文述重病到临终，南阳公主都亲自烹调饮食，并亲手奉上，因此人们无不称赞。

大业十四年（618），宇文士及的兄长宇文化及叛乱，在江都宫杀害了隋炀帝。当时，南阳公主与丈夫宇文士及也在江都宫，但宇文士及事先并不知道叛乱之事。杀死炀帝后，宇文化及北上，南阳公主被迫随叛军来到聊城，宇文化及被窦建德的军队打败，宇文士及归顺了大唐。

当时，隋朝的皇亲国戚、后宫嫔妃，都做了窦建德军的俘虏。窦建德逐一接见，这些人没有一个不惊慌失措的，只有南阳公主神情安详。她和窦建德交谈，主动陈述自己国破家亡，又无法为父亲报仇雪恨，眼泪落满衣襟。她连说带哭，断断续续，但说得合情合理。窦建德和在场的人听了，没有一个不感动落泪，都对她表示敬佩和惊异，因此也十分礼遇。

不久，窦建德杀死宇文化及。南阳公主有个儿子，名叫"禅师"，当时年龄将近十岁，窦建德派遣武贲郎将于士澄对南阳公主说："宇文化及亲自杀害皇上，人神共愤，不可饶恕。现在要诛灭他的家族，公主的这个孩子，按律也应当斩首。如果舍不得，也听凭公主留下。"南阳公主哭着说："你既然是隋朝的显贵大臣，这事何必问我！"窦建德最终把宇文禅师也一齐杀了。

南阳公主国破家亡，父皇被杀，夫婿降敌，唯一的儿子也惨遭杀戮，内心苦楚到了极点，遂不再留恋红尘。儿子死后不久，她就请求剃发出家,当了尼姑。

到窦建德被唐军打败后,南阳公主准备返回西京长安,与宇文士及在东都洛阳相遇。南阳公主不肯与之见面,宇文士及只好自己来见,站在门外,请求重新结为夫妻。南阳公主愤然拒绝:"我和你是有杀父之仇的仇家,我不能亲手杀你,是因为知道当时令兄谋逆,你事先并不知道罢了。"于是宣布与宇文士及断绝关系,叫他赶快离开,态度十分严厉。宇文士及再三请求原谅,南阳公主生气地说:"你确实想死的话,就可以进来见我。"宇文士及见她说得如此坚决,知道难以说服,只好告辞离去。

河北井陉苍岩山盛生檀木,相传这些檀树都是南阳公主在此出家时所栽。现在山中的福庆寺,据说就是当年南阳公主的出家之地,而山间的公主祠则是后人为纪念她而修建。南阳公主祠是福庆寺的主建筑之一,位于苍岩山北峰,背倚峭壁,面临幽谷。祠始建于宋,重修于明。

同姓诸王与异姓公侯

　　隋王朝建于乱世、成于禅代,赏功酬劳,封了许多皇室宗亲的同姓王侯,也封了许多有功之臣为异姓公侯。同姓王侯虽是同族至亲,但也是猜忌不已,不是被疏远,就是被免官,甚至不明不白地暴毙;异姓公侯或因汗马功劳、或因投帝所好,宠遇一时、得风得雨,但随着隋末天下大乱,他们也命途多舛,有的命丧诏敕,有的捐躯沙场,有的被叛军加害……

滕王杨瓒

杨瓒（550—591），隋文帝杨坚同母弟，炀帝杨广叔父。本名杨慧，字恒生，弘农华阴人。北周时，封竟陵郡公，历任御史大夫、纳言等。隋朝文帝时，封滕王，任雍州牧。他与杨坚不和，反对夺取北周政权，二人关系日益冷淡，以致壮年暴毙。其子杨纶同样受到隋炀帝的猜忌，终被削职为民，流放边远之地。

一、忠周犯坚　壮年暴毙

杨瓒是隋文帝杨坚的胞弟。北周时，杨瓒以其父杨忠的军功，被朝廷封为竟陵郡公。后来，他又娶北周武帝宇文邕的妹妹顺阳公主为妻。不久，从右中侍升任御史大夫。保定四年（564），改任纳言，授仪同。

杨瓒姿仪优美，喜好读书，礼贤下士。身为贵家公子，又娶公主为妻，声名显赫，当时人称"杨三郎"。

北周武帝宇文邕对杨瓒非常亲爱。建德四年（575），武帝发兵讨伐北齐，北周众多王侯均领兵出征。唯独杨瓒被武帝亲自安排，留守都城，全权处理各种政务。武帝对他说："朝廷事务繁杂琐碎，现在全部托付给你。从今天起，朕将专心东方，全力伐齐。有你在，我就没有后顾之忧了。"杨瓒在北周，深得武帝赏识信任。

宣政元年（578），武帝去世，北周宣帝即位，朝廷升任杨瓒为吏部中大夫，加封上仪同（"上仪同三司"的省称）。

大象二年（580），宣帝去世，北周静帝宇文阐继位，杨坚开始把持军权、总揽朝政。当时，杨坚积极准备夺取北周天下，曾派儿子杨勇招请杨瓒，希望他能给自己出谋划策，同心协力推翻北周。杨瓒一直与杨坚不和,自然不肯答应,他说:"杨坚随国公的爵位,恐怕都不能保全,为什么还要做那些招致灭族的事情呢?"公开反对杨坚谋取北周。

杨坚做丞相后,升杨瓒为大将军,不久,又拜为大宋伯,负责修订礼律。后来,又将杨瓒升为上柱国,封邵国公。杨瓒看到杨坚专权,朝中许多人并不服从,害怕其作为给杨氏家族招来灭门之祸,便在私下里筹划对付的办法。杨坚听人报告后,总是宽容遮掩,不予追究。

北周大定元年(581),杨坚代周称帝,国号"隋",建元"开皇"。隋朝开国后,杨瓒被封为滕王,后又拜为雍州牧。隋文帝杨坚经常与他同坐,以示优崇;称杨瓒为"阿三",以示亲近。后来,杨瓒因受到一些事情的牵连,被免除雍州牧一职,朝廷命他回府静居。

杨瓒的妻子顺阳公主宇文氏,一直与隋文帝之妻独孤皇后不和。杨瓒遭到贬斥,心中郁郁不平,夫妻二人曾私下里诅咒文帝夫妇。隋文帝知道后,命杨瓒将宇文氏弃逐。杨瓒不忍夫妻离异,多次奏请皇上收回成命,文帝不肯。最后,杨瓒只好休妻,宇文氏从杨氏族人属籍中除名。从此以后,杨瓒同文帝更加对立,文帝待他也越来越冷淡。

开皇十一年(591),隋文帝驾幸栗园,令杨瓒跟从。结果,杨瓒暴毙于栗园,时年四十二岁。当时,许多人都说他是饮毒酒而死的。杨瓒死后,官爵由长子杨纶继承。

二、子嗣受忌　贬斥流荡

杨纶性情宽宏忠厚,姿容优美,非常熟悉音律。

开皇元年(581),隋文帝封杨纶为邵国公,食邑八千户。第二年,又任为邵州(治今湖南邵阳)刺史。晋王杨广纳西梁国主萧岿之女萧氏为妃，朝廷下诏，由杨纶主持礼仪。因此，杨纶深受西梁人尊敬。

因为父亲杨瓒与皇帝不和，所以隋文帝活着的时候，杨纶心里一直惶恐不安。杨广即位后，杨纶越发受到猜忌，内心恐惧，不知如何是好。于是，杨瓒向懂得巫术的王琛咨询，王琛回答说："您的相貌、禄位都不同寻常，您是滕王，'滕'就是'升腾'的'腾'，从这个字上看，您以后一定会有一个非常好的结果。"当时，还有僧人惠恩、崛多二人，擅长占卜之术。杨纶经常同这三个人往来，令他们观测星象、占卜吉凶。

有人上报说杨纶私下里抱怨、诅咒皇上，隋炀帝便命黄门侍郎王弘予以追查。王弘见皇上动怒，也便迎合其心理，回奏杨纶喜好邪术，罪当处死。隋炀帝命朝中公卿讨论，司徒杨素等回报说："杨纶希望国家有灾，以便保全自身。考察他用心险恶的缘由，还是因为他父母的事情，致使他对朝廷抱有积怨。开国之初，四海同心，弟兄亲属，更应团结。当初杨瓒阻挠伐周，弃同就异。其父悖于前，其子逆于后，这类人，不是觊觎朝廷大权，就是图谋危害社稷。杨纶劣迹明显，罪行重大，应从重处理，不得宽大。请皇上依法处置。"

因杨纶是皇族，隋炀帝不忍处以死罪，就将其削职为民，从皇族属籍中除名，流放始安（治今广西桂林）；同时，杨纶的几个弟弟也都分散流放到边境地区。

大业七年（611），隋炀帝御驾亲征，攻打高句丽。杨纶想上奏从军效力，以便立功后复官，地方官员阻挠，未能实现。不久，又被流放到了朱崖（今海南琼山）。

隋朝末年，天下大乱。杨纶被义军首领林弘仕胁迫，带着妻儿老小逃到儋耳（今海南儋县）。后来，杨纶归附唐朝，任为怀化县令。

卫王杨爽

杨爽（约562—587），隋文帝杨坚异母弟，炀帝杨广叔父。字师仁，乳名明达，弘农华阴人。北周时期，封同安郡公，历任秦州总管、柱国等。隋朝文帝时，封卫王，历任大将军、凉州总管、纳言等。杨爽深受隋文帝宠爱，治政有方，统兵有谋，可惜英年早逝。其子杨集却遭隋炀帝猜忌，被削职为民。

一、幼时身贵　青年夭折

杨爽是隋文帝杨坚的异母弟。北周时期，杨爽尚在襁褓之中，便以父亲杨忠的军功，被封为同安郡公。

杨爽六岁时，父亲杨忠去世，此后为兄嫂独孤氏抚养长大。因为这个原因，在几个弟弟当中，他最受杨坚宠爱。十七岁时，杨爽入朝做官，为内史上士（春官府内史司属官）。北周大象二年（580），杨坚总揽朝政，杨爽拜大将军、秦州总管。杨爽还没有去秦州任职，又转授蒲州刺史，进位柱国。

北周大定元年（581），杨坚称帝建隋，立杨爽为卫王，官拜雍州（治今陕西西安）牧，兼领左将军。不久，又升任右领军、大将军，暂时兼任并州（治今山西太原）总管。一年后，进位上柱国，转任凉州（治今甘肃武威）总管。

杨爽胸怀阔大，风度翩翩，治政有方，深得隋文帝杨坚的好评。

开皇二年（582），朝廷以杨爽为行军元帅，统领步、骑共七万人，防备突厥进犯。大军从平凉（今甘肃平凉）出发，无功而返。

开皇三年（583），朝廷大举北伐突厥，再次任命杨爽为元帅，令杨弘、豆卢勋、窦荣定、高颎、虞庆则等人统兵，分道北进，诸人均受杨爽节制。

杨爽亲率总管李充等四位将军，从朔州（今山西朔县）挥兵北上，在白道（今内蒙古呼和浩特西北，为阴山南北重要通道之一）与突厥沙钵略可汗相遇。李充对杨爽说："突厥贪求速胜，一定轻视我军而缺乏周密防备，现在出动精锐发起袭击，可以击败他们。"诸将多表示怀疑，只有长史李彻赞成。

于是，李彻与李充率五千精锐骑兵发起突袭，把突厥军打得落花流水。沙钵略可汗扔掉身上的金甲，偷偷藏在草中得以逃脱。突厥军中缺乏粮食，只得粉碎兽骨充当口粮，再加疾疫流行，死亡的相当多。过了几天，突厥可汗派遣使者朝见隋文帝。隋军俘虏千余人，获马牛羊逾万数。隋文帝大喜，特赐杨爽每年实收梁安县千户所纳赋税，以示嘉奖。

开皇六年（586），朝廷再次任命杨爽为元帅，统率步骑十五万，从合水（今甘肃合水）出发，征讨突厥。突厥逃走，杨爽遂率军返回。

开皇七年（587），朝廷升杨爽为纳言。任纳言不久，杨爽染病。文帝派巫医薛荣宗诊视，薛荣宗说众鬼作恶，纠缠杨爽。文帝令左右设祭，驱鬼祈福。几天后，杨爽去世，时年二十五岁。

朝廷为杨爽在门下外省发丧，追赠太尉、冀州（治今河北冀县）刺史，赐谥曰"昭"，故史称"卫昭王"。杨爽之子杨集袭封。

二、子嗣袭封　削职流放

杨集，字文会。开始被封为遂安王，杨爽去世后，承袭父爵为卫王。

隋炀帝杨广即位后，对诸侯王的礼遇越来越淡薄，猜忌、提防却越来越严重。杨集害怕禄位不保，又不知道如何保全自己，于是请巫师俞普明设坛祭祀，祈福求助。

有人报告杨集私下里诅咒朝廷，隋炀帝令有关部门调查此事。执法官员迎合隋炀帝的心思，罗织罪名，奏称杨集作恶，按律当死。隋炀帝令朝中公卿讨论，杨素等人说："杨集暗藏邪术，蛊害君亲，公然诅咒，心中无愧。杨集是朝廷的罪臣，其行为不能赦免，请陛下依法处置。"

当时，滕王杨纶也以诅咒朝廷的罪名被人告发，与杨集的事情牵扯到了一起。隋炀帝不想杀掉他们，下诏给百官："杨纶、杨集以兄弟之亲常受重用。二人官爵，并非以德高功大得来，因此更应当与朝廷同心同德，共喜共忧。但他们却包藏祸心，滥用邪术，不敬君亲之伦，不念兄弟之情。众位公卿意见统一，请求处死二人，朕了解后，不禁潸然泪下。虽然国家法律公正无私，不能徇情曲解，但古法讲究回避皇系，古礼推崇和睦亲族。对他们二人处以极刑，朕心中实在有所不忍。"于是，执法部门按照皇帝的旨意，将杨集从皇族属籍中除名，削职为民，流放边地。

隋朝末年，天下大乱，杨集不知所终。

蔡王杨智积

杨智积（？—616），隋炀帝杨广堂兄弟。弘农华阴人。隋文帝时，杨智积承袭父封为蔡王，任同州刺史；炀帝时，任弘农太守。他治政整肃严谨，生活俭朴，喜好读书，自我贬损，以求苟安。他曾大破叛将杨玄感，但仍受猜忌，在忧虑恐惧中病逝。

一、承袭父爵　自损求安

杨智积的父亲杨整，是隋文帝杨坚的弟弟。北周明帝时，杨整以父亲杨忠军功赐爵陈留郡公，不久又授开府、车骑大将军。北周武帝宇文邕讨伐北齐时，杨整在并州战死。

杨坚任北周丞相后，拜杨整为柱国、大司徒、冀州等八州刺史。

杨坚建立隋朝后，追封杨整为蔡王，赐谥曰"景"，以长子杨智积袭封。又封杨智积之弟杨智明为高阳郡公，杨智才为开封县公。不久，又拜杨智积为开府仪同三司，授同州（治今陕西大荔）刺史，赠送大量仪仗车马、侍卫兵丁。杨智积到任不久，就以整肃严谨为人称道，隋文帝杨坚对他赞许有加。

杨智积在同州，生活单调安静，从不参与游玩打猎等活动。处理完政事后，整日端坐读书，从不接待为私事请托的客人。公孙尚仪、杨君英、萧德言三人，都有很好的文学素养。杨智积请这三人静坐闲谈时，坐席上摆设的，也只是一些糕饼瓜果，每人酒只三杯。他家中所设歌伎舞女，也只是在年节喜庆之时，在母亲座前表演取乐，自己从不使用。

杨坚未做皇帝时，杨智积的父亲杨整，平日里与杨坚关系并不密切，而杨智积的母亲尉氏又一直与杨坚之妻独孤氏不和。因此，杨智积一直内心忧惧，唯恐皇帝恼怒，大祸临头。他有意自我贬损，但求苟安。隋文帝知道他是有意如此，因此对他也很怜爱。

有人私下里劝杨智积购买土地、房屋，修治产业，以备将来需要。杨智积说："当年平原君破败之时，苦恼财帛众多。我现在幸亏没有值得破败的地方，没有能令我惋惜的东西，为什么还要添置它们呢？"（"昔平原露朽财帛，苦其多也。吾幸无可露，何更营乎？"《隋书·杨智积传》）

杨智积有五个儿子。平日里读书学习，他只让儿子们阅读《论语》《孝经》，其他书籍一概不许翻阅。有人问他这么做的用意，他说："你不了解我的处境啊！"原来，他是怕儿子们将来有了本事，给家里招来祸患。

二、闭门索居　清静自抑

杨智积虽然谨小慎微，但仍然受到隋文帝的猜忌。开皇二十年（600），朝廷将他调回京师，没有授予任何职务。杨智积从此闭门自守，除了去朝廷晋见皇帝，决不出门。

隋炀帝杨广即位后，滕王杨纶、卫王杨集都被诬言构陷，获罪流放。杨智积的弟弟高阳公杨智明，也因为交结社会人物，被朝廷夺去了爵位。在这种环境下，杨智积越发惶恐不安。

大业七年（611），朝廷任杨智积为弘农（治今河南灵宝）太守。到任后，杨智积把公务全部委托给僚属佐吏，自己清静起居，诸事不闻不问。

大业九年（613），礼部尚书杨玄感起兵造反，从东都洛阳率兵向西，准备进据关中，夺取长安。杨智积对属下说："杨玄感听说朝廷大军要过来征讨，打算向西进据关中。如果计划得逞，那他的根基就稳固了。我们应当设法牵制，使他不能西进。这样的话，不出十天，就可将杨玄感擒拿。"

杨玄感兵至弘农城下，杨智积登上城墙，对其大声辱骂。杨玄感被激怒，改变了行军计划，留下大军攻打弘农城。杨玄感部下军士烧着了弘农城门，准备攻入城内。杨智积命城中军士添加柴木，壮大火势，使杨玄感部属无法攻入。几天后，宇文述等人率平叛大军赶到，杨智积挥兵出城，两面合击，大破杨玄感。

大业十二年（616），杨智积随隋炀帝到江都，染上了疾病。当时，隋炀帝对皇族宗亲日渐冷漠，寻隙处置。杨智积内心忧虑，不能安居，惧怕受到牵连，身遭屠戮。这次染病，他不许请人医治，自求速死。临终前，他对亲人说："现在我才确信，我今生能够保全头颅、平平安安地埋葬于地下了。"

杨智积去世后，对于他的一生经历，许多人都表示悲悯、同情。

郇王杨庆

杨庆（生卒年不详），隋炀帝杨广同族兄弟，郇王杨弘之子。弘农华阴人。隋炀帝时，袭父爵为郇王，任荥阳太守。王世充称帝，封郇国公。王世充兵败，杨庆降唐，亦封郇国公。杨庆善于见风使舵，明哲保身，在炀帝时安居高官，炀帝一死便投降义军，最终又降唐。其为人反复不忠，令人唾弃。

杨庆的父亲杨弘，是隋文帝杨坚的堂弟。杨弘生性聪慧，文武兼备。北周时期，屡次立功，拜开府仪同三司。他支持杨坚，加任上开府，封永康县公。隋朝建立后，拜大将军，封河间郡王，任右卫大将军、柱国。担任灵州道行军元帅时，曾率军大败突厥；任宁州总管、上柱国时，颇为惠民。数年后回京城任职，又外放蒲州刺史，风化大洽，号为良吏。

隋炀帝继位后，杨弘回京任职，加任太子太保。大业三年（607年）去世，六年追封郇王，并由杨庆承袭爵位。

杨庆生性阴险多谋，善于观察时局变化，明哲保身，伺机进取。杨广即位后，因自己得位出于阴谋，惧怕众人不服，故而对隋初所封王公大臣残酷压制，无情打击。在这种政治气氛下，许多杨姓王侯不是被废掉，就是被流放。唯独杨庆，不但原有地位没有动摇，而且还受到隋炀帝赏识，官拜荥阳太守。任职期间，他谨慎小心，政绩比较突出。

在隋炀帝的残暴统治下，各地人民不堪重负，纷纷起兵造反。大业十二年（616），李密率瓦岗寨（在今河南滑县境内）起义军占据洛口仓（在今河南巩县东），荥阳郡所属各县大多响应李密，起义投诚。杨庆在荥阳率兵据守，李密派人多次攻击，无法攻克。

荥阳被围困一年多，城中粮草逐渐耗尽，战争形势日渐紧张。李密派人入城送信，劝杨庆投降。此时恰好隋炀帝在江都被杀的消息传来，杨庆看到隋朝大势已去，便顺势投降了李密，并改姓郭氏，自称郭庆。

唐高祖武德元年（618），李密被王世充打败，杨庆归附王世充，回到东都，并恢复原姓。当时，隋炀帝之孙越王杨侗也在东都，并未因杨庆降李密、改姓氏的行为责怪他。

同年五月，越王杨侗被拥立为帝，改元"皇泰"，封杨庆为宗正卿。不久，王世充准备取代杨侗，自立为王。杨庆积极响应，首先劝其称帝。武德二年（619）四月，王世充废杨侗，自立为帝，国号"郑"，年号"开明"，封杨庆为郇国公。杨庆又改姓郭，再次自称郭庆。

为拉拢杨庆，王世充把兄长之女嫁给他为妻，并任命为荥州刺史。武德四年（621），秦王李世民率军包围洛阳，王世充即将失败。这时，杨庆又想投降唐军，归附长安（当时为唐高祖李渊据守）。妻子王氏——也就是王世充的侄女，对他说："皇上把我嫁给你，无非是表达他对你的深情厚意，真心结交于你。现在叔父困窘，形势危急，你却不顾叔父联姻的情谊，辜负他对你的期望，一心考虑保全自己。我如果到长安，不过是你家的一个婢女罢了，你带我去还有什么用处？希望你把我送回东都，这就是你对我的最大恩惠了。"杨庆不肯答应，王氏沐浴盛装，然后服药而死。

杨庆归顺唐朝后，被封为宜州（今湖北宜州）刺史、郇国公。他再一次将姓氏改回，又一次自称杨庆。当时，他的母亲元氏年老体衰，双目失明，还留在东都王世充那里。王世充痛恨杨庆背叛自己、投降唐朝，不久就将元氏杀掉了。而杨庆自己后来如何，却未见记载。

观德王杨雄

杨雄（542—612），隋炀帝杨广同族兄弟。初名惠，字威惠，弘农华阴人。北周时，封邗国公，历任太子司旅下大夫、上柱国等。隋朝文帝时，封广平王，历任右卫大将军、司空等；炀帝时，改封观王，历任怀州刺史、左翊卫将军等。杨雄为人忠直，颇有才能，声名显赫，又善识时务，及时约束，因而既受猜忌、又获重用。隋炀帝对他恩宠有加，得以善终。在杨姓王侯中，他算是比较幸运的。

一、仕周身贵　忠隋封王

杨雄的父亲杨绍，在北周时历任八州刺史，封傥城县公，赐姓"吐吕引氏"。母亲为兰胜蛮。

杨雄姿容俊美，器度恢弘，雍容娴雅，言行举止令人赞叹。北周武帝宇文邕时，官至太子司旅下大夫。

建德二年（573），武帝宇文邕驾幸云阳宫（在今陕西泾阳），卫王宇文直乘机作乱，率领部下攻袭皇宫肃章门。杨雄与尉迟运等人率众竭力抵抗，击破宇文直。杨雄以功进位上仪同，封武阳县公，食邑千户。

后来，杨雄逐渐升官，位至右司卫上大夫。大象元年（579），北周静帝宇文阐即位，封杨雄为邗国公，食邑五千户。

大象二年（580），杨坚被北周静帝拜为丞相。杨坚准备夺取北周天下，雍州（治今陕西西安）牧华王宇文贤起兵反抗，企图消灭杨坚。杨雄事前得知宇文贤的打算，便暗中通知了杨坚。宇文贤兵败被杀后，杨坚以杨雄通报敌情有功，封他为柱国、雍州牧，同时仍担任相府虞候之职。

北周宣帝死后归葬时，杨坚害怕北周诸王借机起兵，跟自己对抗，便专门命令杨雄率六千铁骑，将宣帝棺椁押送到陵墓安葬。事毕之后，杨坚封赏杨雄，晋爵上柱国。

大定元年（581），杨坚废北周静帝宇文阐，以隋代周，封杨雄为左卫将军，兼宗正卿。不久，又升任杨雄为右卫大将军，参与朝中各种军政事务。时间不长，又加封为广平王，食邑五千户。隋文帝准备以邗国公封其一子，杨雄上表请封其弟杨士贵，文帝应允，遂封杨士贵为邗国公。

有人上奏弹劾高颎结党营私，事情涉及杨雄。一天，隋文帝在朝堂上诘问杨雄有没有听说此事，杨雄回答说："臣受命保护宫闱，朝夕侍奉在陛下左右，如果有人与臣依附勾结，陛下哪能不知？陛下圣明睿智，亲理万机；高颎持心公正，依法行事，朋党之说，恐怕是误传，请陛下明察。"这番话，深得隋文帝赞许。

二、声名震主　升职夺权

隋朝开国后，杨雄身受宠遇，名冠一时。当时，他与高颎、虞庆则、苏威等四人，被称为"四贵"，声名显赫，如日中天。

杨雄平日里宽容大度，礼贤下士，朝野倾心，人人瞩目。隋文帝本性多疑忌刻，了解到这一情况后，厌恶杨雄得到民众赞赏，也深恐他结交人物，壮大势力，对自己的皇位构成威胁。开皇九年（589）八月，文帝采用明升暗降之法，晋升杨雄为司空，同时免去其他一切本兼各职。这表面上礼有所加，实则等于剥夺了所有权力。杨雄心中领悟皇上的用意,从此闭门不出,杜绝宾客,谢绝一切社会活动。不久,朝廷又封杨雄为清漳王。

十年时光,转眼逝去。仁寿元年(601),隋文帝对朝中官员说:"清漳这个名号,不足以显示杨雄的威望。"命职方取出地图,指着安德郡对百官说:"这个名号,才与杨雄名实相符。"于是,朝廷又下诏改封杨雄为安德王。

仁寿四年(604),隋文帝杨坚去世,杨广继位。大业元年(605),隋炀帝杨广册立太子,授杨雄为太子太傅。元德太子杨昭去世后,朝廷又命他负责审核郑州(治今河南郑州)刺史的政绩。一年后,又任命为怀州(治今河南沁阳)刺史。在刺史任上,杨雄勤政爱民,颇有政绩,受到百姓的爱戴。消息传到京城,隋炀帝调升他为京兆尹。

大业五年(609),隋炀帝亲征吐谷浑,下诏命杨雄总管浇河道(治今青海贵德)诸军。炀帝回师后,改封杨雄为观王。杨雄上表辞谢说:"臣早年即逢好运,赶上风云际会之机,尽管无才无德,也忝居公卿之首,滥竽充数。承蒙先皇不弃之赏,荷负陛下非分之恩,久居台辅,常常忧虑盈满祸至,怎能再接受王侯之封,重窃大名?臣面墙自省,不敢依循旧例,接受封爵。"隋炀帝下诏嘉奖其谦守之心,仍封观王,不许辞谢。

三、死后哀荣 后嗣有成

大业八年(612),隋炀帝下令征讨高句丽。命杨雄为左翊卫大将军,出兵辽东道(辖今辽宁东南部,治今辽宁辽阳),军队驻扎在沪河镇(今辽宁义县)。杨雄染病,殁于军中,时年七十一岁。

得知杨雄死讯,隋炀帝深感哀痛,中止了朝中正常事务,命鸿胪寺监护处理杨雄丧事,一切从优。

有司考核杨雄一生的作为、功过，建议朝廷赐谥为"懿"。隋炀帝对群臣说："观王杨雄道高雅俗，德冠众人，应赐谥为'德'。"于是朝廷下诏，赐杨雄谥号为"德"，追赠司徒，并追任为襄国（治今河北邢台）等十郡太守。

杨雄共有三子：长子杨恭仁，次子杨綝、三子杨续。杨恭仁在隋为官，位至吏部侍郎；杨续在隋为官，位至散骑侍郎。

杨綝生性温和忠厚，很有文化修养。在隋为官，历任义州（治今河南信阳）刺史、淮南（治今安徽寿县）太守。杨雄去世后，任司隶大夫。大业九年（613），隋炀帝下令二次征讨高句丽。朝廷穷兵黩武，人民疲敝穷困。

杨玄感起兵造反后，其弟杨玄纵逃走，路上遇到杨綝。杨綝避开别人，同杨玄纵私语了好长一段时间；刚刚分手，又马上返回来继续交谈。就这样，屡分屡返数次，言尽方散。司隶刺史刘休之，将此事上奏了朝廷。当时，杨綝之兄吏部侍郎杨恭仁正率军在外驻扎，炀帝担心生变，就把刘休之的奏章压下，没有追究。杨綝听说后，内心忧惧，发病而死。

济公樊子盖

樊子盖（545—616），隋朝公侯。字华宗，庐江（今安徽庐江）人。北齐时，封富阳县侯，历任参军、太守等；北周时，任郢州刺史。隋朝文帝时，封上蔡县伯，历任辰州刺史、循州总管等；炀帝时，封建安侯，晋爵济公，历任凉州刺史、武威太守、民部尚书等。他历仕四朝，不断加官晋爵，善于明哲保身。他多次向隋炀帝表白忠心，受到封赏，但生性残忍、大肆屠杀百姓，以致逼反百姓，成为罪魁祸首。

一、历仕三朝　保身有术

樊子盖出身世家大族，祖父樊道则，曾任南朝梁越州（治今浙江绍兴）刺史。父亲樊儒，在侯景起兵作乱时，逃到北齐，官至仁州刺史。

樊子盖起初在北齐为官，曾任参军、县令、太守、员外散骑常侍等。他为政有方，颇有政声，深受朝野赞誉，因而获封富阳县侯，食邑五百户。

北周建德六年（577），武帝宇文邕平定北齐后，樊子盖投归北周，官拜仪同三司，任郢州（治今湖北钟祥）刺史。在刺史任上，他一干好多年，勤政爱民，政绩不凡，受到百姓爱戴，朝廷对他也很重视。

北周大定元年（581），杨坚称帝，建立隋朝。对于时局的骤变，樊子盖采取随遇而安的态度，因此欣然向隋文帝杨坚俯首称臣。文帝任命樊子盖为枞阳（治今安徽枞阳）太守，他走马上任，一如既往地尽职尽责。

文帝开皇九年（589）平定陈朝后，樊子盖因功加授上开府，改封上蔡县伯，食邑七百户，赐物三千段、粟九千斛，授任辰州（治今湖南沅陵）刺史，又转嵩州（治今河南嵩县）刺史，因母亲去世离职。不久又授任齐州（治今山东济南）刺史，转循州（治今广东惠州）总管。

开皇十八年（598），樊子盖入朝，送上岭南地图。隋文帝赐他良马、服饰等杂物，让他统领四州。樊子盖返回任所时，隋文帝遣光禄少卿柳謇之到霸上为他送行。

二、善表忠心　数获帝赞

隋炀帝杨广即位后，樊子盖调还京师，改任凉州刺史。樊子盖自表忠心说："臣自从居住岭南，至今已历十年。犬马之情，不胜眷恋朝廷。情愿奔走于阙庭，万死无恨。"隋炀帝赐物三百段，安慰他赴任。不久，授银青光禄大夫，改任武威太守。

樊子盖勤于政事，以善于治理地方而闻名。大业三年（607），樊子盖入朝面君，隋炀帝将他引入内殿，大加赞许，说："设官之道，在于任用贤才；安人之术，莫如政治清明。（"设官之道，必在用贤，安人之术，莫如善政。"《隋书·樊子盖传》）子盖为人聪敏，富有才干，操守廉洁，自表忠心令众人皆服，爱民在先，安抚有方，实在是不可多得的好太守。他治政宽严有度，即使处在脂膏中也不浸润其本质，即使饮了贪泉也不改变其本性，（"处脂膏不润其质，酌贪泉岂渝其性。"同上）所以他能治绩非凡。凡是在官位的，没有一个不是朕的臣子，如果人人都尽职尽责，各自做好本职，朕将垂手安坐，又何忧国家治理不好呢？"于是，隋炀帝下诏樊子盖进位金紫光禄大夫，赐物一千段，仍任武威太守。

大业五年（609），隋炀帝西行，准备巡视吐谷浑。樊子盖以那里有很多瘴气，进献青木香给皇帝。等隋炀帝返回时，对樊子盖说："人人都说公清廉，事实如此吗？"樊子盖答道："臣不敢自言清廉，只不过小心谨慎，不敢纳贿罢了。"

隋炀帝听后很高兴，便赏赐给樊子盖一百多种食物，又下诏说："发扬道德，提倡礼仪，确实是国家大治的根本，理应惩恶扬善，任用贤明，贬黜昏庸。朕亲自巡视河西，观察民风，所经过的郡县，都派人访查官员的治绩，发现那些官员罕有遵守法度者，大多触犯刑律。而金紫光禄大夫、武威太守樊子盖操守清廉，出污泥而不染，立身雅正，对人平易。为政恩威并施、宽猛相济，所以能使百姓既敬畏又爱护，即使他不严治，境内也自然清平。他确实是政绩非凡的人，是有国家以来的良臣，应该加以褒奖,以资鼓励。封他为右光禄大夫,任武威太守如故。"并赏赐缣一千匹,粟麦两千斛。

樊子盖又对皇上自陈忠心说:"臣自岭南返回,就到了西方边陲,常为外臣,未任内职。如果能在陛下左右侍奉,日后即使老死边城,也没有遗恨。希望陛下体察臣的一片忠心。"隋炀帝没有同意,说:"公侍奉朕,不过侍奉一个人罢了;把西方委托给公,公就是万人之敌。公应理解朕的良苦用心。"

大业六年(610),隋炀帝避暑到陇川宫,又说想去河西地区。樊子盖表示渴望皇上前来巡行,炀帝下诏夸赞说:"公一向胸怀恭顺,深执诚心,听说朕要西巡,欣然望幸。一片丹心可见,甚为可嘉。希望公能保持这种纯诚,始终发扬光大。"

这一年,隋炀帝诏令樊子盖到江都朝见。樊子盖应诏到东都,叩见了皇帝。隋炀帝格外施恩,让樊子盖回故乡,并说:"富贵了却不还故乡,就如同穿着锦绣在夜里行走。"("富贵不还故乡,真衣绣夜行耳。"同上)下令庐江郡设三千人接待樊子盖,赐予米麦六千石,让他回乡祭扫坟墓,宴请故乡父老。樊子盖衣锦还乡,荣耀一时。

回朝之后,樊子盖升任民部尚书。其时,突厥处罗可汗与西域高昌王与隋朝通好,来到了边境,朝廷遂又命樊子盖担任武威太守,接待两位部族首领。

三、平叛有功　滥杀激反

大业八年(612),隋朝远征高句丽,任樊子盖为左武卫将军。后来因负责宿卫隋炀帝,未去带兵,改授左光禄大夫,仍任民部尚书。在此期间,樊子盖忠心耿耿,恪尽职守。回京后,任为涿郡(治今河北涿州)留守。

大业九年(613),朝廷二征高句丽,任命樊子盖为东都留守，协助越王杨侗。礼部尚书杨玄感起兵造反，进攻洛阳，樊子盖派河南赞治（州府长官的行政助理）裴弘等率兵迎击，作战失败。樊子盖大怒，处斩裴弘等。国子祭酒杨汪稍有不恭，樊子盖便准备杀之，杨汪求饶，叩头出血，过了很久才得以释放。此后，三军无不战栗，将吏不敢仰视樊子盖。杨玄感倾尽全力攻打洛阳，樊子盖设法抵御，每次都将叛军击退。杨玄感费了很长时间也不能攻取洛阳，来护儿等率兵来救，杨玄感带兵退走。围城期间，连敌人带自己部下，樊子盖共杀了几万人。

接着，樊子盖又检校河南内史。隋炀帝的车驾从高句丽返回，到达高阳（今属河北），樊子盖前往见驾。炀帝接见他，慰劳说："从前，汉高祖把萧何留在关西，汉光武帝委任寇恂防守河内，公可与萧何、寇恂相提并论。"樊子盖拜谢说："臣任务重、器量小，岂能与两位前贤相比！只不过仰仗陛下的威灵，小盗不足铲除罢了。"几句话把皇上夸得有些飘飘然，遂又是一番封赏，樊子盖进位光禄大夫，封建安侯，赐缣三千匹、女乐五十人，仍任民部尚书。樊子盖极力推辞，隋炀帝下诏不许。

隋炀帝又对樊子盖说："朕派遣越王留守东都，以示皇家金枝如同磐石一样坚定；社稷大事，终究还要托付于公。公应该自我持重，每次出行，都要有卫兵五百人保卫，这也是勇夫持重之义。如果人有心怀不轨，公尽可诛锄。凡是可以立即处斩的，就不要再劳神审理。如今朕为公打造玉麟符，以代替铜兽。"隋炀帝又指着越王杨侗和代王杨侑说："现在朕把这两个孙子托付给公，希望公选择贤良忠贞有才学的人教导他们。"接着，又赐予良田、府第。

大业十年（614）冬天，隋炀帝回到东都。以樊子盖抵御杨玄感之功，晋爵济公，表彰他功济天下，特为立名，而当时国内并无"济"这个具体郡县。又赐缣三千匹，奴婢二十人。樊子盖后来与苏威、宇文述，陪隋炀帝饮宴积翠亭，炀帝以金杯赐酒，并将酒杯赏给樊子盖，说："良算嘉谋，全靠公策动，即以此杯赐公，愿公永远祥瑞。"又赏绮罗一百匹。

大业十一年（615），樊子盖随隋炀帝巡视塞北。走到雁门（在今山西代县），车驾被突厥始毕可汗率军包围。隋炀帝想选精锐骑兵突围，樊子盖劝阻，认为君上如果狼狈逃脱，一旦陷入被动，悔之莫及；应当坚守城池，抚慰众心，大加悬赏，鼓励将士，固城待援。炀帝听从了。后来援军来到，突厥解围退走。事后，苏威认为被困时，皇上对将士临时许诺的立功赏格过重，按功封赏时应适当降低。樊子盖坚决反对，认为君主不应失信于臣下。隋炀帝问他："你是想收买人心吗？"樊子盖默默无语，不敢应声。

隋炀帝车驾返回东都时，绛郡（今山西闻喜）人敬盘陀、柴保昌等率众数万起义，汾州、晋州均遭袭击。朝廷命樊子盖率兵征讨。当地百姓数量很多，樊子盖不分善恶，来到汾水以北地区，逢人就杀，遇村就烧，百姓非常惊骇，纷纷起义反抗朝廷。对于被俘或投降的百姓，不分老少，樊子盖令人全部坑杀。如此一来，官逼民反，义军全都奋力拼杀，誓死不降。樊子盖率兵数万，一年多也未能平定。朝廷下诏征还，又派他带兵到宜阳镇压起义军，结果因病作罢。

大业十二年（616）七月，樊子盖在京都府第去世，时年七十二岁。

对于樊子盖的去世，隋炀帝悲伤了很久。有一次，他问黄门侍郎裴矩："子盖临终有什么话留下吗？"裴矩回答："子盖病重时，深恨雁门被困之耻。"隋炀帝听后，叹息不已，下令百官前往吊唁，赐缣三百匹、米五百斛，追赠开府仪同三司，赐谥曰"景"，令万余人为其送葬。武威的百姓、官吏得知樊子盖的死讯，没有不嗟叹哀痛的，并为他立碑，歌颂其德。

樊子盖之所以深受军民爱戴，没有其他权略，不过是在军中持重，未曾战败；明察百姓，没人敢欺骗他罢了。然而，他严酷少恩，杀戮太多太滥。

义宁郡公周罗睺

周罗睺（542—605），隋朝公侯。字公布，九江浔阳（治今江西九江）人。南陈时期，初封始安县伯，后晋爵为侯，历任开远将军、太子左卫率、散骑常侍等。隋朝文帝时，赐爵义宁郡公，历任上仪同三司、右卫率等；炀帝时，任上大将军。他勇冠三军，不贪财货，有大将风度；勤政爱民，受人爱戴；忠正诚实，马革裹尸。

一、作战有功 受疑不反

周罗睺的父亲周法暠，在南朝梁做官，曾任冠军将军、始兴（治今广东韶关）太守、通直散骑常侍、南康（治今江西赣州）内史等职。

周罗睺年轻时，擅长骑射，喜欢鹰犬，任侠放荡，暗中习练兵法，收聚亡命之徒，壮大个人力量。从祖父周景彦警告他："我们家族世代庄重谨慎，唯独你行为放纵，不守礼法，难以保家。即使不是招祸身死，也将会毁灭我们家族。"周罗睺虽然听从劝告，有所抑制，但本性难移，任侠行为还是没有改变。

南陈宣帝时，周罗睺以军功授开远将军、句容县令。后来随大都督吴明彻与北齐军队交战，被流矢射中左目。吴明彻部队被北齐军队包围，众军相顾，没有斗志，周罗睺跃马突进，敌军无不望风披靡，太仆卿萧摩诃随后辅助，二人率军冲杀，斩获敌兵不可胜计。

南陈军队在彭城与北周交战,萧摩诃作战中坠于马下,周罗睺闯入敌阵,拼命救援,从重围之中将他救了出来。当时,周罗睺勇冠三军,无人敢当,以军功拜光远将军、钟离(治今安徽凤阳)太守。

陈宣帝太建十一年(579),朝廷授周罗睺持节都督霍州(治今安徽霍山)军事,平定山贼十二洞,以功授任右军将军,赐爵始安县伯,食邑四百户,总管扬州内外诸军事,赏金银三千两。周罗睺将所得金银全部散发给左右军士,并赏赐猛将雄兵。陈宣帝很赞赏他这种大将风度。后来,周罗睺出任晋陵(治今江苏常州)太守,晋爵为侯,增封食邑一千户。不久,又授任雄信将军,持节都督豫章十郡军事,任职豫章内史。地方政务,周罗睺均亲自过问,秉公处理,人民感怀恩惠,为他立碑颂德。

陈后主陈叔宝即位后,封周罗睺持节都督南川(治今湖南南县)诸军事。江州(治今江西九江)司马吴世兴密奏周罗睺甚得民心,其心难测。陈叔宝听后,心中渐生疑虑。萧摩诃、鲁广达等竭力进谏,担保周罗睺对朝廷忠心耿耿,决无他意。有人知道这件事后,劝周罗睺联络萧摩诃谋反,周罗睺严词拒绝。他从军中返回到京城建康,任太子左卫率。陈叔宝从此对他特别信任。

在建康,周罗睺经常参加宫中酒宴。席上赋诗,他经常第一个完成,许多文士反而落在后面。陈叔宝问众人何故,都官尚书孔范回答说:"周罗睺执笔写诗,仍然像在马上作战,入阵冲锋,不肯落在人后。"("周罗睺执笔制诗,还如上马入阵,不在人后。"《北史》列传第六十四)陈叔宝大笑,对周罗睺更为亲信,礼遇有加。后来,陈叔宝派他负责汀州诸军事,回京后调任散骑常侍。

无论做什么工作、在哪里任职，周罗睺都尽心尽力，把事务治理得井井有条，获得内外一致的好评。

二、忠正诚实　马革裹尸

陈祯明二年（隋开皇八年，588），隋朝晋王杨广率军伐陈。周罗睺都督巴峡地区沿江军事，抵御隋朝秦王杨俊，隋军不能前进，两军相持一月。后来陈叔宝被擒，长江上游仍未被隋军攻下。晋王杨广派人持陈叔宝手令前去劝降，周罗睺接到手令后，与军中诸将祭吊陈朝三日，解散部队，然后投归隋朝。

隋文帝杨坚闻听周罗睺此举，心中深为敬佩，对他宽言抚慰，许以富贵荣禄。周罗睺垂泪回答："臣受陈朝厚恩，没有报效。本朝灭亡，个人无节操可言。陛下宽宏大量，能保全妻子儿女性命，就是臣之万幸。富贵荣禄，非臣心中所望。"隋文帝听了此言，越加器重。

隋将贺若弼对周罗睺说："听别人说，当初你了解到我朝的进军计划，就知道扬州会首先攻陷。后来我军的作战动向，果真和你说得一样。"周罗睺回答："如果能让我率军与你作战，胜负还不知道如何呢。"（"若得与公周旋，胜负未可知也。"《隋书·周罗睺传》）后来，隋文帝拜周罗睺为上仪同三司，还派人奏乐鼓吹，将仪仗送到他家中，以示尊崇。

先前隋、陈两军交战时，南陈裨将羊翔率先归降，做向导引隋军前进，以功封上开府，位在周罗睺之上。有一次，上柱国韩擒虎在朝堂上与周罗睺开玩笑说："你不知机变，反而立在羊翔之下，能不羞愧吗？"周罗睺正色回答："以前在江南时，常听人说你乃天下有节操之人。今日你所言，实在不是忠诚正直的臣子应该讲的。"韩擒虎无言以对，面有愧色。

同年冬天，朝廷任周罗睺为豳州（治今甘肃宁县）刺史。又转任泾州（治今甘肃泾川）刺史，因母亲去世离职。守孝期满，隋文帝又任命他为幽州刺史。周罗睺任职地方，政绩显著。

开皇十八年（598），隋朝征伐高句丽，任命周罗睺为水军总管，率军从东莱（治今山东掖县）出发，从海路直趋平壤城。途中遇风，军船大都沉没，无功而返。

开皇十九年（599），突厥达头可汗进犯边境，周罗睺随上柱国杨素出兵作战。突厥兵力众多，周罗睺建议："趁对方兵阵未整，可以突然袭击。"杨素赞同，周罗睺率二十名铁骑直冲敌阵，数次进击，大破突厥。周罗睺以功进位大将军。

仁寿元年（601），隋文帝任命周罗睺为东宫右虞候率，赐爵义宁郡公，食邑一千五百户。不久转任右卫率。

隋炀帝杨广即位后，授周罗睺为右武候大将军。汉王杨谅起兵造反，隋炀帝命周罗睺随杨素率兵进讨。平定后，以功封上大将军。

仁寿四年（604）冬天，陈后主陈叔宝在洛阳去世，周罗睺请求前去祭吊，隋炀帝同意了。周罗睺身穿丧服，将陈叔宝送到墓所埋葬。隋炀帝对他的行为非常赞许，无论官吏还是百姓，对他的行为评价都很高，认为他的作为符合礼法。

汉王杨谅虽然造反失败，但其残余势力仍然占据绛州、晋州地区，与朝廷对抗。隋炀帝下令，命周罗睺总揽各州军事，进军围剿。作战时，周罗睺被流矢射中，殁于军中，时年六十四岁。

周罗睺的灵柩还京途中，车马无故突然停止不前，怎么鞭打都一动不动，且有旋风围绕灵柩盘旋不止。绛州长史郭雅稽首说："你是恨小寇未平吗？不久即可扫除，请你不要以此为遗恨。"旋风随即静止，车马又复前行。看到这一情景，人们无不慨叹周罗睺的忠诚。

隋炀帝听到周罗睺的死讯，十分哀伤，追赠柱国、右翊卫大将军，赏物千段，赐谥曰"壮"。

当年七月，周罗睺的儿子周仲隐梦见父亲对他说："我明日应当作战。"次日，周罗睺灵座所有弓箭刀枪都无故自动，好像有人拿着一样。那天，绛州城被隋军攻陷。民间百姓都传言，是周罗睺的魂魄奋力杀敌才攻陷绛州的。

顺政郡公董纯

董纯（？—613），隋朝公侯。字德厚，陇西成纪（今甘肃秦安）人。北周时期，初封固始县男，后晋爵大兴县侯，历任司御上士、典驭下大夫。隋朝文帝时，封汉曲县公，改封顺政县公，历任骠骑将军、左卫将军；炀帝时，晋爵顺政郡公，历任行军总管、柱国、榆林太守等。他恪尽职守，忠于隋朝，善于指挥作战，平乱颇有成效。无奈隋朝大厦将倾，义军四起，独木难支，又因奸臣谗害，炀帝昏庸，终致被杀。

一、恪尽职守　险受牵连

董纯的祖父董和，西魏时曾任太子左卫率。父亲董升，北周时曾任柱国。

董纯少有膂力，擅长骑射。在北周时，历任司御上士、典驭下大夫，封固始县男，食邑二百户。随北周武帝伐齐，以军功拜仪同，晋爵大兴县侯，增加食邑五百户。

杨坚称帝后，董纯晋爵汉曲县公，累迁骠骑将军，后以军功进位上开府。开皇二十年（600），董纯又以旧功升任左卫将军，不久改封顺政县公。在隋文帝杨坚一朝，董纯恪尽职守，深受重用，屡次加官晋爵。

杨广继位后，汉王杨谅起兵造反，炀帝任命董纯为行军总管、河北道安抚副使，随杨素前去征讨。平定叛乱后，以功封柱国，晋爵为顺政郡公，增加食邑两千户，转任左备身将军，赐女妓十人，缣綵五千匹。几年后，又转任左骁卫将军、彭城留守。

齐王杨暕因犯罪受到处置，董纯因经常与之来往受到牵连。隋炀帝责问他："你因为保卫国家有功，才得居高官，为何依傍我儿，要离间我们的父子之情？"董纯回答说："臣本是微贱下才，承蒙提拔，先帝见臣为人谨慎，过分宠爱臣下；陛下重又收留、任用臣，使臣位至将军。臣准备竭尽余年，以报国恩。之所以多次拜见齐王，是因为先帝、先后从前在仁寿宫时，把元德太子（杨昭）和齐王放在膝上，对臣说：'你好好看视这两个孩子，不要忘记我说的话。'臣奉诏之后，每当休息之日，没有一次不前往齐王的住所。臣确实不敢忘记先帝之言。当时，陛下也在先帝身旁。"隋炀帝听后，顿时缓和了怒容，说："确有此旨。"因此，隋炀帝未治董纯之罪，几天后让他出任汶山（治今四川茂县）太守。

二、屡立战功　遭谗被杀

在汶山太守任上，董纯勤政爱民，颇受当地百姓爱戴。一年以后，突厥进犯边境，朝廷因董纯久经战阵，转任他为榆林太守。其后突厥每次进犯，均被董纯击败。

当时，彭城张大彪、宗世模等率众数万起义，反抗朝廷，势力逐步扩大到徐州、兖州地区。隋炀帝命董纯率军征讨。董纯到彭城后，起初闭营不战，起义军多次挑战，董纯不出。义军以为董纯胆怯，渐渐松懈。此时董纯纵精兵出击，大破起义军，斩首万余。魏麒麟率起义军一万余人据守单（今山东单县），也被董纯击败。

大业九年（613），隋炀帝二次征讨高句丽，任董纯为彭城留守。东海（今山东郯城）义军首领彭孝才率数千人进攻怀仁（今江苏连云港赣榆）、沂水（今山东沂水），董纯率精兵进击，大败义军，活捉彭孝才，将其车裂处死。彭孝才余部大为恐惧，都相继分散溃退。董纯虽然立有战功，但却未受到隋炀帝的嘉奖。

当时朝政腐朽，贪官横行，战役不断，灾祸相连，百姓思乱，董纯虽然屡战屡胜，但起义军却越来越多。朝中有人进谗言，说董纯怯懦，不能平定地方。隋炀帝大怒，派人锁拿董纯到东都问罪。有司见皇帝发怒，于是迎合其心意，将董纯定成死罪。隋炀帝不加过问便同意了，董纯被杀。

谷城郡公吐万绪

吐万绪（？—613），隋朝公侯。复姓吐万，字长绪，原籍代郡（治今山西大同北）。北周时，袭父爵为元寿县公，历任抚军将军、大将军等。隋朝文帝时，封谷城郡公，历任青州总管、徐州总管等；炀帝时，历任光禄卿、东平太守等职。他善于理政，很有谋略，威名远震，多有战功。他为人正直，不善谄媚、迎合炀帝，被免官，最终客死他乡。

一、伐陈平叛　威名远振

吐万绪的父亲吐万统，曾任北周郢州刺史。

吐万绪年少时即懂军事、有武略。在北周时，曾任抚军将军，袭爵元寿县公。后多次随军征战，因功累迁大将军、少司武。

杨坚称帝后，任命吐万绪为襄州总管，进封谷城郡公，食邑两千五百户，不久转任青州总管，理政皆有名声。突厥进犯北部边境，朝廷因吐万绪有声威谋略，任为朔州总管。突厥听说他的威名，都非常敬畏。

隋文帝杨坚准备平定陈朝时，任吐万绪为徐州总管，并命他悄悄修造各种作战用具。隋朝大举伐陈时，吐万绪为行军总管，与西河公纥豆陵、洪景屯兵江北，随时出兵。陈朝灭亡后，吐万绪出任夏州（治今陕西靖边）总管。

杨广做晋王时，对吐万绪非常亲近。立为太子后，杨广任吐万绪为左虞候率。杨广即帝位时，汉王杨谅正在镇守并州。炀帝怕杨谅反抗，特任命吐万绪为绛、晋二州刺史，命他火速上任。吐万绪领命而行，尚未出潼关，杨谅已反，占据蒲坂城，断掉河桥，吐万绪无法前进。隋炀帝下诏，命吐万绪率军随杨素前去攻打杨谅。在作战中，吐万绪勇敢冲锋，杀敌无数。杨谅败亡后，吐万绪以功拜左武候将军。

二、免官为民　抑郁而死

炀帝大业初年（605），吐万绪转任光禄卿。贺若弼遭谗言陷害，隋炀帝准备治罪，贺若弼让吐万绪为自己作证，吐万绪证明贺若弼无罪，触怒炀帝，受到牵连，被免去了官职。

一年后，吐万绪出任东平太守。隋炀帝巡游江都，路过东平，吐万绪在道旁迎接。炀帝命他上龙舟进见，吐万绪乘机陈述往事，表明忠心。炀帝很高兴，拜他为金紫光禄大夫，仍任东平太守。隋炀帝远征高句丽时，吐万绪请求做先锋，炀帝嘉许，拜他为左屯卫大将军，统率马步兵数万出征。大军返回时，吐万绪进位左光禄大夫。

大业九年（613），江南地区刘元进造反，率兵进攻润州（今江苏镇江），隋炀帝命吐万绪前往征讨。吐万绪挥军与敌战于润州、黄山、会稽，斩杀五千余人，俘获两万余口，刘元进只身逃窜。逃跑不久，刘元进又聚众进攻建安（今福建建瓯），隋炀帝命吐万绪继续进剿。吐万绪认为士卒疲惫不堪，申请暂时休整，待来年春天再去进剿。隋炀帝不悦，秘密派人搜求吐万绪的过失。有司迎合皇上意旨，弹劾吐万绪怯懦违诏，炀帝下令将其免官为民，发配建安。

吐万绪被发配到建安后，又有诏书，命他到炀帝停留之处进见。吐万绪郁郁不乐，走到永嘉（今浙江永嘉），发病而死。

万安郡公李圆通

李圆通（？—605），隋朝公侯。京兆泾阳（今陕西泾阳）人。北周时期，初封怀昌县男，后晋爵新安子，历任参军、上仪同等。隋朝文帝时，先后晋爵新安伯、万安郡公，历任尚书左丞、刑部尚书等；炀帝时，任尚书，追赠柱国。他为官正直，敢于为民作主，又善于治理政务，是个不可多得的好官。可惜生不逢时，奸臣当道，昏君又偏听偏信，以致忧惧而死。

一、认真负责　杨坚赏识

李圆通的父亲李景是一名军士，在北周时隶属于杨坚的父亲杨忠。李景与别人家中女仆私通，生下了李圆通。但李景不承认这孩子是自己的儿子，因而李圆通少时孤苦卑贱。年纪稍长，便在杨坚家中做仆人。

当时，杨坚经常宴请宾客。一有宴会，杨坚就令李圆通负责监管厨房。李圆通生性严肃庄重，左右婢仆都非常敬畏他。只有杨坚长子杨勇的乳母因独孤氏宠信，肆宠而骄，十分轻视李圆通。各种食物送上酒席之前，乳母总想自己要些珍稀物品，李圆通不肯答应。一次，乳母不经过同意，自己挑选食品后离开。李圆通得知大怒，命厨房仆人按倒乳母，捶打了数十下。乳母故意发出惨叫，叫声传到宴会之处，杨坚有些发怒，人们都替李圆通担心。酒席散后，杨坚详细了解事情的经过后，召见李圆通，命他坐下，赏赐食物，从此对他特别看重，认为堪当大任。杨坚封随国公后，升他为参军。

杨坚做北周丞相以后，赐李圆通怀昌县男。后授帅都督，晋爵新安子，委托他办理机密事务。李圆通身体健壮，敏捷强劲，长于武艺。北周诸王担心杨坚夺取政权，经常派人窥伺，打算趁其疏忽加以暗害。幸亏李圆通随时注意保护，先后几次涉险，杨坚都安然无恙。杨坚对李圆通非常感激，逐步让他参与朝政，授任相国外兵曹，仍然随侍左右，不久授上仪同。

杨坚称帝后，任命李圆通为内史侍郎，领左卫长史，晋爵为新安伯。历任左右庶子、给事、黄门侍郎、尚书左丞，兼管刑部尚书。李圆通忠心耿耿，又恪尽职守，所以深受隋文帝杨坚信任。后来，李圆通又以左丞领左翊卫骠骑将军。

二、秉公执法　罢官免职

开皇八年（588），隋朝伐陈，李圆通以行军总管身份，跟随上柱国杨素从信州出兵。在攻陈战役中，他勇猛杀敌，多次立功。灭陈之后，他随杨素凯旋，隋文帝论其军功，进位大将军，赐爵万安县侯，官拜扬州总管、长史，又转任并州总管、长史。

在并州任职时，秦王杨俊宽仁柔和，很少过问政务，许多事情都交给李圆通处理。这无形中锻炼了他的治政能力，使之得以迅速成长。

后来，朝廷调李圆通任司农卿、治粟内史，迁刑部尚书。在此期间，李圆通兢兢业业，秉公奉职，把政务处理得井井有条，受到皇帝的嘉奖、百姓的爱戴。几年后，李圆通再次出任并州长史。秦王杨俊因奢侈治罪后，李圆通受到牵连，也被免官。不久，又受任负责刑部尚书事务，以勋旧功臣身份晋爵万安郡公。

隋炀帝杨广即位后，李圆通官拜尚书。炀帝巡游江都，命李圆通留守京师。当时，宇文述深受炀帝宠信，贪婪财货，不遵法度，经常侵夺百姓田地。李圆通看不惯，让他把土地还给百姓。隋炀帝返回洛阳后，宇文述向皇上告状，说李圆通收受贿赂。隋炀帝大怒，要李圆通到洛阳朝见，并罢免其官职。李圆通内心忧惧，发病而死。隋炀帝追赠他为柱国，封爵如旧。

升平郡公侯莫陈颖

侯莫陈颖（生卒年不详），隋朝公侯。字遵道，代郡武川（今内蒙古武川）人。西魏时期，赐爵广平侯，任开府仪同三司；北周时，任司武。隋朝文帝时，封升平郡公，历任五州刺史；炀帝时，历任恒山太守、南海太守。他为人具有雅量，为将有勇有谋，为官勤政爱民，颇有政绩。

一、少有雅量　长有谋略

侯莫陈颖家族原本居住代地，后与西魏朝廷一起南迁。家族人物，世代多居要职。父亲侯莫陈崇在西魏、北周时期，历任显要，位至大司空。

侯莫陈颖少时神清气爽，英姿勃发，很有器局雅量，颇为同龄人推崇。

西魏文帝元宝矩执政时期，侯莫陈颖因父亲的军功，被赐爵广平侯，累迁开府仪同三司。

北周武帝宇文邕太建十年（578）四月，突厥人侵入幽州，屠掠当地官吏和平民。五月，周武帝统率几路大军讨伐，侯莫陈颖与柱国豆卢勣、东平公宇文神等，分兵数路进击。侯莫陈颖率军深入五百里，攻破突厥人的三个据点。

以前，突厥人经常侵扰边境，掠夺当地百姓为奴婢。至周武帝决心讨伐突厥后，就规定：突厥中有掠夺边境百姓做奴婢的，全部诛杀。有人前来报告，说自己曾被一个胡人村落掠去为奴，豆卢勣准备将有关胡人全部杀掉。

侯莫陈颖劝道："将在外，君命有所不受。胡人并非全部造反，有的也是受人胁迫。大兵压境，首乱者心惧，胁从者思降。现在对他们多加安抚，可以不战而定。如果一概诛杀，恐怕引起骚乱，与我军为敌。不如将这几名犯人交给胡人首领，让他们自己处理。这样，大多数人就会安心。"豆卢勣听从建议，依计而行，突厥人心悦诚服，北方边境从此安定。侯莫陈颖以功迁司武，加振威中大夫。

二、政绩非凡　卒于任所

杨坚做北周丞相时，任命侯莫陈颖为昌州刺史。时逢杨坚准备夺权称帝，侯莫陈颖没有赴任。杨坚称帝后，加他为上开府，晋爵升平郡公，任为延州（治今陕西延安）刺史。几年后，转任陈州（治今河南淮阳）刺史。

隋朝伐陈，侯莫陈颖以行军总管身份，随秦王杨俊出征。平陈后，任饶州（治今江西鄱阳）刺史，他未到任。后迁瀛洲（治今河北河间）刺史，其间，他恪尽职守，清廉爱民，为老百姓主持公道，办了不少好事、实事，深受百姓爱戴。

几年后，侯莫陈颖因与秦王杨俊私下往来，被隋文帝杨坚免官。瀛洲官吏、百姓送他离境时，有很多人流泪，对他恋恋不舍。后来，众人给他立碑纪念，传颂清德。不久，隋文帝又拜他为邢州（治今河北邢台）刺史。吏部尚书牛弘持节巡察，考核地方政绩，评侯莫陈颖为第一名。隋文帝为此下诏褒扬他。

当时，岭南地区的刺史、县令大多贪赃枉法，民众时常叛乱。朝廷准备选拔清正廉明的官吏前去整顿，治理地方，安抚百姓。隋文帝想到了一向清廉的侯莫陈颖，遂征召他入朝，与他言及平生，多有欢声笑语，十分融洽。几天后，隋文帝便任侯莫陈颖为大将军、桂州总管，掌管十七州军事。到任后，侯莫陈颖大力整肃吏治，官吏畏惧，民众信服，许多叛乱者都前来归附。一时之间，岭南大治。

杨广即位后，侯莫陈颖的哥哥梁国公侯莫陈芮因事牵连，被流放外地。隋炀帝杨广担心侯莫陈颖怀有异心，将他召还京师。在京师，侯莫陈颖没有被任以任何官职，只好闭门闲居。过了几年，隋炀帝才让他出任恒山（治今河北正定）太守。

侯莫陈颖离开岭南后，隋炀帝另派官员前往，岭南地区重新开始混乱。隋炀帝认为侯莫陈颖以前在桂州任职时很有政绩，百姓信服，便又任他为南海太守。四年后，侯莫陈颖在南海去世，朝廷赐谥曰"定"。

武陵郡公元胄

元胄（？—604），隋朝公侯。河南洛阳人。北周时，任大将军。隋朝文帝时，封武陵郡公，历任左卫大将军、三州刺史、灵州总管等，后削职为民；炀帝时，未得复官，心生怨恨而被杀。他英勇果敢，对于文帝杨坚有救命之恩，对于炀帝杨广有佐立之功，却惨遭杀戮。

一、英勇果敢　救护杨坚

元胄是北魏皇室宗亲，祖父元顺，生前封濮阳王；父亲元雄，生前封武陵王。

元胄少时，英勇果敢，美须眉，多武艺，气质高贵，相貌凛然不可侵犯。北周齐王宇文宪见后十分喜欢，认为是不可多得的壮士，便把他招到自己身边做侍卫。元胄多次从军征战，以军功升至大将军。

杨坚准备夺权，首先争取元胄、陶澄等人，委以重任，让他们常伴左右。杨坚做了北周丞相后，命元胄率兵驻扎宫中，又招元胄之弟元威做身边的侍卫。

杨坚密谋夺取周室天下，北周赵王宇文招察知，便请杨坚到自己的府第饮酒，准备借机将他杀掉。杨坚赴宴，至赵王府第，左右随从全部留在赵王府外，只有元胄、元威、杨弘三人坐在大厅门外。赵王宇文招事前对自己的两个儿子宇文员、宇文贯说："你们献瓜给杨坚，我可趁机将他刺杀。"等到酒酣耳热，宇文招用佩刀挑着瓜，送给杨坚吃，准备行刺。

就在此时，元胄等三人发现气氛不对，元胄便强行进去，对杨坚说："相府有事，不可久留。"赵王宇文招呵斥说："我与丞相说话，你进来干什么！"想斥退他。元胄瞪着双眼，气呼呼地拿着刀护卫着杨坚。宇文招询问姓名，元胄如实相告。宇文招说："你难道就是从前齐王的侍卫吗？确实是位壮士！"于是命人赐元胄酒喝，并说："我岂能有不良的意图？你何必如此猜疑、警惕！"

赵王宇文招假装呕吐，要进后阁。元胄担心有变，扶着赵王，强令他上坐。就这样，一连三次。宇文招见无计可施，就假称自己喉咙干渴，命元胄到厨房取水来饮，元胄一动不动。

正在僵持之时，滕王宇文攸前来拜会，杨坚急忙走下座位迎接他。趁此机会，元胄连忙对杨坚耳语说："形势很不利，应该尽快离去。"杨坚沉吟不语，过了一会才说："他又没有兵马，能拿我怎么样？"元胄说："兵马全部是他家之物，万一他先下手，大事便坏了。元胄不敢辞死，但要死得其所。"

杨坚重新入座，元胄听见屋后有披挂盔甲的声响，急速进去请杨坚说："相府事情紧急，你为何迟迟不回？"一边说，一边扶杨坚下座。杨坚也觉出形势不妙，遂小跑着离开。宇文招要追赶杨坚，元胄用身体挡住门口，宇文招无法出去。等杨坚走出大门，元胄才离开，追上杨坚，护卫他回到相府。

赵王宇文招后悔没有及早动手行刺，懊恼得把手指都敲出了血。几天后，宇文招等人被杀，元胄得到了大笔财物的赏赐。

二、废立有功　怨怼被杀

北周大定元年（581），杨坚建隋称帝，封元胄为武陵郡公，食邑三千户，进位上柱国，拜左卫将军，不久又拜为右卫大将军。

隋文帝杨坚曾经对大臣们说："保护我的安全，成就这番基业，是元胄的功劳啊！"（"保护朕躬，成此基业，元胄功也！"《隋书·元胄传》）

几年后，元胄出镇地方，历任豫州、亳州、浙州刺史。突厥北袭边地，朝廷任元胄为灵州总管。后来，又征调回京，复任右卫大将军。

隋文帝对元胄十分信任。有一年正月十五，文帝与近臣一起登高。当时，元胄值班已毕，退回自己府中，文帝命人骑马召他来见。元胄入见，隋文帝说："公与外人登高，未必比与朕一起宴饮快乐。"于是与他一起宴饮，极为欢快。晋王杨广每次见到元胄，都向他致礼，元胄因此认为杨广贤明有礼。

晋王杨广图谋夺取太子之位，杨素、元胄等人在朝中呼应，为杨广大造声势。隋文帝想废掉太子杨勇，左卫大将军五原公元旻劝谏说："废立太子是国家大事，诏命的旨意若是施行了，将来会后悔不及。谗言是没有尽头的，希望陛下明察此事。"隋文帝没有听从。

过了几天，主管官员秉承杨素的旨意，上奏说："元旻曾经委曲地迎逢杨勇，现在仍然旧情不断。在仁寿宫里，杨勇曾让亲近的裴弘写信给元旻，批注'勿令人见'。"隋文帝说："朕在仁寿宫有细微的小事，东宫一定知道，比驿马还要快。朕奇怪了很久，难道不是这小子（指元旻）干的吗？"派武士捉拿元旻。元胄当时正在值班，不肯去，上奏说："臣一向不敢离开守卫的岗位，为的是防备元旻作乱。"元胄的话激怒了隋文帝，元旻被处死，朝廷赏赐元胄缣帛千匹。

仁寿二年（602），蜀王杨秀被隋文帝废黜。元胄因与杨秀交往，被削职为民。

杨广即位后，元胄未能复官，因此心怀不满。慈州刺史上官政因罪流放岭南，将军丘和也因罪免官。元胄过去与丘和有交情，两人多次来往。一次酒醉，元胄对丘和说："上官政是个壮士，现在流放岭南，难道没有什么不甘心吗？"又摸着自己的肚子说："如果我被流放到岭南，就不是甘心被发配了。"

第二天，丘和把元胄的酒后之言报告了皇上，隋炀帝遂将元胄处死，任命上官政为骁骑将军，拜丘和为代州刺史。

安阳县公崔彭

崔彭（541—605），隋朝公侯。字子彭，博陵安平（今河北安平）人。北周时，历任上士、上仪同等。隋朝文帝时，封安阳县男，后晋爵安阳县公，历任监门郎将、车骑将军等；炀帝时，任左领军大将军。崔彭擅长骑射，知书达理，先后侍卫隋朝两代皇帝，不曾丝毫懈怠。他镇守中原，剿灭叛军余党，勤于政事，为官清廉，对隋朝的安定发展作出了贡献。

一、擅长骑射　知书达理

崔彭的祖父崔楷，在北魏任殷州刺史；父亲崔谦，任北周荆州总管。

崔彭生性刚毅，喜好武艺，擅长骑射。他爱读《礼记》《尚书》，粗通大义。北周武帝时任侍伯上士，后转门正上士。

杨坚做北周丞相时，陈王宇文纯镇守齐州（治今山东历城）。杨坚密谋夺取北周政权，担心宇文纯率兵反抗，派崔彭带着两个骑兵去假传圣旨，征召其入朝。崔彭距离齐州三十里时，诈称生病，住在驿站，派人给宇文纯传话："天子有诏书给陈王，崔彭生病，不能走路，请陈王屈驾光临驿站。"

宇文纯怀疑有诈，率领大批侍从来到崔彭住所。崔彭出迎，观察到宇文纯面有疑虑之色，担心他不肯奉召入朝，就欺骗说："请陈王回避侍从，诏书内容密不可传。"宇文纯让侍从走开，下马听宣。崔彭回头对两名骑士说："陈王不肯应召入朝，你们去抓住他。"两名骑士立即抓住宇文纯锁了起来，崔彭大声宣布："陈王有罪，征召入朝，左右不得妄动！"宇文纯的侍从大惊失色，匆匆而去。崔彭顺利将宇文纯押解到了京城，杨坚非常高兴，拜崔彭为上仪同。

杨坚称帝后，迁崔彭为监门郎将，兼领右卫长史，赐爵安阳县男。几年后，转车骑将军，长期负责宫中守卫。崔彭谨慎小心，守口如瓶，在宫中当差二十余年。值班时，终日正襟危坐，不曾有片刻懈怠，隋文帝杨坚非常赞赏，说："你当值之日，我无论醒

睡都很安心。"（"卿当上日，我寝处自安。"《隋书·崔彭传》）

隋文帝曾问崔彭："爱卿武艺虽然过人，但不知是否也重视读书？"崔彭回答说："臣少时爱读《礼记》《尚书》，现在每当休班在家，仍然读书，不敢废绝。"隋文帝听了很高兴，对他说："你能否试着给我讲解一下这两本书？"崔彭便给皇上陈述了君臣应当遵守的法则、规范。文帝听他说得头头是道，不禁连连称好。旁观的人也认为崔彭言之有据，符合《礼记》《尚书》大义。此后，隋文帝更加宠信崔彭，打算重用他。后崔彭加上开府，迁备身将军。

二、威震突厥　名留中原

突厥达头可汗派使者朝见隋朝皇帝，隋文帝赐宴于武德殿。此时有鸽子在梁上鸣叫，文帝命崔彭射掉，崔彭一箭射中。突厥使者见此，暗暗佩服。文帝非常高兴，赏钱一万。

后来，达头可汗的使者回到匈奴，达头可汗又派人请崔彭相见。隋文帝说："这肯定是崔彭善射名闻虏庭，所以来请他。"便派崔彭前往。

崔彭到突厥后，达头可汗集中几十名弓箭手，将肉扔到野外，诱集大批老鹰，达头可汗命左右善射者射鹰，大多不中；又请崔彭射鹰，几箭皆中，众人叹服。达头可汗十分喜爱崔彭，想留下他为自己效劳，便挽留崔彭不让回朝。崔彭人单势孤，虽然不愿意留在突厥，但又无计可施，只好留住在那里。百余天后，隋文帝派人赠送达头可汗大批丝绸，崔彭才得以回朝。

仁寿四年（604），崔彭晋爵安阳县公，食邑两千户。

隋炀帝杨广即位后，升崔彭为左领军大将军。炀帝巡幸洛阳，命崔彭率后军保卫。

当时，汉王杨谅造反刚被平定，余党仍存，隋炀帝命崔彭率众数万，镇守中原。崔彭指挥将士，多次进击杨谅的余党，将之逐一消灭。隋炀帝嘉奖了他，又命他兼管慈州。

崔彭在任，勤于公务，为官清廉，深受官民称赞。隋炀帝因他清廉，赐绢五百匹。

不久，崔彭去世，终年六十五岁。隋炀帝派人祭奠，追赠大将军，赐谥曰"肃"。

龙岗县公段文振

段文振（？—612），隋朝公侯。字元起，北海期原（今山东潍坊）人。北周时，封襄国县公，历任中外府兵曹、扬州总管等。隋朝文帝时，封龙岗县公，历任鸿胪卿、灵州总管等；炀帝时，历任兵部尚书、左候卫大将军。段文振胆识过人，秉性刚直，明达时务。他为隋朝征战多年，立下汗马之功；对炀帝多次劝谏，却不被采纳。

一、勇力过人　多年征战

段文振的祖父段寿，在北魏任沧州刺史。父亲段威，任北周洮州、河州、甘州、渭州四州刺史。

段文振少有勇力，胆识过人，秉性刚直，明达时务。长大后，他成为北周大冢宰宇文护的亲信，宇文护知道他有才干，任命为中外府兵曹。

后来北周武帝宇文邕攻打北齐，当时北齐海昌王尉相贵镇守晋州（今山西临汾），他的副将侯子钦、崔景嵩通敌，做了北周的内应。段文振仗槊出击，与崔仲方等数十人率先登上城头，随崔景嵩来到尉相贵处所，将其劫持。尉相贵不敢妄动，遂命令守军全部投降，晋州城遂被攻克。周武帝大喜，赐布帛千段。

随后，段文振随军一连攻下三城，均立有战功。攻打并州时，段文振率军攻陷东门，北齐安德王高延宗恐惧投降。段文振屡立大功，朝廷准备授以高官，有人进谗言诽谤，后来只授上仪同，赐爵襄国县公，食邑一千户。

后来，段文振随军进攻邺都，以功赐绮罗二千匹，改任相州（治今河南安阳）别驾，扬州总管、长史。入朝为官，拜为天官都上士。再后来，他随韦孝宽平定淮南，又立下了战功。

周武帝去世后，周宣帝即位，杨坚做了丞相，专断朝政。相州尉迟迥起兵反抗，当时段文振的母亲、妻子、儿女都在邺城（今河北临漳）。尉迟迥派人劝段文振共同反抗杨坚，段文振不从，投奔长安，杨坚任他为丞相掾，掌管骠骑宿卫。

司马消难起兵反抗杨坚，失败后逃归南陈。杨坚命段文振征抚淮南，回朝后任他为卫尉少卿，兼任内史侍郎。不久，段文振以行军长史身份，随达奚震征讨地方部族叛乱，在战斗中奋勇杀敌，立下战功，回师后加上开府，一年后升任鸿胪卿。

二、军功赫赫　反遭削职

杨坚建立隋朝后，派卫王杨爽北征突厥，以段文振为长史，因报功不实而被免官。后来，段文振先后任石州（治今山西离石）、河州（治今甘肃临夏）刺史。在刺史任上，他尽心尽力，勤政爱民，很有政绩。又迁任兰州（治今甘肃兰州）总管，改封龙岗县公。突厥进犯边境，段文振任行军总管，击破突厥军，追击到居延塞（在今内蒙古额济纳旗）。

开皇八年（588），隋朝大举伐陈，段文振为秦王杨俊的司马，又领行军主管。江南平定后，段文振任扬州总管、司马。不久转任并州总管、司马，因母亲去世离职。守孝期满，朝廷下诏复职，段文振坚决拒绝，仍在家为母守孝。

数年后，段文振转任云州总管，后任太仆卿。开皇十九年（599），突厥进犯边境，段文振任行军总管，率军迎敌，在沃野（今内蒙古五原）击破达头可汗。

段文振素与王世积有旧交，段文振北征时，王世积送给他骆驼、马匹。段文振回师时，王世积因罪被杀，段文振因与之有交往，军功不录。第二年，率众出灵州道（今宁夏灵武），防备突厥再次进攻，没有遇上敌人，无功而返。

仁寿初年（601），嘉州（今四川乐山）土著叛乱，隋文帝杨坚任段文振为行军总管，率兵征讨。军队在山谷行进时，被敌人袭击，因地势险恶，前后不能相救，段军大败。段文振收聚溃散部队，出其不意，袭击敌人，一举击破，大获全胜。

段文振生性刚直，不善逢迎。军队驻扎益州，段文振拜谒蜀王杨秀时，不是特别毕恭毕敬。杨秀心中非常恼恨，利用段文振受敌人袭击的事情，上表攻击他损兵折将。尚书右仆射苏威与段文振不和，趁机诽谤陷害，隋文帝遂将段文振削职为民。蜀王杨秀被废黜后，段文振上表申诉，隋文帝又任他为大将军，不久出任灵州总管。

三、直言敢谏　身死军中

隋炀帝杨广即位后，调任段文振为兵部尚书，待遇厚重。隋炀帝征讨吐谷浑，段文振率领士卒驻扎连营三百里，东接杨义臣，西接张寿，合围吐谷浑首领的部队，大败敌军。回师后，段文振以功进位右光禄大夫。

隋炀帝巡幸江都，命段文振负责江都政务。段文振安排政事，布置侍卫，肃清江都，诸事都井井有条。隋炀帝深感高兴，下诏表彰。

早在隋文帝在位时，为了笼络突厥人，就允许他们进入长城内居住，又将公主嫁与突厥启民可汗，并多次赏赐财物。隋炀帝即位后，对启民可汗礼遇越发厚重。段文振认为突厥人狼子野心，久后必成祸患，他上表说：

> 臣听说在古代，远人不能离间亲近之人，夷人不能搅乱中华，周对外抗击戎狄，秦始皇筑万里长城，都是防御夷人的长远之计，不可忘记。臣见国家礼遇启民可汗，资助他兵马、粮食，让他们住在长城以里，依臣愚见，内心颇为忐忑不安。为什么呢？戎狄的性情，不知亲情而又贪婪，反复无常，他们贫困弱小就前来归投，富硕强大就反过来掠夺我朝边境，这就是他们的本性。
>
> 臣的学识并不渊博，缺乏远见之明，不过，晋朝刘曜、梁代侯景亲近中原反而为祸之事，众所周知。以臣来看，突厥以后一定会成为国家的祸患。依臣之计，应当按时晓谕遣送突厥人，让他们退到塞北，然后设置烽火，沿边派兵镇守防备，一定要严肃认真地执行命令，这是受益万年的长远计策。

当时，兵部侍郎斛斯政负责管理军队事务，段文振认为斛斯政阴险奸诈，不可委以重任。这两条建议，隋炀帝均不采纳。

大业八年（612），隋军远征高句丽，段文振任左候卫大将军。出发不久，他在军中病重，上表炀帝，认为大军远征，供应困难，建议速战速决，千万不能拖延，否则必败。几天后，殁于军中。隋炀帝阅读段文振的表章，悲叹良久，但并未采纳他的建议。

段文振去世后，朝廷追赠光禄大夫、尚书右仆射、北平侯，赐谥曰"襄"，赐缣帛一千段、粟麦二千石，命有关部门隆重安葬。

信安侯陈稜

陈稜（？—约618），隋朝公侯。字长威，庐江襄安（今安徽庐江）人。隋文帝时，拜开府；炀帝时，封信安侯，历任骠骑将军、光禄大夫等。陈稜有勇有谋，屡战屡胜，为隋炀帝开疆平叛立有大功，受到嘉奖。在隋炀帝被杀后，他以礼葬之，恸哭不已，尽显忠君之心。

一、有勇有谋　作战有功

陈稜的祖父陈硕，不曾出仕，终生渔钓自给。陈稜的父亲陈岘，年轻时骁勇善战，在陈朝章大宝部下为将，因报告章大宝谋反，授任谯州（治今安徽亳州）刺史。

陈朝灭亡后，陈岘闲居家中。高智慧、汪文进等在江南起兵反隋，庐江地区也有豪杰响应。因陈岘曾任将军，大家共同推举他为元帅。陈岘打算拒绝，陈稜对父亲说："众人已经开始作乱，如果拒绝，恐怕招祸。不如暂时听从，再想其他办法。"陈岘认为有理。

隋文帝杨坚派柱国李彻前往镇压，大军来到当涂（今属安徽），陈岘派陈稜前往投降，表示愿作内应。李彻上奏朝廷，隋文帝下诏，拜陈岘为上大将军、宣州（治今安徽宣州）刺史，封谯郡公，食邑一千户；命李彻前往接应。隋军来到庐江，陈岘作内应之事泄露，被起义军杀害。陈稜只身逃脱，投奔隋军，隋文帝因其父之功，拜陈稜为开府。

杨广即位后，任陈稜为骠骑将军。大业三年（607），拜武贲郎将。大业六年（610），隋炀帝杨广派陈稜与朝请大夫张镇周，从义安泛海远征琉球。

琉球人初见隋军的船舰，以为是过往商旅，还多次到隋军中进行贸易活动。陈稜率领大军登岸，派遣张镇周为先锋，前往攻城夺寨。琉球国主欢斯渴剌兜派遣大军迎战，被张镇周多次击败。于是，隋军前进到低没檀洞，琉球国小王欢斯老模率兵迎战，被隋军击败斩杀。

当天，大雾弥漫，淫雨霏霏，隋军将士都心生恐惧，以为是海神在作祟。为稳定军心，陈稜刑白马以祭祀海神。第二天，雾散雨停，天放了晴。陈稜把隋军分为五队，前往攻打琉球国都。渴剌兜率几千兵马迎战，陈稜又派张镇周为先锋，将其击败，渴剌兜仓皇逃走。陈稜指挥隋军奋力拼杀，苦斗不息。渴剌兜的士卒长时间作战，都疲惫至极，遂进入营栅，不想再战。陈稜当机立断，不让敌人有喘息之机，填塞壕堑，攻破其营栅，斩杀渴剌兜，擒获其子岛槌，俘虏男女数千人。

陈稜率隋军凯旋，隋炀帝大为欢喜。陈稜以功进位右光禄大夫，其他官职不变；张镇周以功进位金紫光禄大夫。

二、击败叛军　礼葬炀帝

大业八年（612），隋炀帝初征高句丽，陈稜以宿卫之功，迁左光禄大夫。第二年，又征高句丽，陈稜任东莱（治今山东掖县）留守。礼部尚书杨玄感起兵造反，陈稜率众万余人在黎阳（今河南浚县西南）击败叛军，斩杀杨玄感任命的刺史元务本。

后来，陈稜又奉诏到江南建造战船。到达彭城后，贼帅孟让率众起义，占据梁朝宫殿，以淮河阻挡官军。陈稜转到下游渡过淮河，到达江都，率军击破孟让，以功进位光禄大夫，赐爵信安侯。

不久，李子通占据海陵（今江苏泰州），左才相占据淮北，杜伏威占据六合，纷纷起义造反，部众均有数万人。隋炀帝派陈稜率兵征讨，陈棱指挥有方，屡战屡胜。炀帝下令嘉奖他，以功超授右御卫将军，又派他到宣城平叛。

大业十四年（618），宇文化及杀害隋炀帝，率军北还，命陈棱为江都郡太守，据守江都。

隋炀帝被杀后，萧皇后与宫人把他草草葬在了江都宫西院的流珠堂。陈棱一向忠于隋朝，认为隋炀帝虽然昏庸，但毕竟是一朝皇帝，不应如此草草下葬。于是，他召集众人，身穿孝衣，陈设仪卫，重新为隋炀帝发丧，改葬于江都宫西面的吴公台下。沿路观看的人深受感动，认为陈棱是个义士。

后来，陈棱被李子通打败，奔降杜伏威，被杜伏威杀害。

真定侯郭衍

郭衍（？—611），隋朝公侯。字彦文，太原介休（今山西介休）人。北周时期，初封武强县公，后封武山郡公，历任大都督、车骑大将军等。隋朝文帝时，历任瀛洲刺史、朔州总管等；炀帝时，封真定侯，历任左武卫大将军、光禄大夫等。郭衍善于奉承上司，对属下则傲慢专横。他为杨广夺取太子之位立下大功，杨广即位后又曲承旨意，助纣为虐，偷安高位，尸位素餐。他的为人君子不耻，遗讥后世。

一、骁勇好战　立功升职

郭衍出身世家，九世祖为曹魏雍州刺史郭淮，父亲郭崇以舍人身份，随北魏太武帝拓跋焘入关，官至侍中。

郭衍少年时，骁勇好武，擅长骑射。北周陈王宇文纯招他为侍卫，逐步升任大都督。

当时，北齐尚未平定，郭衍奉命到天水（今属甘肃）招募士兵，以便镇守东部边境。他招募流徙到那里的犯人千余家，到陕城屯田。郭衍的行为受到周武帝宇文邕的嘉奖，官拜使持节车骑大将军，仪同三司。每有敌人进犯，他就率部出战抵御。一年之中，几次报捷，北齐人对他很是畏惧，周武帝对他愈加信任。

北周建德四年（575），周武帝巡幸云阳，郭衍到行宫觐见，请求做伐齐先锋。接着随周武帝攻打河阴（今河南孟津），一举攻克，以功授仪同大将军。周武帝包围晋州（今山西临汾），担心齐军前来支援，命郭衍跟随陈王宇文纯守住齐兵必经之路，郭衍出色地完成了任务。随后，郭衍跟随武帝大战于晋州，追击北齐军队，大败敌军。接着，他又跟随武帝平定并州，以军功加授开府，封武强县公，食邑一千二百户，赐姓叱罗氏。

杨坚做北周丞相后，相州（治今河南安阳）总管尉迟迥起兵反抗，郭衍随韦孝宽与尉迟迥的部队战于相州，擒获尉迟迥之子尉迟祐，进据济州（今山东茌平），又大败尉迟迥余部于济北。郭衍以军功超授上柱国，封武山郡公，赏缣帛七千段。回京后，郭衍密劝杨坚早日杀掉周室诸王，代周自立，因此深受杨坚信任。

杨坚建隋称帝后，敕令恢复郭衍姓氏。突厥进犯边境，隋文帝杨坚以郭衍为行军总管，领兵驻扎平凉，对突厥发动猛攻，几年之后，突厥不敢再进犯。

之后，郭衍调任开漕渠大监。他率人凿渠四百余里，引渭水加强漕运。郭衍的凿渠引水对当地百姓大有帮助，百姓依靠漕运增加了收入，逐渐富裕起来，以至于人人都称该渠为"富民渠"。

开皇五年（585），郭衍出任瀛洲（治今河北河间）刺史。遇秋季多雨，所辖州境内多遭大水淹没，无处可逃，许多百姓爬上大树、高坡。郭衍命手下人备船送粮，输运灾民，自己也亲自前往灾区视察抚慰。他先开仓赈济，后上报朝廷，挽救了许多百姓。

隋文帝对此甚为赞赏，任命郭衍为朔州（治今山西朔县）总管。

朔州境内有个恒安镇，北邻边境，各种物资均需转运，耗费巨大。郭衍到任后，选择肥沃土地，招人屯田。一年之后，收获粮食万余石，使恒安镇供应充足，节约了许多开支。他又建造、修筑桑乾镇，加固防护墙，挖深防护河，朝廷非常满意。

二、曲意逢迎　助纣为虐

隋文帝开皇十年（590），郭衍随晋王杨广出镇扬州，遇到地方民众造反，朝廷任郭衍为总管，率精锐部队驻扎在京口。后与造反力量决战，大败之，生擒渠帅，缴获众多舟船、粮食及其他物资，趁势征讨东阳、永嘉、宣城等地，东南地方全部平定。

郭衍对待属下傲慢专横，对待上司则巴结逢迎、阿谀谄媚。因此，杨广对他特别亲昵，封赏赐宴，待遇优厚，并奏请隋文帝升他为洪州（治今江西南昌）总管。

杨广谋夺太子之位，派寿州刺史宇文述将此事告诉了郭衍。郭衍受宠若惊，给杨广献计："如果事情成功了，晋王自然就是皇太子；如果事情不成，必须据有淮海地区，把持南陈旧地。"杨广招请郭衍暗中设计谋划，又怕别人怀疑二人无故往来，就假称郭衍妻子患病，王妃萧氏有办法治疗，上表报告隋文帝。文帝允准，听任郭衍与杨广往来。郭衍又伪称桂州地方民众造反，杨广上表奏报，令郭衍兴兵征讨。于是，郭衍大修兵器，招募士卒，为杨广准备武装力量。

杨广夺得太子之位后，调任郭衍为左监门率，不久转任左宗卫率。仁寿四年（604），隋文帝在仁寿宫病重将死，杨广与尚书左仆射杨素假托圣旨，命郭衍、宇文述率领东宫卫士入宫守卫，换走原有的侍卫，门禁全有他们掌握。隋文帝去世后，杨广即位，汉王杨谅造反，京师空虚，隋炀帝杨广派郭衍火速返回京师，统兵据守，防御杨谅。

大业元年（605），隋炀帝拜郭衍为左武卫大将军。秋天，炀帝巡幸江都，命郭衍统率左军保护，改任光禄大夫。郭衍又曾随军征讨吐谷浑，收降两万余户。

郭衍善于揣摩隋炀帝的意图，阿谀逢迎，曲承旨意。隋炀帝常对人讲："唯有郭衍，心与朕同。"郭衍曾劝隋炀帝五日临朝一次，以免劳累，炀帝夸他孝顺。此前，朝廷颁布新的政令，郭衍以前的封爵按规定作废。大业六年（610），郭衍因曲意承欢受宠，隋炀帝封他为真定侯。

大业六年（610），郭衍随隋炀帝再次巡幸江都。第二年正月，郭衍在江都病逝。郭衍死后，朝廷赏赐甚厚，追赠左卫大将军，赐谥曰"襄"。

邯郸县侯梁毗

梁毗（？—605），隋朝公侯。字景和，安定乌氏（今甘肃泾川）。北周时，封易阳县子，历任行军总管、武藏大夫等。隋朝文帝时，进封易阳县侯，后改邯郸县侯，历任西宁州刺史、大理卿等；炀帝时，任刑部大夫。他正直敢言，富有远见，为官不畏权贵，不贪婪财货，善于理政。但未遇明君，最终被撤职忧愤而死。

一、刚毅果敢　直道而行

梁毗的祖父梁越，曾任西魏泾州、洛州、豫州三州刺史，封邰阳县公。父亲梁茂，曾任北周沧州（治今河北盐山）、兖州（治今山东金乡）二州刺史。

梁毗刚毅果敢，正直敢言，很有学问见识。北周武帝时期，他以明经入仕，累迁布宪下大夫。北周攻打北齐时，梁毗任行军总管长史。因攻克并州（治今山西太原）时立有大功，升任并州别驾，加仪同三司。后迁武藏大夫，赐爵易阳县子，食邑四百户。

杨坚称帝后，梁毗进爵为易阳县侯。隋朝初建，准备设置御史，以举检过错、纠察失误。因梁毗一向正直，隋文帝杨坚特意拜他为治书侍御史。梁毗工作尽职尽责，受到文帝的称赞，又升任为大兴（隋称西安为"大兴"）令。

梁毗离开朝堂，负责京城事务，直道而行，无所回避，得罪了朝中许多权贵。这些人不断向皇帝进谗言，说梁毗的坏话，因此他被调任西宁州（治今青海西宁）刺史，改封邯郸县侯。在西宁州任上，梁毗共待了十一年。

当时，当地部族酋长均戴金冠，以黄金多的为豪俊，部族之间经常为争夺黄金互动干戈，边境不得安宁。对于这种风气，梁毗特别忧虑，深以为害。后来，各部族酋长以黄金为礼物进献，梁毗却把黄金放在座位旁边，对之痛哭，并对酋长们说："黄金这种东西，饥不可食，寒不可衣。你们因为它相互残杀，死人不可胜数。如今把它献给我，是想杀我啊！"他拒不接受，全部奉还。各部族酋长有所感悟，从此不再为黄金争斗厮杀。

隋文帝听说此事后，很欣赏梁毗的做法，调他回京任散骑常侍、大理卿。梁毗处理问题公正周到，受到当时人们的好评。一年后，进位上开府。

二、坦诚直言　不畏权贵

尚书左仆射杨素身受恩宠，擅权专政，百官震恐，无人敢犯。梁毗担心杨素以后会成为国家的祸害，于是悄悄上书隋文帝，弹劾杨素擅权专政、作威作福。书中说：

臣听说过"臣子作威作福，没有不危害其家、凶险其国"的话。私下见到左仆射越国公杨素，遇到的宠幸越来越重，权势一天比一天显赫，官宦之流都奉承、听命于他。触忤他意志的，定会遭到如同严冬霜冻、盛夏暴雨般的打击；阿谀奉承他的，便会受到雨露滋润大地般的照顾。官吏是荣华还是枯萎，由他一句话；是废亡还是兴盛，等待他的指挥。他所亲近的，皆非忠诚正直的人；他所进用的，全是亲戚朋党。他的子弟分布在各地，占据的土地州跨州、县连县。天下平安之时宽容姑息他的图谋，国家发生意外之际，他定会成为祸患的开端。

奸臣专擅朝命，是逐渐发展而来的。王莽蓄谋经营了多年，桓玄的阴谋开始于皇位变易；最终王莽断绝了汉宫的祭祀，桓玄倾覆了晋室的帝位。陛下如果把杨素当成阿衡（商朝忠臣伊尹的尊号），臣恐怕他的心思未必与伊尹相同。衷心地希望陛下揣度、借鉴古今的经验教训，估量实情，妥善处置，使洪基大业永远牢固，才是普天之下的万幸。

此书奏上，隋文帝大怒，将梁毗逮捕下狱，并亲自审问。梁毗态度恳切，极力说明："杨素独揽朝政，滥用职权，率领军兵所到之处大肆杀戮，全不讲道义。另外，在太子杨勇以及蜀王杨秀获罪被废时，朝廷上下百官僚属无不震惊恐惧，只有杨素挤眉毛、伸胳膊，喜形于色，他把国家多事多难作为自身的荣幸。"隋文帝无法使他屈服，便下令释放了。

在这之后，隋文帝渐渐疏远了杨素，还发布敕命说："仆射是国家的宰辅，不应该亲自治理琐碎的政务，允许杨素每隔三五日到尚书省来一次，只评论朝政大事。"对外显示优崇，实质上是剥夺其权力。此后直到仁寿末年，杨素不再能处理尚书省的政务。

大业元年（605），隋炀帝杨广升任梁毗为刑部大夫，兼任御史大夫。梁毗弹劾左卫大将军宇文述违法，私自动用国家的军队。隋炀帝宠信宇文述，但又碍于法律，便和梁毗商议，希望不给宇文述治罪。梁毗不知迎合上意，依然不改正直本性，坚持观点，固执争辩。隋炀帝大怒，将梁毗撤职，命亲信张衡代任御史大夫。

不久，梁毗忧愤而死，终年八十三岁，谥曰"靖"。隋炀帝命吏部尚书牛弘代为祭奠，赐缣五百匹。

是非功过说宰辅

中国历代宰相,大多时候是当朝一相,也有一时诸相并立者。隋王朝的中枢机构是尚书省,掌管中央一切政令。尚书省设有尚书令、左右仆射,一时三相。隋朝的宰相虽不算多,但他们的功过是非却也众说纷纭。高颎为相二十年,厘定制度,策划平陈,被誉为"真宰相";杨素出将入相、权倾朝野,难免受到猜忌;此外如虞世基迎合炀帝、助纣为虐,为人不齿……

尚书左仆射高颎

高颎（541—607），隋朝宰相。字玄昭，又名敏，渤海蓨县（今河北景县）人。北周时，任丞相计司录、司马。隋朝文帝时，任尚书左仆射兼纳言；炀帝时，任太常卿。他辅佐隋文帝杨坚取得政权，统一华夏，是隋朝的开国元勋之一。但炀帝即位不久，他因直言无讳触忤人主，受谗言陷害被杀。高颎具有文武大略，明达世务，为相二十年，多有建树。隋朝得以繁荣发展，高颎功不可没。

一、受知杨坚　镇压叛乱

高颎的祖上，可能与北齐皇族同宗，为汉化的鲜卑人。父亲高宾曾在北齐为官，因避奸臣进谗而投奔北周，做了北周大司马独孤信的僚佐，并赐姓独孤氏。高颎在隋朝位居要职后，又追赠父亲高宾为礼部尚书、渤海公。

高颎还是孩童时，家中有棵柳树，高达百尺，亭亭如盖。有一个乡里长者见了，说："这家应当出贵人。"

高颎从小聪明能干，很有度量胸襟，读了一些史书，特别擅长辞令。十七岁开始出仕，做齐王宇文宪的记室。他曾参与平定北齐的战争，立过战功，受过爵赏。

杨坚做了北周丞相后，总揽朝政，权倾内外。有个叫元谐的人，对杨坚说："你没有党羽，就像水中的一堵墙，太危险了。你要多多地培养左膀右臂。"其实杨坚早已在这样做了。

在杨坚网罗的党羽中，高颎是一个重要的成员。高颎是独孤信的家客，而独孤信之女又是杨坚的妻子，因而杨坚与高颎早已相熟。当然，杨坚之所以看重高颎，不仅是因为他与自己私人关系密切，更重要的是看中了他的才华、他的胆识，看中了他不但能文、而且能武。

在密谋取代北周之前，杨坚派心腹与高颎面谈，高颎欣然接受其招纳，并对杨坚说："我很愿意听从公的指使，即便公的事业不能成功，我高颎全家被杀，也心甘情愿。"于是，杨坚让他在丞相府担任司录，官虽不大，却很受重用。

高颎为何如此死心塌地地追随杨坚、甘冒风险呢？史书虽无明文记载，但其原因不外两条：一是杨坚的地位虽然还不巩固，但已开始得势，成功的希望很大；二是高颎虽任职北周，但他并非北周皇族宇文氏家族的嫡系，而是北周敌国北齐高氏皇族的同宗，可谓北周宇文氏的世仇，因而在北周不可能有重大发展。

杨坚做北周丞相时，遭到部分北周皇族、朝臣的激烈反对。首先举兵反抗的是相州（治今河南安阳）总管尉迟迥，影响特别大。杨坚命韦孝宽率军前往平叛，韦孝宽到达河阳，不敢前进。杨坚因诸将意见不一，命崔仲方前去监军，崔仲方以父亲为由推辞。高颎见情势危急，便自告奋勇，甘当重任，杨坚欣然同意。高颎当即衔命出发，来不及回家，派人去向母亲告别，说："忠孝不能两全。"

高颎到达军中，奖罚严明，对将官有升有黜，由此军心大振，形势迅速改观。韦孝宽的军队原本停在沁水西边，在敌人面前表现出一种胆怯、观望的架势。为了改变形势，高颎下令立即造桥渡河。他估计敌人会从上游以火烧桥，便预先防备，使敌人的破坏未能得逞。

大军渡过沁水后，高颎沿用古人破釜沉舟、背水列阵的故事，烧掉新造的桥，以示决一死战。随即深入敌境，与部将宇文忻、李询等人商量，设计破敌。尉迟迥据守邺城（今河北临漳），军威尚盛。当时，两军对阵开仗，往往有许多老百姓旁观。这一次，宇文忻征得高颎同意，先挥军攻入旁观人群，由此引起旁观人群大乱，宇文忻乘机大呼："敌人被打败了！"尉迟迥大军受到四方逃散人群的冲击，队伍大乱，高颎、宇文忻等挥军乘势攻入邺城，把尉迟迥打得大败。

高颎凯旋后，以功进位柱国，改封义宁县公，升为相府司马。杨坚赐宴高颎，对他宠遇日隆。

二、辞相让贤　安定国政

北周大定元年（581），杨坚登上帝位，正式建立隋王朝。高颎任尚书左仆射兼纳言，进封渤海郡公，当上了宰相。

当时，隋文帝杨坚极为宠信高颎，经常叫他"独孤"而不称其名。高颎畏避权势，上表请求将相位让于苏威。文帝欲成其美德，听任他辞去仆射之职。过了几天，文帝说："苏威不仕前朝，独孤颎能够推举贤才，让位给他。朕闻进贤之人要受上赏，怎能让他辞官而去呢？"于是命高颎官复原职。不久，又拜高颎为左卫大将军，仍担任宰相。

那时，突厥经常侵扰、掠夺隋朝边境，文帝下诏命高颎前往抗击。高颎率军击败突厥，使其不敢频繁入侵。高颎回朝，文帝赐给他一百多匹良马，一千多头牛羊。

隋朝建国之初，高颎与苏威协力同心，大小政事，文帝都是先同他们商量而后施行。故而数年之内，天下安定。

隋朝是直接继承北周政权的，而北周的法律则繁杂而不得要领。文帝下诏，要高颎、郑译、杨素、裴政等人修订法律。他们所修订的法律，不仅为隋朝所施行，而且也为后世所沿用。在文帝下诏检查户口以防止偷漏赋税时，高颎又提出"输籍法"，凡民间赋税皆记其数于籍账，使州县长吏不得随意增减。

苏威的父亲原在西魏任官，曾主持增加赋税，但他认为增税只能解一时之急，故临死嘱咐儿子，如果以后做官，有可能的话要想法减轻税额。苏威主张减税，而他的这一意见，正是由于得到高颎的赞成才得以实现。苏威关于改革地方建置的意见，与另一大臣李德林意见相左，也是由于高颎的支持才得以付诸实施。

高颎主持操办的事情很多，只是由于有关文稿没有保存下来，故而史书多有阙载。高颎办事认真、勤恳，退朝以后，往往将一个小本子置于卧榻之侧，想起了什么就记在上面，以便第二天办理。

高颎经常坐在朝堂北面的槐树下处理政务。但那棵槐树不依行列，看来很不整齐，负责官员打算砍伐。隋文帝特意下令不得砍伐，留之以示后人。

三、策划平陈　功勋卓著

隋朝建立之后，隋文帝在高颎等人的辅佐下，政局安定，经济、文化得到了恢复和发展。但要使王朝统治得到进一步巩固和发展，只注意域内之事显然是不够的，还必须北服突厥、南平陈朝。在完成这两项任务的过程中，高颎的功绩尤其突出，特别是在平陈方面，他起到了重大作用。

如何战胜陈朝，使南方半壁江山与中原统一起来，这是包括高颎在内的隋朝君臣经常考虑的问题，高颎主张收揽江南朝野的人心，瓦解他们的斗志，一旦条件成熟，大军渡江，一鼓可成。

开皇元年（581），隋文帝根据高颎的推荐，派贺若弼为吴州总管镇守广陵，以韩擒虎为庐州总管镇守庐江，要他们筹划平陈之事。第二年发兵南征，以高颎为总指挥，这显然是试探性的。兵出之后，陈宣帝死讯传来，高颎以"礼不伐丧"为理由停止进攻，班师回朝。高颎还主张隋与陈通使要以礼相待，抓到陈朝的间谍都发给衣服，客客气气地将他们送回。

隋文帝询问平陈的具体策略，高颎说："江北地寒，收获稍晚；江南气温高，水田庄稼熟得早。在江南收获季节，稍稍集中兵马，说是要出战。他们看到这种情况，必然屯兵守御，这就会耽误收获的时间。而当他们集中军队时，我们就解散军队。我们反反复复地这样做，他们必定习以为常，从而麻痹大意起来，之后我们再调集军队，他们就会不以为我们要出征。在其犹豫不决之际，我们乘机渡江，登陆作战，我方因久蓄待发，士气必定高涨，而陈军因多次有警无险一定麻痹大意，如此定可一鼓取胜。而且江南土质不好，房子都是竹子、茅草做的，所有积藏都不是在地窖里。我们秘密派人过去，乘风放火；如再修复，则再烧之。这样持续几年，他们的财力自可枯竭。"文帝按照他的设想去做，果然收到了理想效果。

开皇九年（589），隋朝开始平陈之役。大军共分三路，晋王杨广、秦王杨俊及杨素为各路元帅，统归杨广节度。而此时高颎为晋王府长史，掌握着实际的指挥权。东路大军将领贺若弼早有准备，他卖了五六十艘旧船，造成陈军错觉，以为隋朝卖船，近期不会大举进攻，遂放松了斗志。结果贺若弼由广陵渡过长江，陈军还不知道。与此同时，另一支军队在韩擒虎的率领下也渡过了长江。

贺若弼渡江后，军容整肃，纪律严明。有个士兵自己到民间买酒喝，立予斩首。贺若弼俘虏了陈军六千人，全部发给粮食，予以释放，同时让他们带着隋朝的诏书，要他们宣传隋朝伐陈的政策。结果，隋军所向无敌，陈军纷纷降附。而另一支隋军在韩擒虎率领下，迅速攻入建康，陈后主陈叔宝被俘，陈朝灭亡，隋朝大体统一了全国。

在陈灭亡时，隋军俘获陈朝后宫嫔妃多人，其中以陈后主的宠姬张丽华最为美貌。晋王杨广早闻其名，准备纳为自己的姬妾，便传令高颎将其留下。高颎以留下张丽华将会祸国为由将其杀掉，杨广很不高兴，这也为高颎日后被杀埋下了祸根。

高颎率军回朝，以军功加授上柱国，晋爵齐国公，赐缣帛九千段，食邑一千五百户。文帝对他说："公伐陈后，有人说公将要谋反，已被朕斩杀。公我君臣相知，非小人所能离间。"高颎闻言，心生惧意，又请求辞职。文帝没有同意，下诏说："公识见过人，目光远大，谋略深广，出外可指挥众兵，廓清淮海（指陈朝）；入朝掌控机要大事，实是朕的心腹。自朕受命以来，公处理政务，竭尽忠心。这是上天所降的良辅，佐助朕躬，请不要辞让。"

高颎在平陈之役中，起了主要作用，所以在一次宴会上，隋文帝说："独孤公平定了江南，可以说是功勋卓著啊！"又命他与贺若弼一起谈论平陈之功，高颎连忙说："贺若弼先献十条计策，后在蒋山苦战破敌。臣不过是个文官，怎敢与大将军相提并论。"（"贺若弼先献十策，后于蒋山苦战破贼。臣文吏耳，焉敢与大将军论功！"《隋书·高颎传》）文帝闻言大笑。当时人们都夸赞高颎不居功的节义。

四、屡遭毁谤　受疑失宠

高颎深受隋文帝宠信，但也颇遭小人的嫉恨、毁谤。左卫将军庞晃、将军卢贲，先后对文帝说高颎的坏话。文帝大怒，二人都被疏远、贬黜。文帝因此对高颎说："独孤公就像镜子，每次受到摩擦，反而更加明亮。"（"独孤公犹镜也，每被磨莹，皎然益明。"《隋书·高颎传》）没过多久，南方遭受水灾，尚书都事姜晔、楚州行参军李君才，一齐奏称水旱不调，罪在高颎，请求文帝废黜。结果二人反遭罢黜，文帝对高颎更加亲近。

有一次，隋文帝出巡并州，留高颎居守京都。高颎恪尽职守，不敢稍有懈怠，把所有事务都处理得井井有条，京都安定如常。文帝返京，见此大为高兴，赏赐高颎缣五千匹，又赐予自己的一所行宫，让他作庄舍。高颎夫人贺拔氏生病时，文帝多次派人前往探问，以至使者络绎不绝。文帝还亲自驾临高府，赐钱百万、绢万匹，又赐给他千里马。不久，文帝又命高颎之子高表仁娶太子杨勇的女儿为妻。文帝对高颎的赏赐之多，前后不可计数。

常言道："宠极而衰。"文帝经常听人毁谤高颎，也难免心有所动。正值突厥再次侵隋，文帝以高颎为元帅，命他率军迎战。高颎率大军击败突厥兵，又出兵白道川（今内蒙古呼和浩特北），准备深入剿敌，便派使者请求援兵。近臣都说高颎要谋反，文帝没有回答。正在这时，高颎打败敌军，班师回朝，谣言不攻自破。

到了开皇末年，高颎开始失宠，倒霉的事接踵而来。文帝皇后独孤氏，虽不失为女中豪杰，但却特别妒忌，把文帝看得紧紧的，不准他接触后宫的妃嫔。

尉迟迥有个女儿长得很漂亮，因为父罪被没入后宫。一次，文帝见到她，很是喜爱。独孤皇后知道后，气愤至极，乘文帝上朝的机会，把她杀了。文帝得知，大发雷霆，骑马跑出皇宫，一下子在野地里跑了二十多里。高颎、杨素等人随后追赶，抓住文帝的马缰苦谏。文帝说："吾贵为天子，而不得自由！"高颎说："陛下岂以一妇人而轻天下！"（《隋书·后妃传》）是啊，比起天下来，皇后无论如何也不过一个"妇人"而已，孰轻孰重，自然分明。文帝听了这话，情绪稍微缓和，骑在马上久久地停着不动，到了半夜才返回宫中。独孤皇后在宫中守候，见文帝回来，就边哭边叩头赔礼，高颎、杨素也从中调解，并摆上宴席，痛痛快快地吃喝一顿，才收了场。

这本来是件生活小事，却给高颎深深地埋下了祸根。他本是独孤皇后的家客，独孤皇后与他一直来往密切，可自从他说独孤皇后不过是个"妇道人"之后，她就怀恨在心，不与他来往了。

就在这时，太子杨勇也开始失去了文帝和独孤皇后的欢心。高颎之女嫁杨勇为妻，所以这也关涉到他的政治生命。文帝不喜欢太子杨勇，主要是因为他爱奢华、讲排场，声望渐高，触犯了自己的忌讳。独孤皇后不喜欢太子，则主要是因为他爱女色，同时又受了晋王杨广的挑拨离间。杨勇宠爱一个姓云的女子，而其王妃突然死去，独孤皇后便怀疑是两人有意加害的。等到云氏独自执掌太子家政，独孤皇后更加怒不可遏。杨广得知此情，一方面自我矫饰，以博得母后的欢心，一方面恶言中伤太子。于是文帝与独孤皇后都渐渐产生了废立太子的念头。

有一次，文帝试探高颎说："有神灵告诉晋王妃说，晋王一定要统有天下，公对此有什么看法？"高颎跪倒在地，回答道："长幼是有次序的，怎么能够随意废立太子呢？"（"长幼有序，其可废乎！"《隋书·高颎传》）意思是说，杨勇是长子，应该做太子，是废不得的。独孤皇后知道高颎的主张不会改变，就暗地里找机会对付他。

五、削职为民　直谏被杀

不久，高颎因一件事得罪了皇上。原来，隋文帝打算挑选东宫强壮的卫士做自己的卫士，高颎以为不应这么做，他说："如果把强壮的卫士全部挑走，恐怕东宫的保卫力量会太差。"文帝自己在北周时以外戚专权、进而篡位，所以对此高度警惕，很不高兴地对高颎说："朕时常东跑西跑的，所以需要强壮的卫士。太子待在东宫，身边何必要那么多壮士？而且重兵保卫东宫这个办法流弊极大。依朕看，东宫的保卫由皇宫卫队兼管着就行了。朕熟悉前朝的旧法，公不要走过去的老路。"这是有意给高颎以暗示，别想像自己一样以外戚专权。

时间不长，高颎又有一件事，把文帝和独孤皇后都惹到了。这一年，高颎夫人去世，独孤皇后对文帝说："高仆射年岁已高，死掉了夫人，皇上应该帮他再娶一位。"文帝将皇后的话转告高颎，高颎婉言谢绝说："我现在已经老了，退朝之后，只是坐在书斋里读读佛经罢了。皇上是很爱惜我的，至于娶妻之事，我却没有这个打算。"

消息传到宫内，文帝很是高兴，独孤皇后却不以为然，表现出很生气的样子。文帝不解，就问为什么不高兴。独孤皇后说："你还信任高颎吗？你是为他娶妻，他却只想爱妾，当面欺骗你。他的一个小妾刚生了个儿子，还有个小妾正怀着孕。他不说实话。说什么下朝后读读佛经，他是怕皇上有人在他身边罢了。现在他的欺诈已经暴露，皇上怎么还能信任他呢！"从此之后，隋文帝对高颎就更加疏远了。

开皇十八年（598），隋文帝打算征讨高句丽，高颎坚决反对。但文帝坚持出兵，并派高颎做事实上的主帅，高颎只好服从。结果因为疾疫流行，军中人马十之八九病死，无功而返。这件事本来没有什么好挑剔的，可独孤皇后却节外生枝，在文帝面前中伤高颎，说什么"高颎根本就不愿意去，你强迫他去了，我就知道准是无功而还"。意思是说，高颎阳奉阴违，消极抗命。

这次统军主帅，名义上是汉王杨谅，高颎则掌握实际指挥权。高颎为人比较耿直，自觉责任重大，常常以大局为重，不避嫌疑，对杨谅的意见也多不采纳。杨谅恨透了他，返京后在独孤皇后面前告状说："儿万幸没有被高颎杀掉。"对于这些事情，文帝既不调查、也不分析，信以为真，对高颎更加愤愤不平。高颎竟因此被罢免尚书左仆射之职，以公的身份闲居府第。

没多久，文帝驾临秦王杨俊府第，召高颎侍宴。高颎见到文帝，流泪不止，悲不自胜，独孤皇后和左右侍从都被感动得哭了。文帝对高颎说："朕没有对不起公，是公自己对不起自己。"因此，文帝对侍臣说："我对待高颎胜过儿子，虽然不常见到，他却如在眼前。自从他免官，便逐渐淡忘了，如同本来就没有高颎这个人。所以，做臣下的不可以身要挟君王。"

过了几天，高颎的一个属下，向皇上揭发主人的不法之事，说："高颎之子高表仁对高颎说：'司马仲达（司马懿）开始托病不上朝，遂拥有天下。你如今遇到此事，焉知非福！'"这话使文帝勃然大怒，于是囚禁高颎，命内史省审讯。文帝对群臣说："帝王的地位岂能靠人力求得？孔子是大圣人，才能高了去，著书垂范后世，难道他不想得到高位吗？不过是天命不许可罢了。（"帝王岂可力求！孔子以大圣之才，作法垂世，宁不欲大位邪？天命不可耳。"《隋书·高颎传》）高颎与其子之言，自比晋朝开国皇帝，这是什么居心？"司法官请求问斩，文帝说："去年杀了虞庆则，今年刚斩了王世积，如果再杀高颎，天下人将如何议论朕？"于是将高颎削职为民。

高颎胸襟豁达，虽屡遭不幸，亦处之泰然。降爵为平民百姓，他不但不怨恨，反而感到高兴。母亲的教导，在培养他的这种品德方面起了很重要的作用。他刚做尚书左仆射时，母亲就告诫他说："你的富贵已经到了头，剩下的就是一个砍头了，你要谨慎啊！"（"汝富贵已极，但有一斫头耳，尔宜慎之！"同上）

高颎削职为民数年后，隋文帝驾崩，隋炀帝即位。炀帝起用高颎为太常卿，他对炀帝也是克尽臣道，见有不正确的地方，就直言不讳。这很快就招致了炀帝对他的仇恨。

隋炀帝杨广声色犬马，无所不为。他下诏收集北周、北齐的乐工和天下的散乐，高颎上奏制止，炀帝很不高兴。炀帝又大发劳役修筑长城，高颎十分担忧，对太常丞李懿说："周朝因好乐而灭亡，殷鉴不远，怎能又这样呢？"而当时炀帝对突厥启民可汗恩宠和礼遇太过分，高颎对太府卿何稠说："这个胡人颇知中原虚实、山川险易，恐怕他会成为后世的祸患。"他又对观王杨雄说："近来朝廷一点纲纪都没有。"这些，无不违忤炀帝，岂能不恨之入骨？

大业三年（607）七月，有人向隋炀帝进谗言，高颎以诽谤朝政罪被杀，儿子都被发配边远之地。同时被杀的还有贺若弼、宇文弼等。

后世对于高颎评价极高，谓之"真宰相"。《隋书》指出："高颎有文武大略，明达世务。及蒙任寄之后，竭诚尽节，进引贞良，以天下为己任。苏威、杨素、贺若弼、韩擒虎等，皆颎所推荐，各尽其用，为一代名臣。自余立功立事者，不可胜数。当朝执政将二十年，朝野推服，物无异议。治致升平，颎之力也，论者以为真宰相。及其被诛，天下莫不伤惜，至今称冤不已。"

杜佑以高颎与太公、管仲等并列，谓之"六贤"，其言曰："历观制作之旨，固非易遇其人。周之兴也得太公，齐之霸也得管仲，魏之富也得李悝，秦之强也得商鞅，后周有苏绰，隋氏有高颎。此六贤者，上以成王业、兴霸图，次以富国强兵，立事可法。"（《通典·食货十二》）

尚书右仆射苏威

苏威（534—621），隋朝宰相。字无畏，京兆武功（今陕西武功西）人。北周时，历任车骑大将军、下大夫等。隋朝文帝时，历任民部尚书、大理卿、尚书右仆射等；炀帝时，历任太常卿、光禄大夫等。苏威为人节俭，为官廉洁，行事谨慎。他辅佐两代皇帝，多有建树。他制定的律令都实施于当世，但苛刻繁琐。隋亡后，他多次归附叛军，叩拜叛臣，毫无气节可言。

一、宇文礼敬　杨坚看重

苏威出身名门世家，祖上是三国时期曹魏侍中苏则，家族历代多有二千石高官。父亲苏绰，官至西魏度支尚书，封美阳县公，因积劳成疾病逝。北周明帝二年（558），配享周太祖（宇文泰）庙庭。隋文帝开皇元年（581），追赠邳国公。

苏威自幼就表现出少见的成熟，五岁时父亲去世，他哀伤得跟成年人一样。

北周太祖时，苏威继承了美阳县公爵位，任郡功曹。大冢宰宇文护见到苏威，认为他绝非凡夫俗子，礼敬有加，把女儿新兴公主许配给他。苏威见宇文护专权，恐怕灾祸牵连到自己，便逃进山里，但因叔父逼迫，他终于还是出任了官职。虽然被迫出仕，但他时常隐居在山上的寺院里，以吟咏诵读为乐事。不久，授任使持节、车骑大将军、仪同三司，改封怀道县公。

北周武帝亲政后，苏威拜下大夫。对前后所授的各官职名号，苏威都以病为由不受。他的叔伯妹妹，嫁与河南的元雄。元雄早先与突厥有隙，突厥使者入朝请求归顺，条件是获得元雄及其妻子儿女。北周准备遣送元雄及其妻儿。为了不使元雄一家受辱或被杀，苏威说："野蛮人贪图利益，可以用钱财打动。"于是把田地、宅院标价出售，倾尽家里的所有财产赎回元雄一家人，因此人们都认为他有仁有义。

北周宣帝宇文赟继位，苏威拜任开府。杨坚任丞相时，高颎多次说苏威贤能。苏威应召前来，杨坚把他请到内室，与他谈了很长时间，非常高兴。过了一个月，苏威听说周宣帝要禅让帝位给杨坚，便逃归故乡。高颎要去追，杨坚说："他是不想参与我这件大事，先不管他。"

杨坚建隋称帝后，征召苏威拜为太子少保；追赠其父为邳国公、食邑三千户，由苏威继承邳国公爵位。很快，又让他兼任纳言、民部尚书。苏威上表陈情辞让，隋文帝杨坚下诏道："船大就要多载物，马快就要往远跑。因为公有多种才能，就不要推辞管事了。"苏威这才停止推让。

苏威的父亲苏绰在西魏时，因为国家用度不足，制定、颁布了新的税法，时人认为太重。苏绰叹息道："现在所做的，就像拉弓一样，不是和平时期的法律。后代的君子，谁能改为'弛'法呢？"当时，苏威在旁边听到这席话，暗暗记在心里，以后便以制定"弛法"作为己任。如今，他奏请减轻赋税，而且要向那些轻税的法令看齐，文帝全都听从了。

苏威逐渐被隋文帝亲近、重视，与高颎一起参与掌管朝政。苏威见宫中用银子作挂幔帐的钩子，于是大力称赞节俭之美，以使文帝觉悟。文帝为此神色庄重起来，下令将北周皇宫原有的那些精雕细琢的物品全部清除。文帝仇恨一个人，打算杀掉，但论罪不当处死。苏威因此入阁进谏，文帝不仅不肯采纳，反而气愤至极，要出门亲自前去行斩。苏威上前拦住，不肯放他过去，文帝只得气呼呼回屋。过了好久，文帝想通了，气也消了，便召苏威向他道谢说："卿能这样刚直，朕没有什么可以忧虑的了。"于是赐予他马两匹、钱十多万。不久，苏威兼任大理卿、京兆尹、御史大夫，原任官职都不变。

治书侍御史梁毗认为，苏威一人身兼五职，安于繁忙，喜欢多事，没有荐举贤能代替自己的心思，于是上表章弹劾。文帝说："苏威从早到晚兢兢业业，胸怀远大志向，推举贤能这方面有点不足,怎能这么急迫地催逼他!"

文帝对苏威说:"'用之则行,舍之则藏',只有你我是这样的吧!"又对朝臣说:"苏威不遇到朕,没有地方说他的话;朕不得到苏威,就无法实行正道。杨素的辩才,天下没有第二个;至于参照古今,帮助朕启发教化百姓,杨素却不能与苏威相提并论。苏威若是生在乱世,终南山上的商山四皓,苏威难道会屈居他们之后吗?"可见隋文帝是何等地看重苏威。因此在当时,苏威与高颎、杨雄、虞庆则并称"四贵"。

二、为子所累　沉浮宦海

过了一段时间,隋文帝拜任苏威为刑部尚书,解除少保、御史大夫的官职。后来废除京兆尹这一建制和官职,苏威出任检校雍州别驾。当时,高颎与苏威同心协力,政事、刑法不论大小,无不在他们二人筹划之列,因此隋朝开国仅仅几年,天下便达到大治。很快,苏威改任民部尚书,纳言一职不变。

隋朝在战乱之后建国,法律条例混乱。隋文帝命朝臣修订旧法,作为一代通用的样板。当时,律令的格式多是苏威决定的,朝官都认为他很有才干。

开皇五年(585)七月,关中大旱,河南诸州发大水,文帝下令苏威赈济;次年正月,山东各州发生饥荒,文帝又令苏威巡视赈济。开皇七年(587)四月,苏威转任吏部尚书。开皇八年(588)八月,河北诸州发生饥荒,亦是苏威负责赈济,同时兼任国子祭酒。

开皇九年(589),苏威出任尚书右仆射,做了宰相。这一年,他因母亲亡故而辞职,守丧期间,他悲伤瘦削得有似柴棍。文帝告诫说:"公的德行高于常人,又极其看重情谊,大孝之道,就如同屈尊下从一般。公必须抑制悲哀,为了国家而爱惜自身。

朕对于公来说，是君主，也等同于父亲，公应当依朕的意思，以礼的要求保重自己。"

不久，隋文帝诏令起用苏威任主事，苏威坚决辞谢，文帝下诏安慰，不许推辞。第二年，文帝到并州（治今山西太原），命苏威与高颎一同留在京师主事。没多久，文帝又把苏威召到并州，让他处理民间诉讼。

苏威的儿子苏夔，少年时就有盛名。他喜好罗致宾客，四方的士大夫多有依附他的。后来讨论音乐问题，苏夔与国子博士何妥各自坚持己解，各成一家之言。文帝让百官发表对两种见解的看法，由于官员们多数附和苏威，所以赞同苏夔的占十之八九。何妥愤然说："我读书四十多年，反倒受屈于毛头小儿！"

何妥一气之下，控告苏威与礼部尚书卢恺、吏部侍郎薛道衡、尚书右丞王弘、考功侍郎李同和等结为朋党，在官衙中称呼王弘为"世子"，李同和为"叔"，意思是二人相当于苏威的儿子和兄弟。还说苏威用不正当手段，使叔伯兄弟苏彻、苏肃等人弄虚作假当了官。还有国子学请王孝逸为书学博士，苏威的部下卢恺却招他做了府中的参军。

隋文帝指示蜀王杨秀、上柱国虞庆则等人全面审理，结果所指控的事情都有了证据。文帝命苏威朗读《宋书·谢晦传》中有关朋党的事，苏威惶惧，免冠叩头。文帝说："已经晚了。"于是免去苏威所有官爵，以开府的身份放还家中。当时的知名之士，有一百多人受到此事牵连而获罪。

不久，隋文帝说："苏威是个有德行的人，只是被人连累了。"让他恢复官籍。一年之后，又恢复了苏威的邳国公爵位，拜任纳言。苏威随从文帝祭祀泰山，因不敬又被免官，但很快又恢复原位。文帝对群臣说："人们说苏威伪装清廉，其实家里金玉无数，这是没有根据的瞎话。但他生性凶狠乖僻，不明白世事关键，追求名声太急切，顺从他的就喜欢，违背他的就震怒，这是他的大缺点。"

隋文帝命苏威持节巡抚江南，可以随机处置事务。过了会稽，一直越过五岭，再回到京师。当时，突厥都蓝可汗经常制造边患，文帝又派苏威出使可汗驻地。苏威到了突厥，与他们缔结和亲盟约，都蓝可汗便派遣使臣来京贡献地方特产。

苏威因辛勤劳苦，晋位大将军。仁寿初年（601），恢复尚书右仆射职位。文帝到仁寿宫，命苏威总理京师事务。文帝回京师，御史上奏称苏威职务内的事多数没有很好处理，请求审讯。文帝发怒，斥责苏威，苏威拜求告罪，文帝也便不再追究。

三、炀帝尊重　数次进谏

仁寿四年（604），文帝驾崩，炀帝继位，苏威加授上大将军。大业三年（607），隋炀帝征发民夫修筑长城，因苏威劝谏，只修了一年便停止。高颎、贺若弼等被杀，苏威因与他们有牵连，被免官。一年后，苏威出任鲁郡太守。不久又被召还，参与朝政，拜任太常卿。同年，苏威随军征伐吐谷浑，升任左光禄大夫。

隋炀帝因为苏威是前朝老臣，逐渐委以重任。一年多后，恢复他的纳言之职，命他与左翊卫大将军宇文述、黄门侍郎裴矩、御史大夫裴蕴、内史侍郎虞世基共同参与执掌朝政，时人称之"五贵"。

大业八年（612），隋炀帝东征高句丽，苏威以本职任左武卫大将军，升任光禄大夫，赐爵宁陵侯。同年，又晋封房国公。苏威因自己年老，上表请求告老还乡。炀帝不允，苏威仍以本官参与掌管选事。

大业九年（613），苏威伴驾随军远征高句丽，任右御卫大将军。不久，礼部尚书杨玄感造反，炀帝把苏威拉进营帐，脸露惧怕之色，对他说："杨玄感向来聪明，可能要制造大灾难吧？"苏威说："能明辨是非、审视成败的人，才算是聪明。杨玄感粗陋简单，不是聪明人，陛下不必为他忧虑。不过，臣担心这会成为祸乱的开头。"苏威见天下劳役不断，百姓人心思乱，便用这些话来讽谕，可炀帝并不因此醒悟。

苏威随御驾回到涿郡，炀帝诏令他安抚关中，还任命他的孙子尚辇直长苏僎为副使。苏威之子鸿胪少卿苏夔，先前任关中主管人事任免的重要官职。至此，苏氏一家三人都奉朝廷使命出任关右，苏威的故乡京师三辅引以为荣。

大业十年（614），炀帝发布手诏说：

> 玉清洁温润，涂描不能改变它的性质；松挺拔于寒冬，霜雪不能减弱它的风采。这就是所谓的温仁与劲直，这是本性如此啊！

> 房国公苏威器质温良，襟怀宽宏，见识博雅，气度雍容。早年在朝中任要职，熟悉国家的全部典章制度，是先皇帝的旧臣、朝廷中的老前辈。他是国家的栋梁，辅佐朕十分辛勤。他遵守法律法令，往往自谦，符合礼仪。从前汉代有三杰，辅佐汉惠帝的是萧何；周代的治理能臣有十人，辅佐成王的是召公奭。国家的宝器是贤臣，他们是星光和台阶，可供人们作为依据。他虽有涉及论争的事情，最终总会澄清，衡量时局事务，仍以朝廷为要，可任开府仪同三司，其余官爵不变。

由此可见，苏威受炀帝尊崇的程度，当时朝臣没有谁能比得上。

后来，苏威随从隋炀帝到雁门（今山西代县），被突厥围困，情事危急。炀帝要以轻骑突围，苏威劝止说："据守城池，我们力有所余，而轻骑野战则突厥最为擅长。陛下是万乘之尊，怎能轻易冒险！"炀帝于是作罢，突厥不久也解围离去。炀帝车驾到太原后，苏威说："现在盗贼不止，士兵马匹都很疲惫。希望陛下尽快回到京师（长安），稳固朝廷，加强国力，谋划社稷大事。"炀帝本已认可，但后来却听从宇文述等人的建议而去了东都洛阳。

四、一度削职　数拜叛臣

苏威清静俭约，以廉洁谨慎著称，但却不能容忍异己的意见。在讨论公事时，他经常痛恨别人与自己意见相左，即使是小事，也定要坚决争辩。当时的人都因此认为他缺乏大臣的风度。他所修改制定的律令章程，都实施于当世，但很苛刻繁琐，评论者认为并非简明公允的可行之法。

大业末年，征伐和劳役特别多，而到了论功行赏，苏威总是迎合皇帝的心思，经常扣留不作处理。其时盗贼遍地，郡县有表章送到朝廷，苏威便呵斥盘诘使者，让他们少报贼军之数。所以朝廷派军征讨，因寡不敌众，多数不能取胜。为此，苏威颇受舆论批评。

当时天下大乱，苏威知道皇上不能改过，心里十分忧虑。隋炀帝问侍臣有关盗贼的事，宇文述说："盗贼很少，不用挂怀。"苏威不会说假话，便躲在宫殿柱子后面。炀帝叫出苏威，问他看法，苏威说："这不是我负责的，不知道盗贼有多少，但我觉得他们正越来越近。"炀帝说："这话是什么意思？"苏威答道："从前贼众据守长白山（在今山东邹平境内），现在他们近在荥阳、汜水（在今河南）。"炀帝大感不快，便不再问。

不久便是五月初五端午节，百官给皇帝进献礼物，多是献珍玩之类。苏威却进献了一部《尚书》，想以此讽谕劝谏，炀帝越发不满。后来，炀帝又问苏威有关征伐高句丽的事，苏威回答说，可以赦免群聚的盗贼，遣送他们去讨伐高句丽，如此定可取胜。炀帝更加恼怒。

御史大夫裴蕴揣摩炀帝的心思，指使平民张行本上告苏威从前在高阳主持选官，滥授官职；还畏惧突厥，请求返回京师。炀帝指令审查，案件议定后，颁布诏书云："苏威生性热衷于朋党，喜好异端，心里藏着歪门左道，追逐名利，诬蔑国家律法，诽谤政府部门。前年征伐高句丽，是尊奉先帝的遗志，凡有征询等事，朝臣都能无保留地陈述意见，而苏威不以为然，便不表示态度。作为人臣发挥正义的天职，能是这个样子的吗？苏威对待咨询的心意，为什么如此之薄！"将苏威从官籍除名，贬为庶民。

一个多月后，有人控告苏威与突厥勾结，图谋举事。大理寺依律讯问苏威。苏威申辩说："侍奉两朝三十余年，精诚微薄浅疏，不能使天子知晓，各种过错接连不断，罪该万死。"隋炀帝心生怜悯，予以开释。大业十二年（616），苏威随御驾到江都宫，炀帝打算再度起用他。裴蕴、虞世基认为苏威衰老多病，炀帝便打消了这个念头。

宇文化及杀死炀帝后，任苏威为光禄大夫、开府仪同三司，苏威没有推辞。宇文化及败亡，苏威归附李密，向其叩拜称臣。不久李密战败，苏威回到东都，越王杨侗任用他为上柱国，封邳国公。王世充僭称皇帝，任命苏威为太师，苏威又向王世充叩拜称臣。

苏威认为自己是隋朝旧臣，遭逢丧乱，凡有所遇都随机而处，希望获得收容豁免。唐朝秦王李世民平定王世充，坐在东都洛阳皇宫闾阖门内，苏威求见，称老病无法跪拜。李世民派人责备道："你是隋朝的辅佐大臣，政治昏乱不能匡正挽救，致使百姓遭受摧残，国君被弑，国家灭亡。你见到李密、王世充,都拜伏舞蹈,行君臣大礼。现在既然已经既老又病,就不劳烦相见了。"

不久,苏威回到长安,又来到朝堂请求唐高祖李渊接见,还是未获允许。

唐高祖武德六年(623),苏威在家中去世,终年八十二岁。

尚书左仆射杨素

杨素(?—606),隋朝宰相。字处道,弘农华阴(今陕西华阴)人。北周时,历任车骑大将军、徐州总管等。隋朝文帝时,历任信州总管、上柱国、尚书右仆射等;炀帝时,历任尚书令、司徒等。杨素作为统帅,指挥出色,战术灵活,战绩卓著,显示出卓越的军事才能,为隋朝统一全国立下了汗马功劳。作为宰相,他也制定了许多制度。对于太子的废立,他更是起过重大作用,也因此遗讥后世。

一、胸怀大志 屡立战功

杨素为弘农杨氏之后,先祖世代为官。其祖父杨暄,官至北魏辅国将军、谏议大夫;父亲杨敷,为北周汾州刺史。

杨素少年时不拘小节,却胸怀大志。对此,大家都没看出来,只有从叔祖、北魏尚书仆射杨宽觉得他与众不同,每次对子孙提起,总是说:"处道必将超群绝伦,成为非凡的人才,不是你们所能赶得上的。"("处道当逸群绝伦,非常之器,非汝曹所逮也。"《隋书·杨素传》)

年轻时,杨素喜欢钻研学问,涉猎很广,擅长书法,写得一手好文章。他相貌堂堂,须髯飘逸,有英雄豪杰的气度。

杨素的父亲杨敷任北周刺史,在北齐军攻破城池后,守节不降被杀。北周武帝一直责怪杨敷守城不力,致使他蒙冤。为此,杨素为父亲上诉申理,周武帝不许。杨素再三申诉,激怒了皇上,命左右杀之。杨素临危不惧,大声说道:"我给无道的天子做事,死是分内应该的。"("臣事无道天子,死其分也。")周武帝认为他很有胆识,追赠其父为大将军,谥曰"忠壮";拜他为车骑大将军、仪同三司,并命起草诏书。杨素下笔立成,辞义兼美。周武帝大加赞赏,对他说:"自己好好努力,不要担心不能富贵。"("善自勉之,勿忧不富贵。")没想到杨素应声答道:"我只担心富贵来逼我,因为我无心图谋富贵。"("臣但恐富贵来逼臣,臣无心图富贵。"均《隋书·杨素传》)

等到周武帝伐齐,杨素请求统领父亲部下将士做先锋。周武帝批准,并赐予他竹策说:"朕正准备大力驱策将士,特意以此物赐卿。"杨素跟随北周齐王宇文宪出兵,在河阴(今河南孟津)与齐军大战,击败了敌军。凯旋后,论功封清河县子,食邑五百户。当年又授司城大夫。

第二年,杨素又追随齐王宇文宪,前往攻打晋州(治今山西临汾),屯兵晋州郊外。北齐王率领大军前来支援,齐王宇文宪恐惧而逃,遭到齐兵追击,北周军大败,士卒四散而逃。杨素与十多个骁将奋力苦战,保护齐王宇文宪逃脱了敌军的追击。其后,杨素每次作战都立有军功。等平定北齐,周武帝论功加杨素上开府,改封成安县公,食邑一千五百户,并赐予粟米、丝帛、奴婢、杂畜。

几年后,杨素又追随大将军王轨伐陈,在吕梁(今江苏铜山东南)一带大破陈将吴明彻。周武帝大为高兴,论功封杨素之弟杨慎为义安侯。陈将樊毅在泗口(在今江苏泗县)筑城,准备与北周军打持久战,杨素率军攻击,樊毅大败逃走,并夷平其所筑城。

北周武帝去世后，宣帝即位，杨素袭父爵为临贞县公，其弟杨约为安成公。不久，杨素便追随将军韦孝宽南下淮南，率军攻克了盱眙、钟离。

杨坚成为北周丞相后，让杨素任汴州刺史。杨素行至洛阳，正赶上相州（治今河南安阳）总管尉迟迥起兵造反，荥州刺史宇文胄占据武牢响应，杨素不能前进。杨坚立即拜杨素为大将军，调河内兵攻击宇文胄，大破之。战后，论功升其为徐州总管，进位柱国，封清河郡公，食邑两千户；进封其弟杨岳为临贞公。

杨坚建立隋朝后，杨素加上柱国。开皇四年（584），隋文帝杨坚拜杨素为御史大夫。杨素的妻子郑氏性悍，杨素愤愤地说："我如果做天子，你一定不能胜任皇后之位。"郑氏向隋文帝告发，杨素因此被免官。

二、机动灵活　大败陈军

开皇三年（583），隋文帝曾兴兵南攻陈朝，但因条件不成熟而不得不退兵。

为了消灭江南的陈朝，进而统一全国，隋文帝进行了长期的准备。这期间，杨素也多次进献攻取陈朝之计。不久，隋文帝拜杨素为信州（治今江西上饶）总管，赐钱百万、锦千段、马百匹。

接着，杨素奉命到永安（今四川奉节）督造战船，训练水兵，造出了名曰"五牙"的大战船，船上起楼五层，高百余尺，左右前后各有六根拍竿，都高五十尺，便于接舷水战时用以拍击敌船。船上可容纳水兵八百人，还可以插上旗帜。另外还造出了名叫"黄龙"的战船，可容纳水兵百余人，以及几千艘称为"平乘""舴艋"的小战船。

作战准备停当，开皇八年（588）十月，隋文帝出动大军近五十二万，兵分三路，同时从长江上、中、下游发动进攻。三路人马分别为：秦王杨俊率水陆军由襄阳沿汉水进屯汉口；清河公杨素从永安率水军东下；荆州刺史刘仁恩出江陵接应杨素。三路人马的目标是进击武昌以西的陈军江防部队，阻止陈军向下游机动，保障下游隋军夺取陈朝首都建康（今江苏南京）。

杨素为行军元帅，率水师过三峡，部队到了流头滩（今湖北宜昌西约一百里处，又名虎头滩）。流头滩以东有一险滩，名曰"狼尾滩"；狼尾滩往东二里处，还有一处险滩名叫"人滩"，两滩附近怪石嶙峋，夏没冬出，易守难攻，地势十分险峻。陈朝将领戚欣率领"青龙"战船百余艘，屯兵数千，守卫狼尾滩，企图阻遏杨素进军。

看到这一带地势险峭，诸将都很担忧。杨素却说："胜负在此一举。如果白天进攻，敌人容易发现，加上滩流迅急，对我军的攻势极为不利。"于是隋军便以夜色为掩护，杨素亲自指挥"黄龙"战船近千艘，顺流而下；又派部将王长袭率领步兵从南岸攻击戚欣的水营栅栏，并令大将军刘仁恩率领骑兵从江北兼程西上。黎明时分，包围了戚欣的军营。三路人马突然袭击，戚欣措手不及，仓皇逃窜。战斗结束后，杨素将陈军俘虏遣散回家，秋毫不犯，令陈朝百姓感激不已。

杨素指挥水师继续东下，战船劈波斩浪，旌旗盔甲熠熠闪光。杨素乘坐平底大船，容貌雄伟，陈人见了惊叹不置，都说："清河公真乃江神也。"

杨素到达岐亭（今湖北宜昌西北西陵峡口）时，遇到了一股劲敌。陈朝将领吕忠肃已在峡口设防以待，不但扎下了坚固的水陆营寨，而且在两岸岩石中凿眼下桩，横江设置了三根铁锁链，企图拦住隋军战船。为了固守峡口，吕忠肃把自己的私产全部捐出充军，所以部队斗志昂扬，防御也很严密。

杨素经过多次分析，决定强攻，与刘仁恩部（陆军）水、陆双管齐下。杨素亲自指挥水师进攻吕忠肃的水寨。开始，隋军损失很大，五千多士兵被杀，但杨素毫不气馁，连续发动攻势。与此同时，杨素采取攻心战术，对俘虏的陈军将士以礼相待，无条件释放；再次捉住，再次释放，有的将士甚至三捉三放，极大地动摇了吕忠肃的军心。经过几十次大小战斗，陈军士气日渐低落，无法招架，被迫放弃岐亭，吕忠肃只好率领残兵退守荆门的延州（今湖北宜都西北）。隋军随后占领岐亭，拆毁了江中的三根铁链。吕忠肃负隅顽抗，杨素派士兵一千，乘五牙战船四艘出战。交战中，隋军用拍竿击翻了陈军青龙战船十几艘，陈军大败，被俘的甲士有两千多人。

这时，陈后主所派防守公安的荆州刺史陈纪，以及镇守安蜀城的信州刺史顾觉，他们见大势已去，烧毁物资，率三万军兵和千艘战船向东撤退。此后，巴陵（今湖南岳阳）以东的守军，不敢再与杨素交战，湘州刺史、岳阳王陈叔慎派使臣向杨素投降。

第二年春天，杨素进达汉口，胜利完成了从侧翼进攻陈朝的作战任务。战后，杨素因战功拜为荆州总管，封越国公，食邑三千户；以其子杨玄感为仪同、杨玄奖为清河郡公。赐缣帛万段、粟米万石，金银财宝无数，又赐予陈后主之妹与女妓十四人。

三、一鼓作气 平叛江南

隋朝灭陈后，江南士族地主由于对隋朝的制度、法律不满，纷纷起兵作乱，有的自称大都督，有的自称皇帝，多的拥兵数万，少的也有几千，互相影响，大肆杀害地方官吏。为了镇压地方豪强势力、巩固统一局面，隋文帝任命杨素为行军总管，率军南下征讨。

开皇十年（590），杨素率领水军从扬子津（今江苏仪征南），沿长江东下，攻击占据京口（今江苏镇江）的朱莫问。之后顾世兴自称太守，与都督鲍迁等再次拒战，杨素迎头痛击，大败叛军，俘虏敌军三千多人。随后乘胜追击无锡贼帅叶略，并迅速平叛。这时，忽然听说敌帅沈玄憎、沈杰等围攻苏州城，刺史皇甫绩屡战屡败，形势危急。杨素得知，立即率兵支援，沈玄憎兵败，仓皇投奔贼帅陆孟孙。杨素善于用兵，把握战机，略施小计便击败陆孟孙部，生擒陆孟孙和沈玄憎。

江南叛乱势力中最大的一股，是占据越州（今浙江浦阳江、曹娥江流域及余姚地区）自称天子的高智慧。他有战船千艘，屯据要害，兵力强大。高智慧听说杨素率军前来，便亲自统率数万人马在浙江东岸立下营垒，水军沿江扎有水寨，方圆一百余里内，旌旗蔽空，营帐林立，声势浩大。为了迅速消灭高智慧，杨素召集将领商讨进攻方案。副将来护儿建议说："高智慧以逸待劳，锐气正盛，船只众多，利于水战。如果正面进攻，高军必然拼死作战，不易取得胜利。不如以主力严阵以待，让我率领几千精锐偷渡过江，出其不意地摧毁其营寨，大军乘机出动，使高智慧欲进不能、欲退无路。这是韩信背水设阵、两路夹攻，大破赵军的计策呀！"杨素采纳了这一方案。

当晚，来护儿率领几千精兵，乘几百艘轻便战船，悄悄渡过浙江，登上东岸，黎明之前突然攻入高军营中，到处放火。高军将士从睡梦中惊醒，忽见烟火弥漫，惊恐万状。杨素乘机指挥大军猛攻高营，高智慧组织部队仓皇迎战，战斗从清晨持续到下午，异常激烈，高军损失惨重，溃不成军。高智慧率余部乘战船逃入海中，取海道向南逃窜。杨素兵分两路，一路由部将史万岁率领两千人马，自东阳（今浙江金华）进入山区，扫荡小股叛乱势力；一路亲自率领，取捷径，走余姚，追截高智慧。杨素追到永嘉（今浙江温州）时，截住了高智慧，迫其交战，又大败高军，擒获了几千人。高智慧率领余部继续南逃，最后投奔了泉州叛乱的王国庆。进入山区的一路部队，在史万岁的指挥下，翻山涉水，转战山区一千多里，前后经过七百余战，历时三个多月，消灭了沿途的叛乱力量。

隋文帝考虑到杨素军旅辛苦，长期在外，下诏令他回朝受赏，并给他的儿子杨玄感加官。但杨素认为叛军还没有最后消灭，如果不一鼓作气扫平贼寇，恐怕后患无穷，因此请求暂缓返京，继续剿匪。隋文帝很赏识杨素这种锲而不舍的精神，立即下诏："江南的叛匪，兴风作乱，虽经多方剿杀，仍有部分贼首凶魁，逃到深山洞穴之中。如果不乘胜追击，恐怕他们重新集结，重扰百姓。内史令、上柱国、越国公杨素识古通今，谋略长远，应该委以重任，统率三军，振武扬威，平定叛乱，慰劳黎庶，无论军民事务，一律由他处理。"

杨素到达会稽时，泉州当地的豪族王国庆派人刺杀了刺史刘弘，占据泉州，起兵叛乱，各路叛军纷纷归附于他，气焰非常嚣张。王国庆自以为海路险阻，杨素所率的北方部队不习惯航海，于是麻痹大意，不设防务。杨素利用敌人轻敌，历尽艰险，率水师从海道以迅雷不及掩耳之势袭击泉州。王国庆做梦也没想到隋军从天而至，仓皇迎战，旋即弃城而走；部将见主帅已败，纷纷散匿于各海岛。杨素不容敌人有喘息之机，分遣诸将，水陆并进，追剿叛军。同时，派人秘密联络王国庆，告诉他："你犯的罪不小，只有交出高智慧，方可免于治罪。"王国庆自忖良久，最后不得不交出高智慧，在泉州问斩。

不久，王国庆手下的各路叛将纷纷向杨素投降，江南从此太平。皇上派左领军将军独孤陀迎接、犒劳杨素的军队，封其子杨玄奖为仪同，赐黄金四十斤、马二百匹、羊二千口、公田百顷。同时让杨素代苏威任尚书左仆射，执掌朝政。

晋末以来，连年征战，民不聊生。隋朝统一全国，是民心所向。杨素奉命平定叛乱、维护统一，功勋卓著。战斗中他指挥若定，乘胜追击，速战速决，转战江南几千里，历经大小战斗千余次，用兵时间不到一年，其速度之快令人惊奇。尤其是隋文帝令他回京受赏时，他没有为求封赏而停止进兵，最后一鼓作气平定了江南叛乱。

四、巧用骑阵　大败突厥

开皇十九年（599），东突厥的都蓝可汗与达头可汗结盟，合兵进攻突利可汗，双方大战于长城附近，结果突利可汗兵败降隋。根据既定的远交近攻、惩强扶弱、伺机用兵的战略方针，隋文帝一面封突利可汗为启民可汗，用以牵制突厥中的反隋力量；一面派高颎、杨素率兵出塞，进击都蓝可汗和达头可汗。

不久，突厥达头可汗犯隋边境，隋文帝派杨素为云州道行军总管，出塞讨伐，赐黄金百斤。以往隋军将领与突厥作战，一般都布成方阵。突厥军队都是精锐骑兵，非常凶悍，冲杀起来锐不可当，采用方阵，可以阻遏突厥骑兵的凶猛攻势。而所谓"方阵"，就是用兵车和其他障碍物结成四面防御的屏障，步兵持长兵器在兵车上下迎战，骑兵置于方阵中央。

隋军曾多次用方阵进攻达头可汗，都打成了平手。此次出征，杨素认为："方阵是防御之法，不是取胜之道。"于是摒弃旧法，令部队采用骑阵。为此，杨素亲自演练部队。达头可汗听说隋军不用方阵，非常高兴，说："这真是老天有眼，赐我良机呀！"为此，他还特地下马仰天大拜，之后率精骑十多万浩浩荡荡进攻杨素。

开战之后，杨素先派部将周罗睺率领部分精锐迎战，战斗进行了一会儿，杨素抓住战机，指挥骑兵主力向突厥可汗突然猛攻。敌人措手不及，被杀得落花流水，抱头鼠窜；达头可汗也身负重伤，领兵远逃。与此同时，都蓝可汗也被高颎率军战败，不久为部将所杀，此后，东突厥逐渐被启民可汗所控制。

杨素作战之前，凡有触犯军令的，立即处斩，决不宽贷；每次迎战，总要故意寻找士兵的过失，借口杀戮，最多时能杀百余人，少的时候也有十几个人。尽管血流满地，杨素仍然谈笑自如。两军对阵，杨素往往派一二百人做先锋，如不胜而回就全部杀掉；再派二三百人打前锋，不胜照杀不误。所以杨素的将士对他极其敬畏，作战英勇，战无不胜，攻无不克。同时，杨素对跟随他南征北战的将士也有功必录，因此尽管杨素为人严厉凶狠，大家还是愿意跟着他。

开皇二十年（600），隋文帝任命杨素为行军元帅，再次征剿突厥，连连得胜。突厥兵招架不住，狼狈逃窜。杨素率骑追击，当晚即追上突厥兵，再次进攻。杨素又怕敌军逃得更快，如果此次不能痛击，隋军士气就会大大受损。深思熟虑之后，杨素决定让自己的骑兵放慢速度，自己亲自带领两名骑兵和两名俘虏，悄悄跟在突厥大队人马的后面。不久，突厥兵准备安营扎寨，放松了警戒。杨素见时机已到，乘着夜色，突然发出进攻的命令，隋军将士个个争先，英勇无比，疲惫不堪的突厥兵顷刻间被杀得阵脚大乱，尸横遍野。从这以后，突厥兵再也不敢轻易侵扰隋境。杨素因为破敌有功，荫及子孙，其子杨玄感受封柱国，杨玄纵官至淮南郡公。

五、废立太子　谗害蜀王

开皇二十年（600），太子杨勇失宠于隋文帝和独孤皇后。晋王杨广阴谋废掉杨勇的太子之位，由自己取代。为此，他极力拉拢颇为文帝宠信的杨素，让他为自己出力。杨素贪图拥立之功，遂积极为之奔走。

杨素深知，独孤皇后的话，隋文帝往往言听计从，因此首先把进攻目标对准了独孤皇后，希望由此打开缺口。杨素进入后宫侍奉独孤皇后饮宴，趁机说："晋王孝顺父母，恭敬节俭，与其父皇类似。"独孤皇后本来就喜爱杨广，这话正合其意。杨素见此，便放开胆子，极力说太子杨勇的坏话，劝说独孤皇后改立杨广为太子。独孤皇后本来就有此意，因此二人一拍即合，决心促成废立太子的大事。

此后，杨素不断构陷、谗害太子杨勇，独孤皇后也常吹枕边风，隋文帝遂偏听偏信，最终废掉了杨勇的太子之位，改立晋王杨广为太子。杨素对此立有大功，受到隋文帝的封赏。

仁寿二年（602），独孤皇后去世，隋文帝命杨素治理丧事。关于独孤皇后的丧葬礼仪、山陵制度等，多出于杨素。隋文帝嘉奖杨素，下诏说：

> 君是元首，臣则是股肱，君臣共同治理百姓，如同一体。上柱国、尚书左仆射、越国公杨素，气度恢弘，智鉴明远，怀佐时之略，具经国之才。王业初建，霸图始创，杨素多次出师，擒获、剪除凶恶的贼首。又扬兵江南，长驱塞北，南指吴越，肃清残敌；北临胡地，胡人败服。自从居于朝堂，参赞国家大事，往往直言不讳。论文则辞藻纵横，谈武则权谋迭出，既能文又能武，只要朕下命令驱使任用他，他便夙夜不敢怠慢。皇后远离六宫（指去世），委托杨素治理丧事，他依礼而治，井井有条，尽心尽力，极为诚恳孝敬。他不仅是廊庙之器，实在还是社稷之臣，如果不加褒奖，何以劝励？现在另封他的一个儿子为义康郡公，食邑万户，子子孙孙承袭不绝。

隋文帝还赐给杨素良田三十顷,绢万段,米万石;金钵一个,装满金子;银钵一个,装满珠宝;还有绫罗锦缎五百段。

一时之间,杨素贵宠无比。杨素的弟弟杨约以及叔父杨文思、杨文纪、堂叔父杨忌,一同加官为尚书、公卿;杨素的儿子们素无汗马之劳,官位都升到柱国、刺史。杨家大肆经营产业,从京城到各方的大都会,开设的旅舍、店铺、转碾、水磨,购买的田地房宅,数不胜数,家中有奴仆数千人,后庭中身着绫罗绸缎的歌妓、姬妾数以千计;府第住宅的豪华奢侈,其规模制度简直可与皇宫比拟,亲友、部下都名列清贵。

太子废立之后,杨广的弟弟蜀王杨秀,颇有些愤愤不平。杨广担心杨秀终将成为后患,暗中命杨素寻找罪过加以谗害。隋文帝为此征召杨秀,杨秀犹豫不决,打算称病不去。总管司马源师劝谏,杨秀变色说道:"这是我自家的事,有你什么关系?"司马源师掉着眼泪回答说:"我源师有愧进入总管幕府,胆敢不尽心竭力?圣上有敕命征召大王,已经滞留了时日,至今还拖延不去。民众不了解大王的心思,倘若生出意想不到的议论,朝廷内外怀疑惊骇,皇上大发雷霆,派来使者来问罪,大王凭什么来解释明白?希望大王深思熟虑。"

朝廷果然担心杨秀发生变故,任用原州总管独孤楷为益州(治今四川成都)总管,乘传马急速赴任取代杨秀。独孤楷到了益州,杨秀还是不肯起程。独孤楷劝告、开导了很久,杨秀这才上路。独孤楷观察到杨秀有后悔的神色,就集中军队作了防备。杨秀走了四十余里,准备返回袭击独孤楷,探知人家已有准备,才未发作。

十月,蜀王杨秀到达长安,隋文帝见了他,不跟他说话,派使臣责备,杨秀认了错。隋文帝命令杨素等人推究,治杨秀的罪。在杨广和杨素的合谋谗害下,杨秀最终被废为庶人,幽禁起来。

起初，杨素曾经因为稍有罪责，隋文帝敕令送交御史台，命治书侍御史柳彧治他的罪。杨素仗着自己地位高，坐在了柳彧的坐床上。柳彧从外面进来，见到这种情形，在堂阶之下端正笏板，神色庄重地对杨素说："奉敕命治您的罪。"杨素急忙下了坐床。柳彧靠着书案坐下，让杨素站在大庭上，诘问事情的原委。杨素从此对柳彧怀恨在心。蜀王杨秀曾经向柳彧求取李文博撰写的《治道集》，柳彧给了他，杨秀送给柳彧十个奴婢表示感谢。等到杨秀获罪，杨素奏称柳彧以朝臣身份交通王侯，结果柳彧被革职为民，流放到怀远镇（在今辽宁北镇县境）戍守。

六、平汉王乱　受炀帝忌

仁寿四年（604），隋文帝驾崩，杨广即位，汉王杨谅造反，派茹茹天保攻占了蒲州（治今山西永济），又派王聃率军数万与茹茹天保合力据守。杨素奉命平叛，他指挥轻骑五千突袭蒲州，茹茹天保兵败逃亡，王聃慌忙投降，成了阶下囚。

隋炀帝杨广接着任命杨素为并州道行军总管、河北安抚大使，率领数万隋军征讨汉军。汉王杨谅派部将赵子开统兵十余万，布阵五十里。杨素命令诸将带兵前进临近敌军，自己领兵偷偷进入霍山（在今山西霍邑东），沿着崖谷前进。杨素在谷口建立营寨，自己坐在营寨外，让军官们进入营寨中，挑选三百人留下守营。军官们害怕敌军强盛，都不想出战，纷纷要求留下守营，因而迟误了时间。杨素责问缘由，军官照实情回答，杨素立即招集留在营寨的三百人出营集合，把他们全部斩首，下令重新挑选留下的人员。这一来，人人都不愿再留下。杨素于是带领军队快速前进，赶到敌军的北面，猛击战鼓，纵火焚烧，直接攻击汉军的兵寨。汉军不知如何是好，纷纷溃逃，自相践踏，伤亡了数万人。

汉王杨谅乘机潜逃,杨素率兵紧追不舍。追到介休城(今山西介休),汉王部将梁修罗屯兵于此,听说威名远扬的杨素追来,还没开仗,就害怕得弃城而走。杨素继续追击,距离并州三十里,汉王杨谅带领部将王世宗、赵子开、萧摩诃等,率十万人马前来迎战。杨素沉着指挥,引兵顷刻间便击败叛军,萧摩诃被迫退保并州。杨素毫不松懈地将并州团团围住,汉王杨谅山穷水尽,出城请降,其他余党的叛乱也前后平息。

平定汉王杨谅叛乱后,杨素返回京师,隋炀帝加封其子侄,皆为仪同三司,赏赐众多。大业元年(605),隋炀帝任命杨素为尚书令,不久又拜太子太师。隋炀帝前后给杨素的赏赐之物,不可数计。

杨素虽然有拥立之策和平叛之功,但仍不免为皇帝猜忌。隋炀帝对杨素表面示以殊礼,内心却十分忌惮。杨素患病时,隋炀帝令名医前往诊治,赐予好药。然而,他又暗中询问医生,常担心杨素不死。杨素也自知名位已到极点,不肯服药,对其弟杨约说:"我何必再活下去呢?"("我岂须更活耶?"《隋书·杨素传》)

大业二年(606),隋炀帝又拜杨素为司徒,改封楚公。当年,杨素卒于官,谥曰"景武",赠光禄大夫、太尉公等。

内史侍郎虞世基

虞世基(?—618),隋朝重臣。字茂(懋)世,小字播郎,会稽余姚(今浙江余姚)人。南陈时,任散骑侍郎、尚书左丞。隋朝文帝时,任内史省、中书舍人;炀帝时,任内史侍郎。虞世基为人机敏,做事多迎合上意,故为炀帝所倚重。他恃宠而骄,大肆聚敛，卖官鬻爵，政以贿成；他还怂恿炀帝肆意胡为，助纣为虐，后在江都一同被杀。

一、博学多才　精密笃定

虞世基的父亲虞荔，曾任南朝陈太子中庶子。他的弟弟虞世南，是历史上知名的书法家。

虞世基为人沉静，喜怒不形于色，而且颇为博学多才，并以书法知名。

南陈王朝的中书令孔奂十分欣赏虞世基，曾对人说："我南朝之兴，当在此人。"少傅徐陵听说后召见，虞世基没有去。后来因为公事集会，徐陵一见到虞世基就觉得他不寻常，回头对朝廷官员说："真是当今的潘岳和陆机啊。"（"当今潘、陆也。"《隋书·虞世基传》）潘岳和陆机都是前朝的名士，诗文流传后世。于是，徐陵就把自己弟弟的女儿许配给了虞世基。

虞世基在陈朝做官，初任建安王的法曹参军事，历任祠部殿中二曹郎、太子中舍人。改任中庶子、散骑常侍、尚书左丞。

陈后主热衷打猎，至德四年（586），他命令虞世基作《讲武赋》。对于陈后主荒废政事、耽于射猎，虞世基不加劝谏，反而在文章中为其歌功颂德。陈后主看了虞世基的赋作，大为高兴，赏赐马一匹。

陈朝灭亡后，虞世基归顺隋朝，担任通直郎，当值内史省。那时，他十分贫穷，没有任何产业，经常受雇替人抄书，以此供养父母，因而闷闷不乐。他曾作五言诗表达心志，情感凄凉悲切，时人认为精巧，从事文章著述者没有不吟诵的。隋文帝杨坚察知此情，认为他是一个有才学的人。不久，虞世基受任内史舍人。

隋炀帝即位，虞世基因善于谀媚、迎合上意，所受待遇隆厚。秘书监河东人柳顾言学识渊博，富有文才，平常很少有推许赞扬之人，到这时和虞世基见面，感叹说："天下应共同推举这个人，他不是我们这些人能赶得上的。"（"海内当共推此一人，非吾侪所及也。"同上）

不久，虞世基升任内史侍郎，因为母丧而辞去官职。居丧期间，他哀伤过度，以致毁损身体，瘦得形销骨立，因此世人多夸赞他孝顺。居丧期满，有诏命其赴职治事。拜见皇帝那天，虞世基几乎不能站立。炀帝怜惜其瘦弱，下诏命其进肉食，而虞世基一吃肉就悲伤哽咽，不能下咽。炀帝派人对他说："朕把国事托付给公，公应当为国家爱惜自己。"前后敦促劝勉很多次，虞世基这才稍微进食。

虞世基专门掌管机密，与纳言苏威、左翊卫大将军宇文述、黄门侍郎裴矩、御史大夫裴蕴等，参与掌管朝廷政事。当时天下事务繁多，四方进呈的文书每天有几百件。炀帝行事稳重，政事不在朝堂当即决定，进入内室后，才召集虞世基口授指挥。虞世基回到官署才起草诏书，每天所作诏书将近一百纸，但没有任何遗漏和错误。由此可见，虞世基是何等精密笃定。

二、迎合炀帝　政以贿成

从大业八年（612）起，隋炀帝连续几年三征高句丽，弄得兵困民穷，怨声载道。但炀帝不以为意，仍然大封群臣，虞世基进位为金紫光禄大夫。

大业十一年（615），虞世基跟从炀帝到雁门，突厥始毕可汗率军围困，隋军多次失败。虞世基劝炀帝加重赏赐，亲自安抚士卒，又劝其下诏停止征伐高句丽。炀帝听从他的建议，军队才重新振作。等到围困解除，加赏没有兑现，而炀帝又在谋议攻打高句丽之事。因此，大家都说虞世基欺骗兵众，朝野逐渐离心。

隋炀帝到江都巡游，住在巩县（今属河南）。因为各地起义军一天比一天增多，虞世基请求发兵驻扎洛口仓（今河南巩县东），以防意外。炀帝不依，只回答说："你是个书生，看来还是胆怯。"（"卿是书生，定犹恇怯。"《隋书·虞世基传》）

当时天下大乱，虞世基知道炀帝难以谏阻，又因为高颎、张衡等相继被杀，害怕祸及自身，即便处身近侍之列，也只是唯唯诺诺，不敢违逆炀帝的心意。起义军声势越来越大，郡县多数陷落。虞世基知道炀帝讨厌听到这些消息，后来有奏章报告兵败的，他就尽量减省，不按实际情况汇报。所以外面有什么祸变，炀帝也难得知道。

隋炀帝曾经派遣太仆杨义臣在黄河以北捕捉叛贼，招降叛贼数十万，杨义臣罗列情况，向上报告。炀帝叹息说："我起初没听说过叛贼有这么多，义臣招降的叛贼怎么会如此之多啊！"虞世基回答说："小规模的叛乱即使多，也不值得担心。义臣打败他们，所属军队不少，长久在之外，这一点很不恰当。"炀帝说："你的话很对。"马上追召杨义臣回朝，不再让他在外统兵。

越王杨侗派太常丞元善达混在义军当中，赶到江都向皇上报告情况，说："李密率领兵众百万，逼近京都。叛贼占据洛口仓，京城没有粮食。如果陛下马上返回，乌合之众定会散去；不然的话，东都肯定陷落。"元善达一边汇报，一边抽抽搭搭地低声哭泣，炀帝因此改变了脸色。虞世基看到皇上面容忧愁，进言说："越王年龄小，这些人欺骗他。如果真像所说的那样，善达怎么能冲破包围来到这里？"炀帝勃然大怒说："善达小人，敢在朝廷欺骗朕？"于是派元善达经过起义军占据的地方，向东阳（治今浙江金华）紧急调运粮食，结果被义军杀害。从此以后，其他人都闭口不言，没有谁敢启奏义军的情况了。

虞世基外表深沉明察，言语每每合人心意，所以特别受隋炀帝亲近、信用，朝廷官员没有人能和他媲美的。他续娶的妻子孙氏,性格骄纵放荡,虞世基被其迷惑,任由她奢侈浪费,雕琢器物,文饰衣服,不再有贫寒读书人的作风。孙氏又带着前夫的儿子夏侯俨进入虞世基家中,夏侯俨愚钝鄙陋、撒泼放刁,孙氏为给他搜刮财物,出卖爵位,收受钱财,枉法断狱,公然接受贿赂,以至虞世基家门前有如集市,家中的金银财宝堆积如山。

虞世基的弟弟虞世南富有文才,为国中优秀人物,却清寒贫苦,生活得很不容易。虞世基虽然富有,对弟弟却不曾有所供给,因而人们看不起他,都痛恨他。

宇文化及在江都叛乱时,隋炀帝杨广被害,虞世基也未能免于一死。

御史大夫裴蕴

裴蕴(?—618),隋朝重臣。河东闻喜(山西闻喜)人。南陈时,历任直阁将军、兴宁县令等。隋朝文帝时,任开府仪同三司、三州刺史;炀帝时,任太常少卿、民部侍郎、御史大夫等。后在江都被杀。他竭力逢迎隋炀帝,导帝淫乐,还蒙上欺下,严刑峻法,枉杀大臣,官吏痛恨,士人不耻。

一、导帝淫乐 严刑峻法

裴蕴的祖父裴之平,曾任南朝梁的大将军。父亲裴忌,曾任陈朝尚书,后降隋,赐封江夏郡公,十多年后才去世。

裴蕴性格明辨,有当官的才干。在陈朝时,他曾担任直阁将军、兴宁县令等职。

还在任职陈朝的时候,裴蕴就秘密写信给隋文帝杨坚,表示愿做内应,以覆灭陈朝。等到陈朝灭亡,隋文帝召见江南士大夫,轮到裴蕴时,隋文帝认为他早有归降的心愿,破格授予仪同三司。左仆射高颎不明白皇上的意旨,进谏说:"裴蕴对国家没有什么功绩,受到的宠遇却超过了一般人,我看这不见得可取。"文帝不听高颎的劝言,又加裴蕴为上仪同。高颎再次劝谏,文帝说:"裴蕴可再加开府。"这样,高颎再也不敢说话了。当天,裴蕴被隋文帝拜为开府仪同三司,礼遇尊重,赏赐丰厚。

裴蕴在隋朝历任洋州、直州和棣州三个州的刺史。由于善于治政,因此在各州很有名声、威望。大业初年(605),在政绩考核时,裴蕴总是第一。隋炀帝杨广听说裴蕴政绩好,就任命他为太常少卿。

当初隋文帝不喜欢声乐技艺,命牛弘整治音乐,对凡是不属于正声以及他不满意的,一律摈弃,乐人遣散回乡。隋炀帝继位后,十分喜好音乐。裴蕴揣摩到炀帝的心意,就奏请招集北周、北齐、梁、陈等朝的乐家子弟,均定为乐户。他们当中六品以下官员直到数名百姓,凡是会音乐以及倡优百戏的,都加以重用。这以后,特异的演技或淫乐都聚集到乐府中来,而且还设置博士子弟,让他们教习传授,增加的乐工多达三万多人。隋炀帝大为高兴,提升裴蕴做了民部侍郎。

大业五年(609),朝廷承袭隋文帝休养生息的政策,政令法律疏阔,户口多有遗漏的现象。有的人到了成丁的年纪,还伪装成少年;有的人还没到老年,就已经减免了租赋。裴蕴在地方担任过刺史,平常就知道这些情况,于是就奏报皇上,要求查核全国户口时,要看看人的年貌。如果有一人不实,则官司解职,乡正里长均要远途流放。此外,朝廷又允许民众相互揭发,倘若揭发出一个丁男有假,就让被揭发的人家代替他贡纳赋役。

这一年,各郡县统计,增加丁口二十四万三千,新登记的户口有六十四万一千五百人。隋炀帝临朝批览文件，对文武百官说："前代没有什么好人，导致现在罔冒严重。如今的民户人口与实际相符，完全是裴蕴一个人用心的结果。古话说得好：得到贤人，国家就能大治。今天拿来检验它，看来是可信了。"

从此以后，裴蕴深受隋炀帝的信任和重用，炀帝任命他为京兆赞治，负责治安等。裴蕴纠治人犯，细小过错和失误也不放过，严刑峻法，搞得官吏和百姓十分恐惧。

二、逢迎炀帝　枉杀大臣

过了没有多久，裴蕴又被提拔为御史大夫，与裴矩、虞世基等人共同执掌国家机密。裴蕴善于察言观色、逢迎圣意。如果炀帝想给某个大臣定罪，裴蕴就曲解国法迎合皇帝，强行给那人捏造罪名；相反，如果炀帝想宽恕某人，即便犯有重罪，裴蕴也要按法典从轻判处，然后趁机释放。

这以后，朝廷的大小案子都交由裴蕴办理，宪部（刑部）、大理的官员不敢和他抗争，必须通报事情的原委，然后才敢决断处理。裴蕴善于狡辩，说起法理来，口若悬河，滔滔不绝。定罪判刑，或轻或重，从他的嘴里说出来，分析透彻，当时的人几乎无法驳倒。

礼部尚书杨玄感造反失败后，隋炀帝派裴蕴追查其同党，吩咐说："杨玄感一呼百应，追随者多达十万。这说明天下的人不应该多，人多了就要聚众成为强盗。不把这些盗贼尽行诛灭，那就无法警告后来者。"因此，裴蕴便严刑峻法惩治杨玄感的同党，定刑处死的多达几万，而且还都籍没全家。隋炀帝对裴蕴的暴行大加赞赏，赏给他十五个奴婢。

司隶大夫薛道衡因触犯圣意而受到谴责，裴蕴知道炀帝讨厌他，就说："薛道衡自恃有才能，对国家有旧功，内心没把君主放在眼里。每当陛下颁布命令，薛道衡便私下评议，指责得失，把坏事推卸到陛下身上，妄图制造祸端。如果论他的罪名，似乎比较隐昧，但追究他的心意，实际上犯有悖逆之罪。"隋炀帝听了，点头说："很对。朕少年时和这个人相随处事，他欺负朕年小幼稚，伙同高颎、贺若弼等人在外乱用威权，自己也知道犯了欺骗人的罪行。等到朕即皇帝位以后，薛道衡心里不踏实，幸亏天下没发生什么大事，他无法造反。你论断薛道衡的罪行，很符合朕的心意。"于是，隋炀帝下令处死了薛道衡。

三、蒙上欺下　死于非命

隋炀帝好大喜功，两征高句丽无功而返，还想再度出征，便向光禄大夫苏威询问计策。苏威不愿连年出兵，也想让炀帝知道天下形势——已经有很多农民起义军，就转着弯回答说："现在征讨高句丽，政府不宜出兵。但要是颁诏赦免群盗，朝廷自然便可增兵数十万。皇帝派遣关内的盗贼和山东的历山飞、张金称等首领，另外组织成一支军队，从辽西一路出发；河南地区的王薄、孟让等十几个盗贼首领也可赐给船只，从沧海渡海出战，他们必然为朝廷赦免罪行而高兴，定会争相为国家建立功勋。用一年时间，高句丽便可平定。"隋炀帝听了，很不高兴地说："朕亲自出征还没有攻克，这些鼠辈怎么能行？"

苏威走后，裴蕴对炀帝说："这些话太没道理了，天下什么地方有这么多的盗贼呀！"隋炀帝醒悟过来，说道："老家伙十分奸猾，企图用盗贼来威胁朕。朕想让他闭嘴，但强忍了下来。这个人确实可气。"裴蕴明白炀帝的意思，遂指使张行本参奏苏威的罪过。隋炀帝交给裴蕴审问，裴蕴就把苏威定成了死罪。炀帝说："苏威不能马上就死。"于是，裴蕴便将苏威父子和孙子三代人一并革职。

裴蕴又想扩充自己的权势，他让虞世基奏请废除司隶刺史以下的官署一百多名。于是，裴蕴招纳奸人，相互勾结，结成死党。郡县有不依附他们的官吏，裴蕴及其党羽就暗地里予以打击。当时，朝廷很多军国大事，凡是兴师动众、京都留守以及与周边部族互市贸易等，朝廷都责令御史进行监视。依附于裴蕴的宾客遍布各郡国要地，时常侵扰平民百姓，隋炀帝却被蒙在鼓里。不仅如此，因为裴蕴参加征讨辽东之役，隋炀帝还进拜他为银青光禄大夫。

大业十四年（618），裴蕴随炀帝住在江都。宇文化及和司马德戡密谋起兵作乱，江都长官张惠绍连夜火速报告。裴蕴和张惠绍一同商量对策，准备假造皇帝命令，征发城里的兵民，收捕在外的宇文化及等逆党，并命调发羽林卫兵，派将军范富娄等人从西苑进入，援救隋炀帝。

谋划好之后，裴蕴派人向虞世基通报司马德戡即将作乱。虞世基怀疑情况不实，压制了裴蕴的计划。不一会儿，司马德戡起兵发难，裴蕴哀叹道："没想到竟耽误了皇家的大事。"没过多久，裴蕴就被叛军杀死，他的儿子也在同一天被人处死了。

黄门侍郎裴矩

裴矩（？—627），隋朝重臣。本名世矩，字弘大，后世史籍因避唐太宗讳而去"世"字，河东闻喜（今山西闻喜）人。北周时，任相府记室。隋朝文帝时，历任给事郎、尚书舍人、内史侍郎等；炀帝时，任黄门侍郎，最终降唐。他博学多才，勤政忠君，参与政务数年，始终清廉严谨，但他一意迎合炀帝心意，使国势日衰，为后人所讥。

一、南平叛军　北征外敌

裴矩出身世家。祖父裴他，曾任北魏都官尚书；父亲裴讷之，曾任北齐太子舍人。

裴矩还在襁褓中时，父亲就去世了，伯父裴让之将他抚养成人。

少年时期，裴矩勤奋好学，偏爱文学，富有心计。伯父对他说："观察你的言行举止，足以成为有才之士。但要官位显达，还应当具备通达世事的资质。"裴矩从此开始留意人情世故。

北齐北平王萧贞担任司州牧，征召裴矩为兵曹从事。不久，裴矩又改任高平王的文学掾。北周灭亡北齐后，裴矩未能选调。杨坚任北周定州总管，征召他为记室，很是亲近、敬重。后来，裴矩因给母亲守丧而离职。

杨坚担任北周丞相后，派使者驰马征召裴矩，参与相府记室事务。杨坚建立隋朝后，裴矩升任给事郎，代理内史舍人，负责进言奏事。

开皇八年（588），隋文帝以晋王杨广为元帅，率军南伐陈朝，裴矩则任元帅府记室。攻破丹阳之后，杨广命裴矩和高颎一同收取陈朝的地图和户籍。

开皇十年（591），裴矩奉诏巡抚岭南地区。尚未成行，高智慧、汪文进等聚众叛乱，吴、越道路中断，隋文帝便暂缓派遣裴矩出行。裴矩请求尽快出发，文帝允准。行到南康（今江西赣州），裴矩已聚集士卒数千人。当时，岭南部族叛军首领王仲宣逼近广州，派部将周师举围攻东衡州（治今广东韶关）。裴矩和大将军鹿愿前往解围，叛军驻兵大庾岭，筑起九处营寨，遥作援应。裴矩攻破营寨，叛军放弃东衡州，转而占据原长岭。裴矩又击破叛军，斩杀周师举，从南海进军支援广州。王仲宣大为惊惧，交战大败，士卒纷纷逃散。随后，裴矩奉命安抚岭南二十多个州县，秉承皇帝旨意方便行事，安排叛军首领担任刺史、县令。

裴矩凯旋报功，隋文帝非常高兴，命在殿堂慰劳。文帝环顾高颎、杨素说："韦洸（另一大臣）率领两万军队，无法尽早打过五岭。朕总是担心他军队太少。裴矩率领三千疲惫的兵士，径直到了南康。有他这样的大臣，朕还担忧什么呢？"裴矩凭借军功获授开府，赐爵闻喜县公，赏赐缣帛两千段，并授任民部侍郎，不久升任内史侍郎。

北周时期，双方和亲，突厥都蓝可汗娶大义公主为妻。大义公主是北周赵王宇文招的女儿，自己的宗国被隋朝取代，她很是哀伤，经常怂恿都蓝可汗为自己报仇。当时突厥强盛，都蓝可汗便派兵入侵，隋边境因此屡受侵犯。后来，大义公主与归顺的胡人通奸，被出使突厥的将军长孙晟揭发。裴矩请求趁机派使者前往突厥，劝说都蓝可汗杀死大义公主。文帝认同这一建议，派使者前往突厥，大义公主果然被杀。

开皇十九年（599），都蓝可汗联合达头可汗，击败了与之结仇的突利可汗，又多次侵犯边境。隋文帝命史万岁任行军总管，以裴矩为行军长史，从定襄一路出发，趁机攻打突厥。同年十二月，都蓝可汗被部下杀害，达头可汗自立。

开皇二十年（600），突利可汗归附隋朝，隋文帝封他为启民可汗，命令裴矩安抚存恤，回朝后裴矩担任尚书左丞。

仁寿二年（602），独孤皇后驾崩，太常府过去没有这方面的制度，裴矩和牛弘根据《齐礼》参酌商定。裴矩改任吏部侍郎，以称职闻名。

二、迎合上意 夸富西域

隋炀帝杨广继位后，兴建东都，裴矩奉诏统领修建府省。他督工甚急，九十天就完成了工程，为此受到炀帝夸赞。

当时西域各部族，多到张掖与中原进行互市。炀帝命令裴矩掌管这方面的事务。裴矩知道炀帝正致力于经略远方，各部族的商人一到中原，裴矩就诱使他们讲述自己国家的风俗习惯和山川地理的险易，从而撰成《西域图记》三卷，进献朝廷。书中序文说：

> 我听说大禹平定九州，疏导黄河不超过积石山；秦国兼并六国，设置防卫限于临洮县。因此知道西胡等部族，偏僻地居住在遥远的边陲，礼仪教化不曾到达，典籍史书极少记载。自从汉朝创建，到黄河以西扩展疆土，开始称号的有三十六个小国，他们的后代分别独立，就有五十五个王。汉代仍旧设置校尉、都护，以便管理他们，使他们归顺。但是他们或背叛或归顺，游移不定，经历多次征战。后汉时多次废除这些官任。虽然自从大宛以来，大致知道人口的数目，但各国的山河没有名称。至于姓氏、气候、土地、衣饰和物产，都没有编撰记载，世人不曾听说。又因为春秋更替，年代久远，兼并讨伐，各有兴衰。或者地方属原来的国家，却改从现在的名号；或者老百姓已不是旧族类，却沿袭过去的称号。加上统属的老百姓相互往来，疆界移动改变，北狄、西戎方言不同，情况难以穷尽考核。于阗以北，葱岭以东，从以前的史书考察，有三十多个国家。他们的后代互相屠杀，只有十个国家保存下来。其余的沦陷，全被消灭，只剩下空山丘，无法标记。
>
> 皇上承受天命，养育万物，不分民族，整片国土的老百姓，没有不向慕归化的。风能吹到的地方，太阳能照到的地方，各部族对朝廷的进贡都畅通无阻，没有什么遥远的地方

不来朝见的。我奉命安抚招纳他们之后，监督主持边境通商事务，寻究探讨典籍，搜寻采访胡人，如果有什么疑点，就详察众人的言论。依照他们本国的衣冠服饰、仪容形貌，从国王到老百姓，各自表现出不同的仪容举止。我用丹砂和青臒照原样描画，撰写成《西域图记》，共计三卷，包括四十四个国家。又另绘地图，详尽地画出这些国家的军事要地。从西顷开始，直到北海以南，纵横所贯通的，将近两万里。因为富裕的生意人和大商贾到处游历，所以各个国家的情况没有不详细知道的。又有荒远之地，最终寻访难以知晓，不能虚构，所以留下空白。而两汉前后相继，给西域作的文字记载，老百姓的户数只有几十，就号称国王，空有名号，和实际情况不符。现在我编撰的，都有一千多户，获利直达西海，大多出产珍贵奇异的东西。那些住在山中，没有国家名号，以及部落较小的，多数都不记载。

从敦煌出发，到达西海，共分三道，各有如襟似带的险要山川。北道从伊吾开始，经蒲类海铁勒部，突厥可汗庭，渡过北流河水，到拂林国，直达西海。中道从高昌、焉耆、龟兹、疏勒，翻过葱岭，又经苏对沙那国、康国、曹国、何国、大安国、小安国、穆国，到波斯，直达西海。南道从鄯善、于阗、朱俱波、喝槃陀，越过葱岭，又经护密、吐火罗、漕国，到北婆罗门，直达西海。那三道各个国家中，也都有道路，南北交相通达。其东女国、南婆罗门国等，都顺着道路所向，每处地方都能到达。所以说伊吾、高昌、鄯善，都是西域的门户。汇聚敦煌，成为西域的咽喉之地。

凭借国家的刑罚和恩惠，将士们的勇猛雄武，渡过濛汜高举军旗，越过昆仑策马驰骋，易如反掌，哪儿不能到达！只是突厥、吐谷浑分别控制了羌胡的国土，被他们阻止，所以入朝进贡的物品不能到达。如今羌胡等国通过商人暗中传达了他们的忠诚，都引领翘首，希望成为隋的附属国。皇上的恩情包容养育万物，恩惠遍及全天下，降服安抚他们，一定能求得安定和平。现在只要皇上派遣使者，不必动用武力，各部族就能归顺，吐谷浑、突厥也可以消灭。统一各部族和华夏，大概在此一举吧？不记录以上文字，无以表现皇上声威德化的深远。

隋炀帝看了序文和全书非常高兴，赏赐裴矩五百匹绸缎。他每天拉着裴矩到皇座前，亲自询问西疆的事务。裴矩极力夸耀胡人有很多各式各样的宝物，吐谷浑容易吞并。炀帝因此非常羡慕，准备和西域交往，把四方部族的经营管理事务，都交付给裴矩。

裴矩改任民部侍郎，还没就职治事，又升任黄门侍郎。隋炀帝命令裴矩前往张掖，拉拢西部各部族。裴矩奉命，先后到达西域的十多个方国。大业三年（607），炀帝在恒岳举行祭祀，这些方国都出资助祭。

隋炀帝准备到黄河以西巡行，又命令裴矩前往敦煌。裴矩派使者游说高昌王麹伯雅和伊吾吐屯设等，用重利引诱他们，带领他们入朝晋见。等到炀帝到西部巡行，住在燕支山，高昌王、伊吾吐屯设等人以及西部二十七个方国，都在道路左边拜见皇帝。裴矩让他们都戴上金玉饰物，穿着丝毛织品，点燃檀香，奏响音乐，歌声舞蹈喧哗热闹。裴矩又命武威、张掖的青年男女装扮华丽，随意观看，车马拥挤，横贯数十里，以显示中原的强大。炀帝见到此景非常高兴。

隋炀帝发兵打败吐谷浑，扩展疆土数千里，并派遣军队驻守。每年转运的物资多以亿万计，各部族都很害怕，入朝进贡的络绎不绝。炀帝认为裴矩有安抚怀柔的谋略，晋授银青光禄大夫。

那年冬天，隋炀帝到东都洛阳，裴矩因为各部族入朝进贡的人很多，劝皇帝命东都举行大型歌舞表演。裴矩征集四方奇异的歌舞杂耍，排列在端门街，穿彩色绸服、戴黄金翠玉的人，共有十多万。裴矩又勒令官员及百姓、青年男女按次序坐在竹木篷架上恣意观看，让他们穿着华丽鲜艳。整整表演了一个月才停止。裴矩还下令闹市商店都张设帷幕，摆好丰盛酒菜，派掌蕃带领蕃族人和老百姓做买卖，蕃族人所到之处，都邀请入座，醉饱之后搀扶着离开。蕃族人感叹，说中原人是神仙。炀帝对此大为满意，称赞裴矩的忠诚，他看着宇文述、牛弘说："裴矩很能体察朕的心意，凡是他进言上书的，都是朕已定的计划。还没说出来时，裴矩就说给朕听了。如果不是为国非常用心，哪能如此？"

隋炀帝派遣将军薛世雄防守伊吾，命裴矩一同前往经营管理。裴矩委婉劝说西域各国说："天子因为和你们做买卖相距太远，所以派军驻守伊吾。"西域各国都认为合理，不再来争夺伊吾。裴矩回朝后，炀帝赏赐他四十万钱币。

当时，突厥处罗可汗不肯朝见炀帝，炀帝大怒。正值处罗可汗的酋长射匮遣使来向隋求婚。裴矩启奏炀帝，下令反间射匮，让他秘密袭击处罗可汗，从而大败之。后来，处罗可汗被射匮逼迫，最终跟隋使者入朝晋见。炀帝非常高兴，把貂皮大衣以及西域的珍贵器物赏赐给裴矩。

三、清廉自守　频献计策

大业六年（610），裴矩跟隋炀帝到塞北巡行，来到启民可汗的帷幕。当时高句丽派使者先和突厥交往，启民可汗不敢隐瞒，带着高句丽的使者来见炀帝。裴矩趁势上奏说："高句丽这地方，本是孤竹国。周朝把它分封给箕子，汉时划分为三个郡，晋代也隶属于辽东。如今不守臣道，另做了我国以外的一个国家，所以先帝（指隋文帝）对此痛恨，想征伐它已经很久了。只因为杨谅无能，出兵没有成效。在陛下这时候，哪能不致力于这件事，让礼仪教化之邦，就此成为蛮貊等落后部族的地方吗？现在他们的使者向突厥朝觐，亲自拜见启民，整个国家归顺，必定惧怕皇上的高远豁达，考虑投降前预先逃跑。如果逼迫命令他们朝见皇上，应当是可以促使他们来的。"炀帝问："应该怎么做？"裴矩说："请允许我当面告诉高句丽使者，放他回去本国，派他转告高句丽王，命令高句丽王速来朝见。否则，就率领突厥兵，马上讨伐高句丽。"炀帝接受了裴矩的意见。

高句丽王高元拒不从命，隋朝廷开始确立征伐高句丽的计策。大业八年（612）朝廷大军前往辽东，裴矩以原有官职领武贲郎将。第二年，裴矩又跟从到了辽东。礼部尚书杨玄感叛乱，与他交好的兵部侍郎斛斯政逃入高句丽，炀帝命令裴矩兼管军事。凭借征伐高句丽的前后战绩，裴矩晋升为右光禄大夫。

当时朝廷的纲纪缺乏整顿，官员大都失节，左翊卫大将军宇文述、内史侍郎虞世基等主管国事，文武官员大多数贪污受贿，恶名昭彰。只有裴矩固守常法，没有贪赃纳贿的坏名声，因此被世人称赞。

裴矩回到涿郡，隋炀帝因为杨玄感的叛乱刚刚平息，陇西一带人心思乱，命令裴矩安定抚慰陇西。裴矩趁势到会宁（今属甘肃），抚慰曷萨那部落，并派将军阙达度设侵犯吐谷浑，常有缴获物资，部落因此致富。裴矩回朝启奏，炀帝大大奖赏。裴矩后来跟从军队到怀远镇（在今辽宁北镇县境），炀帝诏令他统辖北方各部族的军事。

裴矩因为突厥始毕可汗部族的兵众逐渐增多，向炀帝献计削分其势力，准备把皇上同宗之女嫁给始毕可汗的弟弟叱吉设，拜授他为南面可汗。叱吉设不敢接受。始毕可汗听说这件事，逐渐生出怨恨。裴矩又向炀帝进言说："突厥本来淳朴简单，能被离间，只因为他们内部有很多胡人，全都凶悍狡黠，教唆他们罢了。臣听说史蜀胡悉特别多奸计，为始毕宠幸，请允许臣引诱他出来，将他杀死。"炀帝同意。

裴矩派人告诉史蜀胡悉说："天子拿出大量珍贵的物品，现放在马邑，准备和各部族广做交易。能提前来的，就可得到财宝。"胡悉十分贪财，相信了这些话，却不报告始毕可汗，率领他的部落，赶出全部牛羊牲畜，如流星飞奔，争着向前，期望先作交易。裴矩在马邑（今山西朔县）埋下伏兵，诱杀了史蜀胡悉。派人报告始毕可汗说："史蜀胡悉忽然率领部落跑到这里，说背叛了可汗，希望我收纳。突厥已经是我们的臣国，他们有背叛行为，我应当一并处斩。现在已经杀死他们，所以派人来报信。"始毕可汗也知道一些真相，因此而仇恨隋朝，从此不再朝拜炀帝。

大业十二年（616），隋炀帝到北方巡游，始毕可汗率领数十万骑兵，在雁门围攻炀帝。炀帝下诏命令裴矩和虞世基每晚住在朝堂，以等待咨询。等到围困解除，裴矩跟从炀帝到了东都洛阳。归顺的射匮可汗派遣其侄子，率领西方部族和各胡人部落上朝进贡，炀帝下诏书命令裴矩设宴接待他们。

四、施恩骁果　得以保命

大业十二年（616），裴矩跟从隋炀帝来到江都宫（在今江苏扬州）。当时四方义军蜂拥而起，郡县奏急的文书多得无法计算。裴矩汇报了这些事，炀帝发怒，派裴矩到京城接待迎候各部族客人，裴矩因为生病没有成行。

等到义军进入函谷关，炀帝派虞世基到裴矩的宅府询问对策。裴矩说："太原发生变故，京城所在地区很不安宁，运作调度不善，恐怕错失良机。只希望皇上车驾早日还归，才能太平安定。"此后，裴矩又开始就职治事。不久，骁卫大将军屈突通失败的消息传来，裴矩随即报告，炀帝听了大惊失色。

裴矩一向勤勉谨慎，不曾触犯过人，见到天下混乱，更担心招致灾祸。他对待别人，大都超过这些人所期望的，即使操持杂事的奴仆，裴矩也不轻贱他们。

"骁果"是随从护卫御驾的骑兵和勇士，他们大多是关中（今陕西）人，由于隋炀帝在江都一住两年，都思念家乡而纷纷逃散。炀帝对此感到担忧，就此询问裴矩。裴矩答道："如今车马羁留在这里，已经过了两年。这些勇士们全都没有家属，人人都无配偶，这样就不能长期安心。臣请求听凭将士们在当地娶妻。"炀帝非常高兴，说："先生到底智谋多，这真是奇计啊。"于是命令裴矩查核察看，为将士们娶妻。

裴矩召集江都境内的寡妇以及未出嫁的女孩，都集合在宫中，然后召见将领及士兵等，任凭他们挑选。他还趁势听取将士们自行报案，先前有和妇女以及尼姑、女道人通奸的，全都马上许配给他们。因此骁果们非常高兴，都竞相说："这是裴公的恩惠啊。"

宇文化及率领骁果叛乱的时候，裴矩早晨起来准备上朝，到街巷门口，碰上几个叛党，便被捆绑起来。骁果们都说："和裴黄门无关。"不一会儿，宇文化及带着一百多骑兵到了，裴矩迎接拜见了他，宇文化及予以宽慰，并命裴矩参酌商定制度，推举秦王的儿子杨浩为皇帝，封裴矩做侍内，跟随宇文化及前往黄河以北。等到宇文化及僭登皇位，拜授裴矩为尚书右仆射，加授光禄大夫，封为蔡国公，担任河北道安抚大使。

宇文化及失败后，裴矩被义军首领窦建德俘虏，因为裴矩是隋朝的旧臣，窦建德对待他很宽厚。窦建德自称夏王，让裴矩担任吏部尚书，不久改任尚书右仆射，专门掌管选考官职的事务。窦建德出身绿林，没有礼节仪式，裴矩为他制定了各种朝廷的礼仪。旬月之间，宪章制度便非常完备了，与帝王相似。窦建德很高兴，经常到裴矩处访问咨询。

窦建德渡过黄河讨伐孟海公，裴矩和窦建德的部将曹旦等在洺州留守。窦建德被打败，各位将领不知道该归属谁。曹旦的长史李公淹、大唐使者魏徵等劝服曹旦以及齐善行，使他们归顺大唐。曹旦令裴矩和魏徵、李公淹带着曹旦和八颗玉玺，包举太行山以东的地方归服大唐。裴矩降唐后任左庶子，改任詹事、民部尚书。后病逝。

拓土平叛众将领

隋朝虽然短暂，但战事却着实不少，有不得不为者，有纯粹瞎来者。南伐陈朝、北征突厥，开拓疆域，结束了自西晋以来的分裂局面，推动历史前进之战，立功者自然名垂青史。隋炀帝好大喜功，西击吐谷浑，东征高句丽，连年兴兵，主将多属无奈，大军尚是进退裕如。等到叛乱、起义风起云涌，将领穷于应付，随时都有被皇帝和敌人杀头之虞……

右武候大将军贺若弼

贺若弼（544—607），隋朝名将。字辅伯，河南洛阳人。曾仕北周，任寿州刺史。隋朝文帝时，历任吴州总管、右武候大将军等；炀帝时，仍任右武候大将军。贺若弼治军严谨，临阵武勇，善用谋略，在消灭南陈、统一全国的征战中，披坚执锐，所向披靡，建立了重要功勋。功成名就后，居功自傲，诋毁别人，又数度争功，有失大将风度。隋炀帝对他日渐疏远，终至诛杀。

一、慎言保命　献计受封

贺若弼的父亲贺若敦，以勇武威猛而闻名，北周时任金州（治今陕西安康）刺史。后因口出怨言，为北周晋王宇文护所不容，逼令自杀。临死前，他曾嘱咐贺若弼："我本想平定江南，但心有余而力不足。现在，我把这个心愿交给你来实现。我因口舌是非而丢命，你应当引以为戒。"并用锥子将儿子的舌头刺出血，以此儆戒他慎言。

贺若弼少时慷慨有大志，骁勇擅骑射，而且博览群书，在当时很有名望。北周齐王宇文宪听说后，对他十分器重，用为记室。后封当亭县公，官迁小内史。

由于职位关系，贺若弼经常出入太子东宫。太子德行不端，而北周武帝宇文邕要求又十分严格，太子害怕父皇知情，于是矫情掩饰，所以儿子的过失父亲一点也不知道。后来，上柱国乌丸轨对周武帝说出了实情："太子不是理想的继承人，我也经常与贺若弼议论此事。"周武帝又问贺若弼。贺若弼知道太子的地位已经不可动摇，且牢记父亲的临终遗言，担心祸及己身，于是回答说：

"太子德业日新，没发现有什么过失。"周武帝听后默然不语。

事情过后，乌丸轨指责贺若弼不对皇上实言相告，而且出卖了自己。贺若弼却说："太子是国家未来的君主，如言之不慎，就会引祸上身，你不应当直言轻议。"他的处世哲学，是"君不密则失臣，臣不密则失身"（《隋书·贺若弼传》）——君主若不有所隐藏，就会丢掉臣服于自己的大臣；大臣若不有所隐藏，就会失去自己的身家性命。果然，后来太子继位，乌丸轨被诛杀，贺若弼却免受其祸。

北周宣政二年（579），贺若弼随行军元帅韦孝宽征伐南陈，一连攻克数十座城池。其中贺若弼的计谋居多，朝廷拜他为寿州（治今安徽寿县）刺史，改封襄邑县公。次年，杨坚做了大丞相，总揽朝政，众心不服。相州总管尉迟迥在邺城（今河北临漳）起兵造反。杨坚怕贺若弼随之生变，连忙派亲信长孙平取而代之。

二、智渡长江　秋毫无犯

杨坚夺取北周政权后，即怀有吞并江南之心，故留心查访，欲以可胜任者镇戍江淮。尚书左仆射高颎与贺若弼早有交情，他推荐说："在朝臣当中，论文武才干，没有高于贺若弼的，应委以重任。"于是，隋文帝杨坚拜贺若弼为吴州（今扬州一带）总管，委以平陈之事，让他经略一方，预先做好准备。

贺若弼欣然从命，并给寿州总管源雄赋诗一首，云："交河骠骑幕，合浦伏波营。勿使麒麟上，无我二人名。"表现出建功立业的雄心。然后赴广陵（今江苏扬州）任所，整军经武，并献上取陈十策。隋文帝非常赞赏，赐赠宝刀，以示荣宠。

隋开皇八年（588）冬，隋文帝在寿春（今安徽寿县）设置淮南行台省，以晋王杨广为尚书令，总摄伐陈事宜，各镇总管分路南下，大举伐陈。贺若弼为行军总管，率军从吴州出发，云集长江北岸。

此前,贺若弼故意用老马换取陈朝人的船只收藏起来,又买了五六十艘破旧之船,摆放在河渠里。陈军侦察到这些情况,误以为中原地区缺乏船只。贺若弼又要求沿江防守的军兵每到换防的时候,都必须集中到广陵去,于是大张旗帜,军营幕帐满山遍野。陈军误以为隋军要大举进攻,便紧急调集军队加强防备。随后得知是防守的军兵换防,陈军才又分散开去。后来,陈军对隋军的集结习以为常,便不再防备。贺若弼又让士兵经常沿江打猎,人喊马嘶,喧闹不止。所以,此时隋军聚集于北岸,陈军却毫无察觉。

待到奉命渡江时,贺若弼提前发起进攻,并酹酒祭奠曰:"弼亲承庙略,远振国威,伐罪吊民,除凶翦暴。……如事有乖违,得葬江鱼腹中,死且不恨。"(《隋书·贺若弼传》)大军随即渡过长江,陈军猝不及防,都溃散而逃。隋军乘势攻占南徐州(今江苏镇江),擒其刺史黄恪,俘获兵众六千余人。

贺若弼军令森严,纪律严明,秋毫无犯,军士有取民间一物者,立斩不赦。对俘众却给予优待,发给资粮,尽予释放,所以所向披靡,降者甚多。

在这时,贺若弼从北道,庐州总管韩擒虎从南道,分路并进,兵锋直指陈朝都城建康(今江苏南京),陈朝的沿江防守部队望风而逃。贺若弼分兵截断曲阿(在今江苏丹阳)的要冲,深入陈朝境内。陈后主命司徒豫章王陈叔英军驻扎在朝堂,骠骑将军萧摩诃军驻扎在乐游苑,护军将军樊毅军驻扎在耆阇寺,中领军鲁广达军驻扎在白土冈,忠武将军孔范军驻扎在宝田寺;镇东大将军任忠军从吴兴(今江苏吴兴)开赴京城驻守朱雀门。

贺若弼进军占据钟山(紫金山,在南京市区东),屯驻在白土冈的东面。晋王杨广命总管杜彦和韩擒虎两军合兵一处,有步、骑两万人驻扎在新林（新林浦，在今江苏江宁西）。不久，蕲州总管王世积率领水军出九江，在蕲口（在今湖北蕲州西北）大败陈军名将纪瑱的水军，陈朝人大惊失色，投降者前后不断。

这时，建康的陈军精锐部队还有十多万人。陈后主陈叔宝一向懦弱，又不懂军事，只知道日夜哭泣，朝廷里的一切都委任给丞相施文庆。施文庆一向专权擅断，将领都憎恨他。施文庆知道将领们都憎恨自己，又唯恐他们建立功劳，就上奏说："这些将领心怀不满，向来不心甘情愿服从朝廷，现在到了紧急的时刻，哪能完全相信他们？"因此，诸将凡有奉请，都不得出行。

三、苦战入城　帝前争功

早在贺若弼进攻京口（在今江苏镇江）时，萧摩诃便请求带兵迎战，在施文庆的授意下，陈后主未予许可。等贺若弼到了钟山，萧摩诃又请求说："贺若弼孤军深入，营垒工事尚不坚固，趁机出兵袭击，可以取胜。"又未获批准。

陈后主召见萧摩诃、任忠等将领，在内殿商议军事。任忠说："兵法主张客军贵在速战，主军贵在持久稳重。当今国家有充足的粮食和兵力，应当固守京城，沿淮水（即秦淮河）设置营寨，隋军即使来攻，也不要同他交战；我军可以分兵切断长江上的通道，不让敌方互通信息。我请求带领精兵一万、金翅战船三百艘，顺江而下，去袭击六合。敌方大军一定会认为渡过江的将士已经被俘，自然锐气挫伤。淮南当地的民众原本就与我熟悉，如今听说我率军前去，一定纷纷响应。我再扬言准备杀奔徐州，切断隋军的退路，那时各路敌军便可不攻自退。等到春水上涨的季节，上游周罗睺等各支部队定会沿江赶来援助。这是退敌的最佳策略。"陈后主竟然也不采纳。

第二天，陈后主忽然说："兵事长久不决胜负，令人心中烦恼，可找来萧郎（萧摩诃），让他带兵出击。"任忠叩头苦苦请求不要出战。孔范上奏说："请与隋军来一次决战，我当为陛下刻石纪念战功。"陈后主采纳了孔范的意见，对萧摩诃说："公可为我决一死战。"萧摩诃回答说："从来领兵打仗，都是既为国家也为自己；今天的战事，还要为妻儿老小着想。"于是，陈后主拿出很多金银丝帛，交给各军奖赏军功。陈后主派鲁广达在白土冈布阵，处在各路军队的最南面，往北是任忠军，再往北是樊毅军和孔范军，萧摩诃军在最北面，几路军从南到北横贯二十里，首尾进退都没有联系。

贺若弼率轻骑登上山头观察敌情，看清陈军各路的分布之后，立即奔下山来，与部下的总管杨牙、员明等将领率八千精兵严阵以待。陈后主和萧摩诃的妻子私通，所以萧摩诃开始就没有心思打仗。只有鲁广达带兵独自奋力作战，且与贺若弼军的战斗力相当。隋军退却数次，贺若弼部下阵亡二百七十三人，放出浓烟来隐蔽、掩护，才摆脱窘迫重新振作起来。陈兵割得首级，都跑去献给陈后主，求取赏赐。

贺若弼知道陈军骄惰轻敌，便改变了主攻方向，领兵向孔范军进攻。孔范的士卒刚一交战便退走，陈军各部看到这种情况，骑兵首先混乱溃逃，步兵也跟着后退，互相践踏，无法制止，损失了五千多人。总管员明活捉了萧摩诃，贺若弼下令拉出斩首；萧摩诃神色自如，贺若弼将他释放，并以礼相待。随后乘胜进至乐游苑。鲁广达监督残兵苦战不息，杀获数百人。直到日薄西山，才面对宫阙恸哭再拜，解甲就擒，贺若弼遂从北掖门入城。

此时，韩擒虎已率五百骑兵从朱雀门先期入城，并俘获陈后主，占据了府库。贺若弼命令将陈叔宝带来与他相见，陈叔宝惶恐流汗，股栗再拜。贺若弼对他说："小国的君主面对大国的公卿，跪拜是符合礼节的。你到了隋朝不失为归命侯，不必害怕。"

贺若弼遗憾没有先抓获陈叔宝，功在韩擒虎之后，就与韩擒虎争功相骂，甚至挺剑而出。

班师返回长安之后，贺若弼又与韩擒虎在隋文帝面前争功。贺若弼说："我在钟山死战，破敌精锐部队，擒陈骁将，扬威耀武，平定陈国。而韩擒虎根本没和敌人交战，不能与我相比。"韩擒虎反驳道："本来旨令我与你同时合击，攻取伪都建康，你却不遵圣命，先期渡江攻击，致使将士伤亡甚多。而我反以轻骑五百，兵不血刃，直取金陵，抓获陈叔宝，占据了他们的府库，捣毁了他们的巢穴。你晚上才到北掖门，还是我开门才将你放入。此乃罪在不赦，怎么能与我相比呢！"

隋文帝见二将争执不休，只好说："攻克、平定江南地区，这是你们俩齐心协力的功劳呀，二将都为上勋。"于是命贺若弼登御坐，赐缣帛八千段，加位上柱国，晋爵宋国公，加以金宝，赐陈叔宝妹为妾，拜右领军大将军，转右武候大将军。韩擒虎也受到同样的待遇。

四、论将自负　微言被诛

灭陈之后，贺若弼更加位尊望重，他的兄弟皆封公爵，担任刺史、列将。他家珍玩不可胜数，婢妾数百，生活奢侈；他又骄傲自满，自以为功名在群臣之上，常以宰相自许。

贺若弼撰述自己在平定江南之战中的用兵计策，呈给朝廷，称为《御授平陈七策》。隋文帝看也不看，说道："你想宣扬我的名声，我不想求名。你应当载入自己的家传里。"（"公欲发扬我名，我不求名；公宜自载家传。"《资治通鉴·隋纪一》）

这时，杨素为右仆射，贺若弼仍为将军，心甚不平，形于言色，因而遭致罢官。贺若弼因此怨气愈甚，遂被下狱。隋文帝责问他："我以高颎、杨素为宰相，你却倡言反对，说这两人只会白吃饭，到底是何用意？"贺若弼回答说："高颎是我的故人，杨素是我的舅子，我一向知道他们的为人，所以才出此言。"公卿认为贺若弼怨愤过重，奏请处以死刑。隋文帝犹豫数日，怜惜他的功劳，免他一死，除名为民。一年后，又复其爵位，但忌恨其为人，所以不再任使，只是待遇还很优厚。

开皇十九年（599），隋文帝在仁寿宫赐宴王公，席间贺若弼作五言诗，词意满含愤怨，隋文帝看后给以宽容，并未治罪。这时，正好有突厥使者来朝拜，隋文帝让他射箭，使者一发即中。隋文帝说："除了贺若弼，无人能与他匹敌。"（"非贺若弼无能当此。"《隋书·贺若弼传》）于是命贺若弼引弓射箭，果然也是一发即中，文帝见了非常高兴，对突厥使者说："此人是上天赐我的！"

杨广做太子时，曾经问贺若弼："杨素、韩擒虎、史万岁三人，都是难得的良将，你看他们优劣如何？"贺若弼说："杨素是猛将，但非谋将；韩擒虎是斗将，但非领将；史万岁是骑将，但非大将。"（"杨素是猛将，非谋将；韩擒是斗将，非领将；史万岁是骑将，非大将。"同上）杨广追问："那么大将是谁呢？"贺若弼回答说："由你自己挑选吧。"言下之意，只有他贺若弼一人。

仁寿四年（604），隋文帝去世，杨广即位，贺若弼仍旧担任右武候大将军，但更加被疏远了。

大业三年（607），贺若弼跟随隋炀帝杨广北巡至榆林。炀帝命人制作一顶可容纳数千人的大帐篷，以招待突厥启民可汗及其部众。贺若弼以为太侈，与高颎等人私下议论，被人奏报。炀帝认为这是诽谤朝政，竟将贺若弼、高颎、宇文弼一同诛杀。贺若弼终年六十岁。

就将略而言，贺若弼的确可谓出类拔萃，唐、宋庙祀历代名将，贺若弼均在其列；宋人张预《十七史名将传》，贺若弼也位列其中。

右骁卫将军长孙晟

长孙晟（551—609），隋朝将领。字季晟，小字鹅王，河南洛阳人。北周时，曾任奉车都尉。隋朝文帝时，任车骑将军、上开府仪同三司等；炀帝时，历任武卫将军、右骁卫将军等。他有勇有谋，经营突厥事务，屡建奇功，深获好评。他为隋朝拓展疆域、巩固发展做出了贡献，其勋业流芳千载，垂范后世。

一、出使突厥　暗中留心

长孙晟家世显赫，曾祖父是北魏上党文宣王长孙稚，父亲是北周开府仪同三司长孙兕；而他的儿子长孙无忌则是唐初名相，女儿是唐太宗的长孙皇后。

长孙晟性情通达，饱读诗书，善弹工射，矫捷过人。北周崇尚武功，贵族子弟交游，皆以武艺相夸相敬。长孙晟每次与人共习驰射，同辈皆在其下。十八岁时，他担任了司卫上士。

长孙晟一开始没什么名气，人们也不了解他的才能，只有杨坚一见，经过一番谈话，赞为异才，拉着他的手对别人说："长孙郎不仅武艺超出群伦，刚才跟他谈话，发现他还多有奇谋妙略。日后的名将，不是他又是谁呢？"（"长孙郎武艺逸群，适与其言，又多奇略。后之名将，非此子邪？"《隋书·长孙晟传》）

北周大象二年（580），突厥首领佗钵可汗向周朝求婚，宣帝宇文赟以赵王宇文招之女嫁与可汗，封为"千金公主"。聘娶时，北周与突厥各自炫耀本土能事，都精选骁勇之士充为使者。周宣帝派长孙晟做汝南公宇文神庆的副手，送千金公主至突厥汗庭。为了这件婚事，前后往返的使者有几十人，佗钵可汗大多轻视，不加礼遇；只喜欢长孙晟，经常与他一起游猎，留住一年之久。

一次出游，遇见两只老雕飞而争肉，佗钵可汗递给长孙晟两支箭，说："请射下它们。"长孙晟弯弓射箭，恰遇老雕相互夺食，一箭贯双。佗钵可汗大喜，命诸子弟贵人都和长孙晟接近，希望能追随他学弹射之艺。可汗的弟弟处罗侯颇得人心，却为可汗所猜忌，处罗侯便密托心腹，暗地里与长孙晟结盟联谊。

在突厥游猎期间，长孙晟注意观察山川形势、部众强弱，全部记下来。出使归来之时，杨坚已经做了丞相。长孙晟详细叙述了突厥的情状，杨坚大喜，升任他为奉车都尉。

隋开皇元年（581），突厥佗钵可汗病危，临死之前对儿子庵逻说："我的哥哥不立儿子，而把汗位委托给我。我死后，你要回避大逻便（木杆可汗之子）。"佗钵可汗去世后，突厥人准备立大逻便为可汗，因为他的母亲地位低下，众人不服。而庵逻的母亲地位高贵，突厥人一向敬重。摄图（乙息记可汗之子）最后来到，对国人说："如果庵逻做可汗，我将率领兄弟侍奉他；假如立大逻便，我一定坚守边境，准备好快刀长矛与他兵戎相见。"因为摄图最年长，又威武勇敢，国人没有敢抵制的，最终立庵逻为可汗。

大逻便未能成为可汗，心中不服，经常派人责辱庵逻，庵逻不能控制他，便把汗位让给了摄图。突厥国中的百姓互相议论说："四位可汗（指伊利可汗、乙息记可汗、木杆可汗、佗钵可汗）的儿子，数摄图最贤德。"于是大家一同迎立摄图，号称"沙钵略可汗"（又作"沙钵罗可汗"），住在都斤山（今杭爱山）。而庵逻迁移到独洛水（今土拉河），称为第二可汗。

大逻便依旧未能获得汗位，便问沙钵略可汗摄图："我和你都是可汗的儿子，各自继承父业。你现在处在至高无上的地位，而我却没有地位可言，这是什么道理？"沙钵略可汗忧虑不止，只好让大逻便做阿波可汗，让他回到原地统领自己的部众。而由沙钵略可汗的叔父玷厥，住在突厥的西部地区，称为达头可汗。从此，四可汗各自统辖部众，分住四个方面，而沙钵略可汗既英勇、又得人心，北方的部族都畏服而依附于他。

隋文帝即位以后，不再给突厥馈送礼物，突厥人非常怨恨。千金公主依照胡俗，此时已嫁给沙钵略可汗为妻。她悲伤自己宗国（北周）的覆没，因此日夜劝说沙钵略可汗，请他替北周皇室报仇。沙钵略可汗对群臣说："我是周皇帝的亲戚，随国公杨坚自立为帝而不能制止，我还有什么脸面见可贺敦（可汗之妻）！"便与原来北齐的营州刺史高宝宁联合出兵，侵掠隋朝的北部边地。

二、出谋划策　智勇双全

隋朝新立，突厥便来侵掠，隋文帝大为恐惧，一面修筑长城，发兵驻守北境；一面派兵遣将镇守幽州、并州，屯兵数万以备战。

长孙晟深知摄图及其叔侄兄弟各统强兵、俱称可汗，分居四面，内怀猜忌、外示和睦等诸多情况，认为对付突厥难以力征，易用离间之计。于是上表详细分析突厥各部相依互忌之势，提出"远交近攻"之计。表中说：

> 当今华夏虽然已经安定，可北方的突厥还是顽固不化，出兵讨伐他们还不是时候；把他们置之度外，又不断地来侵扰，所以应当周密地运筹策略，逐渐地排斥他们。玷厥与摄图相比，兵力强盛而地位低下，对外名义上附属摄图，而内部的裂痕已经很深，如果鼓动他们的情绪，必将自相残杀。而摄图的弟弟处罗侯虽然诡计多端，但势力较弱，所以委曲

求全，迎合众人心理，得到国中爱戴，因而遭致摄图的嫉妒，内心更为不安，虽然表示要弥合裂痕，实际上仍然心存疑惧。再有大逻便，他踌躇不定，介于摄图和处罗侯之间，因畏惧摄图而受其牵制，但还没有决定最终依附于谁。

现在，我们应该远交近攻，离间强盛势力，联合弱小势力。派遣使者结交玷厥，劝说他联合大逻便，那么摄图定会撤回军队，防备自己的西方；再引导处罗侯，让他联结奚、契丹，摄图又会分出部分军队去防备东方。这样势必造成突厥内部互相猜疑、离心离德，十几年过后，乘着他们内乱的时机发兵征讨，一定可以一举而攻灭。

隋文帝览表大喜，召长孙晟面议。长孙晟具体讲述了突厥的形势，亲手画出那里的山川，介绍当地的虚实，都了如指掌。隋文帝深感新奇，完全采纳了他的计议，立即派太仆元晖出使玷厥，特赐狼头纛，故意表示钦敬，礼数甚优。玷厥使者回访时，隋文帝又故意让其位在摄图使者之上，由此摄图与玷厥生出嫌隙，相互猜疑。隋文帝任命长孙晟为车骑将军，让他经由黄龙道（即柳城，今辽宁朝阳），携带大量钱财，赐予奚、契丹等部族，再让他们做向导找到处罗侯的处所。长孙晟见到处罗侯，因为事先已有联系，便广布心腹，诱令突厥降附。

开皇二年（582）四月，隋大将军韩僧寿在鸡头山（在今宁夏六盘山东南）击败突厥，上柱国李充也率军击败了突厥。五月，高宝宁引导突厥兵侵掠隋朝的平川（治今河北卢龙北），突厥调动众可汗所有的精壮兵马共四十万攻入长城。六月，上柱国李光在马邑（在今山西朔县）击败突厥。突厥又发兵侵掠兰州（治今甘肃兰州），凉州总管贺娄子干出兵击败突厥。十月，太子杨勇奉命率重兵屯驻咸阳，以防备突厥。

十二月，隋文帝派遣沁源公虞庆则率军驻扎弘化（治今甘肃庆阳），防备突厥的袭击。这时，行军总管达奚长儒率兵两千，与突厥沙钵略可汗的重兵在周槃（在今甘肃庆阳界）相遇。沙钵略可汗有精兵十多万，隋军人心恐慌，达奚长儒却意气激昂，率军一边战斗、一边转移。隋军遭受突厥骑兵的猛烈冲击，打散了又聚集在一起，拼死抵抗来自四面八方的敌人。隋军转战三天，不分昼夜地与敌人交锋十四次，所有兵器打光用烂后，士卒们就用拳头与敌人肉搏，双手都打得皮开肉裂露出了骨头，杀伤了上万敌人。突厥兵士气渐渐低落，于是解围撤走。

这时，隋朝的柱国冯昱驻兵乙弗泊（在今青海乐都西），兰州总管叱列长叉守卫临洮（治今甘肃临洮），上柱国李崇驻兵幽州（治今北京西南），都被突厥击败。于是突厥大举进兵，从木硖、石门（均在今宁夏固原境内）两道侵入内地，武威、天水、安定（今甘肃泾川）、金城（今甘肃兰州）、上郡（今陕西富县）、弘化、延安等郡的六畜全被抢光。

沙钵略可汗还想南下，达头可汗不愿再战，便撤兵返回塞外。长孙晟又劝说沙钵略可汗之子染干，谎报沙钵略可汗说："后方铁勒人要反叛，正准备袭击牙帐。"沙钵略可汗担心，便加紧撤兵出塞。

三、说降阿波　粉碎阴谋

后来突厥兵又大举入侵，隋朝发八道元帅分道拒敌。长孙晟以偏将之职，协助窦荣定在凉州抵御突厥阿波可汗部。

前上将军史万岁，因犯罪被发配到敦煌充当戍卒。他来到窦荣定的军门，请求出力报效。长孙晟和窦荣定早就听说他的大名，见到他非常高兴。过了几天，准备出战，在长孙晟的建议下，窦荣定派人对突厥说："士兵们有何罪过，你要驱使他们丧命疆场？双方只应各派一名壮士，以决一胜负。"突厥人同意了，便派出一个骑兵来挑战，窦荣定派史万岁出阵应战。只见史万岁策马奔驰，冲杀过去，一刀砍下那个突厥骑兵的头返回。突厥人大惊，不敢再挑战，请求结成盟约，领兵撤回。

这时，长孙晟派人对阿波说："摄图每次出兵开战都能获取大胜，而可汗才领兵交锋，很快就奔逃败北，这是突厥的一大耻辱。况且摄图与可汗相比，双方的军事力量本来不相上下，现在摄图一天天地获胜，被众人崇敬，可汗却连连失利，给突厥增添了耻辱。这样一来，摄图一定要归罪于可汗，实现他长期以来的宿愿，消灭可汗北部的牙帐了（阿波的牙帐建在摄图以北）。希望可汗设身处地为自己考虑，能够抵御住摄图吗？"

阿波可汗派使者前来，长孙晟又对他说："当今达头可汗与隋军联合，而摄图不能控制他。可汗何不也依附于大隋天子，结交、联合达头可汗，互相合作，这样可以转弱为强，可谓保全自己的万全之策。如此一来，怎么会与隋为敌致使民众丧失，身负罪过，不得不回去向摄图请罪而忍受他们侮辱、杀戮呢？"阿波可汗相信了这些话，派遣使者随同长孙晟进京朝见隋文帝。

当时，沙钵略可汗与卫王杨爽军战于白道川（今内蒙古呼和浩特北），沙钵略可汗败走，听说阿波可汗心怀贰意，一气之下抄掠了阿波可汗所据的北牙，尽获其众而杀其母。阿波可汗无处可归，向西投奔达头可汗，借兵十余万，东击沙钵略可汗，复得故地，收聚散卒数万，与沙钵略可汗对垒。阿波频频获胜，势力益增；相形之下，沙钵略可汗由强变弱。

开皇四年（584）九月，沙钵略可汗又遣使向隋称臣朝贡，还请求和亲。千金公主也请求改姓杨氏，称为隋文帝的女儿。隋文帝派遣开封仪同三司徐平和出使沙钵略可汗汗庭，重新封千金公主为"大义公主"。

隋文帝派遣长孙晟任副使，随虞庆则出使沙钵略可汗。沙钵略可汗奉诏时不肯行跪拜之礼，长孙晟说："可汗是大隋女婿，怎能无礼，不尊敬老丈人呢？"沙钵略可汗只好笑着对左右官员说："老丈人应该跪拜，我听你的。"长孙晟还朝后，授仪同三司、左勋卫车骑将军。

开皇七年（587），沙钵略可汗去世，朝廷派长孙晟持节拜其弟处罗侯为莫何可汗，并按突厥风俗嫁大义公主给他。处罗侯托长孙晟上奏朝廷：阿波可汗部为天所灭（遭遇天灾），仅存五六千骑在山谷间，是否拘之以献？隋文帝召集文武大臣商议，有的说"就在突厥那里枭首，以惩其恶"，有的说"押解到我朝来，然后杀死，以示百姓"。隋文帝征求长孙晟的意见，长孙晟说："若整个突厥背叛朝廷，必须处以刑罚。现在是他们兄弟自相残杀，阿波并未辜负国家。趁别人困穷取而杀之，恐怕不是招抚远方之道，不如两存其国。"隋文帝以此议为善。

开皇八年（588），处罗侯去世，突厥立沙钵略可汗之子雍虞间为可汗。长孙晟奉命前往吊唁，并带陈国所献宝器赐予雍虞间。开皇十三年（593），流民杨钦到雍虞间部，谎称国内刘昶与宇文氏女共谋反隋，特派他来密告大义公主。雍虞间相信此言，便不再向隋进贡。长孙晟奉命出使，观察雍虞间动向。大义公主见了长孙晟，出言不逊，且派心腹与杨钦计议，煽动雍虞间反隋。

长孙晟返隋后，将此事奏知皇上，隋文帝又派他前往索要杨钦。雍虞间不愿交出，说并无此人。长孙晟买通其帐下达官，探知杨钦所在，趁夜抓获，带到雍虞间面前质问，结果连同大义公主密谋策反之事一并暴露。向来与隋修好的突厥人以此为耻。雍虞间不得已，拘执大义公主的心腹等人，一齐交给长孙晟带回。隋文帝大喜，为长孙晟加授开府，并遣之再次入藩，废黜了大义公主。

为安边定邦，长孙晟一年之内数次前往突厥，旅途劳顿姑且不论，每至藩地，经常遭遇意外情事，时有不测之虞，身边也没有保护之人。但长孙晟随机应变，洞察真伪，依理成行，其智勇干练，每每不辱使命。

四、联姻染干　献策杨广

雍虞闾向隋朝上表请婚，隋文帝打算答应，长孙晟则上奏称雍虞闾为人反复无信，不如处罗侯之子染干诚实，并说染干亦曾求婚于隋，应该答应他，并加以抚训，让他制衡雍虞闾，以保边安宁。于是隋文帝派长孙晟告知染干，许配公主给他。

开皇十七年（557），染干派五百骑随长孙晟前来迎娶，隋朝以宗女封"安义公主"嫁给他为妻。染干依长孙晟之言，率众南徙，居住在原来沙钵略可汗居住过的地方。此时雍虞闾气恼万分，常率部抄略隋境。染干察知其动静，即派人报隋，因此雍虞闾每次入边，隋朝都先有防备。开皇十九年（599），雍虞闾与达头可汗联盟，合力掩袭染干，大战于长城之下，染干败绩，其兄弟子侄被杀，部落逃散。

染干与长孙晟带领五个骑兵趁夜南逃，等到天亮，已经跑出一百多里，又收拢了几百个骑兵。染干和部下商议说："现在我们兵败入朝，不过是一个降人罢了，大隋天子难道能礼遇我们吗？玷厥虽然也来进攻我们，本来并没有冤仇，如果投奔到他那里，一定能给我们存恤救济。"长孙晟得知消息后，悄悄派使者到附近的伏远镇，要戍卒赶快点燃烽火。

染干望见长城上同时举发四束烽火，就询问长孙晟是什么缘故，长孙晟骗他说："城头高，望得远，一定是远远望见敌寇来了。我们国家规定，如果见敌寇少就举发两束烽火，见敌寇多就举发三束烽火，如果见大队敌寇逼近就四束烽火同时举发。他们一定是看到敌寇多而且逼近这里了。"染干听了非常恐慌，对部众说："追兵已经逼进，只好暂且投降。"

就这样，突利可汗染干率兵投降了长孙晟。他们进入伏远镇之后，长孙晟留下高官执室统领部众，自己带着突利可汗乘驿站的快马进京朝见。隋文帝大喜，进授长孙晟左勋卫骠骑将军，持节护突厥。

后来，又有都速等部归附染干，前后至者男女万余口，长孙晟都予以安置，因此突厥悦附。于是，隋文帝拜染干为"意和珍豆启民可汗"，赐射于武安殿。选善射者十二人，分为两队。启民可汗说："臣因长孙大使得见天子，今日赐射，愿入其队。"隋文帝同意，便给长孙晟六支箭，发发皆中，启民之队获胜。当时，有一群鸟正从天上飞过，隋文帝让长孙晟以弹取之，结果十发俱中，飞鸟应丸而落。当日得奖百官中，长孙晟最多。后来安义公主去世，长孙晟持节又送义成公主嫁给启民可汗。

此时，曾与雍虞闾联盟掩袭染干的达头可汗，又率军侵隋。隋文帝诏命长孙晟率突厥归附各部，以秦川行军总管之职与晋王杨广出征。达头可汗与杨广对峙不下，长孙晟献计说："突厥喝泉水，可在水中下毒。"便在上游水中放入毒药。人畜饮水后死亡众多，达头可汗大惊，以为天雨恶水欲令其亡，连夜逃走。长孙晟率兵追杀，斩首千余级，俘百余口，六畜数千头。奏凯回朝后，隋文帝设宴。当时有突厥来降的达官在座，叙说突厥十分害怕长孙总管，"闻其弓声，谓为霹雳；见其走马，称为闪电"。隋文帝笑着说："将军震怒，威行域外，遂与雷霆为比，一何壮哉！"（《隋书·长孙晟传》）遂授长孙晟上开府仪同三司。

五、教导启民　炀帝赞赏

仁寿元年（601），长孙晟因天有异象，上表隋文帝："臣夜登城楼，望见北方有赤气，长一百多里，都如同雨水下垂到地面。臣仔细查验兵书，这种天象名为'洒血'，它下面的国家必将灭亡。要灭匈奴（代指突厥），应在当下。"隋文帝诏杨素为行军元帅，长孙晟为受降使者，送启民可汗北伐。

第二年，隋军至北河，敌帅思力俟斤等领兵拒战。长孙晟与大将军梁默击退敌军，转战六十余里，降者众多。长孙晟又教启民可汗分遣使者，往北方铁勒等部招抚归附。第三年，有铁勒、思结、伏利具、浑、斛萨、阿拔、仆骨等十余部，都背离达头可汗，请求前来归附。达头可汗溃不成军，西奔吐谷浑。长孙晟送启民可汗安置于碛口（今内蒙古二连浩特西南）。

仁寿四年（604），长孙晟回朝，适遇隋文帝驾崩，太子杨广即位。隋炀帝杨广拜长孙晟为左领军将军。

这时，隋炀帝的五弟杨谅起兵造反。炀帝命长孙晟以本官为相州（治今河南安阳）刺史，征发山东兵马与李雄等共同讨伐杨谅。长孙晟推辞说，自己的儿子在杨谅部下，担此重任，内心不能自安。隋炀帝说："公素来为国尽心尽力，朕所深知。如今相州之地，本是齐国都城，那里民俗浮躁，容易起兵作乱。万一相州百姓起兵响应，叛军声势将更加高涨，朕考虑能够镇抚住那里的官员，非公莫属。公体国之深，终不可以儿害义。"长孙晟依命出任相州刺史，其子先为杨谅守城，后闭门拒杨谅，结果城陷遇害。还军后，隋炀帝加封长孙晟为武卫将军。

大业三年（607），隋炀帝打算北巡，陈兵耀武，先派长孙晟到启民可汗部晓谕。启民可汗召所领各部酋长齐集，欢迎隋炀帝。在长孙晟的教导下，启民可汗与诸位酋长亲自铲除杂草。

原来，长孙晟发现牙帐里杂草丛生，想让启民可汗亲自动手除掉，给诸部落的酋长们看，以显示大隋皇帝的威重，便指着牙帐前的草说："这里的草根非常香。"启民可汗连忙用鼻子闻了闻，说："一点也不香。"长孙晟接着说："天子出行所到的地方，诸侯要亲自洒扫，修治御路，以此表示至高无上的敬意。今天牙帐之内杂草污秽，说明这是留下香草根呢！"启民可汗这才醒悟过来，说："这是奴仆的罪过。奴仆的骨肉都是天子赐予的，理应效筋骨之力，怎么敢推辞，只因边鄙之人不懂国家的礼法罢了。幸好将军教导我，这是将军施与的恩惠，是奴仆的万幸。"于是拔出佩刀亲自割除庭上的青草，部下贵人以及诸部落酋长也都争着效力。于是启民可汗又下令举国开筑御道，西起榆林，东达于蓟，长三千里、宽百步。隋炀帝听到此事，更加赞赏长孙晟的智谋，外任他淮阳太守，还未赴任，又升为右骁卫将军。

大业五年（609），长孙晟去世，年仅五十八岁。隋炀帝深表惋惜，赐赠非常丰厚。后来，隋炀帝再次北巡，突厥始毕可汗（启民可汗之子）趁机在雁门围攻，隋炀帝慨叹说："如果长孙晟还在，也不至于让匈奴（代指突厥）逼到如此地步！"（"向使长孙晟在，不令匈奴至此！"《隋书·长孙晟传》）

唐朝贞观年间，唐太宗追赠长孙晟司空、上柱国、齐国公，谥曰"献"。

右光禄大夫卫玄

卫玄（541—617），隋朝将领。字文昇，河南洛阳人。北周时，历任给事上士、太府中大夫等职。隋朝文帝时，历任淮州总管、资州刺史等；炀帝时，历任卫尉卿、工部尚书、右光禄大夫等。他颇有治政才干，平叛也多有战功，受到炀帝重用。但隋末义军四起，朝政混乱，卫玄有识时之明，遂弃官返家，没有死于乱军中。他的见机而退，后人以为明智。

一、善理政事　教化百姓

卫玄出身于官宦世家，祖父卫悦，在北魏任司农卿；父亲卫摽，在北周任侍中、左武卫大将军。

卫玄年少时就有才干和见识，北周武帝宇文邕在藩镇的时候，用他做记室。升任给事上士，承袭兴势公，食邑四千户。改任宣纳下大夫。周武帝亲自办理朝廷日常事务，拜任卫玄为益州总管长史，赐给他万钉宝带。后来，卫玄逐渐升任开府仪同三司、太府中大夫，管理内史之事，依旧统领京兆尹，人们称道他精明强干。周宣帝时，卫玄因为违逆圣旨而免官。

杨坚做北周丞相时，卫玄检校熊州事。和州蛮反叛，卫玄为行军总管，前往平定。

杨坚建隋称帝后，卫玄升任淮州总管，又进封同轨郡公，因事而免官。不久，隋文帝杨坚任命他为岚州刺史。正好碰上开始修筑长城之役，隋文帝下诏让卫玄监督。

仁寿初年（601），山僚（四川、云南一带的部族）叛乱，卫玄出任资州（治今四川资中北）刺史，前往平定。卫玄到任以后，正当僚人围攻大牢镇，卫玄独身一骑到其营地，对群僚说："我是刺史，领受天子的诏令来安抚你们，你们不要惊慌害怕。"众人无人敢于轻举妄动。于是，卫玄晓之以利害，山僚首领信服，遂撤围而去，前后归附的有十余万人。隋文帝非常高兴，赐给卫玄缣两千匹，任为遂州总管，仍然让他去安抚剑南（指四川剑阁以南）。

隋炀帝即位后，征召卫玄任卫尉卿。夷、僚百姓一向爱戴卫玄，都很惦念他，来探望他的人络绎不绝。卫玄告诉他们说："天子下诏征召，我不能久留。"随后告别，夷、僚百姓各自洒泪相送。

卫玄入朝为官，一年多后升任工部尚书，稍后又任魏郡（治今河北临漳西南）太守，依旧担任尚书一职。炀帝对卫玄说："魏郡既是名都，也是险要之地，百姓大多狡猾奸诈，因此劳烦公去管理。这个郡距离京都，路程并不太远，公应当经常往返，以便商议朝政。"炀帝赐给他五百段各色杂帛，派他上任。

卫玄在魏郡太守任上，恪尽职守，大力治理，百姓无不畏服。不久，拜右候卫大将军，检校左候卫事务。大业八年（612），改任刑部尚书。

隋炀帝远征高句丽，卫玄检校右御卫大将军，率领军队随行。当时各路军队都失利，只有卫玄的军队全部返回，因而拜为金紫光禄大夫。

二、拼死平叛　见机弃官

大业九年（613），隋炀帝第二次亲征高句丽，让卫玄与代王杨侑留守京师长安，拜卫玄任京兆内史，同时依旧任尚书。特许他不待上奏，即可自行处理政事，下令代王杨侑以师傅之礼对待卫玄。

适逢礼部尚书杨玄感叛乱，围逼东都洛阳。卫玄率步、骑七万，援助东都。军队途经华阴（今属陕西）时，挖掘杨玄感之父杨素的坟墓，烧毁了杨素的骸骨，铲平了墓地，向士卒表示必死的决心。军队出潼关后，有人担心崤山、函谷关一带有伏兵，希望从陕县（今属河南）沿江东下，直赴河阳（今河南孟县），攻打敌军的背后。卫玄说："依我来看，这个计策绝非见识短浅者所能想到。"于是采纳其计，擂鼓前进。

卫玄率军越过函谷关，事情完全像所估量的一样，与杨玄感的叛军狭路相逢。于是，卫玄派武贲郎将张峻在南道作为疑兵，自己率大军直赴城北，杨玄感率军迎拒。

卫玄边战边行，屯军金谷（在今河南洛阳东北），在军中清扫地面，祭祀隋文帝，祭文说："刑部尚书、京兆内史臣卫文昇，斗胆昭告于高祖文皇帝之灵。自皇家开始继承天运，三十多年了，武功文德，逐渐覆盖海外。杨玄感辜负皇恩，此人如同丰豕长蛇，啸聚歹徒，进犯王朝国土。臣两代蒙受皇恩，一心侍奉圣主，督率勇猛战士，决心歼灭叛贼顽凶。如果社稷国运绵长，应当让丑徒冰消瓦解；如果国家大运已去，就让老臣先死。"言辞激昂悲慨，三军中没有谁不呜咽流泪的。

当时敌众我寡，形势对比悬殊，卫玄与叛军多次交战，未能获胜，士卒死伤大半。杨玄感率领所有精锐部属前来进攻，卫玄率军拼死抵抗，叛军稍稍退后了一点，进驻北芒（洛阳北）。恰好宇文述、来护儿等援军赶到，杨玄感害怕，便往西逃去。卫玄派遣通议大夫斛斯万善、监门直阁庞玉为前锋，率兵追赶。到了阌乡（在河南灵宝境内），卫玄前锋部队与宇文述等合兵进击，打败了杨玄感军。

隋炀帝从辽东返回到高阳（今属河北），征召卫玄到行在。炀帝慰劳他说："公真的是社稷重臣啊，让朕没有西顾之忧。"于是下诏说："近来寇贼气焰嚣张，扰乱函谷关、河套一带，卫文昇率领义勇之军，领命奔赴前线，内外奋击，挫败顽凶逆类。应该擢升显位，让褒赏之法得以弘扬。可升任光禄大夫。"赐给良田、上等住宅，以及物品巨万。

卫玄即将返回长安，以镇守京师，炀帝对他说："关西的重任，完全委托于公。公平安，社稷就平安；公有危难，社稷也危难。公出入必须有卫兵，平日起居应当善自保重。勇夫注重闭关自守，也就是这个意思了。今特地拨给一千名士兵，以充实公的侍从。"并赐给他玉麟符。

大业十一年（615），隋炀帝下诏让卫玄安抚关中。当时义军蜂起，百姓缺衣少食，卫玄终究不能救恤。而当时政治败坏混乱，贿赂公行，卫玄很看不惯，自认年老，上表请求告老还乡。炀帝派内史舍人封德彝驱马晓谕说："京师为国家的根本，是王业的基础，也是宗庙园陵之所在。靠您这样一些元老旧臣，安卧镇守。朕为国计着想，决无应允之理，所以派遣封德彝来表明朕的旨意。"卫玄只好打消了告老还乡的打算。

大业十三年（617）五月，太原留守李渊起兵反隋。八月，李渊率军进入关中，向长安进发。卫玄自知不能守御，忧愁恐惧，声称有病，不再处理政事。长安城沦陷后，卫玄弃官返家，不久去世，享年七十七岁。

右候卫大将军郭荣

郭荣（547—614），隋朝将领。字长荣，太原人。北周时，历任参军、大都督等。隋朝文帝时，历任内史舍人、通州刺史等；炀帝时，历任武候骠骑将军、右候卫将军等。他与隋文帝杨坚情同手足，多次平定叛乱；后屡有战功，深受隋炀帝信任。他治军严整，身先士卒，东征西战，为隋朝的巩固做出了贡献。

一、屡有军功　官运亨通

郭荣的父亲郭徽，在西魏大统末年，任同州司马。当时，杨坚的父亲杨忠任刺史，因此他与杨坚早有交情。后来，郭徽任官至洵州刺史，封安城县公。杨坚称帝后，郭徽任太仆卿，数年后在任上去世。

郭荣仪容魁伟，外表疏放而内心缜密，与他交往的人大都很喜欢他。北周大冢宰宇文护认为他是一个人才，遂任用他为亲信。宇文护看郭荣谨慎忠厚，提升他为中外府水曹参军。

当时，北齐屡次侵犯北周，宇文护派郭荣到汾州（治今山西汾阳）观察敌人形势。汾州与姚襄镇相距绝远，郭荣认为两城各自孤立，不能相互救应，希望在州、镇之间再筑一座城池，以控制战地形势。宇文护认为言之有理，便采纳了。

不久，北齐将领段孝先攻下了姚襄、汾州两城，只有郭荣所筑之城能自为守备。宇文护架起浮桥，派兵渡过黄河，与段孝先作战。段孝先在上游放大木筏冲击浮桥，宇文护命郭荣督率水性良好的人牵引浮桥、夺取敌人的木筏，结果大败敌军。凯旋后，郭荣以军功授任大都督。

宇文护又因突厥人多次侵扰，派郭荣前往招抚。郭荣在上郡（治今陕西富县）、延安筑起周昌、弘信、广安、招远、咸宁五座城池，以控制军事要道，突厥自此后不能侵扰。

北周武帝亲自掌理朝政后，拜任郭荣为宣纳中士。后来，郭荣随周武帝灭北齐，以军功被赐予二十匹马，六百段帛绢，封平阳县男，升任司水大夫。

郭荣自小与杨坚亲近，关系非常融洽。两人曾在夜晚坐于月光之下，杨坚轻松地对郭荣说："我上观天象，下察人事，北周的运数已尽，我将代替他。"（"吾仰观玄象，俯察人事，周历已尽，我其代之。"《隋书·郭荣传》）郭荣表示赞同，此后便倾心结纳杨坚。

周武帝去世，周宣帝继位，杨坚担任丞相，统领百官。杨坚召来郭荣，拍着他的肩背笑道："我的话应验没有？"（"吾言验未？"同上）随即拜任郭荣为相府乐曹参军，不久又以原职兼领蕃部大夫。

杨坚建隋称帝后，任用郭荣为内史舍人，又因称帝前的旧交情，升其爵位为蒲城郡公，加官为上仪同。经过多次升迁，郭荣升任通州刺史。

仁寿初年（601），西南夷人、僚人多处叛乱，隋文帝杨坚诏命郭荣兼领八州诸军事行军总管，率兵征讨。郭荣率军前往，指挥有方，将士威服，都奋勇作战，多次击败叛军。一年多后全部平定，郭荣被赐予奴婢三百多人。

二、劝谏炀帝　忠心可鉴

隋炀帝杨广即位后，郭荣应召入朝任武候骠骑将军，以治军端严方正著称。几年后，黔安（今四川彭水）夷人首领田罗驹凭借清江险阻发动叛乱，当地各郡百姓、夷人多有响应，一时间声震西南。隋炀帝诏命郭荣率军前往平叛。郭荣奉命，立即统帅大军前往，发动勇猛攻击，多次击败叛军，俘获、斩杀众多，田罗驹战死，其余叛军四散而逃。叛乱平定后，郭荣升任左候卫将军。

后来，郭荣跟隋炀帝西征吐谷浑，拜银青光禄大夫。大业八年（612），隋炀帝东征高句丽，郭荣随从。班师回朝后，郭荣升任左光禄大夫。

大业九年（613），隋炀帝再征高句丽，郭荣认为国力困顿，万乘之尊不应多次劳动，于是进言说："戎狄之人不守礼法，是臣下的责任。我听说千钧的弓弩不为鼹鼠而扣发机栝，哪能亲劳大驾去面对小敌？"炀帝没有采纳，仍命驾亲征。郭荣再次随军进攻，亲冒矢石，日夜不卸铠甲有一百多天。隋炀帝常派人观察将领们的行事，看到郭荣英勇作战，非常满意，经常慰劳勉励。

杨玄感作乱时，隋炀帝命郭荣驱车前往守备太原。后来，炀帝到了东都洛阳，对郭荣说："公年事渐高，不宜久在战阵，将交给公一郡，让公安心养老，任凭公选择。"郭荣不愿离开皇上，叩首陈辞，情意悲哀诚挚，隋炀帝深受感动，于是拜任右候卫大将军。几天后，隋炀帝对百官说："心地忠诚纯粹像郭荣一样的，确实无人可比。"（"诚心纯至如郭荣者，固无比矣。"《隋书·郭荣传》）其受信任如此之深。

大业十年（614），郭荣又随圣驾到柳城（治今辽宁朝阳）。途中得病，炀帝派人探问病情，派出的使者接连不断。不久，郭荣去世，享年六十八岁。隋炀帝为之罢朝，赠兵部尚书，谥曰"恭"，赐布帛一千段。

右翊卫大将军于仲文

于仲文（553—612），隋朝将领。字次武，河南洛阳人。北周时，历任安固太守、东郡太守、大将军等。隋朝文帝时，历任行军总管、太子右卫率；炀帝时，历任右翊卫大将军、光禄大夫。他善于指挥作战，有勇有谋，内平叛乱，外御强敌，立下了赫赫战功。辽东之战兵败，众将归罪于他，炀帝不分青红皂白，将他下狱，致其忧愤而死。

一、明于断案　善于识人

于仲文出身官宦之家，祖父于谨曾任北周太师，父亲于寔则任大左辅、封燕国公。

于仲文自幼聪明敏捷，童年时读书不知疲倦。父亲认为他很奇特，说："这孩子一定会振兴我们宗族。"（"此儿必兴吾宗矣。"《隋书·于文仲传》）

于仲文九岁时，曾经随同父亲拜见北周太祖宇文泰，周太祖问他："听说你喜好读书，书中讲些什么？"于仲文回答说："书中所讲，不过是协助父亲、侍奉君主、厉行忠孝而已。"

（"资父事君，忠孝而已。"同上）周太祖听后，大为感叹。这之后，于仲文跟随博士李祥学习《周易》、三《礼》，逐渐通晓其中的大义。

长大之后，于仲文性格洒脱，具有雄心壮志，气概风度英武挺拔，成为当时有名的公子。后来，他应召出任赵王宇文招属下，不久就升任安固太守。

安固任、杜两家都有牛丢失，后来找到了一头，两家都认作是自己家的，州郡官吏都不能判决。益州长史韩伯儁说："于仲文小时候就很聪明，能明察事理，可以让他来判决。"于仲文说："这很容易解决。"他让两家各把自家的牛群赶来，再放开那头两家都认的牛，这头牛走向任家的牛群；又暗中派人轻微地弄伤那头牛，任家因牛受伤很为怜惜，杜家的人却毫不心疼。见此情形，于仲文呵责杜家冒领，杜姓人家只好服罪。

始州刺史屈突尚，是宇文护同伙，先前因事获罪关入监狱，却无人敢对他执法。于仲文到郡以后，全面整治，最终判决了这桩讼案。蜀中的人因此传言："明断无双有于公，不避强暴有次武。"

没过多久，于仲文被征任御正下大夫，封为延寿郡公，食邑三千五百户。他还多次跟从出征，累积功勋，授官仪同三司。

北周宣帝宇文赟即位，于仲文任东郡（治今河南滑县东）太守。

杨坚做丞相的时候，相州总管尉迟迥举兵反叛，派遣部将檀让收取黄河以南的土地。又派人利诱招纳于仲文，于仲文断然拒绝。尉迟迥对仲文不附自己很生气，遂派仪同宇文威前往攻打。于仲文迎击，大败宇文威的部队，斩首五百多。依照所立的功绩，于仲文获拜开府。

尉迟迥又派部将宇文胄渡石济（在白马西），宇文威、邹绍出白马（在今河南滑县东北），两路军马一起推进，再次攻打于仲文。敌方势力更加强大，于仲文的部属都非常惧怕，而郡人赫连僧伽、敬子哲又率领部属响应尉迟迥。于仲文揣度只凭自己的力量难以支持下去，便抛下妻子儿女，带领六十余骑，打开城西大门，冲出包围，溃散逃走。敌军追赶，边战边逃，所带骑兵战死者十有七八，于仲文仅能脱身逃到京师。尉迟迥下令杀掉了于仲文的三个儿子和一个女儿。

杨坚见了于仲文，带他进入内室，为其儿女不幸遇害下泪，并赐给绸缎五百段、黄金二百两，进位为大将军，兼任河南道行军总管，又赐给乐队。随后，杨坚命于仲文策马传令洛阳发兵，前去攻打檀让。

当时，北周行军元帅韦孝宽在永桥（今河南武陟）抵御尉迟迥，于仲文前来韦孝宽处进行商议。总管宇文忻满怀疑虑，对于仲文说："公新近从京师来，您看朝廷掌权者的旨意怎样？平定尉迟迥之乱诚不足虑，只是担心叛乱平定后，又会有被弃而不用的顾虑。"于仲文担心宇文忻发生变故，就对他说："丞相宽厚仁慈，豁达大度，万事都能明察。如果我们能够竭尽诚心，一定不会有其他变故。我在京三天，常见丞相有三大美德。由此看来，绝非寻常之人。"宇文忻问："是哪三大美德呢？"

于仲文说："有一个叫陈万敌的人，不久前才从敌人那边过来，丞相就派他的弟弟陈难敌在乡里招募兵丁，参与攻打叛军，这是他宽宏大度的第一种美德。上士宋谦奉命稽查，却趁机搜求所稽查者其他方面的罪行，丞相责备他说：'触犯法令的人，自然可以追查他的罪行，又何须另行探寻而损坏大体？'这是他不搜寻别人隐私的第二种美德。说到我于仲文的妻儿子女，丞相总是流下怜惜之泪，这是他有仁心的第三种美德。"宇文忻听了这番话，便放下了惴惴不安的心。

二、巧施计谋 大败叛军

于仲文的军队到达汴州（今河南开封）的东倪坞，与尉迟迥部将刘子昂、刘浴德等人相遇，打败了他们。部队驻扎在蓼堤，距梁郡（治今河南商丘南）七里远。檀让拥兵数万来攻，于仲文故意率疲弱士卒向他挑战。檀让带领全军前来作战，于仲文假装战败，檀让军队很是骄傲。这时，于仲文派遣精兵从左右两侧进攻，大败檀让的军队，活捉五千多，斩首七百多。接着，于仲文率军攻打梁郡，尉迟迥守将刘子宽弃城逃走。于仲文率兵追击，擒获、斩首数千人，刘子宽最后只身逃走。

起初于仲文在蓼堤时，将领门都说："我们的军队远道而来，士兵、战马都很疲乏，不能决战。"于仲文下令三军快速吃完饭，然后布阵大战。攻破贼军之后，众将请教说："先头部队远来疲惫，难以交战，最后竟然能够取胜，这是什么计谋呢？"于仲文笑着说："我们所统率的将士，都是太行山以东地区的人，宜于速进取胜，不宜持久作战。乘着有利形势攻打敌军，所以能够取得胜利。"众将领都自认不如于仲文。

接着，于仲文又进军攻打曹州（今山东曹县）。抓获尉迟迥所任命的刺史李仲康和上仪同房劲。檀让率领残兵败将驻扎在城武（今山东成武），于仲文的偏将高士儒率一万多人驻守在永昌（今属甘肃永昌）。于仲文佯装送信给永昌所辖州县说："大将军（指于仲文）要到了，可多多积蓄粮食。"檀让以为于仲文还不能很快前来进攻，就杀牛宰羊慰劳士卒。而于仲文知道檀让放松了警惕，便挑选精骑袭击，一天便到，攻下了城武。

尉迟迥大将席毗罗拥众十万，驻扎在沛县（今属江苏），即将攻打徐州。他的妻子儿女在金乡（今属山东），于仲文派人装成席毗罗的使者，告诉金乡城主徐善净："檀让第二天午时到达金乡，将要宣布命令，赏赐将士。"金乡人对此毫不怀疑，都很高兴。随后，于仲文简选精兵，伪造了尉迟迥的旗帜，兼程前进。徐善净远远望见于仲文的军队到来，以为是檀让，便出城迎接。于仲文趁机抓获徐善净，占领了金乡。

攻克金乡后，将领们大多劝说屠杀官民，于仲文说："这座城池是席毗罗起兵的地方，应当宽待他们的妻子儿女，这样席毗罗的兵卒才会自动归附。如果屠杀金乡官民，席毗罗的军卒就会断绝希望，从而誓死不降。"大家都认为他说得有理。

在这个时候，席毗罗仗着兵力多，前来进犯官军。于仲文背靠金乡城布下战阵，在距离部队几里的麻田里设下埋伏。两军刚一交战，埋伏的兵卒冲出来，拖着柴草来回奔走，鼓噪呐喊，扬起满天的尘土。席毗罗的军队大败，于仲文乘势攻打，敌军纷纷溃逃，逃到洙水（泗水支流，今为小汶河上游），许多人投水淹死，以致洙水堵塞不流。

于仲文抓获檀让后，用槛笼押赴京师，黄河以南的地方全部平定。席毗罗藏在荥阳（今属河南）人家中，被官军抓获斩首，首级传送京城。战后，于仲文刻石记功，立在泗水之上。

于仲文回到京师，杨坚引他进入内室，尽情宴饮，并赐各色彩缎一千段、歌舞女子十名，拜任柱国、河南道大行台。适逢杨坚建隋称帝，于仲文没有上任。

三、一度入狱　数败突厥

杨坚称帝不久，于仲文的叔父太尉于冀因事入狱，于仲文受到牵连，也受到查究。于仲文在狱中上书，恳切陈辞，说到了一家两代对朝廷的忠诚和贡献。隋文帝看后，把于仲文和于冀一起放了。

不久，隋文帝下诏命于仲文率军驻守白狼塞（在今山西应县),以防备突厥侵扰。第二年,文帝以于仲文为行军元帅,统领十二总管攻打突厥。隋军开出服远镇,遇上敌军,打败了他们,斩首一千多级,缴获牲畜数以万计。

在这个时候,从金河到白道川,于仲文派遣总管辛明瑾、元滂、贺兰志、吕楚、段诺等两万人,经由盛乐上大道,奔赴那颉山。到了护军川北面,与敌军相遇,突厥可汗见于仲文的军队阵容严整,不战而退。于仲文率精骑五千,过山追击,没有追上,只好返回。

隋文帝因为尚书省文簿繁杂,官吏多有奸计,下令于仲文查检省中情况。于仲文揭发检举的人很多,文帝嘉许他能明断,大加犒赏。文帝每每担心外地运送的粮物供应不上,于仲文便请求疏通渭水,开发水运渠道。文帝认为于仲文的建议很好,就派他总管此事。于仲文勤于职守,出色地完成了这一任务。

等到讨伐陈朝的时候,隋文帝任命于仲文为行军总管,率水军从章山出兵汉口。陈朝郢州刺史荀法尚、鲁山城城主诞法澄、邓沙弥等请求投降,秦王杨俊都命于仲文接纳了他们。

高智慧等在江南叛乱,于仲文又以行军总管的身份前往讨伐。当时三军缺粮,米粟都很昂贵,于仲文为了牟利,私下里出卖军粮,被人揭发,文帝一怒之下将其削职除名。第二年,文帝又恢复了于仲文的官爵,派他率领军队屯兵马邑防备突厥。于仲文率军驻扎马邑,几十天才撤兵。

四、征辽获罪 忧愤而死

晋王杨广认为于仲文有将领之才,经常留意他,并请求让他督率晋王府军事,文帝批准了这个请求。后来突厥进犯边塞,晋王杨广任元帅,派于仲文率前军,大破突厥而回。

仁寿初年(601),于仲文任太子右卫率。仁寿四年(604),

杨广即位，于仲文升任右翊卫大将军，参与掌管文武百官遴选之事。大业四年（608），于仲文跟随炀帝讨伐吐谷浑，升任光禄大夫，很受炀帝亲近宠信。

大业八年（612），隋炀帝亲赴辽东，挥军攻打高句丽，于仲文率军直指乐浪道，驻军乌骨城。于仲文挑选疲弱的驴马数千匹，安排在大军后面，随即率领军众向东前进。高句丽出兵偷袭粮草车辆，于仲文率军回击，大败高句丽军。

到了鸭绿水，高句丽大臣乙支文德假装投降，来到于仲文的军营里。于仲文先前接到炀帝的秘密指令：如果遇到高元以及乙支文德，一定要当即擒获。到这个时候，乙支文德来了，于仲文便打算立即抓捕。尚书右丞刘士龙时任慰抚使，坚决阻止抓捕，于仲文就把乙支文德放了。不久，于仲文又反悔了，派人诱骗乙支文德说："还有一些事情要商议，可再来一趟。"乙支文德心知大事不妙，便没有理会，渡河离去。于仲文选派骑兵渡河追赶，每次作战都打败贼兵。乙支文德送给于仲文一首诗，诗云："神策究天文，妙算穷地理。战胜功既高，知足愿云止。"于仲文写信劝谕，乙支文德烧毁营栅逃跑了。

当时，左翊大将军宇文述因粮食吃光，便要撤军。于仲文建议用精锐骑兵去追赶乙支文德，认为这样可以立功。宇文述一再阻止，于仲文发怒说："将军手握十万大兵，不能打败小小贼寇，有何面目去见皇上！看来我于仲文此次之行，将不会有功劳了。"宇文述厉声说道："怎么知道没有功劳？"于仲文说："过去周亚夫当大将时，见到天子，军容一点也不曾改变。这是因为决定权在一个人手中，所以能够功成名就。现在人心不一，靠什么去杀敌？"

起初，隋炀帝认为于仲文有谋略，曾命令各路大军都向他征求意见、禀报调度情况，所以于仲文才有这番话的。也正因此，宇文述等不得已服从他，率部追赶乙支文德。东到萨水，宇文述以士卒饥饿为由退兵返回，隋军于是大败。

隋炀帝把兵败之事交付有司追查，各路将领都归罪于于仲文。炀帝大怒，放掉各位将领，单单关押了于仲文。于仲文忧愤发病，直到病重才得以出狱，最后死于家中，时年六十八岁。

于仲文著有《汉书刊繁》三十卷、《略览》三十卷。

左卫大将军宇文述

宇文述（？—616），隋朝将领。字伯通，代郡武川（今内蒙古武川）人。北周时，历任开府、上柱国等。隋朝文帝时，历任右卫大将军、安州总管、左卫率等；炀帝时，任左卫大将军。宇文述先后帮助杨坚建国、杨广上位。他效命隋朝，南征北战，多有战功，受到隋炀帝宠信。但他本人侍奉昏庸皇帝，身后儿子又杀了这个昏君。

一、力胜叛军　智取残陈

宇文述原本姓破野头，祖先曾是鲜卑宇文部酋长宇文俟豆归（俟，《周书》作"侯"）的仆人，便随主人改姓"宇文"。父亲宇文盛，北周时期将领，屡有战功，拜上柱国。

宇文述少年时便勇敢顽强，练得一身骑马射箭的好武艺。十一岁那年，有个相面的人对他说："小公子请善自珍爱，将来应当位极人臣。"（"公子善自爱，后当位极人臣。"《隋书·于文述传》）从此，宇文述开始谨慎从事，恭顺对人。宇文述的沉稳、干练，深受北周掌握实权的大冢宰宇文护的赏识，并因其父亲的军功，授予开府的官衔。宇文护让他以本身的官衔统领自己的亲信。后升迁为英果中大夫，赐爵濮阳郡公。

北周大象二年（580），杨坚任北周丞相，总揽朝政。有些地方的将官不服，便与杨坚分庭抗礼。相州总管尉迟迥在邺城（今河北临漳）起兵造反。为了平定叛乱，朝廷派遣官军分路出征。宇文述任行军总管，率领步、骑三千，隶属行军元帅韦孝宽部下。

宇文述进军至河阳（治今河南孟县），尉迟迥派遣李俊主动出击怀州，想给官军一点颜色看，以此阻止官军。宇文述看出了叛军的用意，便首先迎战李俊，一举破阵，打乱了叛军的防御部署。接着，宇文述带领将士乘胜前进，在永桥一带与叛军主力尉迟惇展开决战。宇文述一马当先，直冲敌阵，众将士紧随其后，呐喊助威。敌将数人一齐围攻宇文述，宇文述奋力拼杀，连伤二将，其余敌将拨转马头逃回本阵时，宇文述追上又杀死一人。敌阵顿时慌乱，宇文述挥军掩杀，俘虏众多。此后，宇文述继续寻找战机，每战有功，直至彻底平定了叛乱。回朝后，宇文述因军功，破格进位上柱国，赐爵褒国公。

杨坚取代北周称帝后，即有消灭陈国、一统天下的想法。他先任命宇文述为右卫大将军，掌管兵马，磨砺兵器。经过几年的准备，开皇八年（588）开始实施灭陈计划时，隋文帝杨坚又任宇文述为行军总管，领兵三万南下。

当时，韩擒虎、贺若弼两军夹攻丹阳，宇文述率军进据石头城，以为声援。不久攻破建康，活捉了陈后主，但陈朝大将萧瓛、萧岩退守东吴地区，率领兵马负隅顽抗。宇文述亲自率领元契、张默言等将追剿二萧，采取水陆并进的方针。当时还有落丛公燕荣率队乘船从海上增援，也受宇文述指挥。隋文帝下诏给宇文述说："公功勋卓著，名高望重，忠诚国家之情，很久之前就已知晓。金陵的敌寇已经荡清，东吴之地路途较远，萧岩、萧瓛都在那里。公率领大将，指挥兵士，前往东吴攻打敌人，以振扬国威、宣布政教。因为公一向英明多智，可乘胜前往，风行电掣，定能将敌人扫荡干净。若能不动干戈，使黎民百姓安居乐业，更能安慰朕心。一切全拜托于公。"

陈朝方面，永新侯陈君范从晋陵投奔萧瓛，两军合并，壮大了势力。为了抵御水路隋军，他们在晋陵城东树起栅栏，又堵死了塘道，留下守军。萧瓛则自义兴进入太湖，迂回绕道，企图从背后袭击宇文述，使之腹背受敌。宇文述假装不知底细，按计划进兵晋陵，破除敌军的栅栏后，突然调回主力，以迅雷不及掩耳之势奋击萧瓛部，杀其司马曹勒叉。而前面破栅的军士已乘虚攻陷萧瓛的主要据点吴州，萧瓛如丧家之犬，急忙收拾残兵败将退守包山。这时，由海上进军的燕荣部登陆，打败了包山之敌。宇文述率主力进驻奉公埭，对萧岩所据的最后据点会稽城形成包围之势，围而不攻，渐渐缩小包围圈。萧岩、陈君范见力不能支，逃无去路，只好请降。宇文述进入东吴古城会稽时，萧、陈二人捆缚着自己站在路边迎接。至此，东吴之地尽归于隋。

宇文述率大军班师回朝，隋文帝大摆酒宴，犒劳将士。论功任命宇文述的一个儿子为开府，赏赐财物众多，又拜宇文述为安州（治今湖北安陆）总管。

二、为晋王谋　成废立事

开皇元年（581），隋文帝按照传统立长子杨勇为皇太子，同时其余四子均封王：次子杨广为晋王，三子杨俊为秦王，四子杨秀为蜀王，五子杨谅为汉王。按照这样的既定位次，将来隋文帝百年之后，继承皇帝的人非太子杨勇莫属。

在这样的情况下，有许多人怀着各自的目的为太子效力，以取得太子的信任和垂青，因而往往形成"太子党"。而藩王们也往往有人心有不甘，谋划废除太子，自己取而代之。晋王杨广就是如此，而他成功地实现自己的太子梦，首先得力于宇文述的策略和行动。

当时杨广镇守扬州，与宇文述交往密切。杨广想进一步拉拢宇文述，便奏请父皇，让宇文述当了寿州刺史。杨广内心早有取代胞兄杨勇太子位置的想法，于是请宇文述为他出谋划策。

宇文述分析说："现在的皇太子，的确有失皇上的期望，天下人也听不到他有什么值得称道的德行。而大王你的仁孝之心为人所赞誉，文才武略当世无比，多次领兵出战，建有大功。皇上和皇后都很疼爱你。可以说四海之内，众望所归，尽在于你。但废长立幼，这可是国家的大事情。处理父子骨肉之间的事，的确不容易，需要慎重考虑。不过嘛，能够改变皇上主意的，朝臣之中还是有人，那就是杨素。杨素又依赖他的兄弟杨约为他谋划。我以往与杨约亦有来往，对他有所了解。这样吧，请允许我回京城去，面见杨约，与他共同商议废立之事，你看如何？"杨广听了这番分析，十分高兴，当即决定托宇文述进京。

宇文述带了大量金银财宝，即日启程。到达京城长安后，宇文述连续宴请隋文帝宠信的宦官杨约，酒酣耳热之际，拿出所带珍奇宝玩，让杨约观看。杨约本来有此癖好，一看这些稀世之物，不由得睁大眼睛发出惊叹，拿起这件，放不下那件，抚摩掂量，爱不释手。宇文述看在眼里，趁机提出博戏，以珍宝为赌物，谁赢归谁。宇文述每次都故意输给杨约。

几天过后，宇文述所带珍宝全都"输"给了杨约，再见面时，流露出些许忧伤，说要离京南归。杨约所得既多，觉得朋友间有几分不好意思，于是回请宇文述吃饭。席间提起诸多珍宝来，宇文述说："那都是晋王的东西，专门让我送给你，博得你的欢喜的。"杨约大吃一惊,赶紧问:"为什么?"

宇文述这才慢慢道出晋王的心曲,劝道:"遵循正道,固然是人臣的常情,违反常规却能符合道义,也是通达事理之人的巧妙图谋。自古以来的贤人君子,没有不随着形势消长来避开祸患的。您兄弟二人的功劳名望压倒群臣,当权执政已经多年,朝臣当中被足下家人侮辱的能数得过来吗?再有,太子因为自己的欲望不能实现,常常切齿怨恨执政的大臣。您虽然自身依附于皇上,而打算倾覆您的人也相当多,皇上一旦离开群臣而去,您将凭借什么取得庇护?当今皇太子失去皇后的宠爱,皇上常有废黜他的心思,这是您所知道的。现在要请求立晋王为皇太子,就在令兄的一句话罢了。真的能够趁此时机建树大功,晋王必定永远铭记在心,这样就去掉了如同累卵一般的危险,转为如同泰山那样牢固安然了。"

杨约听罢,动了心思,他想:自己既然已经变相地接受了人家的厚礼,哪能不帮人家呢?而且事主是堂堂晋王,若稍有怠慢,自己的脑袋还能保得住吗?于是当下极为爽快地应承帮办。

事后,杨约急忙找到兄长杨素,把晋王的想望和宇文述的京师之行和盘托出。杨素问道:"你打算怎么办?"杨约答:"我能怎样呢?而今之势,如同骑虎不得自下。想办得办,不愿办也得办!"杨素说:"只能这样做。此事若成,将来大有好处;若不成,难免杀身之祸,所以务要机密、谨慎。"于是杨素又主动去找宇文述密谋策划。

宇文述的京师之行,为杨广夺取太子之位铺平了道路。杨广与宇文述的交情远胜于他人,他将长女南阳公主许配宇文述的次子宇文士及,结为儿女亲家,前前后后的赏赐和礼物不可胜数。宇文述则与杨素加紧活动。在他们的极力促成下,终于,开皇二十年(600)十一月,隋文帝下诏废黜杨勇,册立晋王杨广为皇太子，不久即任宇文述为左卫率。按规定，率官为四品，隋文帝以宇文述原已有高贵的爵位，因此特将率官提升为三品。

三、效命炀帝　权倾朝廷

杨广即位后，拜宇文述为左卫大将军，改封许国公，三年后又加开府仪同三司。隋炀帝杨广喜欢巡游天下，每次出行都有大队人马为之护卫，宇文述就常常跟在左右。

大业三年（607），宇文述跟隋炀帝到达榆林郡时，吐谷浑刚被铁勒打败，派使者来请求投降和救援。隋炀帝知道位于西北一带的吐谷浑，对隋朝边境时有袭扰，此时落难来求，正是招抚内附的好机会。于是派宇文述率兵进驻西平之临羌城（今青海湟源南），抚降纳顺。

谁知，吐谷浑见宇文述重兵临境，怀疑朝廷别有用心，深怕受骗被一网打尽，因而不敢投降，干脆向西逃跑。宇文述判断吐谷浑本无诚意，于是率领鹰扬郎将梁元礼、张峻等跟踪追击。吐谷浑部据守曼头城，宇文述派兵攻克，斩首三千余级。吐谷浑残部退守赤水城，宇文述又进击破城。吐谷浑残部再次退守丘尼川，宇文述穷追不舍，俘获其王公、尚书、将军二百人，男女四千多人。吐谷浑主只剩小股人马，向南逃进雪山，吐谷浑原来居住之地为之一空。

宇文述回朝复命，隋炀帝大为高兴。第二年，隋炀帝又向西巡游，登金山，观燕支。宇文述深知地方偏远，唯恐发生意外，因此每次行动，他都不辞辛苦地亲自率领先行出动的侦察巡逻兵，四处查看后部署防卫，以保护隋炀帝尽兴游乐。当年即遇吐谷浑入寇张掖，宇文述出于免除御驾巡游之忧的考虑，不顾路途遥远，再次出兵击退。隋炀帝以有宇文述这样的护卫而一百个放心，纵情游玩。回到江都宫后，隋炀帝渐次听说宇文述护卫他出游的种种艰辛，想到亲家翁年岁有增，事必躬亲，实在不易。为答谢其良苦用心，令与左光禄大夫苏威等四人参掌朝政，当时人们称之为"五宾"。

这个时候的宇文述，位高权重，深受宠信，正所谓飞黄腾达。出宫去，地位与苏威平等；进宫来，则备受皇帝的亲近。只因为他还是皇帝的亲家，所以隋炀帝每收到远方的珍稀贡品或美味食品，都会立即派人送往他家与之分享，以至往返送礼的人常常在路上相遇。宇文述也绝非等闲人物，对于既是皇帝又是亲家的当年好友杨广，俯仰礼拜之际自有竭尽愚钝的表示，这样做，既显示无限忠诚，为文臣武将做出表率；又显示君臣有别，抬高了隋炀帝的至尊之位。

宇文述技高一筹之处，还在于善于奇巧的构思和设计，从服装设计到家庭布置，乃至亭台楼阁的造型，他都能别出心裁。他设计的服装样式，花样面料的搭配往往出人意料。每有奇异的服饰，他必定先进献宫廷，往往大受欢迎，因此隋炀帝更为高兴。于是许多新款衣裙出自宫廷，普及天下，一时为人所称道。传说长安城的格局，其最初的构想亦始于宇文述。

宇文述在朝中的地位可谓万人之上、一人之下。与其共事的同级官员张瑾，偶然说出不中听的话，宇文述便大声呵斥，像对待犯错的奴仆一样，吓得张瑾惶恐走开。文武百官在他面前唯唯诺诺，谁也不敢对他说一句违忤的话。

宇文述本性贪得无厌，一旦得知谁有珍异之物，必定设法弄到手。一些富商大贾和贵族子弟，为了与他拉关系，图谋庇护或封官晋级，争相送上金银宝物，而他也乐得与这类人交往，为表示亲近，称呼他们为"我的儿"。宇文述自家后庭的宠妾美女也有数百人，家僮千余人，又养着许多好马。其荣华富贵之盛，当朝无人能比。

四、折兵辽东　殒命江都

大业八年（613）正月，隋炀帝下诏征伐高句丽。调集兵力一百一十三万三千八百人，号称二百万，浩荡东行，前往辽东。事实上连同民夫，远不止二百万之数。第一军开拔四十天后，末尾的军队才启程。路上旌旗绵延千里，师旅之盛为百年所未闻。

在这次行动中，宇文述被任为扶余道军将。临出发前，隋炀帝特意对宇文述说："按礼节规定，七十岁以上的将官出行，可以携带家属，以便夫人和家僮随时伺候。古时候说妇人不能入军，是指前线临战而言，至于行军驻营，没什么妨碍，比如项羽就一直带着虞姬呢。你也带夫人同行吧。"宇文述便带了家眷僮仆随军。

由于路途遥远，背负军粮的隋军士兵为了减轻负担，都偷偷把军粮埋于地下，以至尚未接战，就已经吃光了；等待后方运输，却又迟迟不见补给。众将领商议班师回转，宇文述拿不准皇上的心思，犹豫不决。

这时，高句丽大臣乙支文德忽然前来诈降，实际上是想察看隋军虚实。出发前，宇文述与于仲文等几个高级将领曾领受密旨，让他们想办法引诱捉拿乙支文德和高句丽王高元，这时他自己送上门来，岂不更好？但因随军慰抚使一再阻拦，结果放走了乙支文德。事后于仲文很后悔，便和宇文述一起带将士渡过河去追击。

乙支文德已经看出隋军将士面有饥色，便采取"拖垮"战术，一次接一次地挑战，但每次都装作失败，转身逃跑。宇文述和于仲文领兵再追，有时竟一日之内七战皆捷。众将士为胜利所鼓舞，于是一直追到萨水，在距平壤城三十里的地方，依山傍水，安营扎寨。这时，乙支文德又派使者来投降，装出一副穷途末路、不堪一击的可怜相，说是如果大军撤退，则将高元绑送隋军，意即不动干戈即可获胜。

宇文述和于仲文考虑到所率将士早已精疲力竭，难于上阵，又看到平壤城地势险峻，防守坚固，难以攻克，便同意了乙支文德的条件，第二天即拔寨回军。在渡过一条河水的时候，大军半数过河、半数尚在河中，乙支文德忽然引军杀来。隋军已经过河的望风而逃，河中的争相上岸，一时大乱，溃不成军。乙支文德之军养精蓄锐，士气旺盛，个个奋勇杀敌。隋军则如惊弓之鸟，风声鹤唳，草木皆兵，一天一夜，奔逃四百五十里，到达鸭绿水边。当初渡河时出兵三十万五千人，如今回到辽东城的仅剩两千七百人。隋炀帝得到战报后怒气冲天，将宇文述和于仲文撤职，除官为民。

第二年，隋炀帝再次发兵高句丽，又启用了宇文述等将领，并让其官复原职，像原先一样看待他们。宇文述与将军杨义臣率军又到了鸭绿水边，想起上年的惨败，不禁望河兴叹，不知此行以何而终。这时，忽然接到隋炀帝的紧急诏书，原来礼部尚书杨玄感在河南起兵造反，数日之内已拥众十余万，命令宇文述火速回兵，驰援河阳（治今河南孟县）。

杨玄感进逼东都洛阳，听到宇文述大军到来，便放弃东都，转而西进，妄图打进关中。宇文述与刑部尚书卫玄、左御卫将军来护儿、武卫将军屈突通等部，联合围攻杨玄感，在阌乡皇天原（在今河南灵宝附近）追上了叛军。宇文述与来护儿列阵于前，派屈突通迂回到杨玄感之后，出奇兵攻击，大败叛军，将杨玄感的首级传报炀帝。平定叛乱后，宇文述又受命东征高句丽，军至怀远，无功而还。

后来，隋炀帝巡游北方，在雁门被突厥围困，解围后抵达太原。当时，许多人劝皇上回京师治理国家、巩固根本，唯独宇文述善于察言观色,看出皇上还想巡游,便提出先到东都,后往江都。隋炀帝果然十分高兴。

大业十二年(616),御驾到达江都,隋炀帝尽兴游乐,而宇文述却因长年鞍马劳顿,又费尽心机地逢迎皇上,终于积劳成疾,一病不起。隋炀帝不断派人探问病情,还打算亲自去看望,被大臣劝止后,又派司宫魏氏专门去问宇文述还有什么话要说。宇文述的两个儿子——宇文化及和智及,因为犯法被削职为民,闲在家里。宇文述这时便以临终托孤之慨说:"化及是臣的长子,希望陛下哀怜。"隋炀帝听了,潸然泪下,并说:"吾不忘也。"立即封宇文化及为右屯卫将军、宇文智及为将作少监。

当年六月,宇文述去世。隋炀帝为之废朝,并赠司徒、尚书令等荣誉职衔,谥曰"恭"。

左武卫将军周法尚

周法尚(556—614),隋朝将领。字德迈,汝南安成(今河南汝南)人。南陈时,历任贞毅将军、散骑常侍等职;后降北周,任顺州刺史。隋朝文帝时,历任巴州刺史、黄州总管、桂州总管等;炀帝时,历任定襄太守、左武卫将军等。他刚毅果敢,智勇双全,屡有战功。再征高句丽时得急病,赍志而殁。

一、归顺北周 计胜樊猛

周法尚的祖父周灵起,任南朝梁的直阁将军及庐、桂二州刺史;父亲周灵,任定州刺史、平北将军。

周法尚在南方的陈朝长大,少年时果敢刚毅,气概不凡,好读兵书。十八岁时,任南陈中兵参军,后授伏波将军。父亲去世后即管理定州（今河北定县），督率其父本部兵将。后因数有战功，升为使持节、贞毅将军、散骑常侍，统领齐昌郡（治今山东济南）事，封山阴县侯，食邑五千户。

周法尚与长沙王陈叔坚互有成见，陈叔坚向陈宣帝告发周法尚有谋反之意，陈宣帝便把周法尚的兄长周法曾拘禁起来，同时派兵准备去打周法尚。周法尚原本并无反心，这时部下劝他：现在有苦无处诉，有理说不清，不如干脆归顺北周吧。周法尚仍然犹豫不决。长史殷文则说："古时候乐毅之所以离开燕国、投奔赵国，不就是因为齐国用了反间计，使他在燕国难以存身吗？今日的形势也同乐毅当年一样，您请赶快决定。"于是周法尚以齐昌郡归顺北周。周宣帝十分高兴，给予优待，拜为开府、顺州刺史，封归义县公，食邑一千户，并赐良马、彩缎等。

陈朝大将樊猛，率军渡江讨伐周法尚。周法尚派部将韩明假装背周归陈，告诉樊猛说："周法尚属下的兵将，本来不愿投降北周，人们私下里悄悄议论，都想再回来。如果你引军前来，一定没有人愿意迎战，甚至会临阵倒戈，反回头去打周法尚呢！"樊猛信以为真，率兵急进。周法尚表面上显露出害怕的样子，独自退回江湾保命，实际上秘密部署兵力——在浦水中借芦苇的掩护埋伏轻船，在古村之北埋伏精锐将士。

樊猛引军挑战时，周法尚自举旗帜站在下游的船上，逆流迎战，未战几个回合，便退回上岸，直奔古村。樊猛军也舍舟登岸，率军疾追。周法尚快速逃跑，跑了几里路，与村北的军队会合，又掉转来攻打樊猛。樊猛军败退，士卒纷纷夺路寻船逃命。然而，陈军之船已被浦中预伏的轻船兵所得，插上了北周的旗帜。在岸边的混战中，樊猛只身逃脱，周法尚俘虏其八千士卒。

杨坚任北周丞相时，驻守郧州（今湖北安陆）的司马消难造反。司马消难秘密派遣上开府段珣，率兵到周法尚所住之城，名为协助守卫，实欲趁机夺取其地。周法尚看出来兵有诈，闭门不纳。段珣便令军士四面包围其城。当时由于事出突然，仓促间周法尚没有召回分散在城外的将士，只好率城中文官武士共五百人坚守城池。一直守了二十天，外无援兵，内耗殆尽。周法尚估量再难以支持，于是挑选了一些人弃城逃走。司马消难入城，将周法尚的舅舅及家属三百余人带走，交给陈朝处置。

二、屡有战功　大受嘉奖

隋文帝杨坚登基后，拜周法尚为巴州（治今重庆）刺史。周法尚率军打败了反叛蛮军，又随柱国王谊击走入侵的陈兵。后来隋文帝到了洛阳，周法尚受到召见，赏赐十五匹良马、三百个奴婢、五百段彩帛，还有诸多物品及鼓吹一部。周法尚推辞不受，隋文帝说："公有功于国，特给鼓吹的意思，是想让公的家乡人知道朕很看重公。"周法尚只好称谢接受。

一年后，周法尚转任黄州（治今湖北黄冈）总管。隋文帝给他密诏，让他搜集江南的情报，密切关注陈朝的动静。等到大举伐陈时，周法尚受命以行军总管隶属秦王，率领水军三万从樊口出发。陈朝方面，城州刺史熊门超出师迎战。周法尚冲击敌军，大败之，生擒了熊门超。

后来，周法尚迁任永州（治今湖南零陵）总管，驻守岭南，隋文帝赏赐缣帛五百段、良马五匹，给他三千五百人为帐内兵。周法尚以自己的威信和影响，先后吸引了陈朝的桂州刺史、南康内史、西衡州刺史及阳山太守等人主动到他帐下投降，因而陈朝西南大片国土不战而归隋。

定州刺史吕子廓占据了不少山寨，自立为王。周法尚领兵越过五岭进剿，数次击败敌军。吕子廓兵丁日益减少，最后只带了千余人逃跑。走到保岩崄时，左右副将看看走投无路，便杀死吕子廊，投降了隋军。平定西南后，周法尚仍为岭南安抚大使。

数年后，桂州人李光仕举兵造反，周法尚奉命与上柱国王世积前去镇压。周法尚带岭南之兵，王世积带岭北之军，会师于尹州。李光仕想探探官军的虚实，主动来挑战，结果被官军打败逃走。王世积的将士遇到瘴疠，多数人因病不能行动，只好留驻衡州。周法尚独自领兵追剿。李光仕亲率强兵劲旅，保守老巢白石洞。周法尚转战山岭丛林间，捕获其弟李光略、李光度，以及李光仕部下的大批家属，对待他们十分优厚。凡是李光仕部下来投降的，便将妻子、儿女归还给他们。此举使降者心服口服，死心塌地；未降者心动不已，准备投降。仅仅过了十天，周法尚便接收降者数千人。

周法尚派兵摆开阵势，向李光仕挑战，本人亲自率领小股精兵，隐伏于山林之中。两军正面交战开始后，周法尚突然袭击对方营栅，营栅里的人纷纷逃散，李光仕军大败，周法尚乘胜追杀了李光仕。朝廷赐给周法尚奴婢一百五十人，黄金一百五十两，白银一百五十斤。

仁寿年间（600—603），遂州僚人叛乱，周法尚以行军总管之职出兵平定。嶲州（治今四川西昌）乌蛮聚众造反时，攻陷州城，占领河道。周法尚奉诏进兵，将到州城时，叛军弃城而逃，隐藏在各处山谷间。周法尚难于一一搜捕，于是派遣使者予以招抚劝慰，并委任他们为地方官佐，尔后假装班师撤军。但只走了二十里便停下来，派人暗中返回去查看敌情，结果发现乌蛮各部首领一齐回到营栅之中，饮酒庆贺其分兵活命之计，嘲笑官军之迂腐可欺。于是周法尚精选步、骑数千，分头出击大小栅、洞，捕获叛军数千人，虏获男女万余口。还军后，周法尚又受到了奖赏：奴婢百名，各色彩帛三百段，蜀地良马二十匹，并受命检校潞州事务。

三、忠诚感帝　病逝军前

杨广继位后,周法尚历转定襄(治今内蒙古和林格尔西南)太守,进位金紫光禄大夫。

隋炀帝巡游到达榆林郡(治今内蒙古准格尔东北)时,周法尚前往行宫朝见。适逢内史令元寿向皇帝进言:"昔日汉武帝出塞时,旌旗千里,十分壮观。现在陛下出塞,应在御营之外,分兵为二十四队,每天分别派遣一队出发,相隔三十里驻扎,使沿路旗帜相望、鼓号相闻,首尾连贯为一线,则千里不绝。这样才能显示出皇帝出师之盛。"

周法尚听罢,立即提出异议:"不可以!军队排列千里,绵延山河之间,如果突然发生意外,军队四分五裂。中部帝王所在的军队,有事而首尾不知,道路长远且有阻碍,难以及时相救。虽是曾经有过的盛举,现在看来却是自取失败之道,万万不可效法。"隋炀帝听他这么一说,心中不悦,反问道:"你认为应该怎么办?"

周法尚说:"应将随从军队结为方阵,四面以军车为壁垒,互相钩连为整体,军士于东南西北各守一方,六宫及百官家属居住中央。一旦遭到袭击,外有守军抗御,内引奇兵出击,战车可作为壁垒,重重布设钩阵。这与依据城墙有什么不同?如果交战而取胜,立即骑马追击;如果交战而失利,可以退守营垒。臣认为这样做,才是万全之策。"隋炀帝听罢,觉得有理,且为其忠心所感,加其官为左武卫将军。

第二年,黔安(今四川彭水)夷人向思多造反,杀死了隋朝将军鹿愿,又围攻太守萧造。周法尚与将军李景,分路出兵讨伐。在清江一带,周法尚大破叛军,斩首三千级。还军后,周法尚又跟随炀帝西征吐谷浑。周法尚军出松州道,沿途捕捉零散兵众，直达青海。凯旋之后，隋炀帝赏赐奴婢百名、彩帛二百段、马七十匹。隋后，命他出任敦煌太守、会宁太守。

大业九年（613），隋炀帝发兵东征高句丽，周法尚领兵乘船走朝鲜道（水路），未及启航，遇礼部尚书杨玄感在黎阳（今河南浚县西南）造反，他受命回军与宇文述、来护儿等共同围剿叛军，大败杨玄感。平叛后，以功进位右光禄大夫。

不久，齐郡邹平（今山东邹平）人王薄、孟让等起兵造反，聚众十余万，且在长白山（在今山东邹平境内）建立根据地。周法尚兵与王薄兵频频交战，屡次挫败敌军精锐。

大业十年（614），周法尚奉命再征高句丽。行至沧海时，周法尚得了急病，他对长史崔君肃说："我这是第二次来到沧海了，但不能随军出海去征高句丽了。时不我待，立志不能如愿，命该如此呀！"说完，他便带着无限遗憾去世了，时年五十九岁。朝廷追赠武卫大将军，赐谥曰"僖"。

上大将军杨义臣

杨义臣（？—616或617），隋朝将领。代郡（今山西大同）人。隋朝文帝时，承袭父爵，历任陕州刺史、朔州总管；炀帝时，历任上大将军、相州刺史。杨义臣生逢乱世，遇家族同宗的反叛而接受赐姓，一生谨慎尽忠，唯恐见疑于朝廷。无论拒寇还是平叛，他都领命即行，上阵则一马当先。战场上，他随机应变，多用谋略，故能以少胜多，数次转败为胜。

一、族人造反　父自请罪

杨义臣本姓尉迟。父亲尉迟崇，北周时为仪同大将军，领兵镇守恒山。当时，杨坚为定州总管，尉迟崇敬其为人行事，主动登门拜访，杨坚每次都亲切接待。

杨坚出任北周大丞相后，相州总管尉迟迥不服，在邺城举兵造反。一时朝野空气紧张，许多人引颈观望，看谁是站在朝廷一边的，谁是赞成造反或者说是反对杨坚为相的。以此分为两大派系。

杨坚本人对造反者也有清醒的分析。他很清楚，尉迟迥原先与自己同为地方军事的总管，本是平头弟兄，现在一下子变为上下级，而且是代替小皇帝总管内外军政的大丞相，这个现实他难以接受，于是打着为民请命、清除君侧的旗号起兵，周围也确实有不少拥护者。但在封建时代，任何造反行为均属大逆不道，造反者在世人的心目中是"叛逆""反贼"。因此，杨坚有理由调遣官军围剿叛军。

杨坚每天忙于收阅各地送来的军情报告，特别是来自前线的消息。一时间，中原驿道车马奔驰，相府书案文牒盈尺。杨坚埋头批阅，忽然看到一份请罪书。他颇感意外，急忙浏览一遍，原来是当年常到门下的尉迟崇，因同宗本族的尉迟迥起兵造反，自己觉得有罪于朝廷而主动卸官下狱，请求处置。杨坚想到昔日与尉迟崇交往中他的人品，又见其请罪书写得情辞恳切，由此判断这份请罪书实际上是尽忠誓言，于是立即回信予以安慰，并让他尽快入朝。

尉迟崇回朝后留在相府，不离杨坚左右，只是没有兵权。杨坚建隋称帝一年后，派遣尉迟崇随军出击突厥，在战斗中，尉迟崇力战而死。隋文帝杨坚赠予大将军和豫州刺史衔，让他的儿子义臣承袭爵位。

当时义臣年纪还小，养于宫中。快二十岁时，便奉诏在宫中宿卫。他兢兢业业，不敢稍有懈怠，因此受到的赏赐非常丰厚。

隋文帝有一次看到他，对别人讲述了与其父亲的友情，再三慨叹。不久发下诏书，对义臣父亲大加褒奖，说他"知逆顺之理，识天人之意……横戈制敌，轻生重义"，因此"义臣可赐姓杨氏"，并赐予许多钱物。从此，义臣改姓为杨。

杨义臣渐渐长大，性格严谨敦厚，擅长骑马射箭，具有将帅才干，因此隋文帝格外看重，任命他为陕州刺史。

二、力拒突厥　计破叛军

开皇十九年（599）四月，突厥达头可汗拥兵入塞。杨义臣以行军总管率领步、骑三万出兵征讨。一路行军，杨义臣颇多感慨，因为他的父亲正是在与突厥交战中阵亡的。

杨义臣一面派出斥候（侦察兵）远远地去侦查敌情，一面做好各种迎战准备。不久，前锋报告：突厥大军退守阴山。杨义臣召集众将，分左、中、右三路进军。于是全军尽出白道川（今内蒙古呼和浩特北），迅速接近敌营。突厥达头可汗亦非等闲之辈，他也放出斥候四处侦探。当他了解到隋军部伍整肃，又分三路齐头并进时，便明白来将尽管前所未闻，但颇有方略，不可硬拼。如果不战而退，未免有失大将风度，况且尚未试探出对方的虚实软硬，不打不甘心；而要接战，还得防止被吃掉。于是吩咐部下，做好随时撤退的准备，尔后出阵交锋，有利则打，不利则走，发挥行动迅疾的长处。

第二天交战时，杨义臣率先出阵，众将紧随其后。双方均有速战心理，因此兵将齐上，各自为战。杨义臣直取达头可汗，将迎面而来的护卫偏将连连打落马下。达头可汗一看形势不利，立即拨转马头便走，部下随之奔逃。杨义臣挥军掩杀，大获全胜。但因地形不熟，考虑到敌兵并未大败却迅速撤走，疑其有诈或另有伏兵，因而未予追击。

第二年，突厥又来犯境，多次袭扰雁门、马邑。隋文帝因杨义臣上年出战取胜，便又派他率军出征。突厥方面得知又是去年的那位将领，就不再接战，一路出塞而归。杨义臣轻装疾进，追至大斤山（即大青山），与敌军相遇。当时太平公史万岁的部队也从别路抵达，于是两军联合作战，大破突厥军。但回朝后，因为尚书左仆射杨素在皇帝面前说了坏话，史万岁被杀，杨义臣也未予记功。一年后，杨义臣被改任朔州总管，隋文帝赐以御甲。

仁寿四年（604），隋炀帝杨广即位后，他的小弟汉王杨谅在并州起兵造反。当时代州总管李景受到汉王将领乔钟葵的围攻，隋炀帝命杨义臣前往救助。杨义臣率马步兵两万立即行动，连夜出发，天明时已走数十里。乔钟葵侦察到杨义臣兵少，便将围城之兵全部调过来迎战，想先打援军而后破城。

乔钟葵有一员副将叫王拔，特别勇猛，又善于使用一种轻便的防护牌——稍，所以刀箭均难伤其身，而他却常常带领少数骑将，主动出击，往往取胜。面对此敌，杨义臣深感忧虑，便悬赏招募能够战胜王拔之人。部下车骑将军杨思恩挺身而出，杨义臣见其相貌雄伟、气概不凡，说："真是个壮士！"立即赐给他酒喝。

杨思恩饮酒后持枪上阵，望见王拔站在敌阵后面，便策马冲去。连冲两次，未能接近王拔。杨义臣当即选出十几个骑士，令他们跟随冲阵。杨思恩第三次冲击时连杀数人，直接冲到王拔的军旗之下，便与之短兵相接，拼死搏斗。在这关键时刻，跟随的骑士退回了本军，杨思恩只身奋战，结果被王拔杀死。王拔乘势挥军掩杀，杨义臣军败退十余里方才停下。杨义臣以重金买回杨思恩的尸体，放声大哭，其悲恸之情感染得全体将士无不落泪。悲痛之余，杨义臣将跟随冲阵而又退回本军的十几个骑士全部腰斩，以振军威。

杨义臣分析战况，觉得敌众我寡，又初战受挫，再战必须用计，出奇制胜。想来想去，便下令集中军中所有的牛和毛驴，共有数千头，让数百名士卒每人手持一鼓，拉着牛、驴潜藏在山谷里。第二天午后，杨义臣按预定地点主动出击，两军相合交战之初，下令伏兵驱赶牛、驴并击鼓进军，一时尘埃蔽日，鼓声震天。乔钟葵军不明真相，以为大队援军赶来，因而回头便逃，溃军如决堤之水。杨义臣纵兵追杀，大破叛军。

此战之后，杨义臣因功进位上大将军，另外赏赐杂物两千段、杂綵五百段、女妓十个、良马二十匹。不久，隋炀帝又授杨义臣为相州刺史。

三、战功赫赫　帝心戚戚

三年后，杨义臣升任太仆卿，随军征讨吐谷浑。杨义臣领兵驻屯琵琶峡，连营八十里，南接内史元寿部，北连兵部尚书段文振部，将吐谷浑主团团包围。吐谷浑主伏允带数十骑兵冲出包围逃走。后来，隋军再次将吐谷浑主包围，吐谷浑主被困无奈，在粮尽水绝时，率男女十余万口投降。

大业八年（612），隋炀帝发兵东征高句丽。杨义臣率本部兵马取道肃慎，到达鸭绿水，与高句丽大臣乙支文德军交战。杨义臣每战皆为先锋，竟至一日七捷，殊不知中了文德"诱敌深入"之计，结果与各路隋军一齐被打败。第二年，隋炀帝任杨义臣为军副，与大将军宇文述再战高句丽。军至鸭绿水时，因礼部尚书杨玄感造反而又回兵中原，平定叛乱。

大业十年（614），有个名叫向海公的人，聚众为盗，在扶风、安定一带抢掠，杨义臣奉诏前往，一举扫平。随后跟隋炀帝远征辽东，进位左光禄大夫。

不久，渤海地区高士达、清河地区张金称同时起兵，短时间便聚众数万，攻城拔县，朝廷大震。隋炀帝派将军段达前往讨伐，段军未能取胜，只是与敌对峙而已。隋炀帝又令远在辽东的杨义臣率兵平乱。杨义臣回军大破高士达，斩杀张金称。尔后收拢投降的兵将，又攻打另一处叛军，生擒其主帅格谦，使河北一带复归平定。

杨义臣随时报告战况，对河北群贼蜂起的情况毫不隐晦。而隋炀帝不愿听到各地盗乱情况的奏报，内史侍郎虞世基也便总是掩饰真情，还说"盗贼成不了气候"。当炀帝接到杨义臣在河北收降叛军数十万的捷报，不禁叹息道："贼势发展得这样快，杨义臣降贼这么多！"虞世基却掩饰说："盗贼都是小股势力，虽然不少，但终究不能成气候，无需担忧。倒是杨义臣几尽剿除盗贼，长期在京外拥有重兵，很不合适。"炀帝竟信以为然，随即下令调回杨义臣，并遣散了他的士兵。不久后，张金称、高士达的余部全都归附窦建德，河北叛军复盛。

回朝之后，杨义臣因军功进位光禄大夫，授礼部尚书。不久，逝世于任上。

右屯卫大将军麦铁杖

麦铁杖（？—612），隋朝将领。始兴（今广东曲江）人。南陈时，他白天负责为皇帝举伞，夜间到百里外行窃。隋朝文帝时，任车骑将军，屡有战功；炀帝时，任右屯卫大将军，征伐辽东时尽忠战死。他为隋朝南征北战，每次都率先上阵，勇气可嘉，是不可多得的悍将。

一、百里行窃　震惊朝臣

麦铁杖年轻时，勇猛有膂力，一天能走五百里，如一匹好马的速度。他个性豁达,不拘小节,爱好喝酒、交友,为人讲义气、重信用。他以捕鱼打猎为生,不治家产,因而家里经常处于拮据状态。

南朝陈太建年间,麦铁杖聚众为盗,被广州刺史欧阳頠捕获,押送朝廷。朝廷将他降籍为奴,命他专门为陈宣帝举伞。麦铁杖每天上朝举伞,不言不语,像个木头人,不被任何人所注意。罢朝后他便步行百余里,南至南徐州(今江苏镇江),翻越城墙,又干起了偷盗的勾当。天亮时返回都城建康,仍然上朝举伞。他这样一而再、再而三地偷盗了几年,终于被失主认出来,便逐级上告朝廷。朝中官员见麦铁杖每天早晨都按时入朝,根本不相信他能跑到百里之外去行窃。

后来失主多次上告,详述麦铁杖偷盗之情。尚书蔡徵说:"究竟是不是他,这事可以验证。"当天罢朝时,蔡徵拿出一份诏书说:"现有一份紧急文书,需要立即送给南徐州刺史,谁能今夜送到,赏以百金。现在招募信使,不论何人,皆可应募。"众人面面相觑,麦铁杖大步上前,接过诏书说:"我能。"次日天明时,麦铁杖带着刺史的回信入朝,奏知已然完成使命。陈宣帝说:"可以相信,他偷盗一事由此可证。"考虑对他绳之以法时,陈宣帝怜惜其敏捷、勇气,只进行了一番劝诫式的警告便释放了。

二、隶属杨素　多有战功

陈朝被隋灭亡后,麦铁杖迁居清流县(今安徽滁县)。江东李棱起兵反隋,四处聚众,大股数万人,小股数千人,互相联络接应,杀害地方长官。隋文帝杨坚命杨素以行军总管之职,率军讨伐。

此时,麦铁杖正在杨素军中,杨素派他头戴伪装的草束,趁夜间偷渡过江，侦察敌人的动静。几番夜渡成功，情报源源不断，因此隋军出则取胜，甚至连敌军的隐秘之处也能准确地找到。后来李棱之军警觉起来，最终活捉了麦铁杖。

李棱见抓住一个重要军犯，就捆绑起来，派了三十名卫兵，让他们押送到主帅高智慧那里去。走到庱亭时，卫兵坐下来休息吃饭，看到麦铁杖又饿又乏，就解开他的手给他饭吃。麦铁杖乘人不防，抢过卫兵的刀来，猛砍乱杀，一口气将卫兵全部杀死，又一个挨一个地割下鼻子来，揣在怀里跑回了自己军中。他在杨素面前述说了经过，又一五一十地数那些鼻子。杨素大为惊奇，但后来记录战功时却没有麦铁杖的份。

当时杨素奉命紧急回朝，每天换骑驿站的马匹一路急驰。麦铁杖则步行追赶，每晚都与杨素同宿一地。杨素终于明白了他的心愿，于是特别奏请朝廷，授予麦铁杖仪同三司之位。但因他不识字，只好又放还了乡里。

开皇十六年（596），经人推荐，隋文帝召麦铁杖至京师，授予车骑将军衔，仍然隶属杨素部下，随军北征突厥。立功后位加上开府。

三、炀帝宠信　效死尽忠

杨广继位后，麦铁杖跟随杨素平定汉王杨谅的叛乱，每次作战，他都率先登城、上阵，因功进位柱国。几年后，他出任汝南太守，开始学习法律条令，逢人便讲，结果盗匪都受到教育而销声匿迹。

有一次，麦铁杖入京，文武百官聚集在朝廷上，考功郎窦威以嘲讽的口气问麦铁杖："麦是什么姓？"麦铁杖应声回答说："麦豆（窦）没什么不同，彼此彼此，你说呢？"窦威无言对答，讨了个没趣。人们这才知道，终日不声不响的麦铁杖原来还挺聪明。后来，麦铁杖升为右屯卫大将军，隋炀帝对待他更为亲密。

麦铁杖自认为深受国恩，常怀尽忠效命之心。大业八年（612），隋炀帝下令东征高句丽时，他请求担任前锋。他对军医吴景贤说："大丈夫的性命自有用处，怎么能靠针灸草药活命，而卧病在床，死在儿女手中呢？"（"大丈夫性命自有所在，岂能艾炷灸颔，瓜蒂喷鼻，治黄不差，而卧死儿女手中乎？"《隋书·麦铁杖传》）将过辽河时，麦铁杖嘱咐自己的三个儿子说："你们都置备一件浅色黄衫（当时的丧服）。我深受国恩，今天便是以死报国之日。我若阵亡，你们将会富贵起来。唯当守诚守孝，好自勉之。"

隋军到达辽水，高句丽兵依仗辽水坚守抵抗，隋炀帝命建造浮桥。浮桥建成后，隋军推桥直奔辽水东岸，由于桥身短，距离对岸还有几丈不能到达，而这时敌兵蜂拥而至。麦铁杖跳上对岸，徒步接战拼打，杀了很多敌人，但由于敌众我寡，最终阵亡。随他一起上岸的两名武贲郎将钱士雄和孟叉，也都阵亡。

听到麦铁杖战死的消息，隋炀帝为之流泪，命人赎回尸体，予以厚葬。又下诏书，表扬其高怀义节，赠予光禄大夫、宿国公，谥曰"武烈"。授其长子光禄大夫，次子、三子俱为正议大夫。

安州刺史鱼俱罗

鱼俱罗（？—613），隋朝将领。冯翊下邽（今陕西渭南）人。隋文帝时，任大都督；炀帝时，历任安州刺史、赵郡太守等。他勇武过人，南平陈朝，北征突厥，四出平叛，屡有战功。但因相貌异常，为炀帝忌讳，终致被杀。

一、勇猛雄壮　因弟迁官

鱼俱罗身高八尺，臂力过人，声气雄壮，说话声音在几百步外都能听到。

二十岁时，鱼俱罗加入禁卫军，成了隋文帝杨坚的亲卫。经过几次升迁，任职大都督。后跟随晋王杨广伐陈，凭借功勋拜任为开府，赐给各色杂帛一千五百段。不久，高智慧在江南叛乱，上柱国杨素因鱼俱罗壮勇，请求让他与自己同行。在杨素与高智慧的多次交战中，鱼俱罗都立有功勋，加官上开府、高唐县公，拜任叠州总管。

后来，鱼俱罗为母亲守丧，离职返回故乡。没多久，适逢杨素率兵将出灵州（治今宁夏灵武西南）道攻打突厥，路上碰到鱼俱罗，非常高兴，于是上奏让他同行。等到与贼寇相遇，鱼俱罗与几名骑兵前去攻击，怒目圆睁，大声呼喊，抵挡他的敌兵纷纷败退。他杀入敌阵，左突右攻，往返如飞，十分迅捷。等杨素班师回朝，鱼俱罗凭借战功进位柱国，授任丰州（治今内蒙古五原）总管。

在丰州任职期间，突厥多次入境为寇，鱼俱罗每次都能抓获并杀掉他们。从此之后，突厥畏惧而绝迹，不敢再在边塞抢掠。

晋王杨广还在封国时，鱼俱罗的弟弟鱼赞，便以侍从身份跟随，多次升迁任大都督。等到杨广继位，授任他为车骑将军。但鱼赞性情凶暴，残酷虐待部下，不服从他的人，往往下令左右烤死；碰上他不满意时，就用签子刺瞎别人的眼睛；替他温酒没弄合适，便立刻割断那人的舌头。

因为鱼赞是藩邸旧属，隋炀帝不忍心杀掉他，对近臣说："弟弟既然如此，兄长也就可以推知了。"于是，炀帝召来鱼俱罗，谴责一番，把鱼赞从监牢中提出，交给兄长自行处理。鱼赞到家，服毒而死。炀帝担心鱼俱罗心中不安，可能发生变乱，改任他为安州刺史。

二、获罪除名　遭忌死命

在安州刺史任上过了一年多，鱼俱罗升任赵郡太守。因为朝拜集会，鱼俱罗到了东都洛阳。从赵郡来的时候，鱼俱罗带了不少物品，打算进献朝廷，炀帝不要。这样，鱼俱罗便把这些东西送给了权贵们，包括旧交梁伯隐。御史弹劾鱼俱罗，说他身为郡将却与内臣来往，炀帝大发脾气，鱼俱罗与梁伯隐都因此获罪除名。

不久，越巂飞山蛮叛乱，侵掠州郡边境。炀帝下诏让鱼俱罗以平民身份任将，并率蜀郡都尉段钟葵前往平定。

大业九年（613），炀帝二征高句丽，任命鱼俱罗为碣石一路军的军将。等到返回朝廷，江南刘元进叛乱，炀帝下诏让鱼俱罗率军前往会稽等郡平叛。

当时人心不定，百姓追随起义军如赶集一般。鱼俱罗攻打义军统帅朱燮、管崇等，战无不胜。但义军势力日渐强大，失败了又再聚集。鱼俱罗考虑到义军不是一年半载可以平定的，儿子们都在京、洛，又看到天下渐渐混乱，担心最终道路会隔绝。恰在这个时候，东都发生大饥荒，粮价飞涨，鱼俱罗派遣家中仆人带一船米到东都卖出，再买进市场上的财物，暗中去迎接儿子们。

隋炀帝知道了这些事，担心鱼俱罗有别的打算，派使者去查验。使者到了以后，反复察问，没有查到罪证。炀帝又下令，让大理司直梁敬真前去锁押鱼俱罗到东都。

鱼俱罗相貌与常人有所不同，双眼重瞳（有两个瞳孔），这在古代被认为是帝王之像，隋炀帝因此暗中猜忌。梁敬真迎合炀帝的心意，上奏鱼俱罗军队白白地打败仗，于是在东都街市将鱼俱罗斩首，家人都籍没为官奴。

马邑太守王仁恭

王仁恭（558—617），隋朝将领。字元实，天水上邽（今甘肃天水通渭）人。隋文帝时，历任长道令、骠骑将军等；炀帝时，历任吕州刺史、汲郡太守、马邑太守。他作战勇敢，屡立战功，但隋末大乱，他开始贪污受贿，招致杀害。他由廉到贪，成为众多隋朝官员的典型代表。

一、刚毅正直　屡战有功

王仁恭出身官宦人家，祖父王建，曾任北周凤州刺史；父亲王猛，任鄀州刺史。

王仁恭年少时就很是刚毅严谨，擅长弓马骑射。二十岁时，州郡官员任用他为主簿。没多久，秦王杨俊用他为记室，改任为长道令，升任车骑将军。

后来，王仁恭跟随上柱国杨素在灵武攻打突厥，由于作战勇敢而立功。班师回朝后，王仁恭凭借战功授任上开府，赐予各色杂帛三千段。

王仁恭以骠骑将军的身份主管蜀王杨秀军事。山僚（今四川、云南一带的部族）作乱，蜀王杨秀命王仁恭率兵讨伐，打败乱军，获赐奴婢三百人。等到蜀王杨秀因罪废黜，官吏们有很多受到牵连，隋文帝认为王仁恭平素质朴正直，没有问他的罪。

隋炀帝继位后，汉王杨谅举兵反叛，王仁恭跟随杨素平定了叛乱，凭借军功升任大将军，授任吕州刺史，获赐帛四千匹、歌舞女子十名。一年多后，改任卫州刺史，不久又改任汲郡（治今河南汲县西南）太守。

在汲郡任职期间，王仁恭治政颇有能名，很受当地百姓爱戴。因此征召入朝时，炀帝呼他上殿，慰劳勉励，赐杂绿六百段、良马两匹。王仁恭升任信都太守，汲郡官民攀马号哭挽留，王仁恭好几天都不能出境。

大业八年（612），隋炀帝发兵征伐高句丽，任王仁恭为军将。等到隋军班师回朝，王仁恭殿后，与高句丽追兵相遇，他勇猛作战，击退了追兵。炀帝升任他为左光禄大夫，赐给绢六千段、马四十匹。

第二年，再次征讨高句丽，王仁恭又以军将的身份出扶余道（在今吉林）。炀帝对他说："前往的各路军队大多出师不利，唯独公一军能打败敌军。古人说，败军之将不可以言勇，各位将领难道还可以任用吗？现今委派公为前军，应当不负所望。"赐给他良马十匹、黄金百两。

王仁恭进军到了新城（今属河北），高句丽军好几万人依城结阵，王仁恭率精骑一千打败了他们。高句丽军闭城拒守，王仁恭四面围攻。炀帝听说后非常高兴，派舍人前往军中慰问，赐予珍奇异物，升任他为光禄大夫，另外赐给绢五千匹。适逢礼部尚书杨玄感叛乱，王仁恭的侄子武贲郎将王仲伯参与其中，王仁恭因受牵连而免官。

二、受贿不仁　百姓怒杀

王仁恭免官后不久，突厥多次入侵，隋炀帝认为他是旧将，多次立有战功，下诏恢复原有官职，领马邑（治今山西朔县）太守。

这一年，突厥始毕可汗率领骑兵数万来攻打马邑，又下令让两位特勤（官名，多由王子充任）率兵南侵。当时郡兵不满三千，王仁恭简选精锐兵力迎击，打败了敌军，两位特勤的部属也都溃败。王仁恭纵兵追击,俘获几千人,并斩杀了两位特勤。炀帝非常高兴,赐给缣三千匹。这之后,突厥又侵入定襄,王仁恭率兵四千围击,斩杀一千多人,缴获了许多牲畜。

当时天下大乱,百姓饥饿,道路不通,王仁恭为日后考虑,改变了原有的气节,收受贿赂,又不敢擅自开仓来赈济百姓。

王仁恭麾下校尉刘武周,与王仁恭的侍婢通奸,害怕事情败露,准备发动叛乱,因而每每在郡中宣言:"父老妻儿挨饿受冻,死去的人填满沟壑,而王府君闭仓不救百姓,这是什么道理!"以此来激怒百姓。官民都因此怨恨王仁恭。

这件事之后,有一次王仁恭正坐在官厅视事,刘武周率领部下几十人大喊着冲了进来,将他杀害,时年六十。刘武周开仓赈济百姓,郡内的人都听从他的吩咐,刘武周自称天子,设置百官,转而攻取邻近的郡县。

武贲郎将王辩

王辩(562—617),隋朝将领。字警略,冯翊蒲城(今陕西蒲城)人。北周时,任师都督。隋朝文帝时,任车骑将军;炀帝时,任武贲郎将。隋末天下大乱,义军四起,王辩四处平叛,屡战屡胜,最终殒身劲敌。

一、擅长骑射　屡有军功

王辩的祖父王训,靠经商致富。西魏时,因出粟米资助军粮,代任清河太守。

王辩年轻时熟悉兵书,尤其擅长弓马骑射;为人意气风发,志向远大。在北周时,王辩凭借军功任帅都督。

进入隋朝,开皇初年(581),王辩迁升为大都督。仁寿年间(601—604),升任车骑将军。汉王杨谅叛乱的时候,王辩跟随杨素出征平叛,大获成功。因为这次军功,王辩被赐封武宁县男,食邑三百户。

三年之后,王辩升任尚书奉御。跟随炀帝出征吐谷浑,他作战勇猛,立下了军功。班师回朝后,王辩因军功升任朝请大夫。过了几年,改任鹰扬郎将。

大业八年(612),隋炀帝东征高句丽,王辩随军出征,凭借战功加封为通议大夫,不久升任武贲郎将。

等到山东盗贼兴起,上谷魏刁儿自称"历山飞",聚众十多万,抢劫掠夺燕、赵。隋炀帝召见王辩,让他坐到御榻上,向他询问谋略。王辩分析贼寇的形势,进献平定对策,炀帝称好,说:"果真能按这个计策行事,贼寇又值得担忧什么呢!"于是,炀帝命王辩征调跟随的步、骑三千人,前往攻打魏刁儿。王辩率军英勇作战,打败了贼寇,炀帝赐予黄金二百两。

二、平叛屡胜 殒身劲敌

大业十二年(616),渤海贼军统帅高士达自称"东海公",聚众数万。隋炀帝又下令让王辩前往攻打。王辩率军勇猛进攻,多次挫败高士达的锐气。炀帝在江都宫听到消息,十分高兴,让人驱马把王辩召来。等到引见,炀帝赏赐的礼物非常丰厚,又下令让他前往信都统领官军。高士达在这个时候重新迎战,王辩又将其打败,炀帝特地下诏褒奖。

当时,起义军的统帅郝孝德、孙宣雅、时季康、窦建德、魏刁儿等往往屯兵聚集,大至十万,小至数千,侵扰河北。王辩进军攻打他们,所到之处全都获胜,起义军对他十分畏惧。不久,翟让率瓦岗寨起义军侵扰徐、豫等地,王辩奉命进讨,多次把他打跑。后来，翟让与李密屯兵驻守洛口仓（今河南巩县东），王辩奉命与江都通守王世充讨伐李密，凭借洛水的险要，与瓦岗军相持达一年之久。

后来，王辩率领众将打败李密所率义军，逼近其营地，摧毁了外营。李密各营已有溃逃者，王辩决定乘胜进入城中。王世充不知情况，担心将士们疲劳困乏，于是鸣角收兵，反而被李密的部属偷袭。官军大败溃退，不可遏止。

王辩逃到洛水，桥梁已坏，不能渡过，便率军趟水过河。到达中流时，有些士兵倒在河里，挣扎起来拽住王辩以求生，结果王辩坠下马来。当时，王辩身披盔甲，败退的官军蜂拥而来，相互踩踏，他无法再次上马，竟被淹死，时年五十六岁。因王辩平常待下有恩，他死后，三军无不痛哭流涕。

右武卫大将军李景

李景（？—618），隋朝将领。字道兴，天水休官（今甘肃秦安）人。北周时，进位开府，封平寇县公。隋朝文帝时，任韩州刺史；炀帝时，任右武卫大将军，封滑国公。他忠于隋朝，颇受隋炀帝宠信，即使有人说他叛乱，炀帝也不相信。像他这样不受隋炀帝猜忌的大将，在当时可谓绝无仅有。

一、相貌非凡　杀敌勇猛

李景的父亲李超，在北周时期任应州、戎州刺史。

李景容貌雄伟，膂力过人，美须髯，勇猛善射。在北周时，他曾参加吞并北齐以及平定尉迟迥叛乱的战役，均有战功，因而进位开府，赐爵平寇县公，食邑一千五百户。

隋朝建立后，李景官居原职。开皇九年（589），李景以行军总管身份，跟随王世积讨伐陈朝；后与又杨素一起，平定江南高智慧的叛乱。因功先后晋升上开府、授任鄜州刺史，并获得奴婢、缣帛等赏赐。

开皇十七年（597）出征辽东，李景任马军总管。隋文帝杨坚对他雄健的体格十分好奇，让他脱下上衣，仔细观察他的肩、臂，然后说："你是位极人臣之相。"

开皇二十年（600），李景随史万岁出击突厥，在大斤山（即大青山）一带，李景率队绕道寻战，大破敌军。

后来，突厥启民可汗部与隋朝修好，隋文帝将宗女安义公主嫁给他；安义公主去世后，又将宗女义成公主送去做继室。当时，文帝派上明公杨纪与李景送亲，送亲队伍迤逦北行，走到恒安（今山西大同东北）时，遇到另一部突厥兵将袭扰当地，代州总管韩洪出兵抵抗，被突厥打败。李景率领所部一百人前往援救，与突厥兵大战三天，杀死多人，尔后抵达启民可汗部。因为护送有功，李景回朝即被隋文帝授予韩州刺史。但李景以服侍汉王为由推辞，没有就职。

仁寿四年（604），隋文帝驾崩，隋炀帝继位。汉王杨谅起兵造反，李景奉命出征。杨谅派部将刘嵩在并州城（今山西太原）东迎战，李景登上敌楼射箭，箭无虚发，出阵之敌应弦而倒。刘嵩选派壮士一齐围攻，李景挥刀迎敌，全无惧色，不多时就将敌众斩尽。

刘嵩兵败后，杨谅又派岚州刺史乔钟葵率三万精兵来战。李景的士卒不过数千，守着一座多年失修的小城，在敌军轮番冲击下，城墙多处冲毁坍塌。李景率众且战且修，士卒个个拼死坚守，无人后退半步，一次次挫败了叛军的锐气。

李景看到司马冯孝慈、司法参军吕玉勇猛善战，仪同三司侯莫陈义多有谋略，善于运用防守的战术，深知这些部将可以信赖，于是放手让他们领兵拒战。他本人则运筹于帷幄，每天绕城巡视一遍。坚守一个多月后，朔州总管杨义臣率军前来援救，李景出城与援军合击，大败叛军。战后进位柱国，拜右武卫大将军，赐缣九千匹、女乐一部等。

二、炀帝看重　百姓感恩

李景不擅长斗智谋略，但他忠诚正直的品格却有口皆碑，因而深受隋炀帝的信任。他受命平定叛蛮向思多，征讨吐谷浑，连年出兵，每战皆胜，先后获赐奴婢一百四十口，进位光禄大夫。

大业五年（610），隋炀帝西巡到天水，李景向皇上敬献食品。因为李景是天水人，所以炀帝说："公，主人也。"特赐座于齐王杨暕位置之前。

到达陇川宫时，隋炀帝想大规模围猎取乐。皇帝围猎，需要调动军队圈定范围、驱赶野兽。李景认为这样做不合适，但怕皇上不听劝谏，也就什么话都没说。他与左武卫大将军郭衍都流露出消极态度，被人奏告。隋炀帝大怒，喝令左右痛打李景，而且当下免除了他的官职，一年后才恢复原位。

从大业八年（612）起，隋炀帝连续三年出兵高句丽，李景每次都是主将。第三次回军的时候，李景为全军殿后，高句丽追兵赶上时，李景奋力阻击，使敌军不敢再追。回朝后晋爵滑国公。

礼部尚书杨玄感举兵造反时，有许多文臣武将的子弟或亲属参与了造反，而李景毫无牵涉。隋炀帝说："公天生诚实正直，是我倚仗的栋梁啊！"（"公诚直天然，我之梁栋也。"《隋书·李景传》）并赐给他美女，以示嘉奖。隋炀帝从不直呼其名，而是叫他"李大将军"。（"帝每呼'李大将军'而不名，其见重如此。"同上）

大业十二年（616），隋炀帝命李景在北平（今河北卢龙）营造征辽所用战具。其时，幽州土匪杨仲绪聚众万余攻打北平，李景引兵出击，杀死了杨仲绪。此后盗匪蜂起，李景与京师长安因道路阻隔而联系较少。为了加强守备，李景招募军士以充实兵力。武贲郎将罗艺诬告他准备造反，隋炀帝派自己的儿子前往表示抚慰，说："就是有人说公窥视皇宫（想当皇帝），想占据京师，我也不怀疑公。"（"纵人言公窥天阙，据京师，吾无疑也。"同上）

后来，李景被高开道起义军围困。李景独守孤城，外无援救。一年后，士卒得了一种脚肿溃烂的传染病，死的有十之六七。李景焦虑地四处抚慰，将士无一人逃走。预备征辽的军用物资都在城里，粮食、布匹等堆积如山，即便在那样混乱的时候，李景也毫无所取。

隋炀帝在江都遇害后，辽西太守邓暠率兵救出李景，一齐来到柳城（治今辽宁朝阳）。后来，李景在返回幽州的路上被人杀害。

李景素来对契丹、靺鞨人有恩，双方友好相处多年，他遇害后，契丹、靺鞨首领闻讯莫不流泪；幽州、燕地的人们，也都为他感叹悲伤。

左翊卫大将军来护儿

来护儿（？—618），隋朝将领。字崇善，江都（今江苏扬州）人。隋文帝时，历任大都督、大将军、泉州刺史、上柱国等；炀帝时，历任右骁卫大将军、右翊卫大将军、左翊卫大将军等。后与炀帝一起在江都被杀。他出身农家，不甘贫贱，靠战功加官晋爵。他灭陈平叛，东征高句丽，见证了隋朝的繁盛、衰败和灭亡。

一、灭陈平叛　因功加封

来护儿祖籍南阳新野（今属河南），曾祖时徙居广陵（后改称"江都"，治今江苏扬州）。他自幼父母双亡，由伯母吴氏抚养成人。

来护儿的家乡白土村，位于长江北岸，与南朝陈隔江相望。地处南北两朝交界之地，连年战事不断，来护儿因而常有建立功业的想法。

来护儿少年时聪明好动，常以小诡计耍弄人。读书读到《诗经》中"击鼓其镗，踊跃用兵"（战鼓咚咚震天响，踊跃上阵挺长枪）、"羔裘豹饰，孔武有力"（花豹纹饰羔皮衣，魁伟勇武显神力）几句时，反复吟诵，忽有所悟，把书一扔，说："大丈夫在世就应该是这个样子！我要为国杀贼，立功扬名，怎么能碌碌无为老待在田垄上呢！"（"大丈夫在世当如是。会为国灭贼以取功名，安能区区久事陇亩！"《隋书·来护儿传》。《北史·来护儿传》末句作"安能区区专事笔砚也！"）伙伴们都为他的豪言壮语拍手叫好。

大将军贺若弼镇守寿州（治今安徽寿县）时，访查到来护为人机警，便常常派他渡江侦察。来护儿每次都冒险而去，机警地考察、记忆陈朝的守军情况和水旱防卫设施，回来后详尽地汇报，因此而授衔大都督。隋文帝实施平陈计划时，来护儿的情报为渡江部队提供了极其宝贵的线索，大军过江后进展迅速。灭陈之后，来护儿因功进位上开府。

江南士人高智慧聚众反隋时，来护儿跟随上柱国杨素，前往浙江进剿。当时叛军依岸筑营，方圆百余里，舰船布满江边。官军鼓噪而进，杨素命来护儿率数百轻便小船猛冲敌岸，直接打进中营，一举荡平了叛军的根据地，侥幸逃出者亦无所归依。

高智慧想出海占据岛屿，来护儿追至泉州，派兵封锁了海路。高智慧见出海无望，只好向南方的闽越山地寻求生路。江南地方定安之后，来护儿进位大将军，任泉州（治今福建泉州）刺史，封襄阳县公。

当时又有盛道延兴兵作乱，扰乱地方治安。来护儿改任建州刺史，鞍马依旧，连续作战，打败了盛道延。尔后又奉命移兵西南，与蒲山公李宽一起，在黟、歙地区战胜了汪文进的反叛，从而彻底吞并了陈朝。因功晋位上柱国，封永宁郡公，授任右御卫将军。

开皇十八年（598），隋文帝遣使召来护儿入朝，赐予宫女及宝刀、骏马、锦绨等物。不久，来护儿返回建州。长子来楷留在京师，担任皇帝的禁卫武官。

仁寿元年（601），来护儿改任瀛州刺史。在瀛洲刺史任内，他以"善政"闻名，深得百姓爱戴。离任时，百姓极力挽留，以致多日未能出境；还有数百人上书朝廷，请求让来护儿留任。后来，隋炀帝对来护儿道："当初天下尚未安定，公是著名将领；如今天下太平无事，公又是优秀的地方官，可以说是二者（文武）兼美了。"（"昔国步未康，卿为名将，今天下无事，又为良二千石，可谓兼美矣。"《北史·来护儿传》）

二、随征辽东　纵兵掳掠

隋炀帝杨广即位后，征召来护儿入朝，授任右骁卫大将军，数年后升右翊卫大将军。其时，来护儿甚为炀帝宠用，礼遇之隆，满朝无人能及。

大业六年（610），隋炀帝巡幸江都，来护儿随驾前往。炀帝为了让来护儿回故乡"衣锦昼游",("车驾幸江都,谓护儿曰:'衣锦昼游,古人所重,卿今是也。'"《北史·来护儿传》)特意赏赐财物、祭品,让他祭奠先人坟墓,宴请故乡父老;又让三品以上官员全部前往来家祖宅,畅饮一日。一时间,来护儿荣耀万分。

大业八年（612）,隋炀帝东征高句丽,来护儿率楼船走水路前往辽东,在距平壤六十里的地方与高句丽军相遇。来护儿求战心切,遇敌则勇气上升,敢打敢拼。高句丽军见来将气势凶猛,且战且退。来护儿便乘胜打到平壤城下,且破其外城,纵兵大肆掳掠,结果部伍混乱。这时高句丽王高元的弟弟高建武,迅速组建五百人的敢死队,袭击来护儿的兵将。被胜利冲昏头脑的隋军兵将,在出门入户掳掠之时,不少人被莫名其妙地杀死。来护儿收敛残军,退居海里的战船之上,等待与陆路军队合兵总攻的指令。后来得知宇文述等部大败而逃的消息,只好由原路班师。

第二年,隋炀帝下令再征高句丽,来护儿又出沧海道,驻军东莱。正打算扬帆进兵时,礼部尚书杨玄感在黎阳叛乱,他奉命返航。来护儿登陆后,勒兵与上开府仪同三司宇文述围攻杨玄感的叛军。平叛后封荣国公,食邑两千户。

大业十年（614）,隋炀帝三征高句丽,来护儿再次率师渡海,至卑奢城（今辽宁金州境）。高句丽倾全国大军迎战,来护儿全无惧色,镇定地指挥各部,攻守皆有章法,结果大破高句丽军,斩首千余级。

来护儿正向平壤进兵时,高句丽国王高元派遣使者,将隋朝叛臣斛斯政押送辽东城,同时上表请降。隋炀帝答应了高句丽人的请求,派人持节诏命来护儿停战回师。来护儿召集众将说:"我们三次出兵,至今未能破贼,这次回去,就不可能再来了。

现在高句丽已困乏无力，遍野无草谷，人马俱疲累。以我方的实力发起强攻，用不了几天就可破城。我的意见是全面包围平壤，活捉高句丽国王，大胜凯旋，献俘朝廷。"来护儿态度慷慨激烈，言辞掷地有声，说得众人面面相觑，一时鸦雀无声。他不肯奉诏，反而请使者带自己的表章回报皇帝。军营之内，气氛严肃紧张。

这时，随军长史崔君肃站出来，表示愿意奉诏班师，并说即便进兵，也得等皇帝下诏才行。来护儿说："眼看平壤城唾手可得，而你却以官位压人。古语云：'将在外，君命有所不受。'哪能等到往返千里的传檄？军事行动，时刻有变，现在不攻，就会坐失良机，劳而无功，遗恨终生。我宁可活捉高元回国受审，也不愿放弃这千载难逢的机会！"众将觉得所言有理，开始窃窃私语，准备与来护儿站在一起。

崔君肃见此，不得不宣布："若有违抗诏书跟从元帅者，必当上奏皇帝，一概定罪！"在皇权至尊的时代，违背圣旨就是忤逆死罪。众将听此一说，都担心死于非命，于是转而劝说来护儿。来护儿无奈，终于奉诏而还。

大业十三年（617），来护儿转为左翊卫大将军，进位开府仪同三司。隋炀帝对他更加重用，前后赏赐的财物不计其数。

大业十四年（618），隋炀帝再次巡游江都，来护儿随行。宇文化及叛乱，杀掉了隋炀帝。来护儿当时正要入朝，途中被叛军抓获。得知炀帝已死，他叹道："身为大臣，担负重任，却不能肃清奸党，以致国家落到如此境地。除了抱恨于黄泉，还能再说什么。"（"吾备位大臣，荷国重任，不能肃清凶逆，遂令王室至此，抱恨泉壤，知复何言！"《北史·来护儿传》）叛军大肆杀戮百官，来护儿亦被杀害。

左骁卫大将军段达

段达（？—621），隋朝将领。武威姑臧（今甘肃姑臧）人。北周时，任大都督，负责宿卫杨坚。隋朝文帝时，任车骑将军；炀帝时，任左骁卫大将军。他缺少谋略，畏敌如虎，平叛极少有功。隋炀帝被杀，他贪图富贵，拥立王世充，是个不肖之徒。

段达的父亲段严，在北周任朔州刺史，封襄垣县公。段达三岁时，袭父爵襄垣县公。长大以后，他身高八尺，仪表堂堂，须髯飘逸，弓马骑射样样精通。

杨坚任北周大丞相时，任命段达为大都督，统率身边的亲信卫兵。段达宿卫恪尽职守，经常不离杨坚左右。

杨坚建隋称帝后，段达升任左直斋，经过多次升迁，官至车骑将军，兼任晋王杨广的参军。在江南士人高智慧、李积等人作乱时，段达引兵万人大败敌军，接着又连破汪文进等叛军，因功受赐奴婢五十口，帛绢四千段。

大业初年（605），隋炀帝杨广以段达为故旧之交，拜为左翊卫将军。在随军西征吐谷浑时，段达多有战功，进位金紫光禄大夫。

从大业八年（612）起，隋炀帝连续三年征讨高句丽，穷兵黩武，百姓苦不堪言。于是平原人郝孝德、清河人张金称等人聚众为盗，攻陷城邑，各郡县不堪一击。隋炀帝令段达率军剿灭盗贼，但他数次被张金称等人击败，损失惨重。因此，诸敌将对段达十分轻视，送他个"段姥"的外号。后来，段达采纳谋士杨善会的计谋，再次与敌人交手，大获全胜。段达班师回朝，不但未加官晋爵，反而因公事被免官。

大业十年（614），隋炀帝出征辽东，派段达留守涿郡。不久，又授任段达为左翊卫将军。

大业十一年（615），高阳（今河北高阳）人魏刁儿聚众十多万，自号"历山飞"，四处抢掠。段达率涿郡通守郭绚击败叛军。然而，盗匪猖狂，官军恶战，段达不能抓住时机平定叛乱，只好明哲保身，持重自守，但不久军粮短缺，战绩平平，人们都认为段达胆小畏惧。

大业十二年（616），隋炀帝前往扬州江都宫，诏令段达与太府卿元文都留守东都洛阳。这时，李密率领起义军占据洛口仓（在今河南巩县东），引兵侵掠东都附近城池，段达和监门郎将庞玉、武牙郎将霍举，统率禁军出城抗击，立了大功，官升左骁卫大将军。

江都通守王世充攻打李密兵败，李密又逼至北芒（在今河南洛阳北）。段达与判左丞郭文懿、尚书韦津出兵迎击，刚一接战，段达见叛军气盛，回头就跑。李密抓住战机，大破官军，韦津也在此战中丧命。从此，李密军日益壮大。

大业十四年（618），隋炀帝在江都被杀，段达和元文都等推举越王杨侗为帝，改元"皇泰"，段达受封陈国公。

皇泰元年（618），元文都密谋诛杀王世充，段达偷偷告发，并在里面接应。东窗事发，越王杨侗把元文都交给王世充。事后，王世充对段达感激涕零。王世充大败李密后，段达等人又力劝越王杨侗重赏，并禅让皇位于王世充。王世充称帝后，立即封段达为司徒。

唐高祖武德四年（621），东都洛阳被唐军攻克，段达被俘斩首，妻子儿女亦都被杀。

河南道讨捕大使裴仁基

裴仁基（？—618），隋朝将领。字德本，蒲州河东（今山西永济）人。隋文帝时，任上仪同；炀帝时，历任护军、光禄大夫、河南道捕讨大使。后为避害，投降李密；又为王世充所俘，终为其所杀。他武艺精湛，屡立军功，只可惜隋末朝政混乱，奸臣、宵小当道，逼得他无奈投敌。他生逢乱世，几经辗转，却不能谨慎行事，终致殒命。

一、有功不赏 避害降敌

裴仁基的祖父裴伯凤，在北周任汾州（治今山西临汾）刺史；父亲裴定，任北周上仪同。

裴仁基少年时武艺精湛，善于弓马骑射，十分勇猛。开皇初年（581），任隋文帝杨坚的侍卫。

隋朝灭陈时，裴仁基率先登城破阵，以功拜为仪同，赏赐各色杂帛千段。不久，裴仁基在任原有官职的同时，又兼任汉王杨谅府亲信的领队。

仁寿四年（604），隋炀帝杨广继位，杨谅起兵造反，裴仁基苦谏阻拦，杨谅发怒，将他下狱。不久，杨谅失败，裴仁基出狱。隋炀帝听说他的经历后，表示赞赏，越级任他为护军。几年后，又授予他武贲郎将之衔。

裴仁基跟随将军李景征伐叛乱的蛮将向思多，因功进位银青光禄大夫，赐奴婢百口、绢五百匹。裴仁基还随军出击吐谷浑，立下了战功，加授金紫光禄大夫。跟隋炀帝出征高句丽后，又进位左光禄大夫。

隋炀帝巡游江都时，国内群雄并起，四处都有起义造反的部队。当时，瓦岗军首领李密正占据洛口仓（在今河南巩县东），隋炀帝令裴仁基任河南道讨捕大使，驻守武牢（在今河南境），以抗拒李密。荥阳通守张须陁被李密斩于阵上之后，裴仁基收留张须陁残部，与李密交战数次，互有胜负。

当时，隋朝军功管理混乱，有功不记不奖，无功受封受赏。裴仁基感到每日面对强寇，自己所率士卒实在辛苦疲劳，因而将所有到手的军资全部用来奖赏将士。朝廷派驻军中的监军御史萧怀静，每次奖赏时都要干涉，所以军士对其深为不满。萧怀静又暗地搜寻裴仁基的过失，准备弹劾他。

裴仁基得知后，大吃一惊，心想："你来军中，我待你不薄。没想到你在这种时候还处心积虑地要加害于我，我岂能束手待毙！"于是杀死萧怀静，率众归降了李密。李密任裴仁基为河东郡公，任其子裴行俨为绛郡公。裴行俨年轻力壮，勇猛善战，李密对他格外亲信。

二、谏密不听　为充杀害

李密与奉命平叛的江都通守王世充对峙时，王世充因东都洛阳粮食已尽，率军抵偃师（今属河南）与李密决战。

李密向众将官征求意见，裴仁基说："王世充所有的精锐部将都来这里，其后方洛下必然空虚。我们分兵守其要路，使他不能返回东都。再选精兵三万，向东都进攻，王世充去救东都时，我们停止进攻；他离开之后，我们再次发动进攻。这样反复几次，我方保存了实力，王世充则疲于奔命。这正是兵法所说的'彼出我归，彼归我出，数战以疲之，多方以误之'的战术。"李密说："你的看法是只知其一、不知其二。依我看，东都的兵马有三不可挡：一是武器精良；二是为决战而来，求战心切；三是没有粮食，为食求计。因此我方按兵不动，积蓄力量便是上策。我们只要坐观其敝，不与交兵，使他求斗不得，欲走无路，进退两难，不出十日，王世充的首级就会挂在帐前了。"

李密部将单雄信等，看不起王世充，纷纷请求出战。裴仁基认为不宜正面交锋，苦苦劝谏，但李密终难违背多数将领的意见。于是，李密出兵应战，结果大败，裴仁基被王世充俘虏。王世充看到裴仁基父子都是猛将，特意表示尊敬，并且将侄女嫁给裴行俨为妻。

大业十四年（618），王世充称帝，任裴仁基为礼部尚书，裴行俨为左辅大将军。裴行俨每次上阵都所向披靡，号称"万人敌"。王世充怕他威名过大、超越自己，时时怀有猜忌防范之心。裴仁基看出王世充之意，内心不安，与王世充所署的尚书左丞宇文儒童、尚食直长陈谦、秘书丞崔德本等秘密谋反，准备让陈谦在送饭时持匕首挟持王世充，裴行俨在台阶之下率兵接应，然后一齐投奔越王杨侗。但在行动之前，被将军张童仁告发，裴仁基等谋事者均为王世充所杀。

左骁卫大将军屈突通

屈突通（557—628），隋朝将领。雍州长安人。隋朝文帝时，任亲卫大都督，右武候车骑将军；炀帝时，任左骁卫大将军、关内讨捕大使。巡查牧区时，曾为民请命；任职地方，以严正知名。隋末义军四起，他留守长安，虽然誓死拼战，但仍多次失败，最后不得不投降唐高祖李渊。

一、为众请命　以严知名

屈突通亦名屈突仲通,字坦豆拔,祖籍昌黎(今辽宁朝阳),后迁居雍州长安(今陕西西安)。他的父亲屈突长卿,在北周时任邛州刺史。

屈突通性格刚毅,崇尚忠贞,洁身自爱,喜好武略,尤善骑射。早年仕隋为虎牙郎将。

开皇十七年(597),屈突通任亲卫大都督,隋文帝派他到陇西一带巡查直属朝廷的牧群。屈突通带领随员,一个不漏地检查牧区,又一个不漏地清点牲畜的数量,然后与簿册、流水账一一核对。结果发现,上至朝中的专职官员,下至牧区的监管人员,层层隐瞒,共隐藏马匹两万多。几经核实无误,屈突通向文帝作了详细汇报。文帝听罢大发雷霆,将所有隐匿马匹、历年作弊的人,不论官职高低,一概定为欺君之罪。依照法律,这些人应处死刑,可列出名单一看,有太仆卿慕容悉达等一千五百人。

屈突通听说这些人都被收押,即将问斩,心中很不平静。他想自己奉命检查,认真办事是应该的,对皇帝尽忠负责也是本分。但因自己认真负责,一次就有这么多人被杀,他又觉得未免过分,于心不忍。前思后想,便向文帝直接进谏,说:"人的性命至关重要,死不复生。陛下是大仁大义的圣君,如同孩子一样养育着臣民,哪能因为一些牲畜的缘故就杀掉一千多人?要说这件事,也怪臣过分狂妄,不谙世故。如果定要治罪的话,请将臣处死。"文帝怒睁双目训斥他,他又叩头顿首,说:"臣情愿自己去死,请免除那一千多人的死罪。"

这时,隋文帝猛然省悟,完全理解了屈突通的心意。于是说:"朕真糊涂啊,居然到这种地步。感谢公的这番心意。今天就听从公的请求,以此表示朕能接受批评和建议。"就这样,慕容悉达等一千五百人全部免死减刑。

此后,屈突通更受重用,升为右武候车骑将军。他为人正直,秉公办事,即使亲戚犯法,也照样依法制裁,绝不包庇宽容。当时他的弟弟屈突盖任长安县令,也以严格整肃出名,因此民间流传的顺口溜说:"宁食三斗艾,不见屈突盖;宁服三斗葱,不逢屈突通。"由此可见人们对他们兄弟的敬畏。

二、送炀帝书　破安定贼

隋炀帝杨广的皇位,乃采取阴谋手段所得,他的几个弟兄也都想称帝,对他继位都心怀不满意。对此,隋炀帝心知肚明。为了防止弟兄们率先起事,他打算把他们分别请回京师,一一安抚,或者干脆软禁起来。于是,便派屈突通给小弟汉王杨谅去送信。

屈突通根本不知道,隋文帝给儿子们封王的时候,就曾对小儿子杨谅设置了一个只有他们父子知道的秘密:"如果有一天朝廷的墨书召你回京,你看那个'敕'字旁边加了一点,再验明玺书上的玉麟印鉴,你就回来。"言外之意是,如果"敕"字旁没有那么一点,就是别有缘故。

杨谅看到来信里的"敕"旁边没有作为暗记的"点",觉得朝中定有变故,召自己回去定然凶多吉少。于是,杨谅一再追问信使屈突通,把他看成了某种阴谋的实施者。屈突通蒙在鼓里,全然不知底里,对每个问题都如实相告,不知道的则说不知,终于解除了杨谅对他的怀疑,尔后放他回长安去复命。

大业中期(610年左右),屈突通转任左骁卫大将军。当时秦陇地区(今甘肃境内)贼盗蜂起,朝廷任命屈突通为关内讨捕大使,剿匪灭盗。安定(今甘肃泾州)人刘迦论举兵造反,拥众十余万,据守雕阴郡(治今陕西绥德),自称皇帝,建号"建元",设置衙署,委任文武百官,俨然一副国中之国的派头。当时又有稽胡首领刘鹞子，也聚众自立，与刘迦论相互为援。屈突通带领关中将士出兵征伐，到达安定地区后，却不与敌人交战。军中士兵私下议论，认为他胆怯了。

过了几天，屈突通对外宣扬说官军即将返回，实际上却将大军带到了雕阴郡附近，并严密封锁消息。刘迦论没有发觉屈突通的行动，率兵到南部区的城镇去抢掠，驻扎在距离屈突通七十里远的地方。屈突通趁敌人毫无防备，选拔精锐骑兵发起夜袭，杀死刘迦论并斩首一万多级，贼兵大败溃散。屈突通彻底摧毁了"刘氏小国"，在郡城南山上修筑了一处象征京城的纪念馆。他的用意，是使当地百姓抬头见此，心中便想到有朝廷，有王法，不敢轻举妄动。

三、留守长安　力尽投降

隋炀帝统治后期，各地的起义风起云涌，而他仍然到处巡游。巡幸江都时，炀帝命令屈突通留守西京长安。

李渊在太原起兵后，便分路出击，其中一军指向长安。渡过黄河之后，唐军在饮马泉首战告捷，打败了屈突通的大将桑显和，又攻克永丰仓。屈突通当时在河东郡（治今河南滑县东）组织防御，没想到李渊的兵马绕过他直奔京都，所以听到永丰仓失守的消息十分害怕，因为那里距长安不远。于是，他赶忙留下鹰扬郎将尧君素据守河东，自己带了部分兵将由武关（今陕西丹凤东）出发，赶赴长安。

屈突通走到潼关时，受到李渊部属刘文静的阻拦，两军相持一个多月。屈突通心急如焚，深怕长安陷于敌手，有负皇帝重托，于是命令桑显和夜袭刘文静。

刘文静所统兵将共建三处大栅。桑显和纵兵打破两栅，只有刘文静所在的一栅未破，于是朝着栅中万箭齐发，刘文静中箭受伤，军中士气低落，眼看就要失败。这时桑显和的将士由于整夜激战，反复争夺打破的那两个大栅，都感到饥饿疲乏，桑显和便传令就地开饭。刘文静立即抓住这一时机，又立起了被破坏的大栅。这时，看到敌军背后的南山上冲下数百名游击骑兵，便命令三栅之兵全线出击。唐军呐喊冲杀，里应外合，打得桑显和无法招架，只带了几个人夺路逃脱，其余人马全都当了俘虏。

这次惨败后，屈突通的日子更不好过，整日愁眉不展。有人劝他投降，他流着泪说："我身受国恩，经历了两个皇帝，都给我高官厚禄，怎么能在危险时刻逃走呢？只能再拼死一战！"之后常常摸着脖颈说："看来要为国家挨别人一刀了。"（"要当为国家受人一刀耳！"《旧唐书·屈突通传》）他勉励将士时，往往痛哭流涕，许多人都受到他的感染。李渊看到他势穷力孤，也就不再进攻，派遣家僮送去劝降书。屈突通看罢之后，喝令将家僮斩首，以示血战到底的决心。

大业十三年（617）十一月，李渊率兵入据长安，拥立代王杨侑为皇帝。屈突通听到这一消息的同时，也听说他的家属都被抄斩，心知不可能回长安去了，便留桑显和镇守潼关，自己率军向东，准备到东都洛阳，伺机东山再起、卷土重来。可不曾料到，他走后不几天，桑显和与他自己的儿子屈突寿，就率众一齐投降了刘文静。

刘文静派副将窦琮、段志玄率领精兵，与桑显和等人从后面追赶上来。在稠桑（今河南灵宝）境内，屈突通摆开阵势，迎战唐军追兵。他没有想到，对方出阵的竟是自己的儿子，单人匹马且不带武器，施礼后便劝他投降。他立即打断儿子的话，大声喊道："过去与你是父子，今天与你是仇敌！"（"昔与汝为父子，今与汝为仇雠。"同上）命令左右放箭射杀。

这时，桑显和也赶紧呼叫自己原先的部将，说："长安已经陷落，你们都是关西人，现在要到哪里去？"将士们面面相觑，望着主帅慢慢地放下了兵器。屈突通看到这一情况，心中明白大局已经不可挽回，于是跳下马来，面向炀帝所在的东南方（江都）跪拜号哭，说："我今日力尽兵败，不能说是辜负了陛下的厚望，天地神灵，实所共鉴。"于是全军投降。

四、忠心见用　义重于亲

屈突通被带回长安之后，李渊亲自接见他，说："早就听说你的大名了，为什么今日才得相见？"屈突通哭着说："我不能尽职尽责，力尽被俘，这是本朝的屈辱，也愧对相王（李渊时任隋朝丞相、封唐王）。"李渊说："你真是隋朝皇室的忠臣啊！"（"通泣对曰：'通不能尽人臣之节，力屈而至，为本朝之辱，以愧相王。'高祖曰：'隋室忠臣也。'"《旧唐书·屈突通传》）当即宣布无罪释放，并授兵部尚书之职，封为蒋国公。当时由于战事紧急，便命他到李世民部下担任长史。

唐高祖武德元年（618），屈突通跟随秦王李世民讨伐西秦霸王薛举，先败后胜，一举荡平陇西。进入伪都天水（今属甘肃）后，只见皇宫国库的奇珍异宝堆积如山，许多将领明拿暗取，而屈突通始终不动一指头。李渊听到有关情况的汇报后，对屈突通说："公廉洁奉公，始终如此，真是名不虚传。"（"公清正奉国，著自终始，名下定不虚也。"同上）因此特赐金银六百两，绢物一千段。

同年，隋炀帝在江都被杀。屈突通听到这一消息，十分悲痛，面向东方叩拜祭奠，算是尽了君臣之谊。此后，屈突通奉命随李世民征讨占据东都的王世充，当时屈突通有两个儿子在王世充部下。出征之时，李渊对他说："东征是大事，今天就靠你了。你怎样对待自己的儿子呢？"他回答说："按说我已是一个老朽了，实在不足以担当大任。但自从来到这里，您不但为我解除囚绳，而且加官封爵，从那时起，我就发誓，将自己的生命奉献国家。今日出征，我愿当先锋，两个儿子如果来战，我绝不手软；他们死了，那也是命该如此，我绝不会以私害义。"尔后出发。

大军围攻洛阳时，窦建德领兵援助困守城中的王世充。李世民当即分兵一半交给屈突通，让他与齐王李元吉继续围攻洛阳，自己率领另一半人马去迎战窦建德。此后终于打败了王世充，迫使他投降。屈突通记第一功，不久拜为陕东大行台右仆射，镇守洛阳。

几年后，屈突通奉召回朝任刑部尚书。屈突通以不熟悉法律条文为由，再三辞谢，后转为工部尚书。

武德九年（626）玄武门之变后，李世民担心东都洛阳发生动乱，派屈突通火速赶赴洛阳，以检校行台仆射之职镇守东都。

唐太宗贞观元年（627），屈突通被授予洛州都督，食邑六百户，加左光禄大夫。翌年病逝，享年七十二岁，赐谥曰"忠"。归唐后事迹，可参本丛书《唐太宗》卷。

折冲郎将沈光

沈光（591—618），隋朝将领。字总持，吴兴（今浙江吴兴）人。隋炀帝朝，任折冲郎将，随同炀帝征高句丽，因作战勇猛受到恩宠。炀帝被杀，沈光积极为之报仇，但事情败露而被杀。他为隋炀帝尽人臣之节，在诸将中可谓典型。

一、骁勇敏捷 炀帝恩宠

沈光家既非名门望族，生活也很贫困，父兄都曾以誊抄缮写为职业。父亲沈君道，曾任南陈吏部侍郎；南陈灭亡，在长安安家，皇太子杨勇援引任为学士，后来成为汉王杨谅的府掾。

沈光年轻时骁勇敏捷，善于赛马，为天下第一。他有书记之才，但不善言辞，常常仰慕建立功名的前朝人物。他为人不拘小节，性格豪爽，喜欢交结侠义之人，京师的浪荡公子争相拥戴和依附。别人多给他财物，使他能够赡养父母；他还经常得到食物和衣服，父母因此得以丰衣足食。

有一年，在兴建禅定寺时，幡竿高十多丈，竿顶的绳索却断了，很不好解决，和尚们都感到为难。沈光见了，就对和尚们说："你们再拿绳索来，我可以接上。"和尚们又惊又喜，便拿绳索给他。沈光口衔绳索，拍打着竹竿一下一下地攀上，直到竿顶，系好绳索，放开手脚，腾空而下，用手掌撑地，倒行几十步。围观的人都惊讶得目瞪口呆，无不感叹称奇，当时的人称他为"肉飞仙"。

大业七年（611），隋炀帝征召天下骁勇果敢的人参军，以讨伐高句丽。沈光报名应召，同行数万人，都在他之下。沈光要到炀帝的行在，有宾客一百多人骑马送他到灞上。沈光洒酒立誓说："此次出行，我如果不建立功名，就应当死在高句丽，不再回来与各位相见。"

沈光跟随隋炀帝攻打高句丽，用冲梯攻城，竿长十五丈，沈光爬上竿顶，逼临城墙与贼兵交战，短兵相接，杀了十多个敌人。贼兵争相击打，把他打落城墙，还没有掉到地上，正好碰到竿上有垂下的绳索，他抓住绳索又重新爬了上去。炀帝远远望见，认为他很豪壮神奇，召他快马来见。炀帝见了沈光，非常高兴，当日拜任他为朝请大夫，赐予宝刀良马，

之后，隋炀帝经常把沈光带在身边，很亲近眷顾，关系日渐密切。不久，炀帝又任命他为折冲郎将，赏赐、待遇都很厚重。

炀帝常常把正在吃的食物和身上穿的衣物赏赐给他，同辈之中没有谁可以与他相比。

二、为帝复仇　反被杀害

沈光自认为沐浴皇恩深重，总想着尽臣之节。大业十四年（618），隋炀帝在江都被宇文化及杀害，沈光暗中收罗义勇之士，准备替炀帝复仇。

在这之前，炀帝宠爱官奴，称他们为"给使"。宇文化及认为沈光骁勇，准备任用他，便让他统领全部官奴，驻扎在宫内。

当时，将领麦孟才、钱杰等暗中图谋算计宇文化及，他们对沈光说："我们都蒙受国恩，不能为捍卫朝廷而死，这是古人所引以为耻的。现今又俯身服侍仇敌，受他的驱赶使唤，有辱面目，还活在这世上做什么呢？我们一定要杀掉他，死而无憾。你是义士，肯听从我们的吗？"沈光泪下沾襟，说："这都寄希望于将军。我统领给使几百人，都享受先帝恩遇，现在处在宇文化及的内营。以此来复仇，就如同雄鹰逐杀鸟雀。万世之功，在此一举，希望将军多努力。"

于是，麦孟才为将军，统领江淮士卒数千人，约定大军将要出发时，早上起来袭击宇文化及。但计划还没有实施，沈光在和好友陈谦谈话时，不慎说漏了嘴，陈谦告发了他们。

宇文化及闻讯非常恐惧，说："麦孟才是麦铁杖（战死高句丽的勇将）的儿子，再加上沈光，都勇不可挡。必须避开他们的锋芒。"当夜，宇文化及就与心腹逃出营外，留下人来告诉部将司马德戡等人，统领兵马，逮捕麦孟才。沈光听到营内的喧哗声，知道事情败露，来不及披上铠甲，就去袭击宇文化及的营帐，结果空无所获。正碰上舍人元敏，斥责一番后，把他杀了。

这时,司马德戡派兵卒冲入,将沈光团团围住。沈光大喊着突围,给使们一齐奋力杀敌,斩首数十人,敌军纷纷败逃。司马德戡再派骑兵,拿着弓箭,从侧面射向沈光。沈光身上未披铠甲,遂被害,时年二十八岁。麾下几百给使,全部战死,没有一个投降的。当时,人们听说了沈光的事迹,没有不为他垂泪的。

忠臣尽忠酷吏玩酷

隋末天下大乱,叛乱遍地,义军四起。世乱见臣节,隋炀帝虽然昏庸无道,但仍有许多文臣武将对他忠心耿耿。他们临难忘身,见危授命,内怀铁石之心,外负凌霜之节,最终杀身成仁,可谓忠臣典型。隋朝酷吏,传说中的麻叔谋大概是拔尖人物,可惜史传不载;而动则毒打、嗜血成性,杀人不眨眼、灭族不手软,如此酷吏,也算得上出其类、拔其萃的佼佼者了……

并州总管司马皇甫诞

皇甫诞（554—604），隋朝忠臣。字玄宪，安定乌氏（今甘肃泾川）人。北周时，任仓曹参军。隋朝文帝时，历任兵部侍郎、鲁州刺史、尚书右丞等；炀帝时，任并州总管司马。汉王杨谅谋反，皇甫诞拼死进谏，杨谅不听，他便率兵抗击，兵败后遇害。他忠于朝廷，坚守节操，为后人称赞。

皇甫诞的祖父皇甫和，在西魏任胶州刺史；父亲皇甫璠，在北周任隋州刺史。

皇甫诞从小刚强果决，有治政的才干，经人推荐，得以出任仓曹参军。

杨坚建隋称帝，皇甫诞担任兵部侍郎。几年后，外任鲁州刺史。开皇年间（约590年前后），皇甫诞又入朝任比部（掌稽核簿籍）、刑部二曹侍郎。无论任何官职，皇甫诞都尽心尽职，勤于政事，积极为百姓办事，为国家谋福利。所以，他在百姓、官吏中都留有能干的名声。

后来，皇甫诞升任治书侍御史，朝中大臣没有不敬畏他的。隋文帝杨坚因百姓困苦流亡，命皇甫诞担任河南道大使，以检查约束地方官员。等到回来，上奏议事符合圣意，文帝很高兴，令其署理大理少卿。第二年，皇甫诞升任尚书右丞。后因守母丧离职，不到一年，文帝又起用他就职治事。不久改任尚书左丞。

当时，汉王杨谅任并州（治今山西太原）总管，朝廷大选属吏，前后长史、司马，都是当时的名士。文帝因为皇甫诞以方正刚直著称，授任并州总管司马，总揽政务，让杨谅所有事情都和他商议。杨谅虽然骄狂，但也很敬重他。

仁寿四年（604），文帝驾崩，炀帝即位，征召杨谅入朝，杨谅用谘议王頍的计策，兴兵作乱。皇甫诞多次进谏，杨谅均不采纳，遂泣泪再谏说："我私下认为大王的兵力，不能抵抗京都的兵力。加上君臣之位已经确定，叛逆和顺从形势悬殊，大王的兵马即使精良，也难以取胜。希望大王奉旨入朝，恪守臣子的礼节，一定会长寿，子子孙孙世代都享有荣华。如果再拖延不入朝，身陷叛逆，一旦触犯法条，即使想做平民百姓也不可能了。希望大王体察我诚挚的心意，想出万全之策。冒昧以死请命。"杨谅大为生气，囚禁了皇甫诞。

杨素率朝廷平叛大军即将到来，杨谅屯兵清源抗击。杨谅的主簿豆卢毓把皇甫诞从狱中放出，两个人经过商议，关闭城门，抗击杨谅。杨谅袭击攻破城门，两人都被杨谅杀害。

隋炀帝因为皇甫诞为国家而献身，赞赏并悼念了很久，下诏说："褒扬名节，按国家的一般法则，在世晋升官阶，死后给予尊荣，作为垂示后世的典范。并州总管司马皇甫诞，性情通达，品行端正，授官赞务，声誉清明，功绩卓著。正值叛逆之臣制造祸乱，气焰十分嚣张，皇甫诞能够坚定忠诚，不依从淫邪的叛贼。虽然囚禁在贼寇手中，正直的品行更加坚定，于是暗中和义士占据城池进行抵抗。由于众寡悬殊无法战胜敌人，导致牺牲。准予赐官柱国，封爵弘义公，谥号为'明'。"皇甫诞的儿子皇甫无逸，继承了父亲的官爵。

朝请大夫游元

游元（553—613），隋朝忠臣。字楚客，广平任城（今河北任县）人。北周时，历任寿春令、谯州司马。隋朝文帝时，历任殿内侍御史、内直监；炀帝时，历任尚书度支郎、左骁卫长史、朝请大夫。他秉公执法，不畏权贵，忠于隋朝，指斥叛将，节操为后世称赞。

游元的父亲游宝藏，在北齐时曾任广平郡太守。

游元从小聪明敏捷，十六岁时，便被北齐司徒徐显秀招为参军事。北齐灭亡后，游元历任北周寿春令、谯州司马，都有能干的名声。

隋开皇年间，游元担任殿内侍御史。晋王杨广为扬州总管时，隋文帝杨坚派游元担任法曹参军，因为守父丧离职。后担任内直监。炀帝继位，升任尚书度支郎。

大业八年（612），隋炀帝远征高句丽，游元兼任左骁卫长史，拜任朝请大夫，兼治书侍御史。宇文述等九军大败，炀帝命游元审查他的案件。当时，宇文述地位尊贵且受天子宠信，其子宇文士及又娶南阳公主为妻，权倾朝野。宇文述派家僮到游元家有所托付，游元不肯接见。过了几天，游元数落宇文述说："你属于皇亲和贤臣，皇上委以心腹，应当归咎于自身，责怪自己，来劝励人臣侍奉君王。可你却派人来我家，想说些什么呢？"结果，游元审查宇文述更加严格，按实情予以弹劾。炀帝嘉奖其公正，赏赐朝服一袭。

大业九年（613），隋炀帝二征高句丽，游元奉命在黎阳仓（在今河南浚县西南）监督运输军粮。礼部尚书杨玄感起兵叛隋，对游元说："当今君主残暴无道，恣意残杀，众叛亲离，现在又身陷遥远边疆，军粮断绝，这也是上天灭亡他的时候。我现在亲率正义之师来诛杀无道，您意下如何啊？"游元正色答道："您承受国家的恩宠福泽，高官厚禄，从古代到前朝，没有第二个人能与您相比；您的兄弟，青紫显贵之服交相辉映。您应当竭诚尽忠，上报皇恩。哪里料到先皇坟土未干，您就亲自图谋反叛。我认为您的作为极不可取，希望考虑祸福的两端。我只有一死罢了，不敢听命。"杨玄感听了大怒，下令囚禁，并多次以兵刃威胁。但游元始终不肯屈节依附，杨玄感便将其杀害。

隋炀帝非常赞叹游元的忠诚，追赠银青光禄大夫，赐缣五百匹。任命其子游仁宗为正议大夫、弋阳郡通守。

朝请大夫冯慈明

冯慈明（549—617），隋朝忠臣。字无佚，信都长乐（今河北衡水）人。北周时，任帅都督。隋朝文帝时，历任行台礼部侍郎、吏部员外郎；炀帝时，历任尚书曹郎、朝请大夫等。谥号"壮武"。他忠于隋室，怒斥瓦岗寨义军首领翟让，惨遭杀害。

冯慈明的祖父冯灵绍，在北齐曾任度支郎中、尚书郎、太中大夫；父亲冯子琮，在北齐时任尚书右仆射，封昌黎郡公。因为亲属的缘故，冯慈明十四岁就担任了淮阳王的开府参军事。不久补任司州主簿，升任中书舍人。北周武帝平灭北齐，授任冯慈明为帅都督。

杨坚建隋称帝，解除三府官，冯慈明任司空司仓参军事。经过多次升迁，升任行台礼部侍郎。晋王杨广做并州总管时，大选属吏，委任冯慈明为总管府司士。后来，冯慈明又入朝为官，历任吏部员外郎，兼内史舍人。

隋炀帝即位，冯慈明因守母丧离职。炀帝因冯慈明原先侍奉藩王，后来又在朝廷为官，心里很不满意，等守丧期满，便将他贬为伊吾镇副；还未上任，又转交阯（治今越南河内西北）郡丞。在偏远的交阯，冯慈明一干就是好几年。虽遭贬官，但他并没有因此怨恨炀帝，仍勤于政事，为当地百姓办了不少实事。他的官声很好，政绩也很卓著。消息传到朝廷，炀帝很是高兴。

大业九年（613），冯慈明被征召入朝。当时，兵部侍郎斛斯政逃亡高句丽，炀帝见到冯慈明，大加慰问勉励。不久授任尚书兵曹郎，进位朝请大夫。

大业十三年（617），隋炀帝住在江都宫，冯慈明代理江都郡丞的事务。当时，瓦岗寨义军首领李密自称"魏公"，率领义军进逼东都洛阳。炀帝诏命冯慈明召集瀍、洛两地之兵，率军攻打李密。冯慈明到鄢陵（今属河南许昌）时，被李密同党崔枢率军围攻，不幸兵败被俘。

李密接见冯慈明，请他就座，慰劳一番，趁势说："隋朝的国运已经完结，如今天下沸腾，我亲率正义之师，所向无敌，东都危急，用不了几天就会攻克。然后，我将率领四方兵众，到江都问罪，您认为怎样？"冯慈明答道："慈明以正道侍奉君主，只有一死罢了，不合道义的言语，不是我敢对答的。"李密听了很不高兴，但仍旧厚加礼遇，希望他能改变想法。冯慈明却暗中派人到江都向炀帝进表，同时送信给东都留守越王杨侗，讲说叛贼的情形。李密得知，认为他有义气，便予以释放。

冯慈明获释后，立即离开。走到军营门口，义军首领翟让大怒说："你作为使者被我军拘捕，魏公待你非常厚道，你竟然不知感恩戴德，难道不懂害怕吗？"冯慈明勃然大怒说："天子派我来，正想铲除你们这些人，没想到被叛贼同党抓获。我难道想从你那里求生吗？想杀就杀，哪用得着斥骂呢！"接着，他又正气凛然地对义军士卒说："你们本无坏心，因为饥饿才到这里求食。官军马上就到，希望你们早日为自己打算。"翟让更加愤怒，随即乱刀加害。冯慈明时年六十八岁。

梁郡（治今河南商丘南）通守杨汪上表炀帝，通报了冯慈明被害之事。隋炀帝大为惋惜，追赠银青光禄大夫，任命其子冯悙、冯怦为尚书承务郎。王世充推立越王杨侗为帝，杨侗又追赠冯慈明柱国、户部尚书、昌黎郡公，赠谥曰"壮武"。

荥阳通守张须陀

张须陀（563—614），隋朝忠臣。弘农阌乡（今河南灵宝）人。隋文帝时，任仪同；炀帝时，历任齐郡丞、齐郡通守、荥阳通守。他不仅英勇善战，多次平叛，都获胜利；又善于"抚驭"，颇得部下士卒和边疆民众的拥戴。但隋末社会动乱，大厦将倾，非独木可支，最终战死。

一、有勇有谋　时称名将

张须陀性格刚毅，有勇有谋。《北史·张须陀传》称："须陀独勇决善战，又长抚驭，得士卒心，号为名将。"宋范仲淹《奏边上得力材武将佐等第姓名事》谓之"善抚驭，得藩汉人情"。

开皇十七年（597）春，南宁（今云南曲靖西北）山区部族头领爨习率众来降，隋文帝杨坚授任他为昆州（即今南宁）刺史，不久又重新叛乱。文帝命左领军将军史万岁为行军总管，率军进剿。

当时，张须陀刚刚成年，作为士兵随军前往平叛。在战斗中，他作战英勇，杀敌无数。隋军最终破敌三十余部，俘获男女共两万余口。其余各部大为恐惧，纷纷遣使请降。隋军班师回朝后，张须陀凭军功拜任仪同，文帝赏赐给他各色锦帛三百段。

仁寿四年（604），隋炀帝即位，汉王杨谅在并州作乱，张须陀跟随上柱国杨素平定叛乱，再立军功，加授开府。

大业八年（612），张须陀任齐郡（治今山东淄博）丞。时值远征高句丽之战，隋炀帝亲自前往辽东，老百姓生活无着，又遇上饥荒，谷米价格上涨。张须陀准备开仓救济，属吏们都说："必须等皇上下令，不能擅自开仓赈济。"张须陀说："现在皇上在远方，派遣使者往来，定会拖延时间。老百姓饿得很急，若是等到诏令下达，他们都要饿倒在沟渠里了。我如果因此犯罪，死而无憾。"于是，他先开仓、后上表，炀帝知道后也没有责怪。

大业九年（613），起义军头目王薄聚集亡命数万，侵掠齐郡的边境。官军进攻，多不顺利。张须陀发动军队抗击，王薄就率军向南，转而攻打鲁郡。张须陀追踪王薄军，到达泰山脚下。王薄依仗多次胜利，没有设防。张须陀挑选精锐，出其不意地发起攻击，王薄军大败，官军乘胜斩首数千级。王薄集合逃散的士兵，共一万余人，准备向北渡过黄河。张须陀追到临邑（今山东临邑），又将其打败，斩首五千多级，俘获牲畜数以万计。

当时天下太平日久，很多人不熟悉战争，只有张须陀勇敢果断、善于作战，又擅长安抚控驭，很受士兵的拥戴，好议论的人称他为"名将"。

王薄向北逃窜，联合豆子𪅂义军孙宣雅、郝孝德等兵众，共十多万人进入章丘（今属山东）。张须陀派水军截断他们的渡河道路，亲率步、骑两万出击，大败王薄。王薄率败军到桥梁后，又遇水军伏击，前后困窘，都四散逃去，官军缴获辎重不可胜数。告捷文书上报朝廷，隋炀帝非常高兴，下诏表扬张须陀，命使者画其相貌进献。

二、屡战屡胜　战死荥阳

大业九年（613），义军裴长才、石子河等兵众两万，兵临齐郡，放纵士兵大肆劫掠。张须陀来不及集合军队，便急忙率领五个骑兵与义军作战，义军争相围攻，包围了一百多层。张须陀身受多处创伤，但他毫不畏惧，拼战之心更为坚定。正巧城中援军赶到，义军稍微退缩，张须陀又率军出战，裴长才败逃。

数十日后，义军头目秦君弘、郭方预等合兵围攻北海（治今山东潍坊），来势更加凶猛。张须陀对属吏说："叛贼自恃强大，说我不能获救，我们现在马上过去，必定能打败他们。"于是挑选精兵，全速前进，义军果然没有防备。张须陀挥军袭击并大败之，斩首数万，缴获辎重三千辆。司隶刺史裴操之上表，炀帝派使者慰劳张须陀。

大业十年（614），义军左孝友率军十万，驻扎在蹲狗山。张须陀指挥官军，摆开八风营的兵阵进逼，又分兵扼其军事要地。左孝友见大军困迫，必败无疑，不得不双手绑在背后，前来投降。同党解象、王良、郑大彪、李晼等兵众各以万计，张须陀都一一讨平。凭借军功，张须陀升任齐郡通守，兼任河南道十二郡黜陟讨捕大使。

不久，义军首领卢明月率众十余万，准备侵犯黄河以北，驻扎在祝阿（今属山东）。张须陀截击卢明月，杀敌数千。义军头目吕明星、帅仁泰、霍小汉等兵众各一万余人，侵扰济北，张须陀进军赶跑了他们。不久，张须陀又率兵抗击东郡义军翟让，前后交战三十多次，都击败之。

之后，张须陀改任荥阳（今属河南）通守。李密劝说翟让夺取洛口仓（在今河南巩县东），二人率军进逼荥阳，张须陀迎战。翟让恐惧后退，张须陀率军向北追赶了十多里。当时，李密在森林中预先伏兵数千，准备截击张须陀军。李密和翟让合兵围攻，张须陀突围冲出，左右未能全部出围，张须陀又骑马进入包围圈解救，来往多次。但官军当时大都溃逃，张须陀仰天叹道："军队失败成这样，有什么面目去见天子呢？"于是下马力战而死。时年五十二岁。

张须陁所率将士，对于他的死都十分悲痛，白天黑夜号啕大哭，许多天没有停止。越王杨侗派左光禄大夫裴仁基招抚张须陁的兵众，调至武牢（今属河南）。隋炀帝命张须陁之子张元备统率父亲的旧部，张元备当时在齐郡，因义军阻隔，最终未能成行。

清河通守杨善会

杨善会（？—617），隋朝忠臣，字敬仁，弘农华阴（今陕西华阴）人。历任鄃县令、清河郡丞、清河通守。杨善会善于作战，有勇有谋，多次击败起义军。但隋末义军四起，官军力量薄弱，由于寡不敌众，最终失败被俘，坚贞不屈，终被杀害。

一、克敌制胜　所向披靡

杨善会出身官宦人家，父亲杨初，官至隋毗陵太守。

隋炀帝大业年间，杨善会担任鄃县（今山东夏津）令，以清廉正直闻名。

不久，太行山以东发生饥荒，百姓聚在一起反抗朝廷。杨善会率左右数百人追捕义军，由于善于指挥作战，往往都能克敌制胜。后来，义军头目张金称率众数万在郡县边界屯兵，杀掠城邑，郡县没有能抵御的。杨善会督率部队与义军交战，有时一天多次作战，往往能销挫义军的锐气。

隋炀帝派将军段达讨伐张金称，杨善会向其献计，段达不予采纳，官军最终大败。段达深感有负杨善会，不该不采纳他的计策。后来，段达又和义军交战，不论进军、休兵，全都和杨善会商议，因而大败义军。

张金称率渤海义军孙宣雅、高士达等兵众数十万,大破黎阳而归,军队锐气很盛。杨善会率领劲旅千人截击,打败了张金称,因功升任朝请大夫、清河(治今河北南宫东南)郡丞。

张金称变更驻地,率领轻骑攻打冠氏(今山东冠县,邻接河北)。杨善会与平原通守杨元弘,统率步、骑数万,袭击其大本营。这时,武贲郎将王辩的军队来到,张金称放下冠氏前来增援,和王辩交战,王辩所部不敌。杨善会挑选精锐五百人驰援,所向披靡,王辩的军队也振作起来。义军退守大本营,多路军队各自返还。

二、兵败被俘　宁死不降

大业十二年(616),太行山以东义军四起,老百姓追随义军像赶集一般,弱小郡县相继陷落。当时,隋朝将领能抵抗义军的为数不多,杨善会是其中佼佼者。他前后七百多次与义军交战,不曾失败受挫。他经常遗憾敌众我寡,相差悬殊,不能彻底消灭义军。

太仆杨义臣讨伐张金称,又为义军所败,退守临清(今属山东)。后来,杨义臣采取杨善会的计策,多次和张金称决战,义军败退。杨义臣乘胜追击,攻破张金称的军营,俘虏其大部分兵众。张金称率领几百人逃跑,后回到漳南,召集余党。杨善会追击斩杀之,传首隋炀帝行在。炀帝赏赐尚方府铠甲和长矛、弓、剑,升任他为清河通守。同年,杨善会跟从杨义臣斩杀漳南义军统帅高士达,传首江都宫。炀帝下令表彰了他。

大业十三年(617),高士达属下的将领窦建德,自号"长乐王",进攻信都。临清义军首领王安率众数千,与窦建德呼应。杨善会袭击王安并斩之,窦建德大怒,率领大军来攻。杨善会迎战,被窦建德打败,只好闭城坚守。义军包围清河城四十日,城被攻陷，杨善会被俘。

窦建德为杨善会松绑，并以礼相待，任命他为贝州刺史。杨善会骂道："老贼怎么敢算计国士呢！可惜我力量不足，不能擒拿你们这些人。我岂是像你们一样宰牲卖酒的贱人，怎么敢让我和你们一起做官呢！"（"老贼何敢拟议国士！恨吾力劣，不能擒汝等。我岂是汝屠酤儿辈，敢欲更相吏邪？"《隋书·杨善会传》）

窦建德用兵刃威胁，杨善会依然不肯屈服。窦建德本想留下杨善会的性命，但部下坚请斩杀，窦建德也知道杨善会终究不会为己所用，便杀害了他。

杨善会生前勤政爱民，深受官吏和百姓爱戴。他死后，清河郡的官吏和老百姓没有不伤心悲痛的。

内史令元文都

元文都（？—618），隋朝忠臣。河南洛阳人。北周时，任右侍上士。隋朝文帝时，历任尚书左丞、太府少卿；炀帝时，历任司农少卿、御史大夫；越王杨侗为帝时，任内史令、光禄大夫。他富有治政才干，忠于隋朝。一心要为国除害，却反遭其害。他和卢楚的惨死，让人痛惜、感叹。

一、拥立杨侗　谋除世充

元文都可谓世家出身，他的祖上，是北魏景帝拓跋晃。父亲元孝则，北周时任小冢宰、江陵总管。

元文都性格刚直，明智善辩，有治政的才干谋略。在北周时，担任右侍上士。

隋开皇初年（581），元文都担任内史舍人，历任库部、考功二曹郎，都有能干的名声。隋文帝杨坚因此提升他为尚书左丞，改任太府少卿。

隋炀帝继位后，元文都改任司农少卿、司隶大夫，不久拜授御史大夫，因犯罪免官。过了一段时间，又拜授太府卿。这次复官，元文都再也不敢掉以轻心，他恪尽职守，办事干练，官声很好，炀帝渐渐信任于他。

大业十三年（617），隋炀帝到江都宫，命元文都与段达、皇甫无逸、韦津等，一同担任东都洛阳留守。

大业十四年（618），隋炀帝在江都被宇文化及杀害，元文都和段达、韦津等共同推举越王杨侗为帝。杨侗任命元文都为内史令、开府仪同三司、光禄大夫、左骁卫大将军，代理右翊卫将军，封鲁国公；任命卢楚为内史令、左备身将军，代理尚书左丞、右光禄大夫，封涿郡公。卢楚和元文都等，同心合力辅佐幼主。

当时，隋将王世充率兵攻打李密的瓦岗军，在大洛口（在今河南巩县东）大败，越王杨侗派使者赦其无罪，并召他回东都。王世充进入东部，依仗手中的军队，专擅朝政，骄横跋扈。

不久，宇文化及立秦王杨浩为帝，率兵到彭城，所到之处肆意抢掠，百姓无不骚乱。元文都劝越王杨侗派使者与李密接触，想让他攻打、消灭宇文化及。李密请求归降，杨侗授予其官职、爵位，礼遇其使者，赏赐很是丰厚。

王世充见此很不高兴，和元文都有了隔阂。元文都知道后，暗中计划谋杀王世充。杨侗又命元文都兼领御史大夫，王世充坚决不同意，杨侗只好作罢。

卢楚劝元文都说："王世充只是在外作战的一个将领罢了，根本不是留守京城的人员，哪能干预国政！况且王世充洛口战役失败，已是罪大恶极，死有余辜。如今竟敢骄横跋扈，专断政事。此人如不铲除，将来会成为国家的祸害。"元文都觉得卢楚所言甚是，便揣着奏章入朝，与越王杨侗商议铲除王世充的计划。

二、计划泄漏　惨死刀下

元文都要开始行动时，有人把计划透露给了王世充。王世充当时正在朝堂，由于害怕，快马加鞭赶回了含嘉城（在洛阳东北，本为大型粮仓，四周筑有围墙，故称），商议造反。元文都多次派人传叫，王世充都称病不赴。

到了晚上，王世充开始作乱，攻破东太阳门入城，跪在越王杨侗居住的紫微观下。杨侗派人问他说："你这是干什么呢？"王世充说："元文都、卢楚商议杀害我，我请求斩杀元文都、卢楚，到司寇那里去论罪。"杨侗见王世充兵势强大，估计无法战胜，元文都、卢楚最终难以逃脱，就对元文都说："您自己去见王将军吧。"

元文都想到自己为国除害不成反而被害，不禁悲伤得哭泣起来。杨侗派将军黄桃树拘捕元文都出门，元文都回头对杨侗说："我今天早晨死，陛下今晚也会死。"（"臣今朝亡，陛下亦当夕及。"《隋书·元文都传》）杨侗哭着送走了他，左右都因忧虑、悲伤而流泪。元文都走出紫微观，王世充命左右乱刀砍死，元文都的几个儿子也一并遇害。

王世充的军队进攻太阳门时，武卫将军皇甫无逸杀开一条血路，逃出危难，叫卢楚一同离开。卢楚说："我和元公有约定，如果国家有难，发誓两人一起战死。现在我独自离开，不合道义。"卢楚藏在太官署，叛军攻入后将他拘捕，送到了王世充的住所。王世充挥袖下令处死，于是锋刃交下，卢楚的身体被砍得粉碎。

金紫光禄大夫尧君素

尧君素（？—约620），隋朝忠臣。魏郡汤阴（今河南汤阴）人。隋炀帝时，历任鹰击郎将、河东通守、金紫光禄大夫等职。他富有胆识才略，作战勇敢，守城尽责。在唐军压境时，仍坚守城池，以致围困日久，城中粮尽，人相残食，终被左右杀害。

一、为国拼杀 面斥降将

隋炀帝杨广做晋王时，尧君素是其亲信侍从。等到杨广即位，多次升迁至鹰击郎将。

大业十二年（616），义军蜂拥而起，士兵多有逃亡，唯独尧君素所率军队没有逃散的。后来，尧君素跟随骁卫大将军屈突通在河东（今山西永济）抗击义军。每与义军交战，尧君素都奋力拼杀，以报国恩。

大业十三年（617），唐高祖李渊派兵击败隋将屈突通，屈突通率军南逃。因尧君素有胆识才略，隋炀帝任命他为河东通守。唐军派遣将领吕绍宗、韦义节等进攻，都不能取胜。

后来，屈突通兵败归唐，到城下呼喊劝降，尧君素见了，叹息流泪，悲伤不能自制，左右都泣不成声。屈突通也泪下沾襟，对尧君素说："我军已经失败，唐军旗帜所指，没有不响应的。情况到了这种地步，您应当早日投归，以求富贵。"

尧君素答道："您身为国家大臣，肩负重托，皇上把关中交给您，代王（杨侑）把国家托付给您，国运的盛衰，系于先生一人。您怎么能不思报效国家，到了这种地步呢？即使您不能远远地对皇上表示惭愧，您所乘的马匹，就是代王赏赐的，您有什么脸面骑着它呢？"屈突通说："唉！君素，我是力尽了才投降的。"尧君素说："我如今力量仍未用尽，不用多说了。"（"方今力犹未屈，何用多言！"《隋书·尧君素传》）屈突通惭愧退下。

二、射杀妻子　捐躯国难

当时，唐军围城紧迫，使者断绝，尧君素就做了一只木鹅，把讨论当前形势的奏章放入鹅颈，让它在黄河里漂游，顺流而下。守卫河阳的人捞到木鹅，送到了东都洛阳。越王杨侗见到木鹅，叹息不止；随后秉承隋炀帝的旨意，拜尧君素为金紫光禄大夫，暗中派遣使者予以慰劳。

监门直阁庞玉、武卫将军皇甫无逸，先后从东都投归唐军，都到城下向尧君素陈述利害。唐高祖李渊又赐以免死铁券，但尧君素终究没有降服之心。

尧君素的妻子也已投归大唐，她来也到城下，对尧君素说："隋室已灭，天命有归，夫君何必自找苦吃，自取灾祸和失败呢？"尧君素说："天下事不是女人所能了解的。"他愤怒地拉弓射向妻子，妻子应弦倒下。

尧君素也知道自己兵力太弱，与唐军作战根本不会成功，但他依然忠于隋朝，誓死坚守，每当谈及，未尝不叹息哽咽。尧君素曾对将士说："我是藩王府的旧臣，多次受到皇上奖励提拔，承受国家大恩，不能不死。现在谷物还能支撑几年，吃完这些，也足以了解天下之事的结局了。如果隋室必然倾覆，天命另有归属，我应砍下头颅交给各位。"

当时，老百姓忍受隋室之苦已经很久，每当遇到举义起事，人人都欢欣鼓舞；隋朝的官军，也屡有叛逃到义军中去的。但尧君素善于指挥，属下都不肯背叛。

尧君素坚守河东长达一年。后来，守军抓到一些俘虏，从他们口中得知炀帝已经被杀，江都已经倾覆，隋朝接近覆灭。

由于长期围困，城里粮食耗尽，人们无以为生，男女互相残食，人心分离，满怀恐惧。过了一个月左右，左右杀死尧君素，投降了唐军。

雁门郡丞陈孝意

陈孝意（？—612），隋朝忠臣。河东（今山西永济）人。隋炀帝时，历任鲁郡司法书佐、侍御史、江都郡丞。他为官清廉，办事公正，颇得人心。面对义军的重围，他死守城池，坚决不降，最终被部下杀害。

陈孝意从小有志向、有节操，二十岁时就以方正耿介闻名。

大业初年（605），陈孝意任鲁郡司法书佐。他为官清廉，办事公正，深得人心，鲁郡官民无不称赞。太守苏威曾想处斩一个罪不当死的囚犯，陈孝意多次进谏，苏威仍不准许。于是，陈孝意脱下衣服，请求先受死。过了很久，苏威的心意才松动，送走了他。此后，苏威对陈孝意逐渐以礼相待。

后来，苏威入朝成为纳言，推荐陈孝意担任侍御史。在侍御史任上，陈孝意一如既往勤于政事。几年后，陈孝意因守父丧离职。他守孝尽礼，超出了一般的情形，曾有一只白鹿驯服地守在他的茅庐，人们认为是孝行所感。

陈孝意守丧不到一年，隋炀帝起用他为雁门（治今山西代县）郡丞。在郡邸，他斋戒茹蔬，与妻子别居，早晚为父亲举哀，每次都大声哭泣，直到哭得昏厥倒地。以至于骨瘦如柴，见到的人都很怜惜。

当时，隋朝的政令、刑罚非常紊乱，官吏几乎无不贪污受贿。但陈孝意坚持清廉的节操,毫不动心,贿赂的财物看都不看,也从不贪污一文钱。他还经常揭露隐蔽的坏人坏事,行动有如神明,官吏百姓都称赞他。

大业十二年(616),隋炀帝到江都巡游,马邑人刘武周杀害太守王仁恭,兴兵作乱。陈孝意和武贲郎王智辩率军讨伐,一经交战,反被刘武周打败。于是,刘武周转攻邻近郡县,百姓都心怀恐惧,准备归附他。前郡丞杨长仁、雁门令王确等,都很狡猾,与无赖之徒勾结,商量做刘武周的内应。陈孝意暗中得知消息,杀掉了他们全家,郡中人人震惧,再不敢有异心。

不久,刘武周率兵前来攻打,陈孝意指挥官军抵抗,每次都能取得胜利。但孤城独守,外面没有支援,迟早会被攻破。陈孝意坚守节操,暗下必死的决心。他每次派遣使者到江都请求援军,都因道路为义军占领,无法通过,使者有的被义军杀死,有的投降了义军,没有回来复命的。陈孝意也知道,即便使者到达江都,炀帝一定不会回复。他经常在日暮时分向着炀帝所在的东南方向叩拜、流泪,使左右悲伤、感动。

刘武周围城一百多天,城内粮食吃尽,陈孝意被校尉张伦杀害,张伦率城归附了刘武周。

鹰击郎将张季珣

张季珣(约590—约618),隋朝忠臣。京兆(今陕西西安)人。隋炀帝时任鹰击郎将。他秉承父风,具有忠贞的节操,面对李密大军围困,始终不肯投降,被俘后坚持不肯下跪,终被杀害。

张季珣的父亲张祥,北周时任丞相参军事。开皇年间,他多次升迁，官至并州司马。仁寿末年（604），汉王杨谅兴兵造反，派自己的将帅刘建侵占燕、赵等地。到了井陉（今属河北），张祥率兵抗击，刘建攻城，又纵火焚烧外城。井陉城的旁边有西王母庙，张祥见百姓惊惧，便登上城门，望着西王母庙拜了两拜，号啕大哭道："百姓有什么罪，招致这样的焚烧！神明如果有灵，请降雨救助百姓。"话刚说完，庙上乌云骤起，很快就下起大雨，大火熄灭。当时的人们都很迷信，认为这是张祥的至诚感动了神灵，而士兵被张祥的至诚感动，没有不努力效命的。城被围攻一个多月，李雄的援军赶到，叛军退走。张祥凭军功拜任开府，历任汝州刺史、灵武太守，入朝任都水监，死于官任。

张季珣深受父亲的影响，从小豪爽，有着远大的志向和贤贞的节操。

大业十二年（616），张季珣担任鹰击郎将。他的官署依傍箕山（在今山西太谷东北）天险，和洛口仓（在今河南巩县东）相接。李密、翟让率领瓦岗军攻陷洛口仓城后，派人前来说降。张季珣用尽骂人之能事，大骂李密。李密大怒，派兵攻打，但连续多次交战也不能取胜。当时，李密兵众数十万屯驻城下，张季珣四面隔绝，而所部士兵只有数百人。但他毫不畏惧，操守坚定，早已下定必死的决心。

就这样，一直坚守了三年。城内军资耗尽，连柴草都打不到，便拆掉房子做饭，人们都居住到了在山洞里。张季珣巡视慰问，士卒没有一个离心背叛的。等粮食吃光，士卒体弱多病，不能抵抗，城池为义军攻陷。

此时，张季珣端坐厅堂，神色自如。义军士卒拖着张季珣来到李密面前，命令他给李密下跪。张季珣说："我虽然是败军之将，但仍是天子的猛悍得力之臣，哪能向叛贼下拜呢！"（"吾虽为败军之将，犹是天子爪牙之臣，何容拜贼也！"《隋书·张季珣传》）李密认为他有气节，便释放了他。翟让向他索要金子，没有得到，遂将他杀掉。终年仅二十八岁。

张季珣的大弟弟张仲琰，大业末年担任上洛令。等到义军兴起，率官员、百姓守城，部下杀害他而归附了义军。张季珣的小弟弟张琮，担任千牛左右，宇文化及在江都叛乱时遇害。张季珣一门忠烈，兄弟都死于国难，时人都对此称赞不已。

检校太府卿崔弘度

崔弘度（？—605），隋朝酷吏。字摩诃衍，博陵安平（今河北安平）人。北周时，历任大都督、上开府、上大将军、上柱国等。隋朝文帝时，任华州刺史、襄州总管、检校太府卿等；炀帝时，辞官在家，忧愤而死。他性格严厉残酷，对属下动辄责打，吏民皆畏之如虎，是隋朝典型的酷吏。

一、严厉残酷　多有战功

崔弘度出身官宦世家，祖父崔楷，在北魏任司空；父亲崔说，在北周任敷州刺史。

崔弘度体力过人，身材魁梧，胡须满脸，相貌奇伟，性格严厉残酷。十七岁时，北周大冢宰宇文护用为亲信。不久授任都督，多次升迁至大都督。

宇文护之子中山公宇文训，时任蒲州刺史，他见崔弘度堪称壮士，便让他随从侍卫。崔弘度曾与宇文训一起登楼，到达最上层，距地面有四五丈，低头下看，宇文训说："真可怕。"崔弘度说："这有什么可怕的！"忽然跳下，毫无损伤。宇文训见他动作敏捷，认为他甚是奇特。

后来，崔弘度因战功授任仪同。随从北周武帝灭掉北齐，升上开府，封邺县公，赏赐帛三千段，谷麦三千石，奴婢上百，各种牲畜数以千计。不久，他又随从汝南公宇文神举，在范阳击败了卢昌期。

北周宣帝继位，崔弘度随从郧国公韦孝宽，经营治理淮河以南。崔弘度与化政公宇文忻、司水贺娄子干到肥水（在今安徽合肥境内），陈朝将领潘琛率领数千士兵来抵抗，隔水布阵。宇文忻派崔弘度告诉潘琛有关祸福的道理，劝其早日投降。潘琛受到触动，到晚上就逃跑了。接着周军进攻寿阳，降服陈朝守将吴文立。崔弘度功劳最大，累功升为上大将军，承袭父爵安平县公。

北周大象二年（580），杨坚做大丞相，专断国事。相州总管尉迟迥兴兵作乱，任崔弘度为行军总管，随从韦孝宽前往讨伐。崔弘度招募长安数百名勇士，组成别动队，一经交战，敌人无不溃散。

崔弘度和尉迟迥是姻亲，他妹妹嫁的是尉迟迥之子。到了攻破邺城（今河北临漳），尉迟迥窘迫之下跑上楼去，崔弘度则紧追不舍。尉迟迥弯弓要射，崔弘度脱下头盔对他说："你不认识我吗？今天我们都是为了国事，不能顾念私情。我以亲戚之情，严防乱兵侮辱于你。情况到了这种地步，你应当早为自身打算，你还等什么呢？"尉迟迥把弓箭丢在地下，极力咒骂杨坚一顿，然后自杀。崔弘度看着弟弟崔弘昇说："你可以砍下尉迟迥的头。"崔弘昇依言而行。

此战之后，崔弘度升任上柱国。当时行军总管照例应封国公，崔弘度没有及时杀尉迟迥，致使许多人弹劾，因此降爵一级，成了武乡郡公。

二、吏民丧胆　弘度忧死

隋朝开皇初年，突厥纵兵进犯，崔弘度以行军总管的身份出原州道拒敌。突厥退兵，崔弘度进兵驻扎灵武（今宁夏灵武）。征战一个多月返回，授任华州刺史。崔弘度进献自己的妹妹做秦王杨俊的妃子，得以改任襄州总管。

崔弘度一向自视显贵，对待下属十分严厉，动辄责打，吏民丧胆，一听到他的声音，无不发抖。他所到之处，令行禁止，盗贼绝迹。

梁王萧琮来京朝见，隋文帝杨坚任崔弘度做江陵总管，镇守荆州（今属湖北）。崔弘度还没到任，萧琮的叔父萧岩聚众叛乱，崔弘度追赶不及。陈朝人害怕崔弘度，也不敢窥伺荆州。在隋朝平灭陈朝的战役中，崔弘度以行军总管身份，随从秦王杨俊出兵襄阳道。到陈朝消灭，崔弘度获赐缣帛五千段。

江南士人高智慧等人作乱，崔弘度又以行军总管身份出兵泉门道，隶属上柱国杨素。崔弘度与杨素相比，官品一样，年龄却较长，杨素常常恭敬相待。此时隶属杨素，他心中很是不平，对杨素的话大多不听，但杨素也宽容他。等到班师回朝，崔弘度检校原州事，仍兼任行军总管，以防备胡人。隋文帝非常尊敬他，又让他弟弟崔弘昇的女儿做了河南王杨昭的妃子。

仁寿年间，崔弘度任检校太府卿。崔弘度自以为一家之中有两个王妃，从不屈服于别人。

崔弘度经常告诫部下："做人应当诚实，不能欺骗别人。"大家都说："是。"后来有一次吃鳖，伺候的人有八九个，崔弘度逐个问说："鳖的味道美吗？"人们害怕他，都说味道美。崔弘度大骂道："奴才怎么敢欺骗我？你们还没吃，怎么知道它的味道美？"把那些人各打了八十棍。

此后，府中部下、百工见到他，没有谁不流汗，再不敢有所隐瞒。当时有个叫屈突盖的武候骠骑，也以严厉苛刻著称，因而长安民谣有云："宁饮三升醋，不见崔弘度。宁食三升艾，不逢屈突盖。"

崔弘度治家也像在官府一样，即使对那些年长的子侄，也时常实行棍罚，家风严肃，为时人所称赞。

没过多久，秦王妃因犯罪被杀，河南王妃也因犯罪被废黜。崔弘度忧虑气愤，托病辞官在家。各位弟弟都同他分家，崔弘度更加不得志。

隋炀帝即位后，大业元年（605），立河南王杨昭做太子，并准备再立崔氏为妃，派遣使者去崔家府第宣读圣旨。使者到的是崔弘昇家，崔弘度根本不知道。使者返回，炀帝问："弘度有什么话？"使者说："弘度声称有病不能起来。"炀帝默默无语，这件事最终搁了下来。崔弘度忧虑气愤，没多久便死了。

金紫光禄大夫元弘嗣

元弘嗣（564—613），隋朝酷吏。河南洛阳人。隋文帝时，历任上仪同、幽州总管长史等；炀帝时，任木工监、金紫光禄大夫等。他严刑峻法，审讯囚犯，手段残酷；督促役夫，严苛急迫，因此官民无不怨恨。杨玄感作乱，他本未打算响应，却为人告发，以致被削职、流放，怏怏上路，死于途中。

元弘嗣的祖父元刚，北魏封渔阳王；父亲元经，北周封渔阳郡公。元弘嗣少时承袭父亲的爵位，十八岁做了左亲卫。

开皇九年（589），元弘嗣随从晋王杨广平灭陈朝，因功授任上仪同。开皇十四年（594），元弘嗣任观州总管长史。其间，他在州中严刑峻法，动辄责打别人，官吏、百姓大多对他既畏惧、又怨恨。

开皇二十年（600），元弘嗣改任幽州总管长史。当时，燕荣任幽州总管，对元弘嗣大耍威风，常常棒打凌辱。元弘嗣心中不服，燕荣就把他关在监牢里，打算杀掉。正在这时，燕荣被杀，元弘嗣接手理政，残酷程度却又过之。他审问囚徒，经常以醋灌其鼻，或者用小木钉刺其下体，因而无人敢于隐瞒实情；诡诈作假之人见了他，大气也不敢出。

仁寿末年（604），元弘嗣任木工监（木工总管），负责修建东都洛阳。他督促工匠极其急迫，动辄加以苛责、惩罚，工匠无不畏之如虎。

大业七年（611），隋炀帝意欲攻打高句丽，派元弘嗣前往东莱海的海口监造船只。各州役夫受其鞭打，痛苦不堪。而官吏督促役夫，日夜站在水中，自腰以下没有不生蛆的地方，死者有十之三四。虽然百姓对元弘嗣怨声载道，但他督促有力，炀帝十分满意。

大业八年（612），高句丽战役结束后，元弘嗣进位金紫光禄大夫。第二年，炀帝再征高句丽，适逢贼寇侵犯陇右，诏令元弘嗣前往攻灭。

大业九年（613），礼部尚书杨玄感作乱，逼近东都。当时，元弘嗣领军驻扎在安定（今甘肃定西），杨玄感诈称元弘嗣响应起义，准备与他会合。有人告发元弘嗣打算响应杨玄感，代王杨侑派使者将之捉拿，送往隋炀帝行在。因为没有谋反的证据，元弘嗣随即获释。但隋炀帝疑心并未消解，元弘嗣被除去名籍，迁往日南。

元弘嗣生性刚强，受不得屈辱，郁郁不乐走上流放之路，沿路不肯进食，没多久便死在途中，时年四十九岁。

恒山郡丞王文同

王文同（？—611），隋朝酷吏。京兆颍阳（今陕西富平东北）人。隋文帝时，历任仪同、桂州司马等；炀帝时，历任光禄少卿、恒山郡丞。他惩治百姓手段残酷，常用酷刑置人于死地。他不分青红皂白，视人命如草芥，震惊朝野，触怒隋炀帝，遂下令杀之以谢罪百姓。

王文同明智善辩，具有才干。隋文帝开皇年间，他因军功拜授仪同，不久授任桂州司马。隋炀帝继位，征召他任光禄少卿。后来因违逆圣旨，被外放出京任恒山郡（治今河北正定南）丞。

当地有一个人，非常强横狡猾。此人往往抓住官员的把柄进行要挟，前后的郡守、县令都害怕他。王文同到任，听闻此人名声，便召来数落。进而命令左右，把木头削成一根大木桩，埋在厅堂里，露出地面一尺有余，四角各埋一根小木桩。令那人把心口卧在大木桩上，四肢绑在小木桩上，然后用木棍捶打其背。几棍下去，那人身体立刻稀烂。郡中人见此，非常吃惊，官吏、百姓都面面相觑而不敢出声。

大业八年（612），隋炀帝远征高句丽，命王文同巡视河北各郡。王文同见到吃斋茹素的僧侣，认为是左道旁门，把他们逮捕后都关在监牢里。他来到河间，便召集各郡官员，稍有迟延违令者，就让他们脸朝地面，命人用鞭子打死。

王文同又找到会聚谈论教义的僧侣，以及举行佛会的长老，共有数百人，认为他们聚集惑众，下令全部杀掉。他又让和尚、尼姑全身赤裸，查到有不正当性行为者数千人，又打算杀掉。郡中男女耳闻目睹王文同的残酷行为，都惊恐不已，忍不住在路上号哭。

各郡的官员，对王文同的暴行也都感到惊骇，争相将其事上奏。隋炀帝听说后，非常气愤，派使者达奚善意飞马前来，拘押并斩于河间，以向百姓谢罪。王文同死后，仇人们打开棺材，把他的尸体剁了吃，很快就吃了个一干二净。

术士、幸臣和文士

但凡开国建元,皇帝们总要作怪一番,隋文、隋炀二帝也不例外。尤其是心怀鬼胎、做见不得人的事情,更是要借助阴谋诡计,方术之士也便成了座上宾。治政需要能臣,唯才是用;为人不免癖好,气味相投者便成为宠幸之臣。皇帝老子要拟诏辞、草敕命,自然不能缺少文士帮忙;而歌功颂德、粉饰太平,甚至风花雪月、歌舞升平,又哪少得了文士们帮闲?

秘书令袁充

袁充（543—618），隋朝术士。字德符，陈郡阳夏人。在南朝陈，历任秘书郎、太子舍人、散骑常侍。隋朝文帝时，历任蒙、郧两州司马和太史令；炀帝时，历任内史舍人、朝请大夫、秘书令等。他以天象变化附会人事，迎合上意；以谄媚取悦皇上，升官晋爵。他顺承帝意，官吏痛恨，最终死于非命。

一、以术任官　以谄获宠

袁充的先祖本是陈郡阳夏（今河南太康）人，后世寄居丹阳（今江苏南京）。祖父袁昂，父亲袁君正，都担任过梁朝的侍中。

袁充自幼机敏聪慧。十多岁时，父亲的朋友到他家来，当时是初冬，袁充还穿着葛布制的衣服。客人戏弄说："袁先生的儿子，穿着粗夏布衣啊细夏布衣，像风一样凉爽。"（"袁郎子，绤兮绤兮，凄其以风。"）袁充应声答道："细夏布啊粗夏布，穿着它，不嫌弃。"（"唯绤与绤，服之无数。"《隋书·袁充传》）这件事传开，袁充很是被人欣赏。

十七岁起，袁充在陈朝开始做官，任秘书郎。历任太子舍人、晋安王文学、支部侍郎、散骑常侍。陈朝被灭，袁充归顺隋朝，历任蒙、郧两州司马。

袁充爱好研究道术，懂得观察天象变化来附会人事、预言吉凶。凭借方术，他得以担任太史令。

隋文帝杨坚代周自立、登上皇位，用的是和平政变的方式。隋朝初年的官僚，大多是北周近臣，在功绩、实力以及其他方面都具有一定资格。要有效地控制这些人，除了镇压、苛察，还需要从心理上征服。所以，文帝总把自己能做皇帝说成是上天的意旨。

袁充看准了皇上的心思，上表进奏，引经据典，说"大隋王朝开启世运，感动于上天，日影短、白昼长，往昔从未有过"。隋文帝看了奏书，非常高兴，告知天下，并准备修建宫苑以示庆贺，趁机增加分派劳役的定额。夫役和工匠以之为苦，都怨恨袁充，而他却深受文帝宠信。

开皇二十年（600），隋文帝准备废黜太子杨勇，正在彻底整治东宫主要官员的属吏。袁充见皇上相信天人相应，便迎合其心意进言道："近来的天象显示，皇太子应当废黜。"文帝正愁没有正当的理论根据，一听这话，如获至宝，赏赐了袁充。

二、奉承文帝　取媚炀帝

袁充尝到了谄媚、奉承的甜头，更加乐此不疲。仁寿初年（601），袁充说隋文帝的生年干支与阴阳律吕相合的有六十多条，上表说"仁寿"的年号符合天地之心，所以料知帝业长久、无穷无尽。文帝看了非常高兴，赏赐袁充的礼物极为丰厚，同辈人没有谁能与他相比。

仁寿四年（604），隋炀帝刚刚即位，袁充便和太史丞高智宝上奏，说是"今年皇上即位，和尧承受天命的年岁相合，……的确是人们所说的'规模宏伟、气势盛大啊'"。（"今岁皇帝即位，与尧受命年合。……信所谓皇哉唐哉、唐哉皇哉者矣。"《隋书·袁充传》）袁充还奉劝齐王杨暕率领百官跪拜进表，表示祝贺。

后来，火星停留在太微星的天区有数十天，而当时炀帝修治宫室，劳役繁重。袁充却上表说："陛下修治德行，火星退避后移。"百官都来庆贺，炀帝大喜，前后赏赐袁充的财物数以万计。当时朝廷军务繁多，袁充窥探到皇上欲有所为，又上奏说天象显示出各种迹象，应该有所改制，以此取媚炀帝。

大业六年（610），袁充升任内史舍人。大业八年（612），袁充跟从隋炀帝远征高句丽，拜任朝请大夫、秘书少监。

大业十一年（615），国内起兵谋乱者四起，隋炀帝北巡，在雁门（今山西代县）又遭受突厥始毕可汗的围困，内心不安。袁充又假托天文，上表陈述吉祥的征兆，说是炀帝行动合乎天象，与圣人默契，并声称自己谨慎记录的特异天象，显示了上天降福、大破突厥等七件事。炀帝览奏，自然大为高兴，越级授任袁充为秘书令，亲近优待超过了一般大臣。炀帝每次出征，袁充都预先知道，因而就假托星象，顺承皇帝的旨意。在位的官吏，对他都深恶痛绝。

宇文化及发动叛乱，杀了隋炀帝，袁充也被一并杀害，终年七十五岁。

御史大夫张衡

张衡（？—612），隋炀帝幸臣。字建平，河内（今河南沁阳）人。北周时，任掌朝大夫。隋朝文帝时，任晋王杨广府掾；炀帝时，任御史大夫。他曾帮助杨广谋夺太子之位，杨广即位后，开始对他恩宠无比，后因自我骄纵、屡有劝谏而失宠，从疏远到贬官、削职，最终处死。

一、废立有功　恩宠无比

张衡的祖父张嶷，在西魏任河阳太守；父亲张光，在北周任万州刺史。

张衡自幼胸怀大志，风操耿直。十五岁时，到太学就读，好学深思，受到同辈的推崇。后来又师从沈重学习三《礼》，略通大意。

北周武帝在为太后守丧期间，与随从出外打猎，张衡披发载棺，拦住马头，恳切谏阻。武帝赞赏他的孝义之举，赐予衣服一袭、马一匹，提拔他任汉王侍读。后屡经升迁，出任掌朝大夫。

杨坚称帝后，张衡为司门侍郎。在晋王杨广主持河北行台时，张衡历任刑部、度支二曹郎。后因行台废置，隋文帝杨坚任张衡为并州总管府掾。到晋王杨广掌管扬州时，张衡再次任府掾，很受亲近、信任。张衡也尽心竭力侍奉晋王，夺取太子之位的谋略，大多是他策划的。其间为母亲守丧去职，一年多后起用，授扬州总管司马，赐予布帛三百段。

开皇年间，熙州李英林聚众造反，自称帝王，还任命了文武百官。隋文帝任张衡为行军总管，率领步、骑五万前往征讨，平定了叛乱。张衡凯旋，授任开府，赏赐奴婢一百三十人，布帛五百段，以及相应的金银、牲口。

晋王杨广做太子后，授任张衡为右庶子，兼领给事黄门侍郎。杨广继位后，授任张衡为给事黄门侍郎，进位银青光禄大夫，不久升任御史大夫。张衡一如既往，很受炀帝的亲信、倚重。

大业三年（607），隋炀帝巡幸榆林郡，回到太原，对张衡说："朕想到公家去，公为我当一次东道主。"张衡于是驱车赶到河内，同宗族人一起准备牛羊酒食。

隋炀帝上了太行山，开辟直道九十里，到了张衡家。炀帝喜欢当地山水，留下来饮宴了三天，又对张衡说："过去随先帝祭拜泰山之时，途经洛阳，远望此地，深以不能相访为憾事，不想今日得偿宿愿。"张衡拜伏于地，致辞谦逊，捧杯进酒祝福。炀帝更加高兴，赐给他三十顷宅边田地，良马一匹，金带、缣帛六百段，衣服一袭，御用食器一套。张衡竭力推让，炀帝说："天子所到之处所以叫'幸'，就是为了这个。不必推辞了。"（"天子所至称幸者，盖为此也，不足为辞。"《隋书·张衡传》）张衡又向皇上进献食物，炀帝命分赐臣下，公卿大臣以下至于卫士，都蒙受了恩赐。

二、谏帝失宠　削职被杀

张衡因自己是隋炀帝做晋王时的旧臣，恩遇宠幸无人可比，便自高自大骄纵起来。

大业四年（608），隋炀帝临幸汾阳宫（在今山西宁武南管涔山上），赐宴给随从官员，特别赐给张衡丝绢五百匹。炀帝想扩建汾阳宫，命张衡与纪弘整绘制图样呈进。张衡趁机进谏道："近年劳役繁多，百姓困顿，恭请陛下留意，稍加减少。"炀帝心中很不满意。后来曾对侍臣议论张衡道："张衡自以为是由他策划，才使我得到天下的。"（"张衡自谓由其计画，令我有天下也。"《隋书·张衡传》）

其时，齐王杨暕正失宠于皇上，炀帝暗中派人搜求他的过失。有人进谗说杨暕不守臣制，带伊阙县令皇甫诩相随到汾阳宫。又奏告以前巡幸涿郡和祭祠恒岳时，父老乡亲等前来拜见者，衣冠多不齐整。炀帝怪罪张衡身为御史而不能检举纠正这些事，调他外任榆林郡太守。

次年，隋炀帝又临幸汾阳宫。当时，张衡正负责监工修筑楼烦城，因而朝见炀帝。炀帝不满张衡全未消瘦，认为他不以过失为意，于是对他说："公心宽体胖的，还是回到郡府为好。"（"公甚肥泽，宜且还郡。"同上）张衡又回到了榆林郡。

不久，隋炀帝敕命张衡监工营建江都宫。有人上告宫监，张衡不予查究，反而将诉状交给宫监，其人被宫监狠狠整治了一通。礼部尚书杨玄感奉命来到江都，那人上门喊冤，杨玄感深以为张衡行事不当。二人相见，杨玄感还未出言，张衡又先对他说："薛道衡真是死得冤枉。"薛道衡富有文才，炀帝怀疑他讽刺自己不如先帝贤明，便把他杀了。

杨玄感将这些事全部上奏，江都郡丞王世充又奏告张衡一再减少沿途酒食储备。炀帝大怒，把张衡拘禁在江都，要将他处斩，很久之后才又放了，削职为民，逐回乡里。即使已经削职为民，炀帝对张衡仍不放心，经常派亲信探察他的所作所为。

张衡被废在家，心中郁闷。他自认为有功于炀帝，却遭到这种待遇，甚为不平。在与家人相处时，难免偶有怨言。其中有个小妾，对自己的地位不满，便记下张衡所说的话，以图报复。

大业八年（612），隋炀帝从辽东回京，小妾出告张衡怨责朝廷、讥刺朝政，张衡竟被敕命在家中自尽。张衡临死时，想到自己曾谋废太子，便大声说："我为别人做了什么事啊，竟然还奢望长命百岁！"（"我为人作何物事，而望久活！"同上）监刑的人塞住耳朵不敢听，催促人赶快将他处死。

恭帝义宁年间（617—618），朝廷认为张衡无罪而死，追封为大将军、南阳郡公，赠谥曰"忠"。

右光禄大夫杨约

杨约（生卒年不详），隋炀帝幸臣。字惠伯，弘农华阴人，杨素同父异母弟。他本为宦官，在北周时，因杨素之功，赐爵安成县公，授任上仪同三司。隋朝文帝时，历任长秋卿、邵州刺史、大理少卿、大将军等；炀帝时，任右光禄大夫。他对废立太子有功，又勒死废太子杨勇，也因此遗臭万年。

杨约出身名门，祖父杨暄，北魏辅国将军、谏议大夫；父亲杨敷，北周汾州刺史。

杨约童年时，曾攀树坠落，被树杈挂伤，因此入宫做了宦官。他生性深沉静默，心怀狡诈，好学强记。兄长杨素对他很友爱，凡有所举措，必定先与他商量，然后才施行。

北周末年，因杨素的军功，杨约被赐封安成县公，授为上仪同三司。隋文帝杨坚称帝后，杨约授任长秋卿。很长时间后，升任邵州刺史，朝廷召入任宗正少卿，后改任大理少卿。

当时，皇太子杨勇失宠，而晋王杨广图谋夺取太子之位。因杨素颇得隋文帝宠幸，杨素又向来信用杨约，杨广便采用张衡的计策，派宇文述把大量金银财宝送给杨约，趁便达致晋王之意。

当时，宇文述劝杨约说："守正履道，诚然是人臣的常情，而背常道、合时宜，也是通权达变者的良策。自古贤人君子，无不随时势而变化，以避祸患。你的兄长，功名盖世，当权掌事。朝臣受足下家族委屈折辱的，不可胜数。现在太子因其欲望不能满足，常切齿痛恨当权大臣。你虽然尽心结好君王，而想危害你的，确实也不少。皇上一旦弃群臣而去，你又何从寻求庇护呢？如今皇太子不被皇后喜爱，皇上素有废黜之意，这是你所知道的。现在如果请求立晋王为储君，只在贤兄开口罢了。果真能趁现时建下大功，晋王必定铭心刻骨，如此则去除累卵之危，得以安如泰山。"杨约深以为然，于是把事情告诉了兄长。

杨素本就居心险恶，闻知后大喜，当即拍掌答道："我的心智，远未虑及此事，多亏你提醒我。"杨约知道其事可行，又对杨素说："现在皇后的话，皇上无不信用，应当趁机早与她结交、依托，如此不但可以长保荣禄，遗福荫于子孙。晋王倾心礼士，声名日益隆盛，躬行节俭，有人君的风范，以我料想，必定能安定天下。兄长如果迟疑不决，一旦有所变故，使现太子掌权，恐怕大祸来临就不远了。"杨素采用杨约之谋，立即行动起来，太子杨勇最终被废。

晋王杨广入主东宫做太子后，任用杨约为左庶子，改封修武县公，升仁大将军。杨素被文帝疏远后，外任杨约为伊州刺史。后来，杨约到仁寿宫拜见，正巧遇上文帝驾崩，杨广即位，命杨约回京。杨约更换留守的人，勒死了废为庶人的杨勇，然后陈列军兵，召集朝臣，发布文帝的丧讯。炀帝得知此事后，说："高明兄长的弟弟，果然足以担当大任。"（"令兄之弟，果堪大任。"《资治通鉴·隋纪四》）炀帝即位数天，即任命杨约为内史令。杨约有治国之术，且又通达当朝事务，炀帝很信任他。几年后，加授右光禄大夫。

后来，隋炀帝在东都洛阳，命杨约到京城长安（今陕西西安）祭飨祖庙。杨约行到华阴（今属陕西），见到其兄杨素的墓，便绕道前往哭拜，为御史弹劾，因而获罪免官。不久，隋炀帝拜任杨约为淅阳太守。侄儿杨玄感，时任礼部尚书，与杨约情义深厚。杨玄感因离别伤心，见于形色，炀帝对他说："你近来伤心忧苦，该不是为叔叔吧？"杨玄感再拜流泪说："确如圣旨所言。"炀帝也顾念杨约废勇立己的功劳，因此征他回朝廷。

不久，杨约去世，隋炀帝以杨素之子杨玄挺为其后嗣。

银青光禄大夫杨汪

杨汪（？—621），隋炀帝幸臣。字元度，祖籍弘农华阴。北周时，任掌朝下大夫。隋朝文帝时，任尚书左丞；炀帝时，任银青光禄大夫。他学问精深，能言善辩，治政也很有能力。但不能善始善终，先是被炀帝猜疑，遭疏远；后又为篡隋称帝的王世充出谋划策，终至被以乱党诛杀。

杨汪本是弘农华阴（今陕西华阴）人，曾祖父杨顺时，全家迁居到河东（今山西永济）。父亲杨琛，任官至仪同三司；后来杨汪显贵，朝廷追赠平乡县公。

杨汪少时凶横疏狂，喜欢集体斗殴，其拳脚所及，无不受伤倒地。长大后，洗心革面，勤苦学习，精研《左氏传》，通解三《礼》。

杨汪出仕之初，任北周冀王侍读，冀王很看重他，常说："杨侍读德行高尚、学问精深，真是我的好侍读。"其后，杨汪向沈重请教《礼》，跟刘臻学《汉书》，二人由衷佩服杨汪的才学，共同推许说："我们不如他。"（"吾弗如也。"《隋书·杨汪传》）杨汪由此闻名，屡经升迁，做了夏官府都上士。到杨坚任大丞相时，任用他掌管军事，升任掌朝下大夫。

杨坚称帝，赐封杨汪平乡县伯，食邑二百户。历任尚书司勋兵部二曹侍郎、秦州总管长史。在任期间，他处理政事十分干练，境内安定，事务井井有条，大家都夸赞他精明能干，因此升任尚书左丞。只是没多久，因事获罪免职。后来，杨汪历任荆、洛二州长史，常在处理政事之余，招延儒生门徒讲授学业，深受世人称赞。

几年后，隋文帝杨坚对谏议大夫王达说："你替我找一个好左丞。"王达私下对杨汪说："我将荐你任左丞，如果事成，你要以良田报答我。"杨汪将王达之言上奏文帝，王达竟由此获罪。随后，文帝拜任杨汪为尚书左丞。杨汪通晓法令，断案果决，世人都称赞他称职。

隋炀帝杨广即位后，杨汪试任大理卿。杨汪任职才两天，炀帝要亲自视察囚徒。当时拘禁囚犯有二百多人，杨汪通宵审查。第二天早上，杨汪奏陈应对，辨别事理细致详尽，全无遗漏疏误，炀帝因此很为赞赏。一年多后，拜任为国子祭酒。炀帝命文武百官到太学来，与国子祭酒谈论学问，天下的通儒饱学之士会聚众多，设辩问难，机锋迭出，都不能折服杨汪。炀帝命令御史将问答之辞录出奏呈，阅后大为高兴，赐给杨汪良马一匹。

大业中期（约608—613），杨汪进位银青光禄大夫。

大业九年（613），礼部尚书杨玄感在河南反叛，隋炀帝命赞治裴弘策出兵抗击，交战不胜。裴弘策出兵回来，遇到杨汪时，屏退旁人与他交谈。随后留守樊子盖斩了裴弘策，将杨汪的情况上奏，炀帝心生怀疑，于是调他外任梁郡（治今河南商丘南）通守。其后，李密率义军兵逼东都洛阳，其部众连连进犯梁郡，杨汪统兵拒守，屡次挫败敌人。

隋炀帝被杀后，王世充推戴越王杨侗为君，征召杨汪拜任吏部尚书，很受亲近信任。及至王世充僭称国号，杨汪又当权用事。唐军平定王世充后，杨汪因是乱党而被诛杀。

司隶大夫薛道衡

薛道衡（540—609），隋朝文士。字玄卿，河东汾阴（今山西万荣）人。北齐时，历任丞相记室、太尉府主簿、中书侍郎等。隋朝文帝时，历任内史舍人、散骑常侍、内史侍郎等；炀帝时，历任番州刺史、司隶大夫。他善于作诗，才华横溢，深受文帝重用，声名鼎盛。但却得罪炀帝，终被冤杀。

一、才华横溢 建议伐陈

薛道衡的父祖，先后在西魏、北齐任官。祖父薛聪，西魏时任齐州刺史；父亲薛孝通，北齐时常山太守。

薛道衡六岁丧父，家中生计每况愈下，但他专诚笃志，好学不辍。十三岁时，他研习《左氏传》，看到子产辅佐郑国的功绩，撰写了《国侨赞》，很有文辞才情，见到的人都讶异不已。

其后，薛道衡的才学之名更加显著，北齐司州牧、彭城王高淯任用他为兵曹从事。尚书左仆射杨遵彦是当时的高人，见到他后叹赏有加。后来，薛道衡被授任奉朝请。吏部尚书辛术与他交谈，感叹道："郑公（子产）的遗业不会衰灭了。"（"郑公业不亡矣。"）河东人裴讞品评他说："自从国家重器迁来河北，我以为像关西孔子杨震那样的人很难遇到，现在终于遇见薛君了。"（"自鼎迁河朔，吾谓关西孔子罕值其人，今复遇薛君矣。"均《隋书·薛道衡传》）

北齐武成帝高湛任丞相时，征召薛道衡任记室。高湛即位后，薛道衡屡经升迁，出任太尉府主簿。一年多后，兼任散骑常侍。他曾奉命接待北周、南陈二处使者，应对自如，出色地完成了外交使命。

武平初年（570），北齐后主高纬诏命薛道衡同诸儒修撰审定五《礼》，授任他为尚书左外兵郎。陈朝使者傅𰯌出使北齐，朝廷命薛道衡兼任主客郎，接待应对。傅𰯌以诗作五十韵相赠，薛道衡和诗一首，南陈、北齐对此诗都交相称赞。北齐史学家魏收说："傅𰯌可谓抛砖引玉。"

薛道衡任文林馆待诏，与当时的名士卢思道、李德林齐名，且交谊很深。不久，薛道衡又以原职当值于中书省，随即拜任中书侍郎，参任太子侍读。由于善于逢迎北齐后主心意，渐渐受到亲信重用，时人因此对他大加讥刺。后来，薛道衡与侍中斛律孝卿共同参政，他所呈奏防备北周的方策，斛律孝卿未能采用。

北齐灭亡后，北周武帝任用薛道衡为御史二命士。薛道衡对这个官职不感兴趣，遂回家乡居。后来，又由州主簿召入朝廷，任司禄上士。

杨坚任北周大丞相时，薛道衡随元帅梁睿攻打王谦，代任陵州刺史。大定年间（581），授为仪同，代任邛州刺史。杨坚建隋称帝后，薛道衡因事获罪被削职。河间王杨弘北征突厥时，征召他掌理军中文书，回师后授任内史舍人。

当年，薛道衡兼任散骑常侍，作为正使出使陈朝，行前上奏称："江东陈朝偏处小小一角，僭称帝号已久，实由东晋永嘉以来，华夏分裂。刘渊、石勒、苻坚、姚苌、慕容氏、赫连勃勃之流，妄称国号，又随即灭亡。北魏由北迁南，无暇远征。北周、北齐对立，力图吞并对方，因此江南得以逃脱讨伐，年代积久。陛下圣德广布，天资卓异，荣登帝位，连续三代兴盛，统一平定九州，怎能容许区区陈国久在天网之外？下臣现在奉命出使，请求责成其称臣。"隋文帝杨坚道："朕姑且隐忍休养生息，置之度外，不求在言辞上折服陈国。公要领会朕的心意。"

江南人士素来喜欢作诗，陈后主尤其爱好骈辞俪句，薛道衡每有新诗，江南人无不吟诵。薛道衡的诗辞藻华艳，代表作《昔昔盐》"空梁落燕泥"句，颇为后人传诵。

二、高杨推崇　声名鼎盛

开皇八年（588），隋军大举攻伐陈朝，薛道衡授任淮南道行台尚书、吏部郎，兼掌文书。

当时，晋王杨广为隋军总统帅。隋军逼临长江，晋王府长史高颎夜晚坐在营中，对薛道衡说："此次行动，能不能平定江东？公试着说一说。"薛道衡答道："但凡探讨大事的成败，先须用至理来判断。《禹贡》所记载的九州，原本都是王者的疆域。后汉末年，群雄并起，孙权兄弟于是据有吴、楚地域。晋武帝受天命登基，随即将其吞并。东晋永嘉南渡之后，重又将此地分割。从那以来，战争接连不止。否极泰来，是天道常理。郭璞曾说：

'江东独自称王三百年，仍与中原统一。'现在年数将满了。从运数而言，这是陈必被平灭的缘由之一。有德者昌，无德者亡，自古以来的国家兴败，都是此理。当今皇上亲行恭谨节俭，忧心勤劳政务。陈叔宝却追求高楼大厦、画栋雕梁，酒色荒淫。上下离心离德，人神共愤，这是陈必被平灭的缘由之二。治国的大要，在于任贤使能，陈朝的公卿大臣，只是充数而已。陈叔宝提拔小人施文庆为要臣，将政事委托于他；尚书令江总专意于吟诗饮酒，本来就不是经国济世的干才；其大将萧摩诃、任蛮奴，只有匹夫之勇。这是陈必被平灭的缘由之三。我方有德而又势大，对方无道而又国小，估算其士兵，也不过十万。西起巫峡，东到沧海，分兵则远隔而势力减弱，聚集就守此失彼。这是陈必被平灭的缘由之四。我军席卷东南之势，毫无疑问。"

高颎听后，高兴地说："你谈论成败，事理分明，我现在豁然明白了。我原本只佩服你的文才，没想到你筹划方略也能如此详尽、深远。"（"君言成败，事理分明，吾今豁然矣。本以才学相期，不意筹略乃尔！"《隋书·薛道衡传》）隋军灭掉陈朝回师后，薛道衡被授任吏部侍郎。

薛道衡一向与尚书右仆射苏威关系很好，因提拔官员，有人说他们二人结党，任命人员有偏私，薛道衡获罪削职，流配防守岭南。晋王杨广当时在扬州，暗中派人示意薛道衡取道扬州，要上奏皇上留下他。薛道衡不喜欢晋王，听从汉王杨谅的计策，于是取道江陵前往岭南。随后有诏命将他召回朝廷，当值于内史省。晋王杨广因此怀恨他，又妒忌他的才学，这无形中给薛道衡埋下了祸根。

几年后，薛道衡授任内史侍郎，加授上仪同三司。每当构思文章时，薛道衡都要静居空房之中，紧靠墙壁躺下，听到门外有人就生气。隋文帝常说："薛道衡所拟文书，合我心意。"然而，薛道衡写文章喜欢旁征博引，词义深奥难懂，因此文帝告诫他不要迂曲怪诞。其后文帝对他胜任职事感到满意，便说："道衡年岁已老，奔走勤劳，应该给他加官晋爵。"于是进位上开府，赏赐布帛一百段。薛道衡推辞说无功，文帝说："公长期辛劳于殿廷之下，国家大事，都由公宣布施行，难道不是公的功劳吗？"

薛道衡久任机要，才名更加显著，王子们争相结交，身为宰相的高颎、杨素也一贯推崇，因此他声名鼎盛，当世无双。

仁寿年间，杨素主持朝政，薛道衡与其交好，隋文帝不想让薛道衡长久掌管机密，于是便将他调任检校襄州总管职事。薛道衡久受文帝重用，一旦离开，不胜感伤留恋，言语哽咽。文帝也黯然变色说道："公年事已高，侍奉确实辛苦。朕想让公将息调养，兼以抚恤百姓。现在公离去，朕犹如断一臂膀。"于是赐赠布帛三百段、九环金带及一套应时衣服、马十匹，又对他加以抚慰勉励。

在襄州总管任上，薛道衡清明简肃，官吏百姓都受其恩惠。

三、颂扬先帝　惨遭缢死

隋炀帝杨广继位后，将薛道衡贬官为番州（治今广东广州）刺史。当时，番州远在岭南，薛道衡在那里为官，很不得志，内心十分怀念文帝对他的宠遇。

一年多后，薛道衡呈进表章请求致仕。隋炀帝对内史侍郎虞世基说："道衡要回朝了，我想让他任秘书监。"薛道衡回到京城，呈进《高祖文皇帝颂》，不外骈四俪六、歌功颂德，其中有这样的一些句子：

> 高祖文皇帝，圣灵诞生时红光满照居室，韬光养晦时也紫气冲天，面相有天庭隆起如日，肌肤有星辰般珠点，此异

相记载于图录，显现于高祖身上。

……

伟大的高祖，人神共助。圣德卓异，神机独运，惩恶扬善，除凶平乱。宗伯制定礼仪，太史选定吉日，奏乐以孤竹管弦，云和琴瑟。献礼于上天，祭祀天帝，群臣持珪璧而朝君，山川依次第奠祭。……天威远震，恩德远布，匈奴俯首归心，臣服于中原。……平定宇宙蛮荒，礼乐教化广布，文字制度统一。再现大禹业绩，成就虞舜功勋，以礼教安定士风，以乐歌改善民俗。忧心操劳万事，怜悯抚育百姓，去除三面罗网以行仁政，多方赦罪，深责自身。引导百姓入法度规范，感化民俗为仁爱多寿。王道兴盛太平，生灵和乐丰足。自己虔心恭敬，事奉天地，祥和瑞气充盈，吉庆征兆连续而来。泰山封禅的祭坛道场企望临幸，云亭二山虚位以待，高祖推辞而不以功德自居，圣德更为高洁。业绩等同于周文王，使武王登基继位；道行类似于汉光武，传大命给庄帝。洞悉过去未来，明察通玄，帝王大统长远，洪大基业兴隆鼎盛。……

隋炀帝读了这篇颂词，很不高兴，回头对苏威说："道衡极力颂扬先帝之朝，这是在讽刺朕呀。"于是任命薛道衡为司隶大夫，准备搜求他的罪责。

薛道衡对此并没有察觉。司隶刺史房彦谦素来与他交好，知道他一定会遭受祸灾，劝他断绝交结来往，低声下气，而薛道衡未能采用。当时，高颎已被炀帝处死。遇上拟议新法令，朝臣们很久不能定夺。薛道衡对朝士说："假如高颎不死，法令应当早已定夺施行了。"有人将此奏告，炀帝怒道："你怀念高颎吗？"将他交给法吏勘问。

薛道衡自以为不是大罪，催促御史早作了断。及至上奏之日，希望炀帝会赦免他，还吩咐家中人准备饮食，以招待前来问候的宾客。及至上奏，炀帝命他自尽。薛道衡大出所料，不肯自杀。御史再次上奏，炀帝命人用丝绦将他勒死，终年七十岁；他的妻子被迁往边远之地。薛道衡有文集七十卷，流行于当时。

司隶刺史房彦谦

房彦谦（545—613），隋朝文士。字孝冲，祖籍河北清河。北齐时，历任齐州刺史和治中。隋朝文帝时，历任承奉郎、监察御史、长葛令等；隋炀帝时，历任都州刺史、司隶刺史等。他博学多才，远见卓识，气度恢宏，为官清廉正直，颇有政绩。其子房玄龄，为唐初名相。

一、卓有见识　政绩出色

房彦谦本是清河（今河北清河）人。七世祖房谌，在燕国做官，任太尉掾，跟随慕容氏迁到北齐，子孙便在那里成家立业，世代为名门大姓。祖父房翼，为宋安太守；父亲房熊，初任州主簿，后任清河、广川二郡郡守。

房彦谦幼年时便父母双亡，成了孤儿，由舅舅抚养长大。舅舅的长史房彦询，擅长鉴识人才，认为房彦谦天性聪颖有悟性，觉得他很不一般，便亲自教他读书。房彦谦七岁时，已经诵读了几万字，宗族的人认为很奇特。

十五岁时，房彦谦过继给叔父房子贞。他侍奉所继母（叔母），超过亲生母亲，房子贞很怜惜、疼爱，抚养他非常周到。后来，房彦谦为叔母守丧，不进饮食有五天。他侍奉伯父乐陵太守房豹，竭尽心力，每当有时令珍果，自己不先尝，便送给伯父。遇上亲戚的丧期，房彦谦必定疏食尽礼，宗族中的人都以他为榜样。

后来，房彦谦受学于博士尹琳，时常手不释卷，因而得以通读《五经》。房彦谦善于文章，也擅长草书、隶书，能言善辩，风概高于常人。

房彦谦十八岁时，投奔了担任北齐齐州（治今山东济南）刺史的广宁王高孝珩，高孝珩任命他为主簿。当时法令宽松，州郡之职对百姓的监管尤其松懈。后来，房彦谦成为齐州刺史，他加强治理力度，百姓都清正守法，州境整肃，没有谁不敬畏他。等到北周军队进入邺城（今河北临漳），北齐君主往东出逃，任用房彦谦为齐州治中。房彦谦痛心本朝倾覆，纠率忠义，私下里打算匡扶，事情未能成功而中止。

北齐灭亡后，房彦廉回到了家乡。北周朝廷派柱国辛遵为齐州刺史，被贼帅辅带剑所抓。房彦谦写信晓谕，辅带剑一向敬畏他，读信后感到十分惭愧，于是送辛遵回了齐州，各路贼寇也都纷纷归顺自首。

杨坚建隋称帝后，房彦谦便回到故乡，过起了闲散生活，立志不再出仕。开皇七年（587），刺史韦艺再三推荐，房彦谦迫不得已接受了皇命。吏部尚书卢恺一见房彦谦，便很器重，任命他为承奉郎，不久迁升监察御史。后来平灭陈朝时，房彦谦奉诏安抚泉、括等十州，因完成使命符合圣意，朝廷赐予各色杂帛百段、粮米百石、朝服一袭、奴婢七名，并升任秦州总管录事参军。

当时，左仆射高颎主持官员考核，房彦谦曾在朝会时对高颎说："《尚书》提到'三年进行一次政绩考核，提拔贤明，贬黜昏庸'，唐尧、虞舜以下，世代都有这种制度。升降合理，褒贬无错，便是提升可得贤才，贬退的都是不称职者。倘若有所错乱悖谬，考核之法便形同虚设。近来见到各州府的考核，所持标准各不相同，提拔什么人，贬退什么人，奖励什么人，责谴什么人，多有差别，不相一致。何况还有人任凭好恶之情肆意行事，以致违背公正原则：清廉耿直的人，未必能得到高的评价；卑躬屈膝、阿谀奉承之徒，反而被列为优等。实在是真假混淆、是非颠倒。主宰大臣既不精心选择，反复斟酌取舍，所以曾受指派任命的人，有很多因为被赏识而取得成功，没有历任台省之官，大都不懂得进退法则。加上四方遥远，难以详察，只好核准人数，一半失败、一半成功。只是统计官员数量的多少，不考虑善恶好坏的多少，想求得公平合理，那是不可能的。明公洞察微暗，待人处事持心公平，这次考核，一定不会有什么偏私不公。倘若出现前面提到的几种情况，不知道明公将如何裁决处理？但愿明公向四方边远之地派出耳目，精心调查了解，哪怕是很小的一点好人好事都加以褒扬，哪怕是很小的一点坏人坏事都加以贬斥。这既关系到良好政治的发扬光大，也足以褒奖贤明有才能之人。"

房彦谦说得义正词严，在场的人都一致注目于他。高颎也为之动容，深加赞赏，于是详细询问有关河西、陇右等地官员的行为情状，房彦谦一一作出了详尽的回答。高颎回头对各州总管、刺史说："与你们说话，还不如单独跟秦州录事参军谈一谈。"

几天之后，高颎把房彦谦举荐给隋文帝杨坚，文帝未能加以任用。因为任期已满，房彦谦迁任长葛（今属山西）令，任上多有仁爱之政，百姓称他为"慈父"。房彦谦离开长葛时，官吏与百姓都放声大哭，相互说道："房明府如今离开，我们这些人活下去还有什么意思！"（"房明府今去，吾属何用生为！"《隋书·房彦谦传》）后来百姓思念他，为他树碑，歌功颂德。

仁寿年间，隋文帝让持节使者巡察各州县，考查州县长官的才能。考查结果认为，长葛令房彦谦为"天下第一"，因而越级拜任鄀州（治今湖北宜城东南）司马。鄀州长时间没有刺史，州中政务都归房彦谦处理。他尽心尽力，政务处理得井井有条，具有出色的政绩。

二、结交道衡　劝告张衡

内史侍郎薛道衡是一代文宗，地位显要，名望清高，与他来往的人，都是全国有名之人。薛道衡敬佩房彦谦的为人，对他非常友好，二人相交颇深。等到薛道衡兼任秦州总管，与房彦谦书信往来，络绎不绝。隋炀帝继位，薛道衡改任镇守番州（治今广东广州），赴任途中经过房彦谦官署所在地，逗留了好几天，洒泪而别。

黄门侍郎张衡，也与房彦谦很友好。当时隋炀帝营建东都洛阳，极尽奢侈华丽，国人深感失望。又加上并州（治今山西太原西南）总管汉王杨谅叛乱，获罪被诛杀的人很多。房彦谦看到张衡当权而不能匡救，写信劝告他说：

> 我私下里听说奖赏是用来鼓励善行的，刑罚是用来惩戒邪恶的，所以即便是粗疏低贱的人，有善行一定要加以奖赏；即便是尊崇显贵的亲人，犯了罪必定施加刑罚。不能惩罚便避开亲友，奖赏便遗漏低贱之人。现在各州刺史受任治理，为善为恶，朝廷都会知晓，敬畏国家法纪，不敢怠慢。国家承奉天命，为民父母，赏罚得当与否，上达皇天，敬畏皇天照临下土，也应当恭谨严肃。所以周文王说："我朝夕不敢怠慢，是因为敬畏皇天的威严。"以此说来，虽然州与国有别，地位高低悬殊，但是为民忧虑，慎用法纪，其中的道理是同样的。
>
> 至于并州叛逆，必须有所甄别区分。如果杨谅实在是因

为皇命不通，担心宗庙社稷倾危，征集兵众，并不是为了干犯国家法纪，那么就应当体谅他的初衷，议论对他的刑罚，向上要符合圣主兄弟之情，对下要打消百姓疑惑之心。如果杨谅的确清楚地知道朝廷内外都并无不测，却想继承君位、篡夺皇权，而巴不得天下大乱，那么像对管叔、蔡叔一类的诛讨，就应该施加在他的身上。凡是跟他共同作恶的，一律不能逃脱罪责，头目悬首示众，妻子儿女都一概杀尽，这是国家固有的刑法。其间如果有内心并不是协同杨谅，只是无力自主，有些是被胁迫的，陷入顽凶的淫威，这样的人也让他们全家没官为奴、流徙远地，恐怕会造成冤情泛滥。天网恢恢，难道就是这样吗？罪过不能确立，便应当从轻发落，这一道理又体现在哪里呢？过去叔向（姓羊舌，春秋时晋国公族）赦免长期监禁的死罪，为晋国所嘉许；张释之（西汉文帝时廷尉）判定冲犯皇驾的罪行，汉文帝称好。羊舌氏宁可不爱惜兄弟，廷尉并非随便违抗君命，只是为了执法无私，不容有所轻重。

况且圣人所认为的大宝，那就是神器，倘若不是天命，便不能随便得到。所以像蚩尤、项籍的勇猛，伊尹、霍光的权势，老子、孔子的才智，吕望、孙武的兵略，吴、楚相连有如磐石相依据，吕产、吕禄秉承吕后的根基，并不是上应天运的征兆，所以到头来没有得到帝王之位。更何况小小一角之地，像蜂蚁般啸聚，杨谅的愚顽鄙陋，一群小人的凶恶顽劣，却想要凭依京都一带，企图作非分之想的人呢！开天辟地以来，文字书籍所记载的，帝皇的事迹，能够详知。若不是积累仁德，立下丰功，造下大福，谁能够道合幽冥、义感神灵呢？因此古代的圣王，早晚都非常谨肃，时时想到如履薄冰，每每如同驾驭朽木之舟。到了后世骄纵荒淫，毫无警戒恐惧之心，肆意于百姓之上，任意放纵个人欲望，这样的事，不能一一尽记。……

想到皇上有如庆云红日，仁爱孝义早已显明，承受分封，大成规矩。等到统领淮海，美好的德行一天胜过一天，承应皇命之验，远近都来归附。左右辅佐之人，都已蒙受仁爱，普天之下的百姓，都高兴地翘足而待。并州叛乱，发生得十分突然，是因为杨谅欺诈惑乱，贻误官民，并非官民与朝廷结有仇怨，而抛弃德行追随叛贼。但地方将领说他们希望叛乱，这就不仅是诬陷善良之人，也恐怕大大玷污了皇恩。足下平素肩荷重任，早就成为朝廷心腹重臣，从藩镇起用，被看成中流砥柱，应该名垂青史、流芳百世，后稷、后契、伊尹、吕尚与您相比，又能算什么呢？既然正值清明之时，您必须存有忠直之心，在今天树立伟大的榜样，成为将来的典范。岂能曲意顺从人君，以偏私而亏损刑律，又使被迫随从的人，遭受横祸而受到罪责？我蒙受您的关心厚遇，所以倾吐我的区区忠诚，如同乡野之人，如同愚夫盲者，不懂得忌讳。

张衡收到信后，感慨叹息，但却不敢上奏让炀帝知道。

三、卓然独立　清廉节俭

房彦谦眼看朝廷法纪不整，便辞官隐居，准备在蒙山下结庐而居，以求实现自己的心愿。正碰上司隶官考察官员，大选天下知名人士。朝廷认为房彦谦公正廉洁之名早已著称，为众望所归，就征召他任为司隶刺史。

房彦谦素有澄清天下的志向，所以出任司隶刺史后，凡是经他推举的人，都是人中表率；他有所弹劾抨击，受到弹劾的人都毫无怨言。司隶别驾刘炫欺上压下，却假装正直，刺史们畏惧他，都对他下拜。唯独房彦谦坚守志向，不屈服于他，不卑不亢。因为有识之人都嘉许房彦谦，所以刘炫也不敢对他怀恨在心。

房彦谦平常在家时，每逢子侄来看望，往往对他们加以劝说勉励，孜孜不倦。房彦谦家中留有祖传产业，财富丰厚，再加上前后任官所得的俸禄，都用来周济了亲朋好友，因此他家中没有多余的财物，车服器用都尽量保持勤俭朴素。房彦谦的一言一行，从不涉及私利，尽管他常常陷于贫穷，但也怡然自得。他曾经在闲谈之中，面带微笑看着儿子房玄龄说："别人都因为官禄而发财，只有我因为做官而贫穷。留给子孙后代的东西，只有'清白'二字而已。"（"人皆因禄富，我独以官贫。所遗子孙，在于清白耳。"《隋书·房彦谦传》）

房彦谦所写的文章，气度恢宏娴雅，有古人的深厚功力。房彦谦擅长草、隶，别人得到他的便笺、信函，都视为珍宝加以赏玩。太原王邵，北海高构，蓨县李纲，河东柳彧、薛孺，都是当时知名的清高之人，房彦谦与他们都是朋友。虽然来访的车马成群结队，但门庭之内没有等闲宾客。房彦谦气质温文尔雅，深晓政务，有识者都赞许他前程远大。

起初，隋文帝平陈之后，天下统一，大家都议论说将有太平盛世到来。房彦谦私下里对亲近的朋友李少通说："主上禀性多猜忌苛刻，不能接纳诤言。太子卑懦年幼，诸位亲王专权，在朝中只是推行苛细严酷的法政，未曾实施宏大的纲纪。天下虽然安定，正堪忧虑危难。"（"主上性多忌克，不纳谏争。太子卑弱，诸王擅威，在朝唯行苛酷之政，未施弘大之体。天下虽安，方忧危乱。"同上）李少通起初不以为然，到了仁寿、大业年间，房彦谦的话都应验了。

大业九年（613），隋炀帝发兵征讨高句丽，房彦谦跟从炀帝渡过辽河，督理扶余一路军的军务。其后隋朝政事渐渐混乱，朝廷扰攘不安，官员们大都有失节行为。房彦谦一如既往正直行事，卓然独立，深为当权者忌恨，外放泾阳令。不久，房彦谦在官任之上去世，时年六十九岁。

后来，唐朝统一天下，房彦谦之子房玄龄成为一代名相，唐太宗特意追赠房彦谦为徐州都督、临淄县公，赐谥曰"定"。

叛臣和义军首领

隋炀帝大兴土木,四处巡游,连年征战,搞得朝政混乱、民不聊生,朝野纷纷揭竿起义、竖旗反叛,一时间叛乱臣子、义军首领遍地。杨玄感起兵作乱,首举叛旗;李密聚众瓦岗,攻城略地;王世充口是心非,僭即帝位;宇文化及弑君叛逆,不容于天下……龙虎蛇鼠,不一而足。他们有的确有才干,生不逢时;有的侥幸上位,祸及家族;有的审时度势,最终投奔大唐……

礼部尚书杨玄感

杨玄感（？—613），隋末叛臣。弘农华阴人，宰相杨素之子。隋文帝时，历任柱国、郢州刺史；炀帝时，历任鸿胪卿、礼部尚书。由于不满隋炀帝暴政，遂率众反叛，曾取得一些成就，但终究不敌官军，最终败死。作为宰相之子，他受国重恩，对炀帝荒废政事，本应竭力劝谏，却起兵作乱，终遭灭族之祸。

一、伺察时政　阴谋废帝

杨玄感出身将门，体貌雄伟，美须髯。少年时反应迟钝，许多人认为有痴呆病，但父亲杨素认为儿子不痴不呆。

杨玄感长大后，喜欢读书，善于骑射。因为父亲的军功，杨玄感最初被封为柱国，与父亲同为二品；入朝拜见皇帝时，与其父同班并列。后来，隋文帝杨坚给他降官一等。对此，杨玄感拜谢说："没想到陛下这么看重我，使我能够在公庭之上表现出父子私情。"

杨玄感善于观察时政、了解吏情。他担任郢州（治今湖北武昌）刺史时，到任后即秘密布置一些部下充当耳目，让他们去察访地方官吏的政事言行。据此，他对官吏中的廉洁勤政者、贪赃枉法者及昏庸无能者，都有所了解，有的连细节都一清二楚。所以，每当指出他们的问题时，这些人都不敢隐瞒、欺骗。官吏民众因此而敬服他，都称赞他有能力。

杨素于大业二年（606）去世后，杨玄感任鸿胪卿，袭爵楚国公，升任礼部尚书。杨玄感个性骄傲，但爱好并看重文学，因此四海知名文士都愿意与他结交，往他家里跑。

杨玄感先人世代入朝为官，地位显赫，整个家族盛名传于天下。在朝文武官员中，许多人曾是他父亲的部下，对这些人，他不但从小认识，而且也了解其政绩或战功。同时，他对朝廷的大政方略、皇帝的举措定夺以及天下的形势变化，都有所观察、有所思考。

隋炀帝杨广继位以来，原先隋文帝定下的纲纪条令逐渐废弛，新颁布的政令杂乱无序。杨玄感认为隋炀帝对自己越来越心存疑忌，因此感到不安，仿佛随时都会飞来横祸。于是，他和几个胞弟秘密谋划废除炀帝，拥立秦王杨浩登基。

大业五年（610），隋炀帝西巡，同时发兵征讨吐谷浑。大将军张定和、左光禄大夫梁默、右翊卫将军李琼等赤胆忠心之士，都死于战场。回兵大斗拔谷山（在今甘肃武威西二百里）时，山路狭隘险峻，只能一个个鱼贯而过。其时风雪交加，天色昏暗，许多军士迷失了方向，找不到自己的将官，将官也找不到士卒，有一多半人被冻死。

随军出征的杨玄感见此情景，心中既哀又恨——哀士卒之不幸，恨帝王之逞凶。杨玄感向来爱护士卒，他见皇帝身边的随从官宦狼狈为奸，趁机掳掠，中饱私囊，一意哄得皇帝欢心，全不以将士的性命为意，十分气愤。几次在自己的帐中拔刀，想一刀杀死昏君，但都被部下拦住。

叔父杨慎得知这一情况时，赶忙跑来劝杨玄感说："如今士卒尽管死伤惨重，但其本性尚有忠心，国内也还没有起火之处，你万万不可轻举妄动。"杨玄感听了，默默无言，不再意气用事、轻易发作。

二、趁机起兵　一呼百应

隋炀帝好大喜功，连年发动扩边战争。杨玄感由此看出点门路，即树立威信必先拥有将领。于是对兵部尚书段文振说："我家世代深受国恩，如果不能立功于边疆，就是失职。只有在国家受到侵犯时，我才有机会亲自出战，多少表示一下忠君之心。您现在是专管兵将的大臣，请将您认定的忠君报国之士分配到我这里来。"段文振将此话转告皇上，隋炀帝夸奖说："将帅之门一定出将帅，宰相之门一定出宰相，这话说得不错呀。"（"将门必有将，相门必有相，故不虚也。"《隋书·杨玄感传》）同时给杨玄感以赏赐，对他礼遇日渐隆盛，并让他参与朝政。

大业九年（613），隋炀帝再次发兵东征，命杨玄感在黎阳仓（在今河南浚县西南）督促、运送军粮。当时由于连年战争，百姓不堪苦役，怨声载道，对官吏常有不敬之言。杨玄感看在眼里、想在心中，便与武贲郎将王仲伯、汲郡赞治赵怀义等商议，故意逗留军运，不按时进发，以使出征之军挨饿受冻。隋炀帝派使者催促，杨玄感则向外界宣扬："水路上盗匪太多，不能先发一部分后、发一部分，只能等到物资齐备，一齐进发。"以此推迟运送。当时，杨玄感的兄弟武贲郎将杨玄纵、鹰扬郎将杨万硕，两人同时跟随隋炀帝远征辽东，杨玄感秘密派人把他们召了回来。就这样，杨玄感开始一步步准备着起兵举事。

起兵的准备大体就绪时，杨玄感暂且按兵不动。他密切关注着国内几支大军的动向。宇文述已出辽东，来护儿正要上船走水路进攻高句丽，大军齐集于东海岸边。杨玄感认为，中原正属空虚之时，于是派遣家奴假装从东海岸边回来的使者，扬言来护儿因耽误军期而造反了。杨玄感借此进入黎阳仓城，关住城门，强制集中所有的男人，用帆布给他们制作了军衣，充作士兵。同时，给周围各郡发出书信，以讨伐来护儿为名，命令他们出兵，到仓城集结待命。

杨玄感任命东光县尉元务本为黎州刺史、赵怀义为卫州刺史；又任命河内郡主簿唐祎为怀州刺史，拥众一万，打算攻占东都洛阳。唐祎走到河内时，突然跑进东都城里，详细报告了杨玄感起兵之事。东都守臣越王杨侗、民部尚书樊子盖等，一听此事都大惊失色，赶紧部署兵将严加防备。

这时，杨玄感率兵进至临清关（今河南新乡北），遇到修武县（今属河南）民严守关隘，不予通行。杨玄感改道从汲郡（今河南汲县）南面渡过大河，索性打起了造反的旗号。结果响应从军者有如赶集，几天之内拥众十万余，屯兵上春门。樊子盖忙令河南赞治裴弘策领兵抗拒，裴弘策战败。

其时，瀍洛地区的父老乡亲拥护杨玄感的造反之举，竞相给他送牛献酒。杨玄感屯兵于尚书省时，常向众人讲："我身为上柱国，家产数以万计，可谓富贵至极，别无所求了。现在不顾破家灭族之罪，举旗造反，只不过是为解天下于倒悬、救百姓出水火罢了。"（"我身为上柱国，家累巨万金，至于富贵，无所求也。今者不顾破家灭族者，但为天下解倒悬之急，救黎元之命耳。"《隋书·杨玄感传》）听到杨玄感的誓言，人们奔走相告，因而每天都有数千人挤在辕门前请求参军。

三、进逼东都　分兵两处

杨玄感看到这么多人拥护自己，更加坚定了推翻隋炀帝的决心。为了尽快占领东都洛阳，他想到往日在朝时，与民部尚书樊子盖亦有些交情，于是修书一封，信中历数隋炀帝祸国殃民的罪行，奉劝樊子盖以黎民、社稷为重，加入到造反的队伍中来。与此同时，率军进逼东都。东都连连告急求援。

刑部尚书卫玄率兵数万，从关中赶来援救东都。卫玄以步骑二万先渡瀍、涧，主动出击，杨玄感佯败。卫玄军追赶时，杨玄感的伏兵突然出现，截断卫玄军，全歼其先头部队。几天后，卫玄再次与杨玄感交战，没打几个回合，杨玄感有意令人大声呼叫："官军捉住玄感了，官军捉住玄感了！"卫玄的将士信以为真，便不再用力争斗。杨玄感与数千精锐骑兵乘机突击，卫玄方面登时溃不成军，被杨玄感俘获八千人而去。

杨玄感勇猛有力，善使长矛，每临战阵都身先士卒，往往大声喊杀，其叱咤风云之势先自震慑敌将，因此人们都将他比作项羽。杨玄感又善于抚慰将士，将士都乐于效命，死而无憾，所以杨玄感出兵战无不胜。其时卫玄的官军处境艰难，军粮也用完了，于是收拢各部，与杨玄感决战于北邙（洛阳北）。一日之间交战十次，杨玄感之弟杨玄挺中箭而死，杨玄感才不再恋战。其间，樊子盖派兵袭击尚书省，杀死杨玄感守军数百人。

杨玄感的造反之举，在朝廷看来是叛逆行为，其声势之大震动了朝野上下。尤其是作为当朝重臣，本应尽忠君上，为之征服四夷，镇压百姓的反抗。但他却聚众作乱，反戈相击，这实在让隋炀帝深感意外。痛恨之余，隋炀帝急速调兵遣将，派武贲郎将陈稜进军黎阳攻打杨玄感任命的黎州刺史元务本，命武卫将军屈突通驻屯河阳；又从辽东调回左翊卫大将军宇文述的远征部队，从山东调回右骁卫大将军来护儿准备渡海出征的部队，从不同的方向包围杨玄感军。

杨玄感请原民部尚书李子雄出主意，李子雄说："屈突通通晓军事，一旦渡过河来，就难决胜负了。不如分兵先去挡住他，不让他过河来。这样，樊子盖和卫玄两军就失去了援军，我们可以各个击破。"杨玄感依李子雄之计，准备派兵守河。樊子盖得知杨玄感的行动计划，派兵轮番袭击其大营，打乱其部署，杨玄感未能派出兵去，致使屈突通赢得时间，全军渡过河来。这样，杨玄感只好兵分两处，西抗卫玄，东拒屈突通。樊子盖又举兵挑战，杨玄感军被迫应战，但常有失误，多次战败。

四、军事失利　穷途殒命

面对不利的形势，杨玄感再次请计于李子雄，李子雄说："援助东都的军队越来越多，我军屡败，此地不可久留。不如直入关中，打开永丰仓赈济贫民，那样很快就能夺取三辅之地（即关中平原），据有府库，然后再向东争夺天下，也可成就霸王之业。"于是杨玄感放弃攻打洛阳，挥军向西，扬言："我已破东都，今取关西矣。"宇文述等各路大军随后跟进。

杨玄感率军行至弘农宫（今河南灵宝），乡间父老为他提供情报说："宫城空虚，又多存粮粟，容易攻打。占据此地，进可绝敌人之食，退可守宜阳之地。"于是杨玄感停止西进，转而攻城，连攻三天，城未破而追兵至。

杨玄感急速领兵向西到达阌乡，在槃豆地区摆开五十里长的阵势，与官军且战且行，结果一日三败。退至董杜原，再次列阵迎敌，官兵数路大军一齐投入战斗。在这次规模壮阔的混战中，杨玄感大败，仅带十余骑窜进树林里，正要逃奔上洛时，官军骑兵追来。杨玄感大声呵斥，骑兵害怕而返。尽管杨玄感一行避开战场隐蔽行动，仍不免遭遇小股官军，冲杀一阵之后，继续仓皇逃跑。

到葭芦戍（在今河南卢氏西）时，只剩下杨玄感和弟弟杨积善二人徒步而行。杨玄感身心俱累，自知逃不出去，必死无疑，便对杨积善说："大事已败。我不愿受他人的屠戮污辱，你把我杀死吧。"杨积善向西遥拜其祖庙，尔后跪伏于兄长面前，以额碰地，祈祷数语。当他抬起头时，只见杨玄感亦面西长跪，引颈待毙。杨积善看到又一队官军骑兵如风卷来，听见兄长狠狠一个字："快！"于是一跃而起，抽刀砍下杨玄感的头颅，然后迅速将头颅与尸身相合。这时，他已听得到骑兵的喊声，反而从容不迫了。他顺着兄长躺下去，一手搂住兄长的躯体，一手举刀向自己的颈项刺去，然而未能如愿。随即，杨积善被官兵抓回后杀死。

杨玄感的头颅被送至隋炀帝的行宫，尸体运到洛阳，在大街上磔尸三日，又用火焚烧。杨玄感死后，他的余党相继被官军平定。他的弟弟杨玄奖官义阳太守，正准备投奔杨玄感时，被郡丞杀死。其余几个弟弟，也陆续被诛杀。盛极一时的杨氏家族至此覆灭，公卿请求改杨玄感的姓为"枭"，隋炀帝下诏同意。

左屯卫将军宇文化及

宇文化及（？—619），隋末叛臣。代郡武川（今内蒙古武川）人，父为左翊卫大将军宇文述。曾为隋炀帝太仆少卿、右屯卫将军。隋末，宇文化及见炀帝昏聩，隋亡已是必然，便随从众人起兵谋反，杀死炀帝，拥立炀帝之孙杨浩，自己把持朝政。穷途末路之际，建国称帝，不久被擒、被戮。

一、年少不羁　图谋不轨

宇文化及年少时，性情凶险，不守法度，喜欢乘快马在道中驰骋，长安人都称他为"轻薄公子"。

隋炀帝杨广做太子时，宇文化及负责统领东宫禁军，出入卧内，很受宠信。后因屡次接受贿赂，多次被免官，却因杨广袒护，不久便官复原职。后来，宇文化及的弟弟宇文士及娶杨广之女南阳公主为妻，宇文化及更加骄横，与公卿相处，常常目中无人、出言不逊。看到别人的狗马珍玩，定要想办法弄到手，否则不肯罢休。

杨广即位后，授宇文化及为太仆少卿。有一次，宇文化及和弟弟宇文智及违反规定与突厥交易，隋炀帝杨广得知，大怒，将二人囚于大牢，一关数月，终因南阳公主之故，方免一死，罢免官职，赐给宇文述为奴。宇文述临终前，乞求皇上看在旧日情分上看顾其子，隋炀帝追忆往昔，便授宇文化及为右屯卫将军、宇文智及为将作少监。

大业十四年（618），李密占据洛口仓，隋炀帝非常害怕，躲在江都（今江苏扬州），不敢回京城长安。而称为"骁果"的随从禁卫大多数是关中人，羁旅劳顿，客居他乡，想念故土，见炀帝没有西归之意，暗中准备谋反。

当时，统领骁果的是武贲郎将司马德戡，屯兵东城，听说兵士欲叛，就派校尉元武达暗中打探情况，得知情况属实，非常高兴。这时，恰逢武贲郎将元礼、直阁裴虔通互相煽惑，害怕骁果逃亡将祸及自己，性命难保。司马德戡于是说："我们的忧虑相同，应当共同想办法。如果骁果要逃亡，我们应当和他们一起走。"裴虔通等连忙答道："真的按你所言去做，确实是一条求生之计，一言为定。"接着又笼络了内史舍人元敏、鹰扬郎将孟秉、直长许弘仁及薛良、城门郎唐奉义、医正张恺等人，日夜聚会，相约为生死之交，同时商议叛乱之事，达成一致。

经人引见，宇文智及也被拉拢入伙。此人平时性情狂悖，对这类事情非常热衷。司马德戡约定三月十五日举兵同反，抢劫禁卫军马和城中居民的财物，然后结伙西归。宇文智及认为不好，他说："如今老天要灭隋，普天之下英雄并起，造反起义的有几万人。应当趁机举大事，创立帝王大业。"司马德戡听后，觉得有道理。正巧，薛良、行枢等将领请求立宇文化及为主，和宇文智及的想法不谋而合。众人相约既定，这才告诉宇文化及。宇文化及初闻此事，非常害怕，脸色大变，冷汗直冒，过了好久才恢复常态，表示同意。

二、纠众叛逆　杀死炀帝

大业十四年（618）三月一日，司马德戡正安准备将叛乱决定告诉诸位骁果，又怕人心不齐，就想了个办法予以蛊惑，便对张恺等人说："你是良医，很有威望，出言惑众，大家一定会深信不疑。你可以假传皇上的话，说是皇上听闻骁果图谋反叛，要你多准备毒酒，设宴毒死他们。"张恺等人照计行事，骁果们得知后互相转告，谋叛的决心更加坚定。司马德戡知道计策起了作用，就在三月十日将旧友召集到一起，把所作所为全部告诉了他们。大家都说："唯将军令是从！"

当夜，负责关闭城门的唐奉义和裴虔通相约，皇城各门都不下锁。三更时分，司马德戡在东城集结数万军队，举起火把，与城外叛军遥相呼应。隋炀帝听到外面有响动，便问"何事"。裴虔通骗他说："草坊被烧，外面人正在救火，所以嘈杂喧闹。"隋炀帝信以为真。到了五更，司马德戡将皇城各门换上自己的卫兵，裴虔通打开城门，亲率几百骑兵，到了成象殿，杀死了将军独孤盛。在武贲郎将元礼的带领下，进入内宫。

此刻，守卫内宫的士兵早已了无踪影。裴虔通指挥骑兵驰入永巷，大声问道："陛下在哪？"一个面如死灰的美女哆哆嗦嗦地指着西阁说："在那儿。"裴虔通快马加鞭，强行闯入西阁，已经明瞭真相的隋炀帝指着裴虔通大声呵斥："你难道不是朕的老朋友吗？朕与你有何仇怨，为何造反？"裴虔通曾是杨广做晋王时的左右亲信，所以才有此言。裴虔通答道："臣实在无奈，不敢不反，因为关中将士思念故土，所以用此法奉陛下西还京师罢了。"隋炀帝听后只好说："我和你一起回去。"裴虔通派兵看守着隋炀帝。

天亮之后，孟秉派精骑迎来宇文化及。宇文化及还不知道事情结果如何，胆战心惊，说不出一句话。凡有人来拜谒时，宇文化及总是低着头，双手按着马鞍回答："罪过。"

当时，宇文士及住在公主府，还不知所发生的变故。宇文智及就派家僮桃树去刺杀他，桃树有些不忍，把他绑到宇文智及面前。宇文智及犹豫再三，念及手足之情，还是把他放了。宇文化及到了城门口，司马德戡上前迎拜，然后引入朝堂，拜为丞相。又命人将隋炀帝带出江都门，以示叛军，之后又带回宫中。接着，派令狐行达杀掉了隋炀帝；朝中的外戚和忠隋的大臣几十人，无论长少一同遇害，只留下秦王杨俊的儿子杨浩。

宇文化及集合众朝官会见自己，致以特殊的礼节。百官全都到朝堂上去祝贺，只有给事郎（门下省的高级官员）许善心没到。侄子许弘仁告诉他："天子已经驾崩了，宇文将军代理朝政，全朝文武官员都集合在朝堂上。天道人事，自有它相互代替终止的道理，这与叔父有何干系，而流连到这种地步？"许善心听了很生气，不肯去，许弘仁上马哭泣着返了回去。

宇文化及派人到许善心家，把他擒到朝堂，过一会儿又放了。许善心也不表示谢意，宇文化及发怒说道："这个人太能赌气！"又派人把他擒回来，下令杀掉。许善心的母亲范氏九十二岁，抚着儿子的灵柩坚持不哭，说道："能为国难而死，这才是我的儿子。"便整天躺在床上不吃东西，过了十多天也去世了。

三、昏庸荒淫　众叛亲离

宇文化及自称大丞相，总理一切政务。利用皇后的敕命，立秦王杨浩为皇帝，居住在别的宫殿，只是让他发布诏书、敕书而已，并派兵监守。宇文化及任命弟弟宇文智及为左仆射，宇文士及为内史令，裴矩为右仆射。

宇文化及任命左武卫将军陈稜为江都郡太守，全权掌管留守的事宜。命令内外戒严，声称准备回长安。皇后、六宫都依照旧式列成御营，营前另设一军帐，宇文化及在帐中掌政，一切信杖兵卫部伍，都拟照皇帝的御驾。他们夺取了江都的船只，取道彭城（今江苏徐州），沿水路西归。

宇文化及入据六宫，一切奉养如同隋炀帝。每次坐在帐中都面南背北，有人向他陈述事情时，他往往默然不对。只在下朝时，才收取状纸，让唐奉义、方裕等人商议决定。船到徐州，水路不通，逗留期间，宇文化及派人掠夺百姓牛车两千辆，用来运载宫人和珍宝，而军队的辎重却令士卒背着。道路漫长，士卒们个个筋疲力尽，三军将士怨声载道。

司马德戡听说此事后，对宇文化及非常失望，私下对部将赵行枢说："当今天下大乱，拨乱反正，必须依靠英明的贤主。宇文化及昏聩无能，身边又有不少小人，依靠他事将必败，该怎么办呢？"赵行枢对他说："干脆，我们废了他算了！"

当初宇文化及掌政之后，赐予司马德戡温国公的爵位，并加光禄大夫。因为司马德戡专门统领骁果，内心对他十分忌惮。过了些日子，宇文化及部署诸将分别领兵，任命司马德戡为礼部尚书，表面上是升官，实际上夺了他的兵权。司马德戡因此颇为忿忿，把得到的赏赐都用来贿赂宇文智及。宇文智及替他说情，宇文化及才让他率领后军一万余人。于是司马德戡、赵行枢与李本、尹正卿等将领密谋，准备利用后军袭杀宇文化及，改立司马德戡为盟主，并派人到孟海公（济阴郡人，聚众数万反隋）那里，结成外援。由于等待孟海公的回报，事情拖延了下来。

许弘仁、张恺得知密谋，报告了宇文化及。宇文化及派宇文士及装成游猎，来到后军，司马德戡不知事情败露，出营接见，因而被捉。宇文化及责备他："我与你并力，共定天下，甘冒天大的风险。今天事情始见成功，正希望共守富贵，你又为何反叛呢？"司马德戡回答说："本来痛恨昏主的淫虐，才杀掉他，推立足下。而足下又甚于昏主,迫于人心,也是不得已。"宇文化及下令缢杀司马德戡,并杀其同伙十多人。孟海公畏惧宇文化及兵力的强盛,只好率领众人备好牛酒迎接他。

这时,东都群臣奉越王杨侗在洛阳即帝位,招瓦岗军领袖李密为太尉,命其讨伐宇文化及。双方战于黎阳(今河南浚县西南),宇文化及屡败,北走魏县(今河北大名西南)。此时,张恺等人又商议要废掉宇文化及,结果事泄被杀。

见到这种情况,宇文化及的心腹谋士陆续离去,眼看就要走光,而军事形势却日益窘迫。宇文化及想不出什么对策来,只是聚在一起痛饮狂欢,演奏女乐。宇文化及喝醉了酒,埋怨宇文智及说:"我当初不知兵变,是你强来找我。现在一事无成,兵马一天天地走散,背着弑君的罪名,为天下所不容。今天遭到灭族的灾祸,难道不是由你造成的吗?"一边说,一边拉着自己的两个儿子哭泣。宇文智及气愤地说:"事成当初,不见你埋怨我;到了要失败的时候,才想归罪于我。你为何不杀了我,去投降窦建德?"

宇文士及兄弟之间,屡次相互争执吵闹,说话也不分长幼,酒醒过来又继续喝下去,已经习以为常。将士深知宇文化及成不了大事,纷纷叛归李密。宇文化及自知必败,叹息道:"人生本来就要死的,何不当他一天皇帝呢!"("人生故当死,岂不一日为帝乎?"《隋书·宇文士及传》)于是毒杀秦王杨浩,即帝位于魏县,国号"许",改元"天寿"。

唐武德二年(619),高祖李渊派李神通进攻宇文化及,宇文化及东走聊城(今山东聊城)。当时窦建德已建立夏国,就以讨逆为名,进攻聊城。同年闰二月,窦建德攻陷聊城,生擒宇文化及,用囚车送往襄国(今河北邢台),宇文化及与两个儿子同时被斩,所谓"许"国也就灰飞烟灭。

江都通守王世充

王世充（？—621），隋末叛臣。字行满，寄居新丰（今陕西临潼）。隋文帝时，任兵部员外郎；炀帝时，历任江都丞、江都通守。他善于阿谀奉承，极力讨好炀帝，献宝物美女，大修宫室，使炀帝更加荒淫，可谓祸国殃民。隋炀帝被杀，他拥立越王杨侗即位，后又篡位称帝，建立"郑国"小朝廷，胁迫民众，肆意杀人。最终众叛亲离，投归大唐，赦罪迁蜀，尚未动身即被仇人所杀。

一、阳奉皇帝　阴结豪俊

王世充本姓"支"，原为西域胡人。祖父支颓耨，迁徙到新丰（今陕西临潼东北新丰镇）。祖父死后，祖母改嫁，带着儿子到了霸城（今四川茂汶）仪同王粲家，遂姓王。

王世充长着一头卷发，声音如同豺狼。年轻时涉猎经史，尤其喜欢钻研兵法和占卜之术，同时通晓法律。他善于诡辩，文过饰非，巧于辞令，常常以歪理胜人。

在隋文帝执政时期，王世充凭借军功，渐次升为兵部员外郎。隋炀帝继位后，王世充经过多次升迁，官居江都郡丞，兼江都宫总监。炀帝多次巡幸江都，王世充得以大献殷勤。

王世充擅长察言观色、阿谀奉承，每次进谒，专拣皇上喜欢听的讲，报喜不报忧。同时，献上从远方征集来的稀世珍宝，供炀帝赏玩；又搜集众多美女，献给炀帝；并把炀帝行宫大加装修，雕梁画栋，巧设池台，遍布花卉……如此等等，深得炀帝欢心，不仅常常夸奖，而且引为亲近心腹。

然而，王世充心里明白，隋朝政局不稳，必将发生动乱，于是暗自结交豪勇，以朋友义气收买人心，甚至将在押囚犯释放出来，以此来树立自己的恩泽、威信。

大业九年（613），礼部尚书杨玄感起兵反叛时，吴人朱燮、晋陵人管崇在江南聚众响应，自称将军，拥有士卒十余万。隋炀帝派将军吐万绪、鱼俱罗率兵讨伐，官军几次主动出战都被打了回来。

当时，王世充为官军副将，看到官军久战不克，主要是将士无能且不用力。于是，他从江都招募壮士万余人，亲自带领，频繁出击，接连不断地取得胜利。无论是小范围的战斗，还是大规模的战役，每次获胜，他都把功劳归于将士，给予奖赏，并把缴获的物品分发给士卒。如此，人们都争先恐后地到他的部下来，结果终于平定了江南的叛乱。隋炀帝论功行赏，他的功劳最大，赏赐最丰厚。

二、布弱兵阵　破强贼军

隋炀帝对外不断发动战争，穷兵黩武；对内连年大兴土木，鱼肉百姓。人民无法生存，于是铤而走险，许多地方爆发了农民起义。

大业十年（614），齐郡人孟让在长白山（在今山东邹平境内）一带聚兵反隋，抢掠周围郡县，声势渐大，发展到十万多人，进军至盱眙（今江苏盱眙）。王世充奉命率军抗御，据守通往江都的要道都梁山，在路上修建了五座大栅以阻挡义军，却不主动出击，而是放出流言，说官军兵少且弱，准备撤退；同时，经常派些老弱将士外出巡逻，偶然遇敌则慌忙逃窜。看到这种情况，孟让笑着说："王世充是个舞文弄墨的小吏，哪能领兵打仗呢？看我活捉了他，擂响战鼓，长驱直入江都城！"

当时老百姓都躲进了城里，乡村荒无人烟，孟让的兵马无处抢掠，连口粮也没有了，饥饿威胁着数万人。由于大栅的障碍，无法向南进军，于是分兵包围五栅。王世充每天都派兵出击，但每次都装出不堪一击的样子，迅速退回栅中。这样相持了几天，孟让更加看不起官军，便分出一部分兵力到南方去抢掠粮草，留下的继续包围五栅。

王世充分析敌将情绪懈怠，又掌握了敌军分兵的动向，决定突然出击。于是下令拆除军营内的锅灶及帐幕，设置方形阵地，四面外向，尔后拔掉栅木，以迅雷不及掩耳之势，一齐奋力出击。孟让兵众猝不及防，仓促应战，人马相离，全军溃散，各自逃命。孟让身边仅带数十个骑兵逃脱。王世充大获全胜，斩首万余级，俘虏十多万人。

隋炀帝看到王世充有将帅才略，又派他去镇压小股叛乱，所到之处，官军皆胜。

三、救驾雁门　败师洛水

大业十一年（615），隋炀帝到北方巡游。这时，原先依附隋朝的东突厥始毕可汗，看到隋朝国力虚竭、政局不稳，便脱离朝廷的控制，趁隋炀帝出塞，随从有限，率领骑兵数十万，将之围困于雁门城中。隋炀帝一面令护卫坚守，一面急招各地援兵。

王世充在江都听到这一紧急召唤，立即点起全部兵马，马不停蹄地奔赴北方。行军途中，他督促大军昼夜兼程，顾不上洗脸梳头，因而蓬头垢面，恨不得肋生双翅救主于危难之中。他一直没有解衣卸甲，睡觉时只在草堆上随便躺卧。解围之后，隋炀帝听到他的行动表现，认为他忠心可嘉，因而更加信任，第二年便任他为江都通守。

王世充为了表现自己能为主分忧的赤胆忠心，屡次出兵扫荡此起彼伏的叛乱。卢明月在南阳聚众造反，王世充不顾连续征战的疲累，再次亲往镇压，俘虏数万人。得胜回朝后，隋炀帝亲自端起酒杯予以赏赐。

就在王世充扑打南方各地的起义之火时，中原地区翟让、李密领导的瓦岗军迅速壮大。他们传檄四方，历数隋炀帝的十大罪状，说他"罄南山之竹，书罪无穷；决东海之波，流恶难尽"（李密《讨炀帝檄》）。李密带兵攻陷洛口仓，进逼东都洛阳。当时东都虽有越王杨侗留守，但隋炀帝知道兵力不强，于是又派王世充率江淮劲旅前往拒敌。王世充与李密两军鏖兵洛口，前后交战百余场，不分胜负。

隋炀帝本以为王世充出兵，一定会马到成功，不意相持不下。为了尽快取胜，便派出特使，专程到前线军中宣布，拜王世充为将军，并命其立即进军破敌。王世充急于求成，引军渡过洛水与李密交战，结果被李密打败，溃乱之军争相逃命，落水淹死一万多人，其虎贲郎将王辩也死于战场。王世充独自逃出，但不敢进东都，收罗残兵向北去河阳（今河南孟县）。当夜，疾风寒雨转而大雪盈尺，士卒单衣沾水，在道路上冻死数万人，到达河阳时仅剩一千多人。

王世充遭此惨败，自缚请罪。越王杨侗派使者赦其无罪，并让他回到东都，在含嘉仓城设立营盘，收留逃散的兵卒，又得一万多人。

四、总督军事　大败李密

大业十四年（618）五月，宇文化及与司马德戡在江都发动兵变，杀死了隋炀帝。消息传至东都，太府卿元文都、武卫将军皇甫无逸和右司郎中卢楚，共同拥立越王杨侗为帝，拜王世充为吏部尚书，封郑国公。

元文都等人同时商定，先以权位、财物笼络李密，使之消灭宇文化及，而后趁其兵士疲惫再予消灭。于是，当即派遣使者拜李密为太尉、尚书令，并令其讨伐宇文化及。李密接受了封官任命，率兵抗击宇文化及，在黎阳（今河南浚县西南）拒守交战。每有胜利的消息，便派人报告东都，东都临时朝廷的官兵都很高兴。

这时，王世充觉得事情有些不妙，便把自己的忧虑告诉了部将，说："元文都这伙人都是刀笔小吏，我看他们成不了气候，将来必然是李密的阶下囚。我们都是军人，曾经与李密多次交战，先后杀死他不少父兄子弟。一旦成了他的下级，我们就没有活路了！"这些话激起了许多将领的愤怒。

元文都听到这一动向后，十分害怕，赶忙与卢楚等人密谋杀害王世充。具体计划是：当王世充入朝时埋伏甲士，突然击杀。这一密谋为王世充好友段达获知，王世充立即先发制人，于当天深夜带兵包围宫城，在东门外打败卫戍将军费曜所率军队，攻进了宫城。武卫将军皇甫无逸只身乘马逃亡，卢楚被当即杀死。

段达假传越王杨侗的命令，打开宫门，放入王世充。王世充立即派人撤换了所有的卫兵，然后入室向越王杨侗汇报说："元文都等人想谋害我，我请求处死他。"越王杨侗无奈，只好将元文都交给王世充。王世充杀了元文都和他的几个儿子。接着，越王杨侗拜王世充为尚书左仆射，总管内外军事。王世充离开含嘉城，住进东都尚书省，专门办理朝政大事，俨然一副宰相的派头。首先委派其兄为内史令，进驻皇宫；其余弟兄子侄，各领兵马镇守城邑。

李密打败宇文化及之后，强兵壮马多死于战场，归来的虽为得胜之军，但也疲惫不堪，伤病参半。王世充想乘机攻打李密，但师出无名，恐怕人心不齐。苦苦思索之中想出一计，即利用兵士的迷信心理，假托神鬼，说是梦见了周公来临。然后在洛水边建一祠庙,派巫仙宣布周公的命令,即令仆射(王世充)速讨李密,定有大功,否则全军士卒都将染疫病死去。士卒中多数是楚人,向来迷信神鬼,一听此讯,同声请战。王世充装作一副为救士卒之命不得不动的样子,精选两万壮士、两千马匹,屯兵于洛水南岸。李密驻军于偃师(今河南偃师)北山之上。

当时,李密因战胜宇文化及不久,对王世充也有轻视之心,驻地不设壁垒。王世充派出三百多骑兵趁夜潜入北山,埋伏于溪谷中。天亮时,王世充率军进攻李密。李密出兵应战,没等到排列成阵势,两军已经交锋。正当难解难分之际,王世充的伏兵突然从山头上冲杀下来,直入李密军营,放火烧其营帐。李密士卒一时惊慌溃乱,将领张童仁、陈智略阵前投降,李密只带少数人逃往洛口。

王世充俘获了李密的长史邴元真的妻子、司马郑虔象的母亲以及其他将领的子弟,都予以抚慰,然后让他们到阵前呼唤各自的亲人。王世充进兵到洛口时,守将邴元真、郑虔象等献城投降,李密被迫带了数十个骑兵逃往河阳。

五、口是心非 僭即帝位

留守东都洛阳的越王杨侗,在隋炀帝被杀之后,被拥立为临时皇帝,实际上只是一个傀儡。在天下大乱、群雄并起之时,拥有军事实力的人,才是真正的主宰。这时的王世充成为东都洛阳的主宰,越王杨侗又拜他为太尉,以尚书省为其官府,他可以自行设置官属。

王世充在府门外贴出三张大榜,其内容,一是征请"文才学识堪济世务者",二是征请"武艺绝人摧锋陷阵者",三是征请"能理冤枉拥抑不申者",以此显示自己求贤若渴、锐意复兴的气魄。出榜之后,的确也有人登门,或上书献计,或推荐贤者。一时之间，府门之前人来车往，熙熙攘攘，每天有数百人跃跃欲试。王世充亲自接见应征者，认真审阅送来的文章，同时对部属官员直至军营骑士都和颜悦色，常常给予表扬鼓励甚至奖赏，以此显示他礼贤下士的雍容度量。然而，也有一些冷静的旁观者，看出了王世充的种种言行不过是笼络人心的表演而已。没过多久，王世充的口是心非已路人皆知。

出榜招贤之事并不见成效，王世充又使出了新的花招。一次，王世充在越王杨侗面前接受赐食，回家后大为呕吐，因此怀疑食中下毒，从此不再朝见皇帝，只是派近臣段达、云定兴去向越王杨侗提出要求，为他加九锡之礼。越王杨侗迫于时势，只好授予他相国之位，加九锡之礼，并封为郑王，总揽朝政大事。

野心勃勃的王世充并不以相国、九锡为意，而是千方百计篡位称帝。有个名叫桓法嗣的道士，自称能够解释图谶，他给王世充献上一册名曰《孔子闭房记》的书，内有图画：一个人拿着一根竹竿赶羊。桓法嗣解释说："隋朝是姓杨的天下，杨即羊；'一'和'干'两个字合起来是'王'字，王在羊后，说明相国将取代隋朝当皇帝。"他又拿来两篇文章，也就是《庄子》里的《人间世》和《德充符》，解释说："上篇论'世'，下篇论'充'，正好是相国的名字，说明相国命中注定应当天子。"王世充听罢十分高兴，说："这是天命。"于是虔诚地对图谶鞠躬致礼，尔后接受过来，小心翼翼地放在神位的供桌上，当即任命桓法嗣为谏议大夫。

为了加快登基的步伐，王世充命人捕捉各种各样的飞鸟，给鸟脖子戴上一道符，上面写着"王世充当为皇帝"。这些鸟放飞之后，有人捕获献上，便给捕鸟者封官爵。他以这种方法来扩大在民间的影响，为自己的称帝之举披上天命和神力的外衣。

王世充感到朝廷内外的舆论已经做好，便命段达、云定兴去向越王杨侗转达他强令禅让皇位的意思。但段、云二人竟然碰了钉子，越王杨侗态度坚决，斥责了这两个先朝旧臣，仍然把持着那个徒有虚名的皇位。王世充又派人去，以协商的口气说："当今海内大乱，必须有威望的人发号施令。现在你先让出皇位来，等国家安定之后，再恢复你的皇位。将来决不违背这一誓言。"其实还是逼宫罢了。

过了一个月，越王杨侗仍无禅让之意。王世充迫不及待了，假传越王杨侗的禅位诏策，让自己的哥哥王世恽去通知越王杨侗已被废黜，移居含凉殿。王世充登上皇位，宣布国号为"郑"，建元"开明"。封王姓本家兄弟叔侄共二十个王位，立长子王玄应为皇太子。

六、胁迫民众　以宫为狱

王世充称帝后，每天临朝听政，表现得殷勤诚恳，孜孜不倦地教导臣僚，言辞重复亦不厌其烦，致使百官奏事后站着听候答复时，不得要领而腿困身疲。

有时候，王世充骑马上街，也不用鸣锣清道，百姓躲开即可。他按辔徐行，对百姓说："过去的皇帝深居九重宫殿，民间疾苦无法得知。我并不是贪图皇位而当这个皇帝，而是想拯救时局，出民于水火。现在也只像一州的刺史，每件事都亲自过问，并与大家共同商议决策。我怕宫门限制，阻塞百姓的言路，特在顺天门外设座办公，接待进谏之人。"同时又令西朝堂接待鸣冤叫屈的群众，东朝堂接待提供建议或提出批评的人。这样一来，百姓当真，上书献策，每天倒有数百件。王世充看也看不完，几天后再也不出宫了。

王世充称帝一月之后，他所委任的礼部尚书裴仁基及其子左辅大将军裴行俨、尚书左丞宇文儒童等数十人秘密联络，谋划诛杀王世充，再立越王杨侗。结果事机不密，王世充一举杀死所有参与者，并株连三族，不分男女老幼，一齐斩首。

又过了一个月，王世充为了根绝人们尊拥越王杨侗、颠覆朝政的想法，派侄子王行本用毒酒将其杀害，赠谥曰"恭皇帝"。

这时，王世充的部下人心惶惶，不知道哪一天会横祸临头；又看到海内战乱不止，王世充的小朝廷四面受敌，以国力、兵力、民心与大唐相比，不可同日而语。眼见所谓的"郑国"前途无望，于是有人便采取了果断行动。将军罗世信经过周密策划和准备，率领一千多人投降了大唐，其时，李渊已建唐二年（武德二年）。第二年二月，王世充的宫殿中监豆卢达，又偷跑出去投奔了大唐。

郑国小朝廷文臣武将的举动，在朝野引起极大的震动。王世充深感众叛亲离，自己的皇位摇摇欲坠，于是采取严厉政策防止继续外逃。他宣布：无论谁家，如果发现有一人外逃，便杀死全家老小；父子、兄弟、夫妻之间可以互相告发，抓住逃出者，免告发者死罪。过了几天，虽然杀了不少人，但仍有人举家外逃。于是进一步规定：有全家逃走而邻居不知不报者，四邻齐杀。结果天天杀人，出逃现象更为严重。对于出洛阳城去打柴的，出入也限定人数。

这一来，搞得全城紧张，民不聊生。稍显怨愤或被怀疑越轨，便逮捕入狱。牢房溢满，便以宫城为大狱。更为严厉的是，每当王世充派遣将士外出时，便将其家属收入宫城作人质。堂堂宫城，竟然变成了囚徒之所。囚徒与日俱增，达到万人以上，宫中不供饮食，结果每天饿死几十人。

此时，王世充的士兵集中驻扎，贮备军粮也都吃光。城中居民早已断粮，出现人吃人的现象。也有人不忍相食，便取土放在瓮中，用水淘洗，沙石沉底后，捞取上层的浮泥，与米糠合在一起制成团饼，聊以充饥。许多人吃这种"饭"吃得全身浮肿、腿脚无力，走不动、站不稳，跌倒在地上，只好枕着道路等死。就连王世充朝中的尚书郎卢君业、郭子高等官员，也相继饿死在沟壑之中。

七、众叛亲离　败归大唐

唐高祖武德三年（620）七月，大唐秦王李世民率兵东进，到达新安（今安徽新安）时，王世充辖下的许多镇堡主动归降。

八月，李世民在青城宫摆开阵势，王世充带领全部兵马抗拒。隔着一条小河，王世充说："现在天下分崩离析，你们在长安，我在洛阳，各有分管的地域。我愿自守，不敢西侵。再说离长安较近的熊、谷二州你还未取，为什么要来远方用兵呢？千里迢迢地转运粮草，这样出师不见得对吧？"李世民回答说："四海之内都接受了大唐统领，只有你执迷不悟，负隅顽抗。东都的士庶都请求王师进驻，关东的义士也都愿意效力。大唐皇帝吊民伐罪，师出有名有理。你若及早投降，尚可转祸为福，保你富贵；如果继续抵抗，就不用说什么废话了。"王世充无言以对。

李世民派遣众将领分头出击东都周围的城镇，所到之处都为唐军队攻占。九月，李世民部将王君廓攻拔王世充的轘辕县（今河南偃师），向东进军，直到管城（今河南郑州）。其时，河南许多州县相继归降大唐。河北的起义军首领窦建德，原先曾与王世充战场结怨，竟至信使断绝、势不两立的地步，如今看到唐军日胜，便又派人与王世充讲和友好，表达同盟互助之意。而王世充身受大唐李世民的重压，便派出侄子王琬（兄子）及内史令长孙安世，到窦建德那里充当人质，请求援助。

武德四年（621）二月，王世充率兵出方诸门对抗唐军。李世民的将士在城外养精蓄锐，等待交战已经到了急不可耐的地步,这时见到敌军接战,个个争先奋击,把王世充的兵将打回城里,并乘胜前进,占据了城门。王世充的步兵撤退回来时,进不了城门,惊慌失措地向南逃去。唐军将士乘胜追击,斩首数千级,俘虏五千多人。此后王世充兵微将寡,不再出兵,依城自守,等待窦建德的援兵。

三月,李世民在牛口峪(今河南汜水县西北)生擒窦建德、王琬及长孙安世。返回洛阳城下,让王世充看这些俘虏,并派长孙安世进城劝降,让他详述战败被俘的经过。王世充听后惶惑不安,不知所措。又拟突围逃奔襄阳,但与众将协商时,没有一个人表示同意。王世充真正感到了山穷水尽的味道,只好率领将士到指定的地点表示投降。李世民接收了东都的府库,赏赐了将士,然后在洛水岸边将段达、单雄信、杨汪、张童仁等十几个主将斩杀。

李世民将王世充带回长安后,唐高祖李渊当面历数其罪,大有罪该万死之势。王世充害怕被杀,赶紧回答说:"累计我的罪恶,实在是早就该杀,但秦王李世民答应过不杀我。"于是唐高祖免其死罪,让他与哥哥王芮、妻子、儿子一齐到西蜀去居住。王世充心中暗喜,回家后与妻儿准备行装,却被仇人定州刺史独孤修杀死。在去往西蜀的路上,其子王玄应和其兄王世伟图谋造反,结果也都被杀。

瓦岗寨义军首领李密

李密(581—618),隋末瓦岗寨义军首领,自号"魏公"。字玄邃,一字法主,京兆长安人。隋文帝时,袭父爵为蒲山公;炀帝时,任亲卫大都督,辞官回家。后随杨玄感叛乱,被俘后逃走，参加义军并成为首领。李密以反隋起家，以叛唐而死。不听王伯当的规劝，一心想自立为王，不能审时度势，虽有才干，但被狂妄自信湮没，致有桃林之祸，最终身败名裂。

一、辞官不做　追随玄感

李密祖籍辽东襄平（治今辽宁辽阳）。祖父李耀，北周时封邢国公；父亲李宽，勇敢善战，颇有谋略，自北周至隋均为将领，位至柱国、蒲山郡公，为一代名将。

李密文武双全，善于运筹，志向远大，常以救助他人为己任。隋开皇中（约590），李密袭父爵为蒲山公。他分散家产周济亲戚故旧，又以重礼赠送宾客，毫不吝惜。后曾脱下官服，闭门读书，尤好兵书。拜国子助教包恺为师，学《史记》《汉书》，精益求精，孜孜不倦，学业居同侪之首。

李密与郢州（治今湖北武昌）刺史杨玄感相厚，结为刎颈之交。大业二年（606），杨玄感任礼部尚书，在其荐举下，隋炀帝杨广任命他为亲卫大都督。但李密对此官位不感兴趣，托病回了家。

杨玄感在黎阳（今河南浚县西南）打算造反时，派遣家僮到京师邀请李密，让他与其弟杨玄挺等人一齐到黎阳。在杨玄感举兵时，李密正好赶到。杨玄感大喜，以李密为谋主，请他拿主意、献计策。

当时，杨玄感任命唐祎为怀州刺史，派他攻占东都洛阳。结果唐祎却跑进东都，把杨玄感起兵之事告知东都守臣。李密说："今有三计，供你选择。现在皇帝统兵出征，远在辽东，距离幽州尚有千里之遥，幽州东有海岸之限，北有胡戎之患，中间只有一路可通，且多有险阻之处。你现在带兵长驱入蓟，出其不意，扼其咽喉，那样一来，皇帝前有高句丽，退无归路，不出一月，粮物必尽。你只要举旗一招，将士自然来降，剩下无道君王则可不战而擒，这是上策。关中乃天府之国，虽有卫玄（刑部尚书）之军，但不足为虑。你可率众西进，遇城不攻，轻装击鼓，速占其地。即使天子返回，你也可以凭险相拒，形成万无一失之势，这是中策。如果就近扩展，应该先攻打东都。但因唐祎报告，东都一定加强了守卫，引兵攻坚，必然拖延时日，胜负尚难料定，这是下策。"

杨玄感听罢李密三计，颇不以为然，说："我认为你所说的下策正是上策。现在百官家眷尽在东都，如果不把他们带出来，哪能指挥动这些人呢！况且遇城不拔，怎能显示出我们的威风呢？"结果，杨玄感未用李密的战略性大计。

杨玄感进军东都时，连战皆捷，自以为天下响应，成功只在朝夕，已然稳操胜券。当他捕得韦福嗣后，把他看作心腹，军旅大事也不专归李密管理了。而韦既非同谋，也非故旧，而是因战被俘，不得已而屈从。每次运筹战争，他都模棱两可，让他拟写檄文，则再三推托。

李密看出韦福嗣的贰心，对杨玄感说："福嗣原非同盟，现在仍怀观望态度。你现在初起大事，便有奸邪在身边，还要听他定夺是非，日后必有失误。我请求杀掉他以谢众，安定大军。"杨玄感说："怎么能严重到这种地步？"李密一听，他又不采纳自己的意见，事后对亲近的人说："这个杨玄感，要造反却不想取胜，我们该怎么办呢？"后来，杨玄感勒兵西进时，韦福嗣偷跑而去，复归东都。

当时，杨玄感部下李子雄劝他尽速称帝，杨玄感问计于李密。李密说："从前陈胜要称王，张耳劝谏而遭外贬；魏武帝曹操将求加九锡之礼，荀彧劝止而遭疏远。如今李密要直言，也害怕不被采纳；阿谀顺承，又不是我李密的本性。为什么这么说呢？起兵以来，虽然多次大捷，但郡县却没有追随者。东都守兵尚很强大，天下援兵从四方奔来，你应当身先士卒，早定关中。现在却着急称帝，为何如此不明形势呢？"杨玄感笑了，于是不再称帝。

二、用计脱身　赋诗言志

官军主力宇文述、来护儿各部包围杨玄感军时，杨玄感又问李密："现在有何计策？"李密答："元弘嗣带领强兵驻在陇西，现在可以扬言他已经造反，并派使者来迎接你入关，这样可以维系兵众。"杨玄感依计行事，号令大军，向西行动。

走到陕县，杨玄感想围攻弘农宫（在今河南灵宝），李密谏道："如今你是哄骗众人西行，兵贵神速。况且追兵在后，哪有工夫滞留？如果前不得占据关口，退下来无处可守，大众一散，怎么保全自身？"杨玄感又不听劝谏，命军队攻打弘农宫，连攻三日不克，然后才匆匆绕道西行。走到阌乡时，追兵也赶到了。结果杨玄感军一败涂地，自己亦死于战场。混战中李密逃脱，与杨玄感从叔杨询相随，隐藏到杨询妻子的娘家，不久被其邻居发现告密，于是李密被官军抓捕，囚禁在京兆狱中。

当时隋炀帝远在高阳（今河北高阳），接到捕获李密等重犯的报告后，便令京兆官派使者将李密及其同党押赴高阳。

上路之后，李密对别的囚犯说："我们的性命，已如朝露，如果到了高阳，定会被剁成肉泥。如今在路上，还来得及想点计策。哪能就这样去送死，不想办法逃跑呢？"众囚徒都同意他的看法。

有的囚徒带着不少黄金，李密让他们拿出来，给押送的使者看，并说："我们都是要死的人了，这些金子都留给你吧，希望你能用它来装敛我们一下，剩下的就作为对你恩德的报答。"使者见到黄金大喜，收起黄金，痛快地答应照办。此后，使者对囚徒的防禁日渐松弛。李密请求到市上买来酒肉，每天晚上吃喝吵闹，竟至通宵达旦，使者不以为意。走到邯郸（今河北邯郸）时，夜宿村中，李密等七人挖穿墙壁趁夜逃走。

李密先与王仲伯逃到平原（今山东平原）一带的匪首郝孝德那里，郝孝德对他们毫不客气，连饭也不给吃，李密、王仲伯饿得受不了，竟至削树皮充饥。随后，王仲伯偷偷回到了故乡天水；李密也逃到淮阳（今河南淮阳），住在村里，改名为刘智慧，当起了私塾先生。

住了几个月，李密郁郁不得志，便作了一首五言诗，哀叹自己的凄凉处境，其中写道："樊哙市井徒，萧何刀笔吏。一朝时运合，万古传名器。寄言世上雄，虚生真可愧。"诗成之时，他自己悲从中来，竟至落泪。当时有人感到奇怪，就把这件事报告了太守赵他。太守命县令来抓，李密先行逃跑，躲到了妹夫雍丘县令丘君明家里。谁知又被丘君明的侄子丘怀义告发，而官军正要抓捕时，他闻风逃脱，丘君明却因此被杀。

三、参加起义　开仓济民

隋末群雄并起，大股、小股的农民起义遍地举旗树帜。

大业十二年（616），翟让在瓦岗寨（在今河南滑县境内）发动起义。李密投奔到了翟让军中。翟军中有人认识李密，知道他曾是杨玄感的部下，悄悄劝翟让将他杀死。李密得知这一情况，十分害怕，就通过王伯当向翟让献计，以表示决无二心。翟让这才打消顾虑，并召他来议事。

李密说："现在兵众日多，缺乏粮食，这样旷日持久，必然人困马乏，大敌一到，难免败亡。不如直接攻取荥阳（今属河南），那样可以在馆舍休兵，在官仓就食。等到马肥兵壮时，则可争雄于天下。"翟让接受了这一建议，于是率军掠取荥阳周围县境及城堡。

荥阳太守郇王杨庆及通守张须陀,出兵讨伐翟让的军队。此前翟让曾与张须陀交战,多次失利,所以一听说张须陀来攻就很紧张,打算远远避开。李密说:"张须陀有勇无谋,兵将因小胜而骄狠,可一战而擒。你摆开阵势,等他来挑战,我保证为你破敌。"翟让以不得已而为之的态度列阵迎敌,李密带千余人在林木间埋伏下来。交战之初,翟让不利,阵线向后移动起来。这时,李密率伏兵从官军之后发起突然袭击,张须陀兵众顿时乱作一团,溃不成军。李密与翟让合军奋击,将张须陀斩于阵上,官军大败。战后,翟让令李密独立设帐,统领一部兵马。

李密又向翟让献策,说:"如今皇帝昏庸,海内饥荒,各地匪盗多如猬毛,竞相而起。你统帅着雄壮之师,应当扫清天下,翦除群凶,怎能只是混迹于草野之间,做个小小盗匪呢!现在东部的官民上下离心,留守将官也政令不一。你应当亲率大军,直取洛口仓,发粟赈济穷人。这样,受灾之民无论远近都会前来归附,百万之众,一朝可集。先发制人,机不可失啊!"翟让说:"我起步于垄亩之间,本无如此远大的想法。如果一定要按你说的去做,请你先出发,我带领大队随后跟进,得仓之日再作计议。"

于是李密领精兵七千,于大业十三年(617)春天,进军袭取兴洛仓(即洛口仓)。打开所有的仓房,让民众任意搬取,于是老弱妇幼一齐出动,背负肩扛,热泪盈眶,奔走相告,道路上取粮之民日夜不断。

四、自号"魏公"　火并翟让

隋炀帝看到李密来势凶猛,又开仓济民、深得人心,引起了重视,下令大力讨伐。越王杨侗派武贲郎将刘长恭,率步、骑两万五千人讨伐李密。李密一战而大破官军，仅刘长恭一人得以逃脱。李密扩展洛口仓的城围方圆四十里，作为长期居留的根据地。其部将房彦藻放出口风，说要攻打豫州，吓得东都官兵惶惶不可终日。

翟让看出李密的雄才大略，请他做瓦岗寨义军的首领，并倡议打出"魏公"的旗号。李密推辞不受，在众将领一再请求下，李密才同意称"公"。于是设坛场举行即位仪式，并委任官属：房彦藻为左长史，邴元真为右长史，杨德方为左司马，郑德韬为右司马。拜翟让为司徒，封爵东郡公。其余将帅亦分级任用。

当时，山东邹平人孟让率众掳掠东都洛阳一带，火烧储粮的丰都市后归顺李密。李密军攻克巩县，俘获县令柴孝和，拜为护军。官军武贲郎将裴仁基献武牢城归顺李密。李密遂派裴仁基与孟让带兵两万袭取回洛仓（在河南洛阳北），得手之后，烧毁了天津桥，继而放纵兵士大肆抢掠。驻守东都的官兵，乘其乱抢之时出兵追击，结果裴仁基等大败而归。李密亲率三万将士进逼东都，官军武贲郎将高毗、刘长恭和将军段达等出兵七万抗拒。双方大战于故都之地，官军败走，李密便占据了回洛仓。

护军柴孝和建议李密留将守仓，自率精锐尽快西袭长安，以建霸业之基。李密说："你所献计策，我也曾想过，确是上策，但考虑昏主（皇帝）尚在，官军兵多，而我的部下多是崤山以东人，他们看到连洛阳也未攻克，哪肯相随西进？再说众将官出身盗匪，留下来各争雌雄，就会坏了大事。"柴孝和并不知道，他向李密提出的上策，正是当年李密向杨玄感所献之计的中策。李密思之已久，只是觉得条件还不成熟，只好先向周围扩展。柴孝和与数十骑进入陕县（今河南陕县）察看，便有一万多山民归附了他们。

这时，李密的部下兵锋正锐，常与官军连续作战。一次，李密中箭受伤。在军营中休养时，东都突然出兵，结果李密军大败，放弃回洛仓，逃回洛口城。混战中，柴孝和所领士卒听说李密退走，便分散逃命，只有柴孝和只身回到李密身边。

隋炀帝派王世充统领江、淮劲旅五万人讨伐李密，李密迎战失利。柴孝和溺死于洛水，李密十分悲痛。王世充驻军洛阳西，与李密对峙，交战一百多天。其时，武阳郡丞元宝藏、黎阳民军首领李文相、洹水首领张升、清河首领赵君德、平原首领郝孝德，一齐归顺李密。合兵后攻打黎阳仓（在今河南浚县西南），大破守军，占据了仓城。周法明献江、黄之地归附李密；齐郡民军首领徐圆朗、淮阳太守赵他等，也先后投降李密。

翟让部将王儒信劝翟让任大冢宰，总管军务，以夺回李密手中大权。翟让之兄翟宽也对翟让说："天子只能自己当，哪能让给他人？你要不愿当，应该由我来当。"李密听说这些话后，便产生了铲除翟让的想法。正遇王世充率军前来布阵，翟让出兵抵挡，结果被王世充打得后退回数百步。这时，李密与单雄信等精锐将士突然出现在阵地上，一阵拼杀之后，王世充败走。翟让想乘胜打破其军营，因日落天黑，李密劝阻了追击。

第二天，翟让与数百人到李密营帐中庆贺胜利。李密置备酒肉招待他们，将翟让所领之人分别安排到各席之上，并在每个门口通道旁都布置了警备。翟让没有发觉异常，随李密入座。酒过数巡后，李密说有好弓一张，拿出来请翟让鉴赏，并让他试射。翟让夸奖了一番弓料、弓力，接着引弓至满，正全神贯注于待发之时，却被身后快刀砍死，倒于床下。原来是李密预伏壮士蔡建所为。与此同时，翟宽、王儒信及众多随从将士都被杀。

翟让的部将徐世勣，也被乱兵砍成重伤，李密见到后赶忙制止。单雄信等人叩头求免，李密为他们松绑并予以慰问。接着左右数百人到翟让军营，王伯当、邴元真、单雄信等对将士说明击杀翟让之事，听者无人敢动。于是令徐世勣、单雄信、王伯当分别统领了翟让的部属。

五、智斗世充　威破化及

江都通守王世充奉命攻打李密，夜袭黎阳，李密急起迎战，斩武贲郎将费青奴。王世充又转移到洛北，在洛水上造浮桥，渡过大军，一齐攻打李密。李密与一千多名骑将迎战，不利而退。王世充兵临城下，李密选强兵锐卒数百人分为三队，相继出击，致使官军退却。退却中，官军由于心慌意乱，争相逃命，以致自相践踏而落入水中，死去数万人；武贲郎将杨威、王辩、霍世举、刘长恭、梁德重、董智通等，皆死于此战。王世充领着残兵逃脱后，不敢回东都，奔往河阳（今河南孟县）。当夜大雪盈尺，随从军士死亡殆尽。

此后李密修筑城池，屯兵三十余万，然后攻打洛阳。洛阳留守韦津出战，李密阵上将之生擒，大败其军。众将领见屡战屡胜，声势日益壮大，劝李密称帝登基，李密不同意，说："洛阳没有平定之前，不能谈这件事。"（"东都未平，不可议此。"《旧唐书·李密传》）

李渊在晋阳起兵后，曾写信招抚李密。李密自恃兵强马壮，想当盟主，便回信大谈同姓之谊，约定共灭隋室、诛杀杨广。李渊认为李密"妄自矜大"，但考虑到自己正在进军关中，不想横生枝节，便回信"卑辞推奖"，一面表达自己不忍弑杀杨广，一面盛赞"天生蒸民，必有司牧。当今为牧，非子而谁"，愿推李密为天下之主。李密览书大喜，说："唐公见推，天下不足定矣！"（《资治通鉴·隋纪八》）从此与李渊信使往来不绝。

大业十四年（618），宇文化及杀死隋炀帝，率众十余万，自江都北上黎阳。李密率兵两万迎战。越王杨侗称帝后，派使者授予李密官爵——太尉、尚书令、东南道大行台、行军元帅、魏国公，并令他先消灭宇文化及，然后入朝辅政。李密受任于战乱之际，报谢于出征之途。

遭遇宇文化及军后，李密得知其军中缺粮，急于决战，便故意不与交锋；同时派兵截断其后路，派徐世勣守护仓城，以防劫粮。宇文化及果然来攻仓城，但毫无进展。李密与宇文化及隔河对话，痛斥宇文化及："你家本来是匈奴的仆役破野头，父兄子弟都受隋朝皇帝的恩泽才富贵起来，你兄弟还娶了公主为妻，光荣显赫，满朝文武再没有第二家可比。你得到的是国家最高的待遇，理应以忠诚报效国家。可你在皇帝失去德政的时候，不能以死进谏，使皇上改恶从善；反而拥众叛乱，亲自杀死皇上及其子孙，又入据六宫，擅自尊崇，枉杀无辜，为天地所不容！你若速来归我，可算弃暗投明，保留你的后代子孙；否则，你将死无葬身之地！"

李密所言句句在理，说得宇文化及无言以对，低下头去，突然，他又瞪着双眼大声说："我找你说交战之事，何须说这些废话！"李密对身边的人说："化及乃平庸怯懦之辈，却忽然想当帝王，这就像赵高、刘玄一样不自量力。我们拿根木棍，像打野狗似的打他吧。"（"化及庸懦如此，忽欲图为帝王，斯乃赵高、圣公之流，吾当折杖驱之耳。"《旧唐书·李密传》）

宇文化及继续进攻仓城，无奈李密紧闭城门，军士守在高高的城墙上不与交锋。宇文化及制作云梯等攻城器具，逼近黎阳仓城。李密率五百轻骑兵奔袭，仓城军兵也出来夹攻，打跑了宇文化及的兵卒，点燃其全部攻城器具，大火连日不熄。

李密探知宇文化及的军粮仅够三天，于是派人假装讲和，并答应给他些粮食。宇文化及信以为真，十分高兴，让部下放量饱食。这时，李密的属下有人犯法，投奔到宇文化及军中，说出了李密的计策。宇文化及大怒，但军中粮断，不得不移兵别处就食。接下来，宇文化及率兵与李密的瓦岗军交战，鏖战四个时辰。李密中箭，息兵于汲县（今河南汲县）。宇文化及劫掠汲县，而后到了魏县（今河北大名西南），其部将陈智略、张童仁等率部归降了李密。

战前，宇文化及将军用辎重留在东都，委派他所任命的刑部尚书王轨守护。这时，王轨看到宇文化及败走，便举郡投降李密，被李密任为滑州总管。李密率军西进，派记室参军李俭到东都去朝见皇帝，并将杀害隋炀帝的于弘达献给越王杨侗。杨侗当即任李俭为司农少卿，让他返回军中，召李密入朝。李密行至温县，听说王世充已经杀了辅佐越王杨侗的两位大臣元文都和卢楚，害怕自己入朝也将遇难，便改道去了金墉城（在洛阳东）。

六、疏于交易　败于叛将

王世充独掌军权，重赏将士，大修军器，部伍雄壮，但军中缺粮。而李密方面一直占据国家粮仓，军中有粮而缺衣。于是交战双方协议互通有无。李密起初不同意，右长史邴元真等为图各自的私利，几次三番劝说，李密终于同意他们去做交易。

当初东都缺粮时，每天都有好几百人偷跑出来投降李密，交易之后，城中得食，投降的人就很少了。李密猛然悔悟，立即制止了交易。李密虽然据有粮仓，但无府库，将士长期得不到奖赏，即使偶有赏赐，也只给最先参加起义的老兵，因此士心浮动，渐生怨气。

当时，李密又派邴元真去守洛口仓。邴元真出身微贱，胸无大志，贪得无厌。宇文温十分看不惯他的作为，多次建议李密将其除掉，说：“不杀元真，你的灾难就没完没了。”李密没有采纳。可这话却传到了对方耳中，邴元真便有了背叛李密之心。部将杨庆听到邴元真有叛离的异常动向，赶紧告诉李密，李密仍然表示怀疑。

正在这时,王世充引全军前来决战,李密留王伯当守金墉,自己率精兵到偃师(今属河南)迎战。王世充令数百骑渡御河,李密派裴引俨领兵抵挡。时值日暮黄昏,交战不久,各自收兵,可是裴引俨、孙长乐、程咬金等十几位勇将却都受了重伤。李密看到初战不利,十分沮丧。当夜,王世充悄悄地将大军渡过河来,黎明前发起攻击,李密仓促应战,结果大败,带万余人奔逃洛口。王世充乘胜进军,夜围偃师城。守城部将郑颋被属下杀死,献城投降了王世充。

李密将要进入洛口仓城时,邴元真已派人暗地去通知王世充,并为其做向导,让他来打李密,自己可做内应。李密已经对邴元真采取监控措施,所以很快获悉了他的这一阴谋。李密没有当即抓捕邴元真,而是秘令其他将领带兵到洛水岸边,等待王世充军兵渡河时突然出击。但王世充军兵渡河时,李密的哨兵都睡着了,等发觉时对方已全军过河。李密料到自己兵力不敌,于是未与交战,带领将士逃往别处。与此同时,邴元真打开洛口城门,投降了王世充。

战败后,李密的部属成批地离他而去。他深知兵败如山倒,强迫可能遭致祸患,只好带领随从轻骑跑到王伯当保守的河阳城里,对王伯当说:"我军惨遭失败,让你们跟着我吃苦了。我现在只能以自杀来感谢各位对我的信任。"在场的众将领都流下泪来,不能抬头仰视。李密又说:"所幸你们互相团结,应该一齐回到关中去,再图进取。我惭愧自己身无尺寸之功,你们必定可保富贵。"

当时,关中之地已为唐高祖李渊所占据,所以李密让将士们去投奔李渊。这时,府掾柳燮说:"过去刘盆子归附汉朝,尚且给他吃饭。你与现在长安李家(李渊)是同姓宗族,虽没有直接参加他们的起义,然而阻击东都之兵、切断隋军后路,使李唐不战而占据京师,这都是你的功劳啊!"众人都说言之有理,劝李密放弃自刎的念头,一齐相随入关。于是,李密等将士前往长安,归附大唐。

七、中道生疑　叛唐致毙

武德元年(618)十月,李密带领两万残兵投奔李渊。快进长安时,李渊派使者表示欢迎,并慰劳将士。李密大喜,对众将说:"我曾经拥众百万,一旦解甲归顺大唐,山东方面的几百城镇,我可以派人去把他们招过来,这与东汉的窦融相比,功劳也不算小,还能不给个像样儿的官吗?"

进入长安之后,负责接待李密的官吏对他不怎么热情,而他所带来的士卒竟一连几天吃不上饭,于是将士们都产生怨气。不久,李密被拜为光禄卿、上柱国,赐爵邢国公。众将领也都封爵拜将,各得官衔。李密对此并不满意。朝中一些大臣流露出轻视的情绪,还有一些管事者竟然索要贿赂,李密心中很不高兴。只有唐高祖很看重他,常称呼他"兄弟",并为他选配独孤氏为妻。

不久,李密听说自己原先的部属不愿归附王世充,战败之后流散各地,有的拥兵自立,徘徊观望。于是,唐高祖便派李密带领原班兵马到黎阳去,一来招集过去的将士,二来防御王世充。当时,王伯当任左武卫将军,随军同行。他们走到桃林(今河南灵宝西)时,唐高祖又派人追来,叫李密返回去。李密顿生疑虑,他想:"刚刚派我出兵,为什么又匆匆忙忙地召回?"联想到朝中大臣的态度,便揣测可能有人说了自己的坏话,这时召回去,还不是一斩了之?

李密越想越怕,于是便决定率众叛唐,自立为王。王伯当劝他,他也不听,只好对他说:"义士立志,不以生死而改变本心。

我蒙受你的恩礼深重，如今只好跟着你一起走了。不过依我看，这样做最终恐怕没有好处。"之后，王伯当选拔了几十个精兵，装扮成妇人模样，带领他们进入桃林县城，突袭占据了城池，尔后纵兵驱掠牲畜物产。李密带兵占据了南山，派人驰告原部将张善相，让他以兵接应。

唐朝将相听到李密叛离自立的消息，纷纷议论立即派兵镇压，以免养痈成患。当时右翊卫将史万宝留镇熊州，派出副将盛彦师率领步骑数千跟踪追剿。走到陆浑县南七十里的山中，追上了李密。盛彦师深知李密起于战阵，善于用兵，而且身边又有几员有名的将领，因而慎之又慎，在山谷要道埋下伏兵。

李密自以为几千官军兵将不值一打，放心进军，结果大军过山一半时，遭到了突然袭击。盛彦师率伏兵截断险路，以迅雷不及掩耳之势，冲到李密面前，将其斩于马下。王伯当挺身抗拒，无奈山间道窄，施展不开，周围尽是唐兵，支持不久，也被乱兵所杀。李密死时，年仅三十七岁。

事后，李密的首级被送回京师。当时李勣任黎阳总管，李渊知道李勣原为李密部属，便派人向他通报了李密叛唐致死的经过。李勣上表请求收葬李密，得到批准后，李勣以君臣之礼为李密举办丧事，葬于黎阳山南五里的地方。

山西义军首领刘武周

刘武周（？—622），隋末山西起义军首领。河间景城人。隋炀帝时，任建节校尉等。后见其荒淫，朝政腐败，民不聊生，遂聚众起义，并自称皇帝，联络突厥，抗拒官军。隋朝被推翻后，所部义军被唐军消灭殆尽，自己亦为突厥兵所杀。

一、起兵反隋　自称皇帝

刘武周原籍河间景城（今河北交河），后举家搬迁到马邑（今山西朔县）。

相传，刘武周的父亲刘匡曾与其妻赵氏夜坐庭中，忽然看见一物，状似雄鸡，落到灯烛之地，飞入赵氏怀中。赵氏急忙站起来，抖动衣裳，但一无所见。没多久，赵氏怀孕，生下了刘武周。

刘武周成年后，骁勇善射，广交豪侠之士。哥哥刘山伯常对他说："你若不选择交往的人，终会给全家招来祸事。"刘山伯数次辱骂，希望弟弟改邪归正，但他始终不改。为躲避兄长责骂，刘武周离家投到太仆杨义臣的帐下，因远征辽东有功，被授予建节校尉。

后来，刘武周以鹰扬府校尉之职回到家乡，太守王仁恭把他看作州里的雄杰，对他十分器重，让他率领卫兵屯驻在太守的府第。刘武周出入太守府，如同在自己家中。久而久之，便与王仁恭的侍女私通，又担心有朝一日事情败露。

当时，隋王朝政治腐败，连年饥荒，民不聊生。刘武周见天下大乱已经为时不远，便预谋造反。他在郡中散布言论说："现在百姓饥饿，尸横荒野，但州府中粮食满仓，王太守却不抚恤百姓。这还能算是我们的父母官吗？"这话传开后，激起了众人的义愤。刘武周见人心已动，便假称有病，在家卧床不起。郡中豪杰都来问候，刘武周于是杀牛取酒，席间对众人说："现在官府无能，志士应出。官仓里种粟皆烂，谁愿意与我同去劫取？"众豪杰都表示愿意。

于是，刘武周与同郡的张万岁等十几人，前往州府拜见太守王仁恭。王仁恭一出来，张万岁便从背后将他刺杀在大厅中。随后，刘武周等又提着王仁恭的首级来到外面，官兵见状，无一敢动。于是众人开仓济民，并在境内下发檄文，招募兵士，一时间招来万余人。

刘武周随即自称太守，一面派人去突厥联络始毕可汗，说明自己准备归附。隋炀帝派雁门郡丞陈孝意、虎贲将王智辩，合兵讨伐刘武周，在桑乾镇将其包围。刘武周与突厥兵联合出击，大败隋军。刘武周一举攻破楼烦郡（今山西宁武东北），进取汾阳宫（在今山西中部）。他以俘获的隋朝宫人贿赂突厥，突厥始毕可汗也送来马匹回报，义军兵势大振。后来，突厥人拥刘武周为定杨可汗，刘武周自称皇帝，建号"天兴"，以卫士杨伏念为左仆射、妹夫苑君璋为内史令。

二、收服金刚　死于突厥

这之前，上谷人宋金刚在易州（今河北易县）聚众起义，因兵败于窦建德之部，率残余兵马四千人投奔了刘武周。刘武周素闻宋金刚善于用兵，又骁勇善战，便封他为宋王，执掌军事，并把一半的家产分给他。宋金刚深为刘武周的诚心打动，赶走自己的妻子，娶刘武周的另一个妹妹为妻；同时说服刘武周兵进晋阳（今山西太原），向南以争天下。

刘武周任命宋金刚为西南道大行台，统兵两万，会合突厥兵，合军南下。唐高祖李渊派将征讨，结果战败，刘武周很快便占据了并州（治今太原）。当时，刘武周手下的谋士对他说："现在李渊兵力强盛，所向披靡，我们再向南进，地形险阻，后援困难，不如连和突厥，与唐朝廷共分天下。"刘武周不听。

唐高祖随后又派永安王李孝基、陕州总管于筠、工部尚书独孤怀恩以及内史侍郎唐俭，共同出兵征讨刘武周。在夏县（今山西西南部）城南，两军展开大战，刘武周手下大将尉迟敬德袭破唐军大营，唐军大乱，死伤无数，唐军四名将领所率兵马也在此战中损失殆尽。

唐高祖派秦王李世民统兵进讨，李世民的军队一路冲杀，连克刘武周军。刘武周因远途征战，粮运不给，兵多饿死。宋金刚在雀鼠谷与李世民的军队一天交战八次，战战皆败。宋金刚轻骑突围逃走。刘武周见状大恐，放弃并州，率五百骑兵，北上逃奔突厥。宋金刚随后也逃回突厥人的驻地。起义军被唐军消灭殆尽，李世民尽数收回失地。

后来，宋金刚偷偷离开突厥，意欲卷土重来，被突厥骑兵追上腰斩。刘武周也密谋回到马邑，重整兵马，但事情败露，亦为突厥兵砍杀。至此，历时六年的刘武周起义宣告结束。

河北义军首领窦建德

窦建德（573—621），隋末河北起义军前期首领，自称"夏王"。清河漳南（今山东武城）人。隋炀帝时，应征入伍，任二百人长。他帮助同县孙安祖举兵抗隋，全家老小被杀，一怒之下也起兵反隋。随着起义军力量的壮大，他建国称王，颇能以义用兵。后被秦王李世民打败，被俘问斩。

一、勇而从戎　怒而叛隋

窦建德家世代务农，稍有资产。窦建德仗义疏财，很受乡里敬重，曾经做过里长。

隋大业七年（611），隋炀帝杨广征兵攻打高句丽，窦建德应召入伍，被任为二百人长。

那一年，山东发大水，与窦建德同县的孙安祖，家被大水淹没，妻儿饿死。县官见孙安祖骁勇过人，也将他选入军中。孙安祖向县令陈述自己家中贫困，不愿入伍，被县令处以鞭刑。孙安祖怒上心头，杀死县令，投奔了窦建德。窦建德对孙安祖说："现在天下已是乱世，大丈夫理当建功立业，不应该一味逃亡。你不如收罗一些人，暂以抢掠自给，等到时机一到，必可成天下大业。"随后，窦建德帮助孙安祖聚集贫困农民和拒绝东征的士兵数百人，占据漳南县东境方圆数百里的高鸡泊，举兵抗隋。

当时，清河鄃县（今山东夏津）人张金称、渤海蓨县（今河北景县）人高士达，在清河一带起义，往来漳南一带，所过之处烧杀抢掠，唯独不去骚扰窦建德所在的村落。地方官怀疑窦建德与这些起义军有来往，派兵杀了窦建德的全家老小。窦建德听说后，怒火中烧，一气之下，带领手下的二百名兵士投奔了高士达。高士达自称"东海公"，封窦建德为司兵。后来孙安祖被张金称所杀，他手下的几千人马都归到了窦建德的军中。高士达听从窦建德的建议，率军进入高鸡泊，养精蓄锐，势力逐渐壮大，拥有上万人马。窦建德与兵士同甘共苦，有了财物，则尽数分给手下，因此深得人心，每每出战，将士们都能全力杀敌。

大业十二年（616），隋涿郡通守郭绚率兵万余，前来征讨高士达。窦建德掌管兵权，正想建功来振奋士气，便提议由高士达留下看守阵营，自己选精兵七千人前去迎战。窦建德假装与高士达不和而前来投奔，郭绚心怀疑虑。高士达四处宣称窦建德背信弃义投降官军，并把俘获的一名妇女当作窦建德的妻子，在军营中杀掉。窦建德派人递上降书，并说自己愿意作为先锋，带郭绚去攻打高士达。此时，郭绚打消疑虑，放松了戒备。窦建德看中时机，杀入郭绚大营，大破敌军。从此，窦建德所率义军兵威大振。

郭绚兵败后，隋炀帝又派太仆卿杨义臣，率兵万余前来剿灭起义军。杨义臣先歼灭了张金称的部队,乘胜大举进攻高鸡泊。窦建德对高士达说:"隋朝将领中,唯有杨义臣最善用兵,现在刚刚灭了张金称,气焰正盛,锐不可挡。我们不如避其锋芒,使他想战而不能。时间一长,将士必然乏困,到那时,我们再伺机而袭,必然能有成效。"

高士达不听窦建德的建议,自率精兵抗击杨义臣。几次交手后,高士达稍占优势,因此便纵酒欢庆。窦建德听说后,知道高士达如此轻敌,必然招致祸患,便自带部分精兵把守险要。不几天,高士达果然兵败,本人也被杨义臣所杀。窦建德寡不敌众,率百余人突围而去。

杨义臣见高士达已死,并没有将窦建德放在心上,带领兵马撤了回去。窦建德回来后,为高士达发了丧,招集散亡,重又组织起了队伍。

二、沙场征战 以义用兵

大业十三年(617)正月,窦建德在河间乐寿(今河北献县)称"长乐王",设置官属,分治郡县。七月,隋炀帝派右翊卫将军薛世雄率兵三万征讨。窦建德大败薛世雄,进兵河间(今河北河间)。

围城数月,已是大业十四年(618),正值隋炀帝被宇文化及所杀,河间郡丞王琮率兵士素衣发丧,窦建德派人进城表示哀悼。王琮见状,出城请降。窦建德手下将帅要求斩杀王琮,窦建德说:"王琮是个义士。正想提拔任用,以便激励人们为主做事,怎么能杀他呢?以前在高鸡泊我是个小小盗贼,可以随意杀人。如今我是要安抚百姓、平定天下,岂能杀害忠良?"("此义士也。方加擢用,以励事君者,安可杀之?往在泊中共为小盗,容可恣意杀人,今欲安百姓以定天下,何得害忠良乎?"《旧唐书·窦建德传》）窦建德非但不予治罪，还封王琮为瀛洲刺史。不久，窦建德称"夏王"，国号"夏"。

唐武德二年（619）二月，淮安王李神通（唐高祖李渊堂弟，时任山东安抚大使）发兵进攻魏县（今河北大名）的宇文化及，宇文化及不能抵挡，向东败退到聊城（今山东聊城）。李神通攻占魏县，率军一路追击，包围了聊城。闰二月，宇文化及利用珍宝引诱起义的诸豪帅，豪帅王薄率兵众跟从宇文化及一同守卫聊城。窦建德对部众说："我们是大隋的臣民，隋朝皇帝是我们的国君。现在宇文化及弑君叛逆，就是我们的仇敌，不能不加以讨伐。"便领兵直奔聊城。

李神通围攻聊城，城中粮尽，宇文化及请求投降，李神通不肯接受。安抚副使崔世干劝谏答应受降，李神通说："将士出征已经很长时间，敌军粮尽计穷，攻下该城就在早晚之间。我将攻取聊城来显示国威，况且可以用城里的金玉丝帛来慰劳将士。如果接受投降，将用什么来赏赐军士呢？"崔世干说："窦建德军即将来到城下，如果一时不能平定宇文化及，将会内外受敌，那样，我军一定失败。不需进攻就可以夺取城池，树立军功就非常容易，为何贪图城中的金玉丝帛而不受降呢！"李神通大怒，把崔世干囚于军中。

不久，宇文士及从济北（治今山东聊城东南）运来粮食，军队又振作起来。李神通督促军兵攻城，见州刺史赵君德攀登女墙率先登城，心里妒忌其战功，便下令收兵不战，赵君德大骂跳下城来，因而未能攻下聊城。这时窦建德军将到城下，李神通只得领兵撤走。

窦建德军与宇文化及军连续激战，宇文化及军被打得大败，退保聊城。窦建德指挥大军从四面紧急攻城，王薄打开城门，窦建德军拥进城里，生擒了宇文化及。窦建德先去拜见萧后（隋炀帝皇后），出语都称臣，身穿丧服悼念炀帝，收取传国御玺及羽仪卫队，安抚存恤隋朝百官，然后押解叛逆宇文智及、杨士览、元武达、许弘仁、孟景，召集隋朝百官，当众处斩，首级挂在军门之外示众。用囚车装载宇文化及其二子宇文承基和宇文承趾，押解到襄国（今河北邢台）斩首。

当时，窦建德俘获大批隋朝的皇室、宫人、官僚和称为"骁果"的禁军。窦建德下令将宫人立即放散，骁果也听其自去；皇室和高级官僚，除宇文化及一伙诛杀外，愿去长安（李渊处）、洛阳（王世充处）或突厥（义成公主处）的，窦建德给足盘缠，并派兵护送出境；愿意留下来的，视才录用。其中裴矩被任命为右仆射，掌管选举。他为窦建德定朝仪、制律令，对夏政权的发展具有一定的影响。

八月，窦建德攻克洺州（治今河北永年），随即迁都于此。他劝课农桑，对恢复河北的生产有积极作用。

三、"豆入牛口" 长安问斩

武德二年（619）闰二月之后的八个月中，窦建德所率起义军发展迅速，除原有冀、定、瀛、恒、博、易六州之外，还先后攻克邢、贝、沧、洺、相、赵、黎、卫八州，拥有黄河以北大部分地区，势力强盛一时。但这之后，窦建德多受谄言蛊惑，自己未能明辨是非，多次作出错误决断，最终导致灭亡。

武德四年（621），唐军大举进攻据守洛阳的王世充。王世充派人求救，窦建德听从中书舍人刘斌的建议，出兵相救，以免唇亡齿寒。三月，窦建德所部与唐军相持于虎牢（今河南荥阳西北汜水镇）一带。窦建德屡战不利，将帅思归。谋士凌敬建议率军渡河，攻占河阳（今河南孟县），越过太行山，进军汾水流域，威胁关中，从而迫使唐军撤回。而此时，窦建德手下的其他将帅已被王世充派来的使者重金收买，齐声反对凌敬的建议。窦建德便对凌敬说："现在大家志向一致，这是上天在赞同我的主张。此时决战，一定能取胜，你的意见我就不能听从了。"凌敬直言劝谏，被窦建德呵斥出去。

五月，窦建德屯兵汜水，与秦王李世民的军队进行决战，李世民所部几次袭击得手，窦建德军大败。激战中，窦建德身负枪伤，只身杀出重围，逃到牛口峪（今河南汜水西北），被唐将抓获。窦建德兵败之前，军营中就有童谣唱道："豆入牛口，势不得久。"不料后日果真如此。

起义军战败后，窦建德的妻子曹氏，随同左仆射齐善行等数百骑逃回洺州。窦建德被俘，大家举棋不定，山东大族李公淹、唐降官魏徵等，力劝齐善行等降唐。于是齐善行将府库中的绢帛数十万段发给士兵，遣散他们还乡。五月中，齐善行、裴矩等降唐。窦建德所建夏国，也就此灭亡。七月中，窦建德在长安被斩。

江淮义军首领杜伏威

杜伏威（596—624），隋末江淮起义军首领。本名杜尧，字伏威，齐州章丘（今山东章丘）人。隋末因家贫为盗，被官府追捕，遂聚众起义，兼并众多反隋武装，声势渐大，攻城略地，大败隋军。他英勇善战，赏罚分明，很受士兵拥戴，因而屡战屡胜。后降唐，被毒杀。

一、官逼民反　智兼义军

杜伏威少年时放浪形骸，不治产业，家境贫困，因无法存活，便常常四处游荡盗窃。

隋大业七年（611），杜伏威十六岁，与辅公祏结为刎颈之交。辅公祏姑姑家以牧羊为生，他便多次捉羊送给杜伏威，以济其困。久而久之，姑姑发现后，便告发了二人偷盗之事。郡县便前往抓捕，二人只好仓皇亡命，聚众起义。因杜伏威勇敢善战，经常护卫、营救护卫他人，出兵总是冲锋在前，撤退总是掩护殿后，义军都很佩服他，便推他为首领。

大业九年（613），起义军遍布各地，杜伏威率领自己的人马投奔到长白山（在今山东邹平境内）左君行部，因不被礼遇，随即离去，转向淮南，自称将军。

当时下邳（今江苏邳县）有苗海潮聚众起义，杜伏威对他说："我们都是因为不堪忍受朝廷的暴政才起义的，也都存在被隋军消灭的危险，如果能够联合抗隋，就一定会有希望。如果你能为首领，我理当敬服听从；如果你自度不能胜任，可前来听命于我。如果你不愿意，我们就在此地决一雌雄。"苗海潮十分害怕，率众归于杜伏威旗下。

江都留守见杜伏威的义军声势越来越大，便派遣校尉宋颢率兵讨伐。杜伏威率军迎战，佯装败退，官军紧追不舍。杜伏威将官军引入芦苇丛中，派兵从上风处纵火，迫使官军陷入大泽，被火烧死。

海陵（今江苏泰州）义军首领赵破阵，听说杜伏威兵少，十分轻视，派使者前往召之，让杜伏威与他合兵。杜伏威应邀前往，让辅公祏陈兵帐外以待事变，自己亲率十人拿着酒坛、牛肉，入帐拜见赵破阵。赵破阵见状大喜，引杜伏威入座，把自己的将帅全部召来，置酒高会。趁酒酣耳热之际，杜伏威斩杀赵破阵，并以威势镇住其手下将领，使之不敢妄动，从而吞并其属下义军。此后，杜伏威的兵势更加强盛，又进军攻掠、占领了隋朝多个城池。

二、赏罚分明　降唐被杀

大业十二年（616），隋炀帝杨广派光禄大夫陈棱，统精兵八千人前来进攻。面对义军的勇猛，陈棱迟迟不敢迎战。杜伏威便派人送妇女衣裳给他，以图激怒，并写信戏称他"陈姥"。陈棱大怒，于是倾其兵力出战。杜伏威率兵迎战，亲自出阵挑战，陈棱部将射中其额，杜伏威大怒说："不杀掉你，我不拔箭。"于是猛冲向前。陈棱部将逃奔回阵，杜伏威直追入阵，大喊大叫着冲杀，所向披靡，终于擒获那个敌将，让他给自己拔出箭，然后将之斩杀。杜伏威提着那人的头颅，在官军中奋力拼杀，杀死数十人。官军溃散，陈棱逃走。

随后，起义军乘胜攻下高邮（今江苏高邮），占领历阳（今安徽和县），杜伏威自称总管，任命辅公祏为长史，收取属县。江淮一带的小股反隋势力，纷纷前来归附。杜伏威从严治兵，整顿军纪。他选出英勇善战的兵士五千人，作为上等士兵，平时给以优厚待遇，作战时则作为先锋；又选出精壮兵士三十余人，分领部众。全军将士，有功则赏，临阵后退者必杀，所获资财一概作为军资。

大业十四年（618），宇文化及弑杀隋炀帝，任命杜伏威为历阳太守。杜伏威拒不接受，上书洛阳，接受了越王杨侗封拜的官爵——东南道大总管、楚王。

唐高祖武德二年（619），杜伏威降唐，任和州总管、淮南安抚大使；武德三年（620），进升为使持节总管江淮以南诸军事、扬州刺史、东南道行台尚书令，封吴王。

这时，另一支起义军李子通部占据了江都（今江苏扬州）、丹阳（今江苏南京）长江两岸地区。杜伏威派辅公祏渡江击败李子通，占领了淮南及丹阳到毗陵（今江苏常州）的江南地区。杜伏威任用有才之士，修治器械，减轻赋税，严惩奸盗和贪官污吏。一时间，他所管辖的地方，政通人和。李子通兵败退走后，重又招集人马，消灭了占有吴郡（今江苏苏州）和吴兴（今属浙江）的豪族沈去兴，迁都余杭（今浙江杭州），兵势重振。武德四年（621），杜伏威灭掉李子通，又进军攻占了江东和皖南地区。

早在武德四年初，唐军围攻洛阳时，杜伏威曾派兵前去助战。武德五年（622），秦王李世民率军打败了河北刘黑闼起义军，又进击山东东部的徐圆朗，攻取十余城，淮北震动。杜伏威主动回到长安，让辅公祏率部留守。唐高祖封杜伏威为太子太保，兼行台尚书令，留在长安。

武德六年（623）八月，辅公祏诈称杜伏威之令在丹阳起兵反唐，后被镇压。因受此事牵连，次年二月，杜伏威在长安被毒杀，家眷亦被籍没。

贞观元年（627），秦王李世民即位，知道杜伏威受人诬陷而死，遂为其平反，以吴国公之礼葬之。

涿郡义军首领罗艺

罗艺（？—627），隋末涿郡义军首领。本名子延，字彦超，原籍襄阳。隋炀帝时，任虎贲郎将。他自视甚高，遭受训斥后怀恨在心，遂趁隋末混乱起义。降唐后又反叛。他自负武艺高强，任气行事，终归身首异地。一生中归唐立功，可谓有识；但又反叛，善始却不善终。

一、起兵涿郡　威震边朔

罗艺原籍湖北襄阳，寓居京兆云阳（今陕西淳化）。父亲罗荣，隋朝时任监门将军。

罗艺个性倔强，桀骜不驯，刚愎自用，勇于攻战，擅长弓马。大业中期（610年前后），罗艺以军功当了虎贲郎将。

隋炀帝杨广命罗艺到北平（治今河北卢龙）任职领兵，受右武卫大将军李景的统辖。罗艺到任后，很快因任性、暴躁受到了李景的训斥。但罗艺从小学习军事，所以训练部队严肃整齐，令行禁止，颇有战斗力。他以此为资本，对李景反唇相讥，甚至在士卒面前诋毁，受到更严厉的批评，从而怀恨在心。

其时，各地起义纷纷爆发，反对隋炀帝的残暴统治，既有农民起义军，也有反戈的官军；既有数万人以上的大军，也有千人左右的小股。还有占山为王的盗匪。

隋炀帝三次东征高句丽，把军用物资储放在涿郡（今北京西南），所以涿郡诸物丰富、粮食满仓，官库存有大量军械，城内临朔宫藏着不少奇珍异宝。作为隋朝的边远大郡，常年驻兵数万。以往军民相安，但到天下大乱时，周边地区便出现了几个造反的山大王，许多农民为穷困饥寒所迫铤而走险。他们造反的目的，就是为了生存、为了吃穿，因而首选目标便是库存丰盈的涿郡，通过各种办法抢掠粮食和财物。涿郡的留守官虎贲郎将赵仕住、贺兰谊、晋文衍等，多次与所谓"山泽草寇"交战，但那些人能抢则抢，不能抢则跑，每次都或多或少抄掠一番迅速撤走，搞得官军疲于奔命，往往失利。

罗艺奉命前往涿郡攻打叛军。到涿郡后，他领兵出战山大王，往往单枪匹马出阵挑战，每次都以凶猛的攻打获胜，打遍了所有的草寇，没有人再敢前来抢掠。因此，罗艺的声威也传遍了整个地区。这时，赵仕住等人对罗艺产生了忌恨。罗艺看出了他们排除异己的言行，又想到各地群雄并起，于是决定举兵自立。

有一次，罗艺带兵在外，趁机对将士说："我们辛辛苦苦地讨伐贼寇，保住了国库，是有功劳的。可是城中仓库里的东西堆积如山，都掌握在留守官的手里，他既不给我们论功颁赏，也不开仓救济贫民，这难道是应该的吗？"众将士被他的话激怒，都对留守官心生怨恨。于是，罗艺便率兵回城，涿郡郡丞出城迎接时，罗艺当即将其拘捕，尔后全军入城。赵仕住等人一看形势突变，十分害怕，都主动到罗艺庭前表示服从，因此城里并未发生战斗。事情进展得比罗艺预想的还要顺利，于是他便打开粮仓赈济平民百姓，打开军库给将士大发赏赐，涿郡内外，士民同乐。

邻郡渤海太守唐祎等人，谴责罗艺举兵反隋的行动。罗艺愤怒无比，于是发动了一次奔袭，杀死了唐祎等人，由此威震边朔，柳城、怀远两郡均表归附。罗艺撤掉柳城太守杨林甫，改郡为营州，任襄平太守邓皓为营州总管，罗艺自称幽州总管，自此成为独占一方之主。

二、率众归唐　诏封燕王

宇文化及弑杀隋炀帝后，率军自江都北上山东，派使者到涿郡拉拢罗艺。罗艺说："我是隋朝的旧臣，对朝廷感恩不尽。如今皇帝被杀，我很痛心。"于是杀了使者，以表示对宇文化及的拒绝，同时为隋炀帝发丧，大办三天丧事，遥致悼念之意。

此后，河北起义军首领窦建德、高开道，也先后派遣使者来劝罗艺入伙联兵。罗艺对部下官员、将领说："窦建德和高开道都是大贼寇，宇文化及是大逆不道之人，都不可与之共事。如今唐公李渊起兵于太原，入据关右，每战必胜，事无不成，深得人心。我已决定率众归唐，谁若再有异议，定斩不赦。"

当时，唐王的使者张道源正在山东一带游说，得到罗艺有心归唐的消息，立即派人与他见面。罗艺十分高兴，表示愿意接受唐王的调遣。不久唐王李渊登基称帝，诏封罗艺为燕王。

唐朝建国之初，国内群雄并立，各据一方。刘黑闼继窦建德之后，于武德四年（621）在漳南（今山东武城）起兵反唐。武德五年（622），秦王李世民率军征讨刘黑闼时，罗艺率领本部兵马参战，在徐河（今河北易县）一带打败了刘黑闼的弟弟刘什善，俘虏、斩首八千人。一年后，刘黑闼借突厥兵卷土重来。罗艺再次率领将士出征，几经杀伐，与太子李建成所率唐军会师，拿下了刘黑闼的都城洺州（今河北永年）。随后，罗艺以得胜之将、有功之臣入朝。唐高祖李渊盛情接待，拜他为左翊卫大将军，居家于京师长安。

罗艺自以为功高位重，总是傲视他人。一次，李世民的副将到他的军营里办事，罗艺因为一点小事便把那位副将痛打一顿。李世民即位后，罗艺想到当年曾经殴打其部属，内心很不平静。不久，罗艺听信女巫所言"其妻应母仪天下"，叛唐自立，兵败后被部下所杀。